国家社会科学基金一般项目（批准号:17BZX093）结项成果

河北经贸大学学术著作出版基金资助
河北经贸大学地方法治建设研究中心资助

经 贸 法 学 文 库

| 柴振国 主编 |

法伦理的
精神哲学形态研究

赵一强 | 著

法律出版社
LAW PRESS·CHINA

图书在版编目（CIP）数据

法伦理的精神哲学形态研究 / 赵一强著. -- 北京 : 法律出版社, 2025. -- ISBN 978 - 7 - 5244 - 0392 - 0

Ⅰ. D90 - 053

中国国家版本馆 CIP 数据核字第 20259VB730 号

法伦理的精神哲学形态研究
FALUNLI DE JINGSHEN ZHEXUE XINGTAI YANJIU

赵一强 著

策划编辑 沈小英
责任编辑 常 锋
装帧设计 李 瞻

出版发行 法律出版社
编辑统筹 法治与经济出版分社
责任校对 张翼羽
责任印制 吕亚莉
经　　销 新华书店

开本 710 毫米 × 1000 毫米 1/16
印张 15.75 **字数** 320 千
版本 2025 年 7 月第 1 版
印次 2025 年 7 月第 1 次印刷
印刷 北京建宏印刷有限公司

地址：北京市丰台区莲花池西里 7 号（100073）
网址：www. lawpress. com. cn
投稿邮箱：info@ lawpress. com. cn
举报盗版邮箱：jbwq@ lawpress. com. cn

销售电话：010 - 83938349
客服电话：010 - 83938350
咨询电话：010 - 63939796

书号：ISBN 978 - 7 - 5244 - 0392 - 0
定价：96. 00 元

凡购买本社图书，如有印装错误，我社负责退换。电话：010 - 83938349

目　　录

导　言 …………………………………………………………………… 1

第一章　法伦理精神哲学的范畴奠基 …………………………………… 6

第一节　作为法现象的法 ………………………………………………… 6

一、法的内涵 ……………………………………………………………… 7

二、法律意识、法律规范、法律实践 …………………………………… 11

第二节　法律伦理、法学伦理还是法伦理？ …………………………… 25

一、代表性学术观点分析 ………………………………………………… 25

二、法伦理学的意蕴 ……………………………………………………… 27

第三节　伦理精神 ………………………………………………………… 30

一、何谓伦理精神？ ……………………………………………………… 31

二、伦理精神概念的理论特色 …………………………………………… 32

第二章　法伦理精神哲学的“伦—理”生态 …………………………… 37

第一节　法伦理的“伦理实体” ………………………………………… 37

一、自然 …………………………………………………………………… 38

二、国家 …………………………………………………………………… 46

三、家庭 …………………………………………………………………… 67

第二节　法伦理的“伦理理念” ………………………………………… 75

一、和谐：自然和谐、国家和谐与家庭和谐 …………………………… 75

二、公正：“权利—义务的对等状态” ………………………………… 89

三、理性：“自在而自为的真理性” …………………………………… 96

第三章 法伦理精神哲学的"道—德"生态 …… 105
第一节 法伦理的"道德规范" …… 105
一、敬重:对"实体—规则—正义"的心理认同 …… 105
二、诚信:"意思自治"的道德边界 …… 109
三、节制:法律意识选择与"不合理欲望"化解 …… 113
第二节 法伦理的"道德主体" …… 119
一、"自觉的"法律遵守者 …… 120
二、"热诚的"法律服务者 …… 123
三、"公正的"司法裁决者 …… 127
第三节 法伦理"道德目标"的实现 …… 129
一、行为:从行为自发的"多样性"走向法律行为"类型化" …… 130
二、规范:从分散性行为规则到统一性法律规则 …… 132

第四章 法伦理精神哲学的"德—福"生态 …… 136
第一节 法伦理的"整体至善" …… 136
一、科学立法:"规律发掘—人类本位—良法制定" …… 136
二、严格执法:"执法效果—执法程序—执法观念" …… 144
三、公正司法:"确定事实—找准证据—实事求是" …… 148
第二节 法伦理的"个体美德" …… 153
一、守法:"良好"的公民 …… 154
二、用法:"优秀"的法律工作者 …… 157
三、护法:"高尚"的法律管理人才 …… 160
第三节 法伦理的"德福一致":守法享"权",违法担"责" …… 161
一、民事权益的享有与民事责任的承担 …… 163
二、刑事权益的享有与刑事责任的承担 …… 164
三、行政权益的享有与行政责任的承担 …… 166

第五章 法伦理精神哲学的实现机制 …… 169
第一节 法伦理精神哲学的现实考察 …… 169
一、法伦理一般理论调研结果 …… 170
二、"立法伦理、执法伦理、司法伦理、守法伦理"调研结果 …… 171
三、"法伦理知识、法律职业伦理与法律职业道德"调研结果 …… 177

四、“法伦理建设”调研结果…… 181
第二节 法伦理精神哲学实现的人性基础 …… 195
一、法学人性观的理论侧重:“气质之性” …… 195
二、法伦理实践中的人性实然:“善恶并存” …… 198
三、法伦理学的人性期待:“天命之性” …… 202
第三节 法伦理精神哲学实现的具体路径 …… 204
一、建设“至善”的法律环境…… 204
二、保持法律场域的“人格统一性”…… 208
三、实现法伦理“意识与意志”的有机统一:精神之境 …… 213

参考文献 …… 228

后 记 …… 247

导　言

马克思和恩格斯在《共产党宣言》中指出："代替那存在着阶级和阶级对立的资产阶级旧社会的，将是这样一个联合体，在那里，每个人的自由发展是一切人的自由发展的条件。"[1]人的自由全面发展理论是马克思依据唯物史观和人类社会发展规律提出的人类最高理想社会的发展状态，也是实现人的解放的必然要求。习近平总书记在中国共产党第二十次全国代表大会上的报告指出，"中国式现代化是物质文明和精神文明相协调的现代化。物质富足、精神富有是社会主义现代化的根本要求。物质贫困不是社会主义，精神贫乏也不是社会主义""同时大力发展社会主义先进文化，加强理想信念教育，传承中华文明，促进物的全面丰富和人的全面发展"。[2] 进步的伦理观念有助于促进人的自由全面发展，它是中国特色社会主义先进文化的重要组成部分。在中国特色社会主义新时代，坚持依法治国与以德治国相结合、推进中国式现代化创造文明新形态的现实需要，对法伦理研究提出了新的时代召唤。习近平总书记指出："法律是准绳，任何时候都必须遵循；道德是基石，任何时候都不可忽视……法治和德治不可分离、不可偏废，国家治理需要法律和道德协同发力。"[3]党的二十大报告强调，"实施公民道德建设工程……推动明大德、守公德、严私德，提高人民道德水准和文明素养"，"全面推进科学立法、严格执法、公正司法、全民守法，全面推进国家各方面工作法治化"。法伦理学属于应用伦理学范畴，对于全面推进科学立法、严格执法、公正司法、全民守法，提高人民道德水准和文明素养，意义重大。

伦理重要的使命是使人成为人，实现个体至善与社会至善的统一。无论时空坐标如何变换，伦理建设境遇如何变化，伦理的使命不会轻易改变。樊浩先生指出："'人应当如何生活'的道德追问，根本上是'我们如何在一起'的伦理追寻。由于伦理缺失，'我们如何在一起'的伦理追问已经演变为一场关于人类文明前途的信念危机——'我们能否在一起？''我们'的世界缺什么？'我'成为'我们'的世界缺什么？'我们在一起'缺什么？'缺伦理'！——缺作为'本性上是普遍的东西'的伦理

---

〔1〕《马克思恩格斯全集》（第1卷），中共中央马克思恩格斯列宁斯大林著作编译局译，人民出版社1956年版，第294页。

〔2〕习近平：《习近平著作选读》（第1卷），人民出版社2023年版，第19页。

〔3〕《习近平谈治国理政》（第2卷），外文出版社2017年版，第133页。

存在！‘缺精神’！——缺达到‘单一物与普遍物统一’的伦理精神！”[1]对法伦理精神哲学形态的探讨，有助于实现“法”领域整体至善与个体至善的有机统一。本书依照樊浩先生所建构的“精神哲学”研究范式，立足辩证唯物主义和历史唯物主义立场，采用文献法、逻辑与历史统一法、调查法等具体方法，对法伦理精神哲学的范畴奠基、“伦—理”生态、“道—德”生态、“德—福”生态、实现机制等问题进行了探究，力图促进法伦理学的进一步发展，同时更好发挥法伦理对现实社会的调整和引领作用。

任何学术研究均是在前人的学术贡献基础上进行的，法伦理的研究也不例外。从域外学术发展过程来看，法伦理研究经历了一个漫长的历史时期。古希腊时期苏格拉底被判处死刑之后坚决拒绝逃监，体现了守法伦理精神。柏拉图提出，做法官的人心灵应当“美好公正、判决正确”，属于“法官职业伦理”。亚里士多德提出，法律的意义在于促进城邦的善德而谋求“优良的生活”。中世纪的奥古斯丁认为，人间的和平需要法律来维持；托马斯·阿奎那认为，法律的真正目的是引导那些受法律支配的人求得他们自己的德行。近代国际法之父胡果·格劳秀斯（Hugo Grotius）提出，国际法的目的在于保障国际社会的集体安全。刑法学之父贝卡利亚认为惩罚是为了教育，让罪犯成为好的公民。霍布斯阐释了15条自然法，将“力求和平”置于首要和核心地位。卢梭认为“风尚”是除政治法、民法、刑法之外的第四种法律，它可以保持一个民族的创制精神。自然法学者普芬道夫认为，依法做出的行为就是善、违法就是恶，这属于守法伦理。功利主义伦理学始祖边沁认为私人伦理以幸福为目的，立法也不可能有任何别的目的。康德“绝对命令”的伦理逻辑中蕴含着“法则”意识，黑格尔在其法哲学原理中将“抽象的法、道德、伦理”理解为三个不同环节。社会学家赫伯特·斯宾塞认为在执行法律中使用暴力是不道德的，法哲学家富勒认为道德使法律成为可能，伦理学家罗尔斯则强调法律应当忠诚于正义。我国有关法伦理的思想发展更是源远流长。尧时的著名法官皋陶在审案时，让独角兽“獬豸”作其审判助手。这一传说包含了“审判伦理”思想。《新语·道基》关于“皋陶乃立狱制罪，悬赏设罚异是非，明好恶，检奸邪，消佚乱，民知畏法”的记载，反映出“维护秩序、惩罚违法”的伦理意识。西周时期的“周公制礼”和“吕侯制刑”，分别属于伦理和立法。孔子“道之以政，齐之以刑，民免而无耻；道之以德，齐之以礼，有耻且格”（《论语·为政》）的语录区分了德治与法治的不同效果。《管子·任法》提出：“君臣上下贵贱皆从法，此谓为大治。”这属于守法伦理。《韩非子·二柄》中强调了“刑、德”的重要性。汉初大儒董仲舒提倡的“春秋决狱”，成为以礼入法、德法结合的典型司法实践。“在我国封建社会的法律体系中，有许多律令吸收了封建道德的行为规范。

[1] 樊浩：《伦理道德的精神哲学形态》，中国社会科学出版社2017年版，第20页。

比如,我国魏晋隋唐的法典中,除律格正文外,还附有所谓‘十罪’(魏晋)或‘十恶’(隋唐)的条目,其中的‘敬’、‘孝’、‘睦’、‘义’等,就属于道德行为规范。它规定凡‘不孝’、‘不睦’、‘不义’者,都要受到法律制裁,甚至对‘大不敬’者,要处以极刑,并株连其远近亲属。”[1]可见,“德、法”经常互为补充、共同作用,服务于“统一”“守成”等社会具体目标和“至善”“成人”等伦理道德理想。半殖民地半封建社会时期,作为改良派中的康有为、谭嗣同,在道德上创新,在行动上力促变法,体现了一种将道德与法律在实践中结合的精神风貌。20世纪三四十年代,法学教育家还探讨了法律伦理学课程设置问题。

新中国成立后,马克思主义伦理思想成为中国特色社会主义道德文化建设的重要思想资源。党的十八大以后,法伦理学研究发展迅速;党的二十大以来,法伦理学研究继续发展。根据收集到的文献资料,截至目前,国内法伦理学研究主要围绕以下问题展开:第一,关于法伦理学科的研究。这里包括法伦理学科的称谓、法伦理学科的研究对象、法伦理学科的立论依据、法伦理学科的框架体系、法伦理学科的学科归属、法伦理学科的研究方法六个方面的研究。第二,关于法伦理中相关问题的研究。主要包括法律与道德两种规范的关系、法律道德化与道德法律化、法治与德治、传统法伦理思想、域外法伦理思想、对法律本身的伦理分析、立法伦理、执法伦理、司法伦理、守法伦理、社会热点问题的法伦理分析等十一个方面的研究。第三,法伦理综述类研究。这方面的研究成果数量不多。至于域外的法伦理学研究,根据译著及收集到的原文文献,其主要围绕法律与道德关系的一般分析、法律与伦理的具体学科视角的分析、自然法与伦理、法律与伦理在医疗实践中的应用、法律与伦理在新兴技术领域的应用、法律与伦理在经济领域的应用、法律与伦理在健康保障领域的运用、法律与伦理在防止违法犯罪中的作用、法律与伦理在具体职业中的功能、文学作品中的法律与伦理、法律职业伦理等方面展开。

任何一门有价值的学科都必然根植于既有的理论成果和现实土壤,都应当基于一定的理论和实践需求产生。法伦理学研究取得了一系列成就,但也存在一些基于理论和实践需要继续推进的学术问题。“从理论研究领域来看,这种需求主要来源于两个方面:一是对法与道德关系的研究在现有的理论框架下难以继续向前推进,而事实上,我们非常清楚,现有的理论距离该问题的解决还有很长的一段路要走;二是法学、伦理学,以及其他一些社会科学领域浮现出相当数量与现实不符的理论,而这些理论或多或少地跟法与道德关系的认识相关联。从社会实践领域来看,不但在国家治理方针上仍存在德治与法治如何选择或平衡的思考,而且在许多社会问题的解决过程中,如果按照现有的有关法与道德关系的理论进行,很容易形成难以打开

---

〔1〕 魏英敏主编:《新伦理学教程》(第2版),北京大学出版社2003年版,第190页。

的郁结,得不到令人满意的结果。这些困难都在呼唤人们关注法与道德的研究,期待着我们转换已有的方式从新的视角切入,以形成更为客观的、能够更好地指导实践理论的产生,这便是法伦理学应当予以呼应的现实需求。"[1]孙春晨会长指出,时代的伦理之问为应用伦理学的发展开辟了广阔的天地,"时代之问引发的对应用伦理学研究的重视,为构建伦理学知识体系和话语体系提供了一个新的生长点"[2]。未来中国法伦理学的发展,需要具有世界眼光,促进法学与伦理学等跨学科交叉研究;同时,法伦理学研究应当以实践为导向,相关学者应当具有敏锐的问题意识,围绕具体问题进行伦理和法理的多重探析。[3] 樊浩先生指出,伦理道德的精神哲学形态的建构具有重大文明史意义,"精神哲学是民族精神的理论自觉和实践创造,伦理道德发展期待精神哲学的理论建构和实践建构"[4]。本书在继承前人研究成果的基础上,基于实践和理论发展的需要,对法伦理精神哲学形态进行了力所能及的探究。

首先,本书对法伦理精神哲学形态的基本概念进行梳理、分析和界定;其次,对法伦理精神哲学形态的三大部分内容逐一进行研究;最后,对法伦理精神哲学形态的实现机制进行具体探讨。经过这三个环节,形成合理的法伦理精神哲学形态言说系统,并期望其能在实践中发挥有效作用。本书主要分为五章:第一章是法伦理精神哲学的范畴奠基。该部分分析了法伦理精神哲学研究所需要的两个基础性概念——法和伦理精神,从而推进对法伦理概念的深层认知,为法伦理学研究奠定概念基础和思维范式。该章认为,法伦理学是研究整个法现象(包含法律意识、法律规范、法律实践等所有层面)的伦理道德规律的学问。它不但研究法现象中的伦理规律、道德规律,还研究如何从"法道德"过渡到"法伦理"或从"法伦理"过渡到"法道德";它不但进行一般性的理论抽象,还对具体法律规范进行伦理道德剖析,同时可以对具体案例进行伦理道德指导。第二章是法伦理精神哲学的"伦—理"生态。该章对法伦理的"伦理实体""伦理理念"等问题进行了探索,其中包含对自然、国家、家庭等现实伦理实体及和谐、公正、理性等法伦理理念的分析。第三章是法伦理精神哲学的"道—德"生态。该部分通过对法伦理的"道德规范"的理论分析,结合实践中的法伦理"道德主体"——自觉的法律遵守者、热诚的法律服务者、公正的司法裁决者,阐释了实现法伦理"道德目标"在行为与规范两方面的路径。第四章是法伦理精神哲学的"德—福"生态。该章对法伦理的"整体至善"、法伦理的"个体美德"、

---

〔1〕 宁洁:《法伦理学:学科抑或思想》,武汉大学出版社2019年版,第49页。

〔2〕 孙春晨:《作答时代的伦理之问》,载《道德与文明》2022年第5期。

〔3〕 参见庞永红、卢雅丽:《新中国成立以来的中国法伦理学研究回溯与展望》,载《伦理学研究》2019年第5期。

〔4〕 樊浩:《伦理精神现代"建构"的文化战略》,载《道德与文明》2022年第5期。

法伦理的"德福一致"等问题进行了分析和探索。第五章是法伦理精神哲学的实现机制。该章将理论与实践相结合,对法伦理精神哲学的现实考察、法伦理精神哲学实现的人性基础、法伦理精神哲学实现的具体路径等问题进行了分析和探索。

本书力图突出整体性、抽象性、穿透性和有效性的研究特点,对专业概念、逻辑板块及其中所包含的逻辑环节、具体内容和语言表达进行了法伦理视野的反复锤炼、不断推进和创新,在学科知识贯通、观点互鉴乃至体系重构方面作了力所能及的探索和努力。本书通过对已有文献资料的挖掘和研究,结合时代发展的实际需求和理论倡导,从现象过渡到精神,对法伦理的精神哲学形态的探索作了基础性工作。这一工作有可能实现事实性与价值性的统一、合规律性与合目的性的统一,有助于发现法现象自身的伦理运行规律,促进学科交叉互融,形成现实的法伦理"文化力"。

第一章　法伦理精神哲学的范畴奠基

任何学术探讨的展开均需先明确基础性概念。由于各种范畴、概念、观念的产生均依赖主观意识对客观规律的感知、分析和归纳,而具体主观意识又具有各自维度,于是就出现了许多感受、认知和见解。这些感受、认知和见解是主观与客观统一所形成的思维成果并在具体时空、具体领域发挥作用。探讨法伦理精神哲学也需要先对所使用的基础概念进行分析,以此为基石形成学术探讨平台。严格来说,法伦理探讨所涉及的概念复杂繁多,故无法将所有概念在此全部陈示,只对法伦理精神哲学探讨中的基础性概念进行了分析,而其他相关概念则在后面的论述中逐步展现。本书认为,对法伦理精神哲学的探讨主要涉及三个基础性概念,即法、法伦理和伦理精神。

第一节　作为法现象的法

李建华先生认为:"法律伦理学是一门新兴的基础理论学科。法律伦理学之所以是一门新兴学科,主要在于对其研究对象的新界定。法律……由法律规范、法律实施和法律意识三部分组成。"[1]曹刚教授提出:"我们可以把法伦理学的研究对象大概分为三层次:第一层次是关于法律存在前提的道德批判……第二层次是关于具体法律制度的价值追求和道德批判……第三层次是法实践中的道德问题……"[2]可见,作为法伦理研究对象的法是一个非常广泛的概念,可以说囊括了所有的法律现象。法现象包括法学理论现象、法律规范现象、法律实践现象等内容,其中蕴含着丰富的伦理道德精神。

那么,为什么法伦理要在如此广泛的范围内对法律的伦理道德问题进行探究呢?原因在于:其一,各种法律现象相互联系、相互结合,构成了法的整体,对任何一种法律现象伦理价值的探讨均会直接或间接作用于其他法律现象,如果仅仅探讨法律意识、法律制度或法律实践的某一方面,就无法阐明对法律整体的伦理关切。其二,伦理学的主要任务乃是对意义世界的构建,而意义世界本身是一个完整实体,虽

---

〔1〕 李建华、曹刚等:《法律伦理学》,中南大学出版社2002年版,第5页。

〔2〕 曹刚:《法律的道德批判》,江西人民出版社2001年版,第6页。

然实体中包含着各种各样的组成元素和文化因子,但如果仅仅揭示其中的某些元素或因子,则无法实现一种整体性把握。法伦理学如果仅仅关注某一实体法或程序法的伦理价值分析,那么所得到的往往只是该部分的伦理意蕴而不是法的整体性的伦理内涵。其三,伦理与法律或道德与法律在现实世界同具有社会规范的特性,如果说法律不断地跟从时代前进,在渔猎时代、农业时代、工业时代、信息时代、智能时代各有其具体体现,那么伦理的基本原理则具有相对稳定性。对法的各个部分进行伦理透视,并非停留于凝视活动自身或因有所得而生的内在喜悦之中,而是要将法伦理客观性的主观体现呈现于学术领域,借此推动环境改善,增强主体内在自觉,助力实现现实世界社会至善与个体至善有机统一。既然如此,那么首先就需要从法伦理视野对法的内涵及其特征进行学术分析。

一、法的内涵

哈特在《法律的概念》中提出:"在与人类社会有关的问题中,没有几个像'什么是法律'这个问题一样,如此反反复复地被提出来并且由严肃的思想家们用形形色色的、奇特的甚至反论的方式予以回答。即使略去古代和中世纪关于法律'本性'的思索,而仅仅注意近150年的法律理论,我们在任何其他作为独立学科而被系统研究的课题中也看不到这种情况。"〔1〕E. 博登海默对古希腊和古罗马的法律理论、中世纪的法律哲学、自然法复兴和价值取向法理学等西方法学理论进行全面的历史梳理后说:"尽管我们只讨论了思想家们从文明早期直至当下所提出的无数法学理论的一部分,但我们在这些法律观点中却洞见了大量的异议和分歧。"〔2〕由此,他提出了"综合法理学"见解。李道军总结了以往种种关于"法是什么"的思想的轨迹,将它们归纳为"法乃统治意志说""法为社会秩序说""法即利益关系说""法乃法律过程说""法乃规范体系说""法乃社会控制说""法乃是非标准说""法即法律文本说""法为人类理性说""法为阐释性概念说"10种见解,〔3〕进而提出了他自己的"法的有机整体说"。张文显对历史上关于法的内涵的种种解释进行了分析归纳,提出了马克思主义的法的概念,即"法是国家制定、认可并保证实施的,反映由特定物质生活条件所决定的统治阶级意志,以权利和义务为内容,以确认、保护和发展统治阶级所期望的社会关系和社会秩序为目的的行为规范体系"〔4〕。

关于法的内涵解释如此众多,反映出以下客观情况:一是法的本质不易被把握;

---

〔1〕［英］哈特:《法律的概念》,张文显等译,中国大百科全书出版社1996年版,第1页。

〔2〕［美］E. 博登海默:《法理学:法律哲学与法律方法》,邓正来译,中国政法大学出版社1999年版,第197页。

〔3〕参见李道军:《法的应然与实然》,山东人民出版社2001年版,第12～13页。

〔4〕张文显:《法哲学范畴研究》(修订版),中国政法大学出版社2001年版,第32页。

二是各种时空、立场、视野导致了对法本质的取舍、界定和选择不同；三是法的实践的丰富性、多样性、差异性很容易遮蔽法的内在本质；四是语言文字具有的主观性使其在表达客观的法本质方面存在一定局限。[1] 尽管如此，总是存在一些关于法内涵特征的基本认识。

首先，法是一种行为规范。

人作为一种自然性、社会性、精神性的统一体，不仅受到物理规律的支配，还受到自由意志的影响，即人是能动的、具有自由选择能力的生命形式。因为存在自由意志，所以需要规范科学。规范针对人的"自由性"进行合理调整，而不是"必然性"。规范科学的历史与逻辑顺序是图腾规范、道德规范、法律规范，严格来说，这三种规范体系并不仅仅是历时性概念，同时也是共时性存在，不仅共存于蒙昧时期，还共存于文明时期、智能时期。法律不像图腾崇拜那样设定一个意识目标让人信仰、前进，也不像道德那样主要通过劝说导人向善，而是通过设定权利、义务、责任等基本范畴进行奖惩从而抑恶扬善。守法未必得到奖励，但违法必然受到惩罚，通过抑恶实现扬善。法作为社会规范，调整的主要是人与自然、人与国家、人与人之间的相互关系或交互行为。

其次，法的制定者是人。

关于法的制定主体或法的来源，一般可以归纳为以下几种认识，即神定说、人定说、国家说、社会说、权力说、利益说。神定说将法的制定者归结为虚无缥缈的神，早在古希腊和古罗马时期即有此思想；人定说，是指法律是由人根据自身的发展需要而制定的，人定法的意蕴即在于此；国家说，是指法律是由国家实体制定的，因此不同国家具有各自的法；社会说，是指法律源于社会事实而不是价值事实，是根据社会事实的实际变化来制定法律；权力说，是指国家的统治阶级制定法律，因而法具有阶级性；利益说，是指法律是保护特定群体利益的工具，那么法律就为保护利益而定。无论这些对制定主体的理解如何不同，也无论历史上出现过的关于法的含义的解释有多丰富，在法的制定方面，总是存在一个基本的事实：法律是"人"制定出来的规范，法律是基于"人"的立场和视野，法律是为"人"服务的。任何其他生物类型，无论其本能进化得如何完备，我们都没有发现其具有像人类一样制定法律的能力。法律是"人"制定的，意味着法律拥有"人的尺度"。或许在法自身的成长过程中，其他方面的力量曾对法的发展起过启示、助力、推动作用，但法律本身是人类自身意志的产物，是框定的，因而是有所取舍的自然规律。法律水平的高低取决于人类对自然

---

[1] 威廉斯认为："不管是与诸神时代相连的象形文字，还是英雄时代所适用的符号系统，抑或人类时代形成的传统字母，语言都完全是人类的创造。"参见[英]B. 威廉斯：《伦理学与哲学的限度》，陈嘉映译，商务印书馆2017年版，第9页。既然文字语言是人类的创造，那么在携带人类优点的同时，也必然具有一定的局限性，法本身客观性表达的要求必然会受到文字与语言的主观性影响。

规律社会化的把握程度,法律是努力与客观保持一致的主观意志的制度外化。

法既然是由“人”制定的,那就存在三种可能的逻辑方法:自由制定、必然制定、因循制定。所谓自由制定,是指法律完全由主观意志决定。这种情况将人的主体性发挥得淋漓尽致,但很容易使法律偏离规律,法律很容易成为单纯的规范工具而缺乏适当的伦理理念。必然制定,是指严格按照规律来确定法律内容、法律程序和法律技术。这种方法遵循了自然规律,但因人类主体性参与不足,仅仅敬畏自然而照搬自然规律,因此该种法律也难以起到对人类的全面保护作用,而主要是让人类听命于自然,由自然决定其生死存亡。因循制定,则是指在对自然规律进行充分认识的基础上发现规律中能够由量变引起质变的枢纽、区间或时段,结合社会共同体的时代发展需要制定法律,这种制定方法实现了必然性与自由性相结合,能够达到法律的科学性、普遍性和有效性要求。实际上,这三种制定方法反映的是立法过程中需要率先考虑的价值基础问题。如果缺乏明确的伦理引导,那么即使将法律关系的主体、客体、内容及权利、义务、责任梳理得再清晰,法律仍然会因遭遇前置性伦理基础难题而陷入困境,从而引发对“良法善治”中“什么是良法”的亚里士多德式法治意义上的形而上学追问。

再次,法基于需要而定。

“需要”作为一般的范畴,表现为主体对客观对象的一种摄取状态。马斯洛曾将个人的基本需要划分为“生理需要、安全需要、归属和爱的需要、自尊需要、自我实现需要”等。实际上,需要并非只是个人需要,而是包括许多种类。从主体角度来看,可以将需要分为个体需要、团体需要和整体需要;从内容角度来看,可以将需要分为物质需要、精神需要和文化需要;从手段角度来看,存在主动需要、被动需要和中性需要,分别对应的是自愿、被迫和自主的心理状态;从层次角度来看,可以将需要分为初级需要、中级需要和高级需要,对应的需要主体的发展阶段分别是生存、发展和完善。无论哪种需要,其功能都是为主体的生存和发展提供某种内在或外在的资源支持,从而使主体能够构建某种价值秩序,实现自身的本质,因此,需要是人的一种普遍属性。

满足需要的方式有很多,科技创新、物质生产、文明建设等方式均可以满足人类的各种实际需要。法律作为一种规范科学,它自身并不能创造任何物质财富、精神财富、生态财富,但它可以为这些财富的生产、分配、交换和使用提供制度保障,从而带来安全、秩序、稳定与和谐。法律不但保护自然人、法人、非法人组织的人身关系、财产关系和知识产权关系,还调整行政行为和刑事法律关系等,对国家整体秩序合理安排发挥保障作用。

最后,法存在强制性保障力量。

法作为一种行为规范,需要强制性的保障力量。其实施背后总是存在一种保障力量，这种力量或者源于自然，或者源于国家实体，再或者源于民间习俗，而这种保障力量经常落实到具体部门的具体执行者。例如，就自然法而言，其保障力量源于自然。“自然法即自然界告诫一切动物的律令：自然法不仅适用于人类，而且普遍地适用于生长在土地上，或海洋里的一切动物以至于天空的鸟类。”〔1〕人们未必能确切感知到自然法的存在或全部自然法的存在，但自然法却以其自身运行节律调控着包括人类在内的所有生命形式的运动、发展和变化，“自然从来不做无用功”〔2〕。国际法之父、自然法学者胡果·格劳秀斯认为：“自然法是正当理性的命令，它指示任何与合乎本性的理性相一致的行为是道义上公正的行为，反之，就是道义上罪恶的行为。”〔3〕

对于实证法而言，国家乃是保障法律实施的重要力量。实证法学代表哈特提出：“凡是存在法律制度的地方，就必定有这样一些人或团体，他们发布以威胁为后盾、被普遍服从的普遍命令；而且，也必定有一种普遍的确信，即确信如果不服从，这些威胁就可能被付诸施行。同时，也必定有一个对内至上、对外独立的个人或团体。如果我们仿效奥古斯丁把这种至上的和独立的个人或团体称为主权者，那么，任何国家的法律都将是以威胁为后盾的普遍命令，发出这种命令的人既可以是主权者，也可以是服从于主权者的那些下属们。”〔4〕A.J.M.米尔恩认为：“法律以官方制裁为依托，这种制裁由司法和刑事当局科处并实施……法律的这一特征表明，它必定由可执行的规则所组成，即，在被违反时可以公开认定和公开处置的规则。”〔5〕大卫·莱昂斯在谈到法律的服从时也强调：“即使法律就其本性来说不是强制性的，法律体系也典型地使用威胁与武力来确保对其规范的服从。”〔6〕法的强制性力量的存在意味着法要求被遵守。

总之，法作为基于人的需要而产生的、由某种强制力保障实施的人的行为规范，在现实世界具有极其重要的内涵。“法是由一定物质生活条件决定的统治阶级意志的体现，它是由国家制定或认可并由国家强制力保证实施的规范体系，它通过对人

---

〔1〕［美］艾伦·沃森：《民法法系的演变及形成》，李静冰、姚新华译，中国法制出版社2005年版，第120页。

〔2〕［美］帕特里克·赖利编：《莱布尼茨政治著作选》，张国帅等译，中国政法大学出版社2014年版，第102页。

〔3〕［荷］胡果·格劳秀斯：《战争与和平法》(第2版)，［美］A.C.坎贝尔英译，何勤华等译，上海人民出版社2017年版，第23页。

〔4〕［英］哈特：《法律的概念》，张文显等译，中国大百科全书出版社1996年版，第27页。

〔5〕［英］A.J.M.米尔恩：《人的权利与人的多样性——人权哲学》，夏勇、张志铭译，中国大百科全书出版社1995年版，第31页。

〔6〕［美］大卫·莱昂斯：《伦理学与法治》，葛四友译，商务印书馆2016年版，第159页。

们的权利和义务的规定，确认、保护和发展有利于统治阶级的社会关系和社会秩序。”[1]这意味着，法一般来说是实定的，“（一）因为它必须采取在某个国家有效的形式；这种法律权威，也就是实定法知识即实定法学的指导原理。（二）从内容上说，这种法由于下列三端而取得了实定要素：（1）一国人民的特殊民族性，它的历史发展阶段，以及属于自然必然性的一切情况的联系；（2）一个法律体系在适用上的必然性，即它必然要把普遍概念适用于各种对象和事件的特殊的、外部所给予的性状……这种适用已不再是思辨的思维和概念的发展，而是理智的包摄；（3）实际裁判所需要的各种最后规定”[2]。

法在其现实性上，表现为法律意识、法律规范和法律实践三个部分，对应的是“法思维、法制度、法行为”或“法意识、法规范、法实践”，它们构成了法律家族的整体，构成了基于法本质的法现象。

二、法律意识、法律规范、法律实践

下面笔者分别针对法律意识、法律规范、法律实践展开具体分析。

（一）个体法律意识—群体法律意识—整体法律意识

法律意识是社会意识的一种特殊形式。它是人们关于法律现象的思想、观点和心理的总和，是法律现实的特殊组成部分。法律意识涉及对法的概念、法的体系、法的功能等方面的认识、态度和意见。从法伦理视野，可以将法律意识分为个体法律意识、群体法律意识、整体法律意识。在每个种类中，又存在浅层法律意识、中层法律意识、深层法律意识三个层次，每个层次中又包含法观念、法知识、法逻辑三个要素。法律意识于是就出现了多种具体种类。在此演变过程中，法律意识从微小走向壮大、从模糊走向清晰、从零散走向完整。法律意识以思维、语言、行动等方式体现出来，但基本上是以思维为主。这种逻辑演变有其现实表征。

原初生命的起点是个体。没有原初个体，没有男女个体，就没有婚姻、家庭、部落和社会。法律意识的成长顺序，也以个体为起点。生存、发展、繁荣是个体的基本愿望和现实需求，这些愿望和需求可以通过其他的方式予以满足，也可以通过法律方式予以满足。当法律方式被用以维护人类发展基本利益时，个体就拥有了关于法的最初认识。由于个体的性格特征、成长环境、兴趣爱好等方面存在具体差异，各个个体关于法的最初认识不尽相同。即使对同一个体而言，其关于法的认识也存在一个由浅入深的过程。

个体对法的最初认识或印象性认识是思维开始的第一步，这种认识属于个体浅

---

〔1〕 孙国华主编：《法学基础理论》，法律出版社1982年版，第62页。

〔2〕 [德]黑格尔：《法哲学原理》，范扬、张企泰译，商务印书馆1961年版，第4页。

层法律意识中的法观念。这种认识处于或隐或现的零散模糊状态,无法解决满足愿望和需求所带来的挑战或难题,于是需要进一步深化认识。个体由此开始进入摄取法知识阶段,力图从人类既存法律知识中汲取营养,以之为自身作出正确判断提供必要的知识前提。然而,仅仅是知识材料的搜集或罗列,还不足以把握法律到底如何解决所面临的实际问题,这就需要通过种种知识去抽象和把握法本身的内在逻辑,于是就出现个体化主观性的法律逻辑。这仅仅是认识法的开始。严格来说,还处于"感觉"这一认知层面,因此将其称为"浅层法律认识"。感性认识需要向知性认识层面过渡。于是个体就在由自身生命特质、过往人生经验、已有知识储备等组成的"个体化特质存在"的基础上开始继续对法观念、法知识、法逻辑进行挖掘。这种知性挖掘可能是自发的、也可能是自觉的,或者是自发、自觉的统一。这样,在意识结构领域就存在了一个指向法的探索基因,一旦这个基因在个体内在主观世界与外在客观世界相互契合、条件具备,就会催熟中层的即知性层次的法律意识。这时的具有法律意识的个体已经能够比较连续地表达自己的观点,而不像在浅层感觉阶段那样仅能进行自发的只言片语的随机表达。不同的判断主体具有不同的需要、立场、角度,而被判断的客体则是本体遭遇层层包裹的种种外在现象,又因为判断方式、判断技术、判断时间各不相同,于是,个体对法的知性判断就会出现"见山见水"的状态,难以形成完整意见。这样一来,就要求个体对法的认识继续向本体推进。能够达到本体层面的法律认识主体数量较上一个认知阶段减少了许多,但由于各自所达到的本体层面境界不同,所以该认知阶段的个体法律意识仍旧带有个性色彩,属于黑格尔所谓的"主观的自由"。

这种分散的个性化认识,除了有助于自我节制、自我启发、自我提升之外,没有太大的群体意义,个体法律意识需要向群体法律意识过渡而使自身成为群体法律意识。这个"群",既可以指谓"关系者"的组合,也可以指谓"非关系者"的组合,或者说熟人的或陌生人的组合。熟人往往基于血缘关系、地缘关系、业缘关系而产生,而陌生人常指在人生旅途中偶遇、交流、合作的人;陌生人与熟人可以在一定范围内相互转化,其中存在相互转化的条件、时机和路径。以人类共同体为范围,其中的关系者或非关系者所组成的或久或暂、或近或远、或大或小、或紧或松、或生或克、或刚或柔的群体,既可以表现为家族、部落、联盟,也可以表现为行业协会、社会组织、娱乐团体,还可以表现为村落、乡镇、城市。荀子认为人"能群",因此能摆脱"力不若牛,走不若马"(《荀子·王制》)的困境。"群"中的交流很多,其中涉及法律意识的交流,群体法律意识由此逐渐形成。这个群体法律意识并没有占据个体思维的所有空间,而只是存在于思维的某些领域或区间并在此处达成了一定程度的共识。群体法律意识的形成,也是经过三个层次,每个层次中又包含法观念、法知识和法逻辑,三者逐渐深入,但深入的历程或达成共识的程序在不同的"群"中有不同的体现。在群体法律意识阶段,对于法律的认识可以被系统地表达出来,呈现为具体的思想成果,历时越长沉淀越多,后来者为继承、研究、应用之方便而将具有相似研究范式、相似研究对象、相似研究结论的诸种思维形态以法学学派称呼,而不是以法律部门称呼。法学学派属于意识层面,而法律部门则属于制度层面或意志层面。思维世界中元素众多,群体法律意识只是就其中与法有关的部分内容达成了基本共识,而没有就法的认识达成全部共识。

群体法律意识体悟到了法律的重要意义,但要想让法在整体内有效发挥作用,还需要使群体法律意识过渡到整体法律意识。整体法律意识的整体,是指各个具体的共同体。家庭、企业、地区、民族、国家、人类等都可以理解为是整体法律意识中的“具体整体”。整体由各个个体、各种群体组成,有自己的结构和运行逻辑,并指向具体目标的实现。整体法律意识关注完整、统一、团结、分工合作和各尽其责。整体法律意识是所有个体在法观念、法知识、法逻辑等方面所形成的基本共识,它从群体法律意识发展而来。个别的群体性思维经过交流、整合、归纳,生成整体的法律意识形态。当不同级别的共同体的法律意识形态从低到高、从小到大、从弱到强逐渐演化和自觉整合的时候,就形成了人类对法的基本看法。在这个形成过程中,人类对法的基本看法同时受到思想特质、行为习惯、媒体舆论、科学技术、人工智能等不同因素的启动与关闭、开拓与收缩、化合与分解等种种可能的影响,最后形成一种相对稳定的整体法律意识。在这个形成和变化过程中,对法的意义的认识越加清晰。因为随着整体级别的提升,原来的低级别的共同体也变成了个体,而这种个体中又包括数量众多的个体,在这个对立统一的现实世界,就会出现各种各样的矛盾冲突,于是需要更多的协调,需要个体和共同体具有更高的法律意识。如果将人类命运共同体的法律意识作为理想的整体法律意识,那么国家整体法律意识就是现代文明最现实的建设基地。

法律意识有助于从“二”走向“一”。德国法哲学、法伦理学学者迪特玛尔·冯·德尔·普佛尔滕指出:“什么是法的必要目标?人法——本文所主张的命题认为——以调和可能相互对立与冲突之欲求这一目标为必要目标及必要属性。例如宪法调和人们根本性的生活观念,法律调和不同的一般欲求,司法判决调和具体争议中双方当事人的利益,官员的行政行为调和个别公民与/或大众利益之间的特殊意愿。”[1]相互对立和冲突是“二”,统一和和平是“一”。“二”是对立的,“一”是统一的。由“二”走向“一”,绝非仅表现为宏大叙事式的抽象演绎,同时也表现为具体领域的真正实践。由“二”走向“一”的法律意识,在每一项具体案件、每一个具体诉讼环节、每一次法庭辩论中体现,甚至在人的每个细微动作上、每个心灵涟漪中体

[1] [德]迪特玛尔·冯·德尔·普佛尔滕:《法哲学导论》,雷磊译,中国政法大学出版社2017年版,第94页。

现。从个体法律意识、群体法律意识到整体法律意识,三者合而形成“整个的法律意识”,在此整个的法律意识引领之下,各种法律规范得以形成。

(二)习惯法—判例法—成文法

恩格斯指出,在社会发展的某个很早的阶段,产生了这样一种需要:把每天重复着的生产、分配和交换产品的行为用一个共同的规则概括起来,设法使个人服从生产和交换的一般条件。这个规则首先表现为习惯,后来便成了法律。随着法律的产生,就必然产生出以维护法律为职责的机关——公共权力,即国家。在社会进一步发展的进程中,法律便发展成或多或少广泛的立法。[1] 法律意识仅仅存在于意识层面,而法律规范则存在于制度层面。法律规范是一种正式制度安排,而具体法律中所规定的具体法律制度则构成共同体自身及共同体各个构成要素的运行法则。可以将法律规范按逻辑分为习惯法、判例法和成文法三类。以法伦理视角观察,可将习惯法看作法律规范的初始形态,将判例法看作法律规范的发展形态,而成文法则是法律规范的稳定形态。

1. 习惯法

习惯法是人类社会最早的法律形态,它与当时的生产力发展水平相适应,各个不同的部落或种群存在各自的习惯法。古罗马著名法学家乌尔比安认为:“在无成文法可循的情况下,那些长久的习惯常常被当作法和法律来遵守。”[2]“习惯法是人类法体系的重要组成部分,它不仅仅是指国家认可并赋予国家强制力的习惯。人类社会最早的法便为习惯法,随着社会的不断发展,习惯法也日益发展并在社会生活的各个领域发挥作用,规范特定社会成员的行为。”[3]在现代社会,习惯法是指独立于国家制定法之外,依据某种社会权威和社会组织,具有一定强制性的行为规范的总和。虽然习惯法在现代法律体系中的作用大大减弱,但它仍然在一个国家法律体系中扮演着不可或缺的角色。

习惯法调整内容非常广泛,从婚姻到继承,从猎物分配到对偷窃行为的处理,甚至到对于杀人等重罪的制裁,生活中的各个方面,几乎都有习惯法的影子。例如狩猎行为,其中就包含丰富的习惯法内容。一是狩猎的指挥权。根据法人类学家霍贝尔的研究,科曼奇人是印第安人的前身,这一部落不大的社会组织,生活和迁徙都以小而孤立的家庭群体为单位。科曼奇人的法律制度不成熟,法律制度既非由立法机构制定的,也不是由司法机构实施的,但是仍旧有着非常简单的生活公理。例如,“战斗小组的头领”具有很大的、暂时的独裁权,“他决定袭击目标,指定谁去侦察,

〔1〕 参见中共中央马克思恩格斯列宁斯大林著作编译局编:《马克思恩格斯选集》(第2卷),人民出版社1972年版,第538~539页。

〔2〕 [意]桑德罗·斯奇巴尼选编:《正义和法》,黄风译,中国政法大学出版社1992年版,第63页。

〔3〕 高其才:《中国少数民族习惯法研究》,清华大学出版社2003年版,第8页。

谁去做饭，打水，决定行军路线和扎营地点。并且有战利品的话，也由他就地分配。他的所有命令都得无条件服从。倘若有人强烈地反对，他可以自由地离开，走自己的路”[1]。战斗要取得胜利，需要坚强的领导和对领导的坚决服从，但科曼奇人具有强烈的个人自由概念。如果不愿意，他可以随时拿起箭回家去。二是狩猎的仪式。高其才在研究中国少数民族习惯法时发现，在狩猎时，不同的民族存在许多习惯法。[2] 例如，我国鄂伦春族在狩猎期间，不准唱歌、跳舞或吵闹；出猎前不准说一定会打到什么野兽或多少只；不许射击正在交配的野兽；狩猎时，不许把木棍横放在经过的路上，他们认为要顺着放打猎才会顺利；等等。三是关于猎物的分配。因纽特人的社会没有政府、法院、警察和成文法，但有用来维持这一社会平衡和引导人们行为的原始习惯法或与此相似的东西，用以维持秩序，使人们紧密地团结在一起。因纽特人对所获得的猎物的分配，习惯做法是主要根据每个人在打猎中的参加顺序和实际作用进行分配。每一个人可借助他的活动获得取得猎物特定部位的请求权。根据巴芬岛居民的描述，谁第一个接受刺海象的任务，便能得到海象的前半部，谁第一个来到他身边当助手便分得前半部的另一侧，下一个来的人得到脖子和头，再后来的两个分别获得后半部分的两侧。[3]

习惯法并非静止不变，其类型和种类也是多种多样的。法律文化学者梁治平强调：“习惯法既非人定，其规范自然缺乏固定的形式，乃至因地而异，随时而变。”[4] 当个体进入现实世界时，会为各种各样的习俗、风尚和行为准则所约束，这种在每个独立的个体之前就已经存在的各种习惯对个体产生直接或间接约束作用的时候，就是习惯成为习惯法的时候。习惯法与习惯的区别是：习惯法带有要求遵守性，而习惯则未必如此；习惯法主要存在于相互联系和相互交往之中，而习惯可能仅仅是个体的某种“习性的偏好”；习惯法往往涉及整体秩序的稳定，而习惯则主要是个体生活领域的意志自由。但习惯法与习惯并非毫无关联，好的习惯、关涉相互交往的习惯、于整体秩序有益的习惯可以通过陈述、交流、整合固定为习惯法，而已有的习惯法对哪些习惯可以成为习惯法则具有鉴别、选择、引领和提升作用。由于习惯是多方面的，生产习惯、交往习惯、文化习惯等各不相同而且其中包含许多组成要素，于是以习惯为基础而形成的习惯法的内容变得丰富多样。习惯法是对好的习惯的确认和认可，只不过这种确认和认可依靠的是社会团体、行业协会等方面的力量而不是国家强制力。习惯法关系到秩序的形成、维系和发展，因此在法现象领域才受到重视。习惯法的作用范围、作用力度、作用程度也处于变动不居状态，是稳定性和变

---

〔1〕 [美]E. 霍贝尔：《原始人的法》，严存生等译，贵州人民出版社1992年版，第118页。
〔2〕 参见高其才：《中国少数民族习惯法研究》，清华大学出版社2003年版，第114～115页。
〔3〕 参见[美]E. 霍贝尔：《原始人的法》，严存生等译，贵州人民出版社1992年版，第71页。
〔4〕 梁治平：《清代习惯法：社会与国家》，中国政法大学出版社1996年版，第40页。

化性的辩证统一。

习惯法与人类社会共始终，存在于各个领域、各个阶段、各个方面，并作为“底线的法”发挥着重要作用。习惯法是基于人的生活习性而形成的行为规则，这种行为规则是环境、自身、环境与自身相互作用三者的有机结合。原始社会生产力水平低下，人类依靠渔猎和采集存活，于是出现了渔猎采集习惯法；在农业时代，人们以植物的种子或根茎为食物，于是形成土地习惯法和熟人互助习惯法；机器时代，出现了妥善处理人与机器、雇员与雇主之间关系的习惯法；智能时代则会出现电子通信交往平台习惯法。影响所有这些以及其他相关习惯法的产生的因素如下：首先是环境的发展变化为习惯法产生提供了时空条件，其次是人类生存、繁衍和发展的自然需求要求人类加强团结和协同，最后是人类理性认识到习惯法这一规范工具的重要性。习惯法加强了“人类行为的协同”，并通过协同实现社会发展目标。“人类作为本来的动物，没有特别优秀的攻击和防御的器官，而且也不甚敏捷、有力，他们无论如何也需要协同，以弥补个体的弱点，这是不可或缺的，无疑也是有效的。因为他们还不懂得捕获动物的手段和技术，却又是狩猎者，这样推论他们一定是采取协同狩猎的方法，就可以成立了。所谓协同，就是在同一目的下聚集的个体的结合机能，而且通过这种机能的继续，凝聚化单位化了的集团进一步扩大规模，形成复合化经常化的组织体，即逐渐发展成社会。这就是其自身的辩证法。”〔1〕

2. 判例法

判例法是将法官判决先例作为当下司法裁决依据的法律形式。它将过往判例中所蕴含的法律原理作为未来断案的基础，其基本原则是“遵循先例”。如果在面对新案时没有先例可循，那么就由法官进行创造性的裁判，这种情况称为法官造法。法官造法需要结合法律原理、法律智慧、法律技术，对法官素质具有很高要求。判例法与借鉴判例来裁决案件不同。借鉴判例来裁决案件，是将具有典型意义的案件进行筛选、发布、汇编、更新，从而为相似案件提供审理思路、分析框架、裁判意见等方面的间接借鉴。这些被选中的典型案例不作为断案的依据而存在，作为断案依据的是成文的法律规范。按照逻辑，判例法是从习惯法发展而来的，其司法实践意义在于逐渐形成相似的可供借鉴的审理思路。

判例法存在一个形成过程。库恩认为：“诺曼人侵略英国是在他们的一位公爵领导之下完成的，他就是在1066年成为英国国王的威廉一世。在这一时期以前，统一的英国法并不存在。尊重地方的习惯及惯例，这是日耳曼人的原则。这个原则，也支配了英国。在英国有着许多特别法，正如同在欧洲大陆上日耳曼民族有着许多特别法一样。到英国统一了法律，已足使此一原则不复存在。可是，很久以后，该项

〔1〕［日］丰增秀俊：《原始社会》，叶渭渠、唐月梅译，中国文联出版公司1991年版，第8～9页。

原则依旧在英国继续存在着。"[1]尊重地方的习惯及惯例这一原则,不仅是一种主观选择,也是一种稳定秩序的客观考虑。英国经历"诺曼征服后,面临着尖锐的民族矛盾,统治者首要的任务是争取被征服民族的信任,而如果在一个征服了一半的国家内制定一系列在性质上为异邦的法典,必然会激化本来就十分尖锐的民族矛盾,从而使征服者的脚跟难以站稳。所以威廉征服英国后宣布的一项重要法令就是英国各地的习惯法仍然有效,另一方面,国王通过派遣巡回法官到全国各地审理案件,调查、整理各地的习惯法,在审判实践中逐步使各地法律趋向统一。国家的统一为法律的统一提供了前提条件,而法律的统一则进一步巩固了国家的统一"[2]。

在各种法系中,判例在法律渊源中所占的位置不同,普通法系中,判例的位置尤为突出。法系是指关于法的性质,法在社会和政治中的地位,法律制度的实施及其相应的机构,法律的制定、使用、研究、完善和教育的方法等一整套根深蒂固的并为历史条件所限制的理论。法系与文化相勾连,而法系又是文化的一部分,法律制度被置于文化的视野而加以考察。普通法中的判例来源于法官。"普通法的形成来源于负责审理诉讼的法官,因此至今还明显地带有这一起源的印记。普通法的法律规范,不像罗马日耳曼法系的法律规范那么抽象,它以解决诉讼为目的,而不是为了给未来提出一般的行为准则。"[3]判例作为法律渊源的作用机制包含"情理"成分。最早的时候,普通法曾经建立在情理基础上。在没有定出更明确的规范使社会关系更为确定的情况下,情理依然是法院为了填补英国法体系的空白与引导这个体系发展所依靠的取之不尽的源泉。[4] 情理成分使普通法具有一定程度的开放性。

判例法虽然有集立法、司法于同一过程,同时能够充分发挥司法官法律创造力等优点,但是也面临欠稳定的风险,如果没有严格的程序保障,很难想象法官对自由裁量权的运用会拓展到何种程度。判例是法律原理在具体情形下得以运用的结果,而新的案例未必与过去的判例所面临的情况完全相同,这给判例法的适用带来甄别技术、区别技术等方面的挑战。于是,个性化的、基于各种具体案情而作出的诸多判例中所蕴含的基本法律原理,就需要通过抽象、归纳、概括的方式予以呈现,这就从逻辑上对制定法或成文法的出现提出了要求。虽然从历史生成角度来看,成文法早于判例法产生;但从基于现实需要的发展逻辑的角度来看,却可以将成文法理解为产生于判例法之后,因为从"随意的习惯"到"典型的判例"再到"抽象的规则"的认识过程符合思维发展的一般规律。

---

[1] [美]阿瑟·库恩:《英美法原理》,陈朝璧译注,法律出版社2002年版,第3页。
[2] 钱弘道:《英美法讲座》,清华大学出版社2004年版,第156页。
[3] [法]勒内·达维德:《当代主要法律体系》,漆竹生译,上海译文出版社1984年版,第26页。
[4] 参见张中秋:《中西法律文化比较研究》(第2版),南京大学出版社1999年版,第220页。

3. 成文法

成文法是指由国家机关制定的成文法律。与习惯法和判例法相比,成文法在制定主体、表现形式、体例结构等方面呈现出明显特色。成文法制定主体往往是具有立法权的权力机关和被授权各级政府组织,在制定过程中常常要通过固定程序,由专门人员根据社会发展需求反复讨论以决定法律条款的内容。成文法具有完整、清晰、逻辑严密等诸种优点,但由于其相对的稳定性又难以调控社会生活中出现的最新情况。成文法的形成需要过程和时间,需要既有的法律实践经验,但当现实生活中出现该成文法所不能包括的新情况,就产生出根据历史发展而立、改、废、释、纂的要求。这样一种制定、修订、补充、完善、废止、再制定的反复上升过程,有助于发挥法律作为社会调控规范定分止争的重要作用。为了使成文法立法和实施成本最小而社会效果最大,需要在制定每一部法律时都尽可能地使之全面化、系统化、具体化并拥有一定的前瞻性,于是体系化、法典化的愿望和行动便成为成文法的天然倾向。成文法体系化或法典化倾向主要是由法律规范自身的客观局限性与法律调整对象无限发展之间的张力所致。

成文法源远流长,类型众多。可以说,文明时代各个国家和地区的法律体系中,均在不同程度上存在成文法。成文法内在体例结构存在历史发展和横向借鉴,因此在某些方面具有相似性;但也因地理、历史、人口、经济、文化、风俗等因素的不同而存在差异。世界各国制定的民法、商法、刑法、经济法、环境法等法律均属于成文法。从起源来看,《汉谟拉比法典》《十二铜表法》《摩奴法典》《法经》是典型的古代成文法,分别存在于古巴比伦、古罗马、古印度和古代中国。另外,《汉谟拉比法典》之前有《乌尔纳姆法典》,《摩奴法典》之前有《奥义书》,《十二铜表法》之后有近代《法国民法典》,《法经》之后有封建社会时期的各种“律”以及当代社会丰富的刑事规范。法律是相应时代物质基础和社会关系的反映,世界各国形成成文法的时间阶段并不一样,成文法本身的完备程度也不尽相同,但它们服务于人类社会发展的目标没有根本改变。无论其法律条文是从何种维度,对何种具体对象作直接或间接规定或调整,莫不为实现文明昌盛之目的而设。可以说,成文法是目前法律现象中最为重要的法律样态,它不断完善进步,还以此为基础与具体历史时期的司法制度、司法机构、审判人员、裁判技术等方面良性互动,从而在客观上促进了人类社会的法治水平提升。

哈佛大学法学院教授罗伯托·曼加贝拉·昂格尔指出:“在最广泛的意义上讲,法律仅仅是反复出现的、个人和群体之间相互作用的模式,同时,这些个人或群体或多或少地明确承认这种模式产生了应当得到满足的相互的行为期待。我将称其为习惯法或相互作用的法律。这种法律的概念包括两个方面,每个方面都对应于传统的习惯观念的一个侧面。一个因素是对行为的实际规则。另一个层次是正统性:权力与义务感,或者是那种把已经确立的行为模式与社会生活的正确秩序观念以及大而言之的宇宙秩序观念相等同的趋势。”[1]无论是习惯法、判例法还是成文法,一方面作为行为规则而存在,另一方面包含正确秩序的观念。这种正确秩序的观念,实际上就是法律中的伦理要素。法律能成为法并在一定时期和范围内实施,为公众所遵守,除了法律本身的科学性之外,还存在一个重要原因,那就是法律中存在伦理。伦理的存在,使法律拥有了灵魂;也因为伦理价值理念内存其中,法律的实施才具备了文化基础,从而为法律的规范功能、引导功能、惩罚功能、教育功能的发挥提供了精神力量。

(三)立法、执法和司法

立法、执法、司法是法律实践中的重要活动。日常生活、物质生产、技术创新等领域无不受到立法、执法、司法等活动的实际影响。这些活动,不但有对应的人员,还有对应的机构、对应的程序,通过行为主体、行为程序、行为目标三者的结合,达到立法、执法、司法的各自目的,并实现“全民守法”的社会目标。立法、执法、司法等活动的展开并不限于成文法领域,在习惯法和判例法等领域也存在,但成文法领域、成文法产生和实施过程中的立法、司法、执法更具有典型性和代表性,从中也更容易发掘出一般性规律而不仅仅是特殊规律或个性化特征。

1. 立法

“‘立法’一词在中外历史上早已存在,它的基本含义是指法的创制。”[2]E. 博登海默认为:“从立法这一术语在当今所具有的最为重要的意义来看,它意指政府机关经由审慎思考而进行的创制法律法令的活动。”[3]戴维·M. 沃克认为,立法是“通过特别法律制度赋予的有效地公布法律的权力和权威的人或机构的意志制定或修改法律的过程。这一词亦指在立法过程中所产生的结果,即所制定的法本身”[4]。周旺生认为,立法是“由特定主体,依据一定的职权和程序,运用一定的技术,制定、认可和变动法这种特定的社会规范的活动”[5]。曹海晶认为,“广义的立法是指最高国家权力机关和它的常设机关、特定的国家权力机关和它的常设机关,以及特定的国家行政机关等依据法定权限和程序制定、认可、修改、解释、补充、废止法的专门活动。狭义的立法则是专指国家最高权力机关及其常设机关,依据法定权

---

[1] [美]R. M. 昂格尔:《现代社会中的法律》,吴玉章、周汉华译,译林出版社2001年版,第46页。

[2] 曹海晶:《中外立法制度比较》,商务印书馆2016年版,第8页。

[3] [美]E. 博登海默:《法理学:法律哲学与法律方法》,邓正来译,中国政法大学出版社1999年版,第415~416页。

[4] [英]戴维·M. 沃克编:《牛津法律大辞典》,北京社会与科技发展研究所组织翻译,光明日报出版社1988年版,第547页。

[5] 周旺生:《立法学教程》,北京大学出版社2006年版,第60页。

限和程序,制定、修改、认可、解释、补充、废止法律这种特定的规范性文件的活动"[1]。立法与立法权、立法制度不是一个概念,立法权是指从事立法活动的权限,它是由国家正式赋予的,并非任何社会主体都拥有立法权,而立法制度则是根据一国国情对立法权的制度性安排。马克思曾指出:"人们自己创造自己的历史,但是他们并不是随心所欲地创造……而是在直接碰到的、既定的、从过去继承下来的条件下创造。"[2]无论立法、立法权、立法制度,均依据本国国情和时代需求确定。

立法活动需要对各种利益进行平衡。利益关涉不同主体的生存和发展,是社会进步和发展所面临的基础性问题。在每一个共同体内,必然存在不同的利益群体或利益个体。只有合理安排和妥善处理不同利益群体及利益个体的关系,才能充分调动社会活力,激发生产积极性,在动态的和谐气氛中促进人类历史的发展和进步。利益冲突具有普遍性、多样性、长期性和变动性,法律并不排斥利益冲突,而是在正视多元利益并存的基础上实现利益平衡。"利益冲突的法律调整就是通过系统性的法律规范将利益需要转化为主体的权益,并使之履行相应的义务和责任,形成权利与义务、激励与约束、公平与效率的利益平衡法律规范生成机制。利益衡量是这种调整利益冲突的法律机制的重要组成部分。"[3]"立法过程中利益衡量的最终价值在于实现公益与私益之间的均衡……在相互竞争、冲突的利益之间,立法者必须做出选择,价值判断始终是立法者无法回避的问题。"[4]价值判断是立法活动正常开展的前提。无论是职权立法还是授权立法、国家立法还是地方立法、法律制定还是法规颁布,首先必须确定价值理念、价值判断和价值取舍。

立法活动有三个基本环节。一是探索、熟悉和深谙规律。规律既包括一般规律,也包括特殊规律。对规律的掌握程度不同,所形成的法律规范水平就不同。法律规范是各种规律在人类社会领域的综合的、适当的、正确的反映。"立法者应该把自己看做一个自然科学家。他不是在制造法律,不是在发明法律,而仅仅是在表述法律,他把精神关系的内在规律表现在有意识的现行法律之中。如果一个立法者用自己的臆想来代替事情的本质,那么我们就应该责备他极端任性。同样,当私人想违反事物的本质任意妄为时,立法者也有权利把这种情况看作是极端任性。"[5]二是设定合理的立法程序。立法程序是对历史上各种立法经验的总结,提案、审议、表决、公布等环节构成了合理立法程序。立法程序首先将众多的特殊意志聚集在一

---

[1] 曹海晶:《中外立法制度比较》,商务印书馆2016年版,第11页。

[2] 中共中央马克思恩格斯列宁斯大林著作编译局编:《马克思恩格斯选集》(第1卷),人民出版社1995年版,第585页。

[3] 杨炼:《立法过程中的利益衡量研究》,法律出版社2010年版,第29页。

[4] 杨炼:《立法过程中的利益衡量研究》,法律出版社2010年版,第41~42页。

[5] 《马克思恩格斯全集》(第1卷),中共中央马克思恩格斯列宁斯大林著作编译局译,人民出版社1998年版,第183页。

起，通过特殊意志相互结合而找到共同的意志或相合的意志。合意的形成需要相互交流、讨论和论证，在这个过程中，特殊意志中完全体现私意的部分会被去掉，从而将主观性对客观性的影响降到最低。合理的立法程序要解决的主要问题不是共同意志的形成问题，而是解决作为法律素材的规律在何种范围、何种程度以何种方式进入现实法律世界的问题。只要核心问题意识长存，那么立法程序一定具有"合理性"，即与理性相互一致。三是以适当方式表达出来。"立法程序确保法规范中的权利义务关系内容以一定的框架、结构形式表达出来"[1]，将那些可以进入现实世界的规律或已经存在于现实世界的同时为既定时空社会所意识到并予以认可的各种各样的规律以语言文字方式表达出来。一般而言，它包括立法目的、法律主体、法律权利、法律义务、法律责任、附则等内容，涉及立法理由、调整对象、权利义务体系、适用效力等诸多方面。"假定、处理、制裁"或"条件、模式、结果"等是法律逻辑结构基本要素，抽象的法律术语、法律思维、法律形式等所体现的是整个社会对立法成果的接受度。习惯法或判例法实际上内含上述三个环节，只不过表现形式有别。通过掌握规律、把握程序、确定形式，可以制定出切实可行的法律规范。

2. 执法

执法即将已经制定的法律规范贯彻现实世界。它直接贯彻法律的价值追求，将社会共同体各个方面以秩序"围栏"予以梳理、分离、规定和推动，从而保障各个主体之间、各项事务之间、各种关系之间能够各定其位、各安其分、各尽其责、各出其力，彼此和谐相处，实现整体有序运行和持续发展。在一般意义上，执法是指行政执法，即行政机关依照国家法律法规去管理生产、生活等活动的行为。这里对执法概念作了拓展，它包括所有依照法律规定规范相应的管理对象的行为。譬如，生态环境部门依法对环境进行治理、市场监管部门依法对产品质量进行监督、财政部门依法进行预算决算等行为固然属于执法行为，企事业单位依照法律、法规、规章等规定管理本单位的人财物、产供销等行为也是广义的执法行为。拓展意义上的执法与守法的区别在于，如果用法律来约束自己的行为，就是守法行为；如果用法律去约束相对方的行为，那就是拓展意义上的执法行为。本书在拓展意义上使用执法概念。

执法行为的特征，表现在执法主体、执法层次、执法行为、执法阻力、执法效果等许多方面。

执法主体具有多样性和角色转换性。一切法定的或受委托的组织、单位或个人均为执法主体，因此执法主体呈现出多样性。而角色转换性，是指行政执法主体与行政相对人的角色可能被同时承担甚至发生转换，某法律的行政执法主体在另一部法律面前就可能变为行政相对人。执法主体具有多样性和角色转换性的客观原因

---

[1] 刘爱龙：《立法的伦理分析》，法律出版社2008年版，第209页。

在于,一是所有这些主体均处于社会共同体中,二是法律体系本身具有层次性。

地方立法需以宪法和国家法律为依据,但又要结合地方的实际情况,因此,基层社会往往承担较顶层社会更多的执法任务,法律、法规、行政规章、地方性法规等均需要基层社会予以执行、贯彻和落实。

执法行为分为审批行为、管理行为、监督行为、处罚行为等类型,它们既有分工合治的一面,也有相互综合的一面。所谓分工合治,是指这些执法行为往往分属于不同部门、不同的授权组织并通过具体机构、具体工作人员去执行。所谓相互综合,是指随着社会的持续进步和科技水平的不断提升,许多法律规范单独由一个部门去执行往往使这些部门力不从心,往往需要许多相关的专业部门同时发力、联动联治,才能取得理想效果,实现“共建共治共享”。

具体执法种类不同,面临的执法阻力就不相同。执法是将法律规定、法律精神体现于现实活动的过程,执法环境多种多样、执法与被执法主体的角色分工、利益站位、法律意识等各不相同,因此必然存在博弈和对抗,给执法带来很多困难。这就需要被执法者能够充分理解法律精神和法律规定,以整体和大局为重,自觉依法调整和规范自身的行为,从而实现保护环境、稳定社会、维护人权等目的。

执法效果根据不同的分类方式可分为临时效果和长期效果、局部效果和全局效果、行业效果和整体效果、经济效果和社会效果等。在已经制定的各种法律规范的科学性、周密性、完善性得到保障的前提下,如果执法能够到位,那么就能实现上述效果的统一,实现无缝管理和一体化的新公共管理服务。但是,如果立法不完善或执法不到位,执法效果就不会完满,在个体利益与整体利益、经济效益和社会效益等之间就可能出现顾此失彼的情形,无法做到周到的一体保护。世界各国对严格执法都非常重视,究其目的,还在于实现最好的执法效果。

执法涉及对自由裁量权的正确运用。已经制定的法律规范无论多么完备、精确,也必然因其自身的特质和时空发展而出现真空或者滞后问题。法律“不是独立存在的,法律只是社会中的法律,法律不可能包括解决问题的现成答案……共性事物法律与个性的案件总是存在着较大的缝隙需要弥合。”[1]这就给法律执行带来细节性难题,于是,有必要通过设定执法中的自由裁量权来处理这一问题。自由裁量权是一把“双刃剑”。如果使用得当,法的价值就得以实现;如果使用存在瑕疵,法的价值就会打折。严格来说,执法一线工作是法的价值能否被实现的关键所在。执法是将法律规定的具体要求落到实处,由于现实生活总是呈现出自发逻辑支配状态,而且各个角度的特殊意志又有自发运动的特性,于是在执法过程中不得不同时加入引导、教育、规范、提升等工作内容。在执法过程中,法律规范与社会事实的相互关

〔1〕 徐显明、刘瀚主编:《法治社会之形成与发展》,山东人民出版社2002年版,第135页。

系存在多种状态，这就导致在执法焦点、执法力度、执法技术、执法意志等方面存在多种可能和多种选择，因而需要执法者找到正确的执法模式。“在每个具体情形中，只有一个东西可能是正确的。不存在两个正确的类型。”〔1〕根据执法情景来确定正确的执法模式，确保法律价值的有效实现。这种在具体情境中对正确执法模式的选择过程，实际上是法律的适用过程。法律适用也是一种与时俱进的社会现象。

3. 司法

司法是法官的审判活动。“司法含有双方或数方当事人的起诉，因此所谓‘法的宣告’，就是在数个当事人之间关于法的争议所裁决的终审判决的意识。简单地说，‘就一切具体的事实，宣告适用何法的活动，即叫做司法。’‘司法即以判决而适用法。’”〔2〕司法的重心是审判，而审判工作的枢纽是法官。法官是社会公平正义的最后一道防线，无论何种诉讼制度、何种诉讼程序、何种诉讼类型，真正能裁定或判决的就是法官。德沃金认为：“法官必须判定的不仅仅是谁应得到什么，还应该判定谁的行为端正，谁履行了公民职责，谁蓄意或因贪婪或浑浑噩噩而忽视了自己对他人的责任或过分强调他人对自己的责任。如果判决不公正，社会就可能使某个成员蒙受一种道德上的伤害，因为这种判决会在某种程度或某个方面给他打上一个违法者的烙印。当无辜者被判定有罪时，这种伤害最为严重，但是倘若一个原告虽有合理要求而被法庭驳回，或一个被告走出法庭时被强加以不应有的耻辱，那么这种伤害也够大了。”〔3〕可见，法官是社会正义的最后一道防线。

司法主要在法院展开。如果说法官是司法过程中“人”的要素，那么法院就是开展司法活动的主要场所。法院是一国司法体制的重要组成部分，更是法官解决纠纷的安全场所。法院的中心任务是“庭审”。每类法院都有自己的司法地位、管辖范围、庭审构造。“庭审，即法庭审判，是一个具有法的范式和象征意义的法的空间。在这个空间中，有法律程序的展开，控辩活动的推进，以及不同诉讼角色的扮演，而其围绕的中心，是法官对案件实体的心证形成。”〔4〕庭审通过提出事实主张、举证证明、审查及评价证据、认定案件事实、适用法律作出判决等具体环节，确保依据法律的精神妥善处理各种各样纠纷。法院之外的其他处理纠纷的机构也基本遵照这一行动逻辑。法律纠纷通常以个体化存在为前提。法律纠纷的化解，要求所有个体化存在的个体、团体、群体能够恢复对自身的意识、行动、影响等方面的基本的合理判断，明白在何种时候可以充当主体、在哪些事项上可以有所作为或不作为、拥有哪些权利、担负着哪些责任，从而重新回归与其他个体化存在相处的行动边界。纠纷的

---

〔1〕［美］罗斯科·庞德：《法律与道德》，陈林林译，中国政法大学出版社2003年版，第37页。

〔2〕龚祥瑞：《西方国家司法制度》，北京大学出版社1993年版，第19页。

〔3〕［美］R. 德沃金：《法律帝国》，李常青译，中国大百科全书出版社1996年版，第1～2页。

〔4〕龙宗智：《刑事庭审制度研究》，中国政法大学出版社2001年版，第1页。

处理需要结合当地的自然环境、社会环境、人文环境，坚持以事实为依据、以法律为准绳的基本原则，厘清法律关系，聚焦争论焦点，寻找规范基础，平衡利益冲突。法院庭审过程中所处理的纠纷多种多样，如果由一个法官或一个法院来处理诸多纠纷类型，会遇到许多实际困难，这就需要将法官分成不同专业团队、在法院设置不同审判庭、制定相对应的诉讼法、利用各种技术条件，以便更加公平、高效、彻底地处理、化解、预防各类纠纷。

司法需要具体制度作保障。为了让法官顺利正确地断案，发挥其作为纠纷调解中心、纠纷化解中心、纠纷处理中心、纠纷预防中心的关键地位的作用，人们分门别类地设置了各种司法具体制度。和解制度、仲裁制度、调解制度、诉讼制度等是其中的典型代表。在某种具体制度之内又包含许多详细规定。刑事上的侦查权、检察权、审判权相互分工合作制度，律师制度，公证制度等也是司法制度的重要组成部分。目前法官地位不断提高，专门化审判越来越多，审判工作分工越来越细，审判技术越来越高，互联网法院、智慧审判纷纷涌现。

实事求是地说，由于本体世界与现象世界存在区别，客观存在与主观愿望之间存在张力，以及性格差异性、文化多样性、利益多元性等事实上的存在，"纠纷"这一现象在人类社会不可避免。法律是通过发挥主观能动性，防范不利于人类生存、发展、繁荣之负面现象的有力工具。法律不能根除纠纷，但法律能够化解纠纷，由此保障人类社会沿着文明方向发展。无论是立法、执法还是司法，最后还是要确保社会的所有成员都自觉守法。"一个人遵守不遵守某项原则，不仅决定于他个人的直接利益和他当时所受到的诱惑力的强弱。还决定于他考虑到和他有接触的人们对他的行为会怎样说，怎样想，怎样感觉，怎样看他，还要根据他所知道的这些人过去的行为。使法律发生效力的条件可以说就是那些许许多多个人的活动和反应，这种活动和反应无论是否以社会的名义来表示，都往往管制着一个人的行为，使他遵守规则，从而维持了社会体系的秩序和平衡。"[1]只有守法，才能杜绝纠纷，带来和平，才能获得秩序和正义。

立法、执法、司法等作为重要的法律实践活动，需要基础设施、技术保障、制度设计、外在监督等方面的支持和发展，更离不开观念层面的价值理念、伦理意识的指引。法律是成文的道德，道德是内心的法律。习近平总书记指出："以法治承载道德理念，道德才有可靠制度支撑。法律法规要树立鲜明道德导向，弘扬美德义行，立法、执法、司法都要体现社会主义道德要求，都要把社会主义核心价值观贯穿其中，使社会主义法治成为良法善治。"[2]

---

〔1〕［英］雷蒙德·弗思：《人文类型》，费孝通译，商务印书馆1991年版，第109～110页。

〔2〕习近平：《论坚持全面依法治国》，中央文献出版社2020年版，第166页。

第二节　法律伦理、法学伦理还是法伦理？

法伦理的研究由来已久，它在中外伦理思想史、法律思想史上均有不同程度的呈现。中华人民共和国成立后，随着中国伦理学的发展，作为应用伦理学的法伦理学逐步成长起来。但是，时至今日，关于法伦理的认识还是多种多样的。因此，在深入研究之前，需要明确对法伦理学科的认识。

一、代表性学术观点分析

关于法伦理的称谓，学界存在三种经典的表述，即“法律伦理”“法学伦理”“法伦理”。“不同的学科称谓，反映了不同的研究角度，进一步在研究法律伦理学的学科性质、研究对象、研究意义、研究内容等问题上，就会得出不同的结论，从而建立不同的学科理论体系。”[1]

从学科建设角度来看，文正邦的《法伦理学研究的战略意义》（1988 年）、何勤华的《法律伦理学体系总论》（1993 年）、李建华的《法律伦理学论纲》（1995 年），是三篇法伦理学早期代表性文章，对法伦理学学科的成长起到了重要的奠基和指引作用。本书将从上述三篇代表作中，引申出对法伦理学科建构的看法。

关于研究内容。1988 年，文正邦教授在《法伦理学研究的战略意义》中，将这门学科称为“法伦理学”，将主要研究对象定位于以“法和道德的关系为中心”，将“为法律实践提供伦理基础”作为研究目的。其研究内容，包括法律与道德关系，立法、司法、执法、守法等活动中所涉及伦理道德的规律性，法律创制和实施的价值标准，司法人员职业道德体系，关于社会发展对法律关系和道德水准带来的变化趋势的现实考察和未来预测等方面。文正邦教授认为法伦理学“是一门尚在破土萌发中的崭新学科，需要法学工作者和伦理学工作者协同努力培植和建树”[2]。这篇论文表明了法伦理学的交叉学科或跨领域学科性质，意味着法伦理学是一门理论性与实践性很强的学科，并不局限于仅作理论分析或司法实践的伦理考量。法伦理学学科概念的提出，实际上是对社会领域“法与伦理共同成长”的一种关切。

何勤华教授对法伦理学学科的称谓，存在一个变化过程。他最初使用的称谓是“法学伦理学”，而在《法律伦理学体系总论》（1993 年）一文中，改用“法律伦理学”。后者主要包含以下内容：一是设想了学科研究对象。他认为，专门把法律关系和伦理关系（道德关系）结合起来研究，并从法学和伦理学中独立出来的学问，就是法律

---

〔1〕 余其营：《法律伦理学的研究经纬与学科使命》，载《南阳理工学院学报》2017 年第 5 期。

〔2〕 文正邦：《法伦理学研究的战略意义》，载《探索》1988 年第 5 期。

伦理学。基于这种认识,他认为法律伦理学研究的"道德",不应仅局限在法律职业道德范围内,还应涉及人们日常法律生活中的道德问题,如人工授精、安乐死、婚姻法实施过程中的道德问题等;而法律伦理学涉及的"法律",则应当包括法律的各个领域,如宪法、民法、刑法、诉讼法等,而不应局限于司法领域或律师问题。二是分析了法律伦理学的研究深度问题。他认为,在研究法律和道德问题时,不能仅停留在个别介绍、一般论述上,而应对两者的辩证关系展开深入研究,如法律关系与道德关系、法律评价与道德评价、法律与道德的彼此融合与转化等问题。从上述各点出发开展法律伦理学研究,是建设具有中国特色的法律伦理学的基本思路。[1]

何勤华教授在该文中将法律伦理学所研究的道德,从法律职业道德问题拓展到了日常生活中的法律道德问题,这使得法律伦理学研究能够跟踪时代步伐、捕捉时代热点,为现实的、具体的、直接的事件或案例提供法律伦理学的解决方案和价值引领。他更加关注法律本身的伦理研究,而不仅仅关注司法伦理或律师伦理。法律规范本身属于正式制度,通过对法律规范本身的伦理价值含量的分析、评估和预计,可以有效发挥法律规范的社会规制作用。他提出应对法律与道德的辩证区别、关系和相互转化进行研究,而不仅仅对两者进行简单介绍和描述。其后兴起的法律道德化、道德法律化的研究理路,可以说与该思想有相通之处。他还提出应当采用多学科研究方法,使法律伦理学在不同维度不断深入,形成具有中国特色的法律伦理学体系,对法律伦理学研究提出了殷切期望。

李建华教授的《法律伦理学论纲》(1995 年)一文,主要包括以下内容:一是明确了"法律伦理学"作为一门新兴交叉学科的学科性质。法学与伦理学交叉,可以产生法律伦理学和伦理法学两门学科。伦理法学的侧重点是法学,它研究的是伦理现象中的法律问题,如伦理关系中的前定因素、伦理道德规范的法制意义,道德实施中的法律手段,道德立法的主体等。法律伦理学作为伦理学的分支学科,虽然不可避免地也要涉及上述问题,但其主要侧重点是法律现象中的伦理道德问题,如立法的道德依据、法的伦理蕴意、司法的道德要求、守法的道德基础等。二是确立了研究对象。"法律伦理学是以法律关系和道德关系的相互交叉、关联、作用为基础,研究法现象中的伦理道德问题的一般规律的学问。"[2]法律伦理学研究人们在法律活动中协调各种利益关系的善恶取向及其应该或不应该的行为规定。三是确立了丰富的学科研究内容。文章结合法律与道德关系的历史发展,立足社会主义市场经济条件下的法治建设与道德建设的实际需要,认为法律伦理学研究的道德是整个法律现象中所蕴含的道德,不应仅仅局限在法律职业道德范围之内,而应当把法律现象放到更加广阔的文化背景之下,接受伦理道德精神的审视、评价与批判。

---

〔1〕 参见何勤华:《法律伦理学体系总论》,载《中州学刊》1993 年第 3 期。

〔2〕 李建华:《法律伦理学论纲》,载《江西社会科学》1995 年第 9 期。

李建华教授这篇论文对法律伦理学与伦理法学进行了理由充足的逻辑区分,将法律伦理学的侧重点定位到了伦理学,由此,有力地推动了法律伦理这一应用伦理学分支领域的深入发展。它关于法律伦理学研究对象的分析,不限于法律关系与道德关系的一般分析,而同时侧重两者之间的"相互交叉、关联"作用,指出要研究整个法现象中的伦理问题,而不局限在法现象之中的某一方面;要研究伦理道德问题的"一般规律",而不能局限于伦理道德问题本身;既要研究法律伦理,又要研究法道德,而不是仅仅研究某一方面。这极大地拓展了法律伦理学的研究内容。

关于研究方法。何勤华认为法律伦理学的研究方法不应局限于法学和伦理学的方法,而必须广泛借用社会学、心理学、生物学、政治学、文化学等的方法。李建华教授进一步指出,法律伦理学的研究方法不应拘泥于某几种具体研究方法,而是需要有一个开放的方法群,具体包括哲学方法、自然科学方法、人文科学方法、伦理学自身的方法四个层次,这些方法层中的各种方法以及各层之间的方法既可以单独使用,也可交叉使用。显然,多种研究方法的运用更容易促进法律伦理学的研究。这种多元、多维、多方的开放性的成长理念,不仅在一个学科的形成阶段发挥重要作用,即使是在法伦理研究日益深入的今天,也具有借鉴和启示意义。以此为基础,借鉴其他相关研究成果,本书以"法伦理"的称谓为基础展开讨论。

二、法伦理学的意蕴

本书认为,法伦理学是研究法现象中伦理道德规律的学问。法伦理学研究整个法现象,其中包含法律意识、法律规范、法律实践等所有层面的伦理道德规律,而不仅仅是其中某一方面。它不但研究法现象中的伦理规律、道德规律,还研究如何从法道德过渡到法伦理或从法伦理过渡到法道德,它不但进行一般性的理论抽象,还对具体法律规范进行伦理道德剖析,还可以对具体案例进行伦理道德指导。具体来说,法伦理学应当具有以下意蕴。

其一,法伦理学侧重于伦理学科。

哲学伦理学是研究社会至善与个体至善有机统一的学问。虽然直到今天,对于伦理与道德的关系、善的含义、各种应用伦理学的实际应用等基础和前沿问题的探讨仍旧处于开放状态,但就"伦理学是对善的追求"这一点而言,没有实质性分歧。人们之所以期待善、分析善、追求善,是因为善对人类社会乃至生态环境的稳定和发展均具有重要意义。对善的诸种研究和思考,无不是为了保持和增加善的含量,进而通过善的指引作用,使国家和人类命运共同体变得更加美好。法伦理学侧重于从伦理学角度来研究法,即从伦理的价值角度来分析各种各样法现象中的伦理道德规律,在具体的法理学说、法律规定、实践案例中找到善的标准、分析通往善的道路、提升善的含量,通过意识、言语、行动等协同努力,服务于国家法治建设、服务于法律纠纷妥善解决、服务于个体法律素养的全面提升,促进法领域整体至善与个体至善的有机统一。法伦理学以伦理学视角来研究法现象,因此其侧重点在于伦理学;伦理法学从法学视野研究伦理现象,侧重于法学,虽然伦理法学这一学科实际上尚未产生。

其二,法伦理学研究的内容非常广泛。

法伦理学研究的内容包括法伦理原理、法伦理规范、法伦理案例等,每一部分又包含许多子系统。按照从实践到理论的逻辑进行观察,就会发现,目前法伦理实践案例部分的研究属于热门领域,特别是法学学者撰写出版了许多法律职业伦理案例汇编、案例教程。这些著作密切结合实际,针对性强,包含一定程度的伦理关切。它们主要是依据法学思维而作,侧重于从职业行为规范角度对所撷取的案例进行分析,就像民法案例教程、刑法案例教程等分析范式一样。伦理视野的法律案例分析与法律视野的案例分析的区别在于:前者侧重于揭示具体案例与伦理理念的相符或不符之处,后者侧重于解决具体案件尤其是重大疑难案例的法律技术问题;前者多具有提醒、劝勉和激励作用,后者则能为具体案件的裁断起到某些借鉴作用。法伦理案例研究不局限于司法实践中的案例,对具体法律规范或具体法律意识,甚至具体法学理论、代表性人物的思想都可以展开专门性研究。这些专门性研究也可以看作法伦理案例研究的层次,即法伦理的案例研究包括对具体法律意识、具体法律规范、具体司法案例的研究。

同样道理,法伦理学规范研究不仅仅是对法官职业道德、检察官职业道德、律师职业道德等行为规范和道德准则的研究,而是对从法律意识、法律规范、法律实践中抽象归纳出来并穿透于三者之中的伦理道德规范的研究。例如,曹刚教授认为,法伦理学道德理念包括"扬善避恶"、"和谐"和"正义";[1]李建华教授在谈到"道德公正:法治社会的伦理目标"时,提出"正义:政府的权能表现""公平:社会的道义取向""正直:个体的德性要求"等学术见解;石文龙认为法伦理学的基本原则有四个,即人道原则、人权原则、善意原则、良知原则;[2]富勒对法律内在道德与外在的道德的区分;等等。这些都可以看作从不同维度对法伦理规范的研究。法伦理规范研究与法律职业伦理行为规范研究不同。法伦理规范研究是对所有法律现象中的伦理道德规范的抽象性概括,具有指导意义,而法律职业伦理行为规范或道德准则具有具体性和丰富性;法伦理规范研究可以为法律职业伦理行为规范研究提供价值依据,而法律职业伦理行为规范或道德准则研究更具体和适宜操作。

在法伦理原理层面存在大量研究成果。从法伦理作为一个基本学科的建构理据开始,学界结合中外文化思想发展,详细阐释法律与道德关系的融合、分离、复合

---

〔1〕 参见曹刚:《法律的道德批判》,江西人民出版社2001年版,第35、39、47页。

〔2〕 参见石文龙:《法伦理学》(第2版),中国法制出版社2011年版,第9~13页。

过程,针对立法、司法、执法等各个领域提出法伦理学的要求,尝试建立法伦理的基本原则,对民法、刑法、行政法、知识产权法、环境法等许多具体法律部门及新制定或修订的具体法律规范进行伦理审视或伦理解读,对“良法善治”问题进行深层探索,同时借鉴、阐释国外学者相关理论著作,使法伦理学在理论深度上有许多新的突破,不同理论板块之间的联系也在持续加强。但是,法伦理学原理研究仍需继续推进,逐渐形成比较完善的法伦理学原理体系。要完成学科理论建设从具体到抽象、再从抽象到具体的辩证发展过程,需要广大学者及相关工作者:一是在各自感兴趣和有价值的法伦理理论领域继续深耕细作;二是将已有的各种理论板块或理论碎片进行整合,这种整合不是机械地堆砌、罗列、叠加或任意置放,而是按照法伦理学学科发展的内在规律对这些理论知识进行深层的思索、贯通、连接和表述,提升理论的深度和科学性,切实服务于法治建设;三是对法伦理学中的重要理论问题和核心问题提出自己的见解而不是仅仅借鉴既有的人类文化成果,从而为法伦理学研究做出新的贡献。

这三种研究领域的逻辑的展开思路是:理论法伦理研究——规则法伦理研究——案例法伦理研究。从整个学术研究情况来看,这是从对基本理论的关注,逐渐过渡到了对基本规范、典型案例的关注。而其现实的思路则是:案例法伦理研究——规则法伦理研究——理论法伦理研究。在实践中遇到了伦理道德困惑时,就开始对具体案例进行分析;发现需要求助于规则的指引,于是开始对规则进行梳理、归纳和介绍,并对这些规则所含原理进行理论沉思,于是进入理论法伦理研究阶段。无论逻辑思路还是现实思路,都包含着上述三个环节、阶段、层次、维度或链条。这三个环节或领域所构成的法伦理研究不断地螺旋式上升,从而使法伦理的文化基因序列持续增长和发展壮大。理论法伦理研究、规则法伦理研究、案例法伦理研究,对应的是理论、制度、实践三个方面,各自发挥着重要作用。当这三种研究还不足以解决新出现的现实问题的时候,就要求法伦理学进入哲学沉思层面。通过整体性、联系性、运动性、穿透性、发散性、共振性等思维方法,将法伦理学各种基本原料、基本结构、基本框架进行进一步整合,从而使法伦理学自身成为充满生机、不断成长、开放兼容、活力四射的精神文化,为国家、社会、个体发展提供伦理道德帮助。

其三,法伦理学研究具有重要价值。

法伦理学并非当代中国所独有。在中国历史上虽然没有类似于今日的学科分类和学术形态,但是关于法伦理学的相关思想萌芽早已具备,并以非常精炼的方式表达出来。孔子从“为政以德”就能“众星共之”的德治、德化理念出发,认为“道之以政,齐之以刑,民免而无耻;道之以德,齐之以礼,有耻且格”(《论语·为政》)。董仲舒“春秋决狱”,“论心定罪”。“董仲舒提倡德教,目的在于用感化的办法征服‘背上之心’，而并不反对刑法。”[1]西方关于法律与道德思想的萌芽可以追溯到古希腊哲学。斯多葛学派创始人芝诺认为，“我们个人的本性就是自然的一部分，合乎自然的方式的生活就是至善，就是说至善是合乎个人的本性以及宇宙的自然，不应作任何为人类普遍法则习惯上所禁止的事。这种普遍法则相等于弥漫于一切事物中的正确的理性，这种普遍法则与主宰万物规定万物的神并无二致”[2]。苏格拉底以死殉道，通过其行为诠释守法伦理：“你蔑视我们——法律，要毁坏我们——法律；你想逃，不顾和我们所订甘为守法公民的契约，做最下贱的奴才所做的事。首先答复这问题：我们说，你言语与行为都和我们订下了甘为守法公民的契约这是否实话？我们应当怎么回答，克力同？表示同意，或是振振有词？”[3]

法伦理思想的历史长久性，证明法伦理自身存在重大价值。法伦理学的研究价值主要包括三个层面：微观层面是提升法律人自身的道德素养，中观层面则是实现法律人个体至善与法环境整体至善的“德福一致”形态的生成和发展，宏观层面是促进国家依法治国与以德治国更好地有机统一。由于法现象是现代社会治理的重要组成部分，每个社会成员都会在不同程度上受到法现象的影响、调整和规范，所以，对法现象领域伦理道德规律的探究实质上有助于人类社会整体至善与个体至善有机统一的形成和常态化发展。

第三节 伦理精神

任何学术成长都是一个持续过程。中国伦理学不断发展，在元伦理学、规范伦理学、应用伦理学等领域取得了丰硕成果，对精神文明建设发挥了重要作用。伦理道德无处不在，它主要是关于世界善的力量的探索、领悟、揭示和行为表达。在既有伦理研究成果中，我们发现，伦理精神是对伦理学进行精神哲学层面察幽探微、钩深致远的重要概念。伦理精神是我国著名伦理学家樊浩先生率先提出并进行了深刻全面诠释的重要伦理概念。目前，已经有越来越多的学术成果使用这一概念，从而更好地促进了学术交流和学术探讨。“面对当代伦理学研究存在的‘形上期盼’与‘形下现状’之间的纠结，樊教授凭借其敏锐的洞察力和强大的建构力开辟出一条精神哲学的道德形而上学路径，为当代伦理学研究的形而上学努力做出了极为重大

[1] 沈善洪、王凤贤：《中国伦理思想史》（上卷），人民出版社2005年版，第389页。

[2] 周辅成编：《西方伦理学名著选辑》（上卷），商务印书馆1964年版，第215～216页。

[3] [古希腊]柏拉图：《游叙弗伦 苏格拉底的申辩 克力同》，严群译，商务印书馆1983年版，第110页。

的理论贡献。"[1]伦理精神概念在伦理探索和道德实践中作用日隆,笔者不揣浅陋,对此概念进行阐释并将之作为本书的基础概念之一。

一、何谓伦理精神?

樊浩先生指出:"'伦理精神'是指构成社会的伦理生活、个体的道德品质的伦理理论的精神性、体系性元素,以及由这些元素所形成的完整形态。"[2]"伦理精神是个体与共体统一的'道德精神',既融摄了个体的道德精神,又消解了个体道德精神的主观性和抽象性。"[3]"伦理精神就是伦理的普遍性获得现实性与合理性的现实过程,也是个体获得伦理普遍性并成为伦理性存在的精神。"[4]

这里主要包含三层意思。首先,伦理精神是一个"完整形态"。这个形态不仅包括伦理道德的单一方面或某些方面,而且包含伦理生活和个体道德的所有要素。这些要素属于意识成果,对应着历史实践。当主体从事具体行为时,所对应的是伦理实践的某一环节。同时,由于这些环节次第推进而非静止不动,从而使实践中的所有具体行为的环节均能符合伦理道德要求。樊浩先生认为,伦理精神概念主要由"伦""理""道""德""得"五个要素组成,各有其对应的理论环节和实践地位。其次,伦理精神包含道德精神。在伦理精神概念所表征的伦理道德要素体系中,"道"与"德"是其中的两个要素,同时这两个要素又组成了"道德"这一层面。一般而言,伦理侧重整体,而道德侧重个体。道德的个体化特色使道德具有主观性、抽象性、多样性、变易性,当个体与整体相遇时,必然需要个体与整体统一的"精神",但这种个体与整体统一的精神并非伦理精神概念中的全部内容,而仅仅是其中的一个环节,具体来说是处于伦理与道德之间相互一致的这一环节。最后,伦理精神概念指向单一物与普遍物的统一。其内涵包含三个方面:一是伦理的普遍性在现实世界得到体现;二是单一物的个体逐渐成长并体现出伦理普遍性;三是单一物与普遍物、个体与整体统一的状态,这种单一物与普遍物统一的状态,被称为精神。"作为普遍者,精神自己以自己为对象,作为特殊者,精神就是一个个体。作为普遍者,它又超出了这个个体性,统摄了它的对方,是它的对方和它自身的统一。"[5]伦理精神是单一物与普遍物相互贴近并最终一致的环节、过程和状态。所谓单一物与普遍物统一,是指单一物在普遍物中找到其具体位置并在此具体位置进行意识和意志建构的发展过

[1] 蒋艳艳:《走向精神哲学:当代伦理学研究的形上期待——樊浩教授〈"道德形而上学"三部曲〉评析》,载《伦理学研究》2020年第2期。

[2] 樊浩:《伦理精神的价值生态》,中国社会科学出版社2001年版,第99页。

[3] 樊浩:《道德形而上学体系的精神哲学基础》,中国社会科学出版社2006年版,第14页。

[4] 樊浩:《伦理道德的精神哲学形态》,中国社会科学出版社2017年版,第88页。

[5] [德]黑格尔:《哲学史讲演录》(第1卷),贺麟、王太庆译,商务印书馆1959年版,第72页。

程，它的内在并非静止状态，而是自觉地从一个环节向另一个环节发展，最终达到黑格尔所说的“伦理上的造诣”。

二、伦理精神概念的理论特色

（一）伦理精神概念的实体关切

伦理精神概念通过对“个体—集体—实体”概念的逻辑分析，指出个体应上升为集体、集体应上升为实体。樊浩先生指出：“个体与实体、乃至个体与集体的关系，是一个十分复杂的问题。它的复杂性同样从历史与逻辑两个维度被呈现。”[1]樊浩先生认为，从历史维度来看，无论是人类进化史、文明发展史，还是个体智力发展史，个体意识的生长、个体性的形成，曾经是一个巨大的和具有革命意义的进步。从逻辑维度来看，个体与实体的关系这一道德形而上学难题在黑格尔的精神现象学与法哲学中均有体现。樊浩先生认为，精神现象学的体系是“伦理—教化—道德”，法哲学的体系是“抽象法—道德—伦理”；个体的现实性、合法性、合理性始终是道德哲学的关注对象，对个体的这种关注在“伦理—道德”的辩证运动中完成；它在精神现象学和法哲学的不同道德哲学体系中具有完全不同的地位。但在历史哲学或者在真正辩证的历史哲学体系中，二者应当也必须复归于统一。[2]

樊浩先生认为，个体具有双重含义：一是经验论的个别的人，二是作为价值载体的人。关于个体讨论的关键和分歧，不在于前者即经验主体，而在于后者，即价值载体或伦理主体。当个体、个人与主义相连，发展为个体主义与个人主义，问题就变得复杂起来。一个盛行个人主义的国家，就不再能处于正常的社会状态。扬弃个体的抽象性和个人主义的非合理性，就必须由个体走向集体、由个人走向社会。集体也是一个难以准确把握的概念，集体的现实形态往往是某种组织，而组织的形成则需要具备共同目的、协作的愿望、信息三个要素。人要生活必须获得物质生活资料，因而必须进行生产和再生产。物质资料的生产活动是一种社会性活动，必然也必须结成一定的社会关系即生产关系，个人要进行生产，则必须走向集体、走向社会。个体性是人的潜在的和抽象的存在，集体是人的具体的和自在自为的存在形式。然而，集体只是个体的否定性形态，而不是其真理性形态，个体要真正成为理性的存在，集体要真正具有现实性与合理性，还必须实现辩证复归，达到否定之否定。这个辩证复归的否定之否定形态就是实体。

樊浩先生强调：“实体是在德国古典哲学尤其是黑格尔哲学中被发展了的概念。在黑格尔哲学中，实体的概念具有三个方面的重要内涵：第一，实体即共体，是公共

---

〔1〕 樊浩：《道德形而上学体系的精神哲学基础》，中国社会科学出版社2006年版，第316页。

〔2〕 参见樊浩：《道德形而上学体系的精神哲学基础》，中国社会科学出版社2006年版，第316～317页。

本质或普遍本质;第二,实体的对立物是自我,实体的本质规定既不是自我,也不是普遍,而是'单一物与普遍物的统一';第三,实体达到'单一物与普遍物的统一'的最重要的品质和条件是'精神',只有透过'精神',实体才能形成,或者毋宁说,实体本质上是精神性的,它透过精神建构并且只有借助精神才能完成和持存。"[1]从集体走向实体,就是要以作为普遍物的实体实现"伦理统一性",从而解决"多"与"一"统一这一重要理论难题。[2]"多"中求"一","变"中求"不变",本身就是意识形态的应有之义和发展规律。[3]"文明史的规律是:人们享受'多'的丰盛与'变'的活力,然而千百年来最高智慧总是坚韧地寻找'多'背后的'一','变'背后那种'不变',哲学中的'始基',物理学中的'基本粒子',生命科学的'基因',人文科学的'最高主宰',无一不是寻找'多'中之'一'、'变'中之'不变'的努力。"[4]对伦理精神的研究,本身就是这样一种学术努力。

(二)伦理精神概念的内涵丰富

樊浩先生指出,伦理精神由"伦""理""道""德""得"等要素组成。"伦"即客观的人伦关系,是伦理精神的基础和直接的源头。"理"是主观的人伦关系之理,是从客观的人伦关系中抽象演绎出来的调节人伦关系的价值原理。它既是道理,又是原理;既与"伦"紧密相连并相互匹配,又不只是消极的和纯客观的反映,而是体现实践理性的"应然"的文化本性。"道"是在一定的人伦之理的基础上形成的道德法则或道德律,"道"比"理"更具体、更具有落实性,体现着社会伦理向个体道德的转化。"道"是道德法则,是伦理精神生态中至为重要的一个要素,在相当程度上决定伦理精神的品质。"德"即个体的德性,它是伦理精神的直接指向和着力点,从某种意义上说,伦理精神的重要目标,就是要培养人们的德性。德性的重要性,就在于它具有外化为道德行为的能力。在德性形成过程中,在德性见诸行为的过程中,"德"与"得"相关联,"德"不仅是价值性的得"道",也包括世俗性的"获得","伦理道德与现实幸福应当一致,必须建构德福同一性的精神哲学形态"[5]。"德"的内得与外得属性,一方面把人伦精神落实为德性精神,在客观的人伦关系中进行行为选择,表现为一定的道德行为,从而使伦理精神体系成为一个圆满的体系;另一方面,它把伦理与社会紧密相连,不只是要求个体一般地依照社会伦理而行动,达到个体的至善,还同时向社会提出要求,追求社会至善,由此伦理精神生态又成为一个开放的体系。

樊浩先生又指出,伦理精神包括伦理和道德两个结构。伦理精神要处理的基本

---

[1] 樊浩:《道德形而上学体系的精神哲学基础》,中国社会科学出版社2006年版,第325~326页。
[2] 参见樊浩等:《中国大众意识形态报告》,中国社会科学出版社2010年版,第9页。
[3] 参见樊浩:《中国社会价值共识的意识形态期待》,载《中国社会科学》2014年第7期。
[4] 樊浩:《伦理道德的精神哲学形态》,中国社会科学出版社2017年版,第321页。
[5] 樊浩:《现代伦理学理论形态》,中国社会科学出版社2021年版,第39页。

问题不只是个体与他人、与整体的关系，还有个体至善与社会至善的关系。个体道德与社会伦理的相互推动、良性循环的精神状态的形成，需要"德"的概念为媒介，由此形成伦理精神的"伦—理—道—德—得"的文化生态。"伦"与"理"两要素的结合，构成"伦—理"生态，功能在于为社会、为人们的伦理生活提供"人伦原理"。人伦之"理"必然也必须落实为人德之"道"。通过"理"与"道"的联结与转化，形成"人道规范"的"道—德"价值生态。而一旦"伦"通过"理"与"道"的中介落实为"德"，伦理理念便在逻辑体系中完成自身，达到理论的层面。但是，伦理理念及其价值是一个开放的结构和开放的生态，开放的根据在于，只有处理现实的伦理矛盾和利益关系时，伦理理念才有必然性和合理性。于是，伦理理念逻辑与历史地展开为另一个结构，形成"德—得"生态的价值结构，提供人生智慧。[1]

(三)"生态合理性"方法

樊浩先生在诸多著述中表明，伦理精神研究方法是"生态本位方法"，而不是单一的"自我本位方法"或"关系本位方法"。他指出，自我本位的确证方法的前提是把伦理道德从人类文明的有机而完整的体系中离析出来，把主体从有机的社会关系与文化情境中分离出来，在独立和虚拟条件下抽象地把握。关系本位方法在确证伦理的价值合理性的实践中，并不将其置放于"伦理之内，也不存在于作为它的作用对象的经济、社会及其发展之内，而存在于伦理与经济、社会发展的'关系'之中，存在于主体所依循的普遍行为准则之中"[2]。樊浩先生认为，生态本位的伦理学方法是以"生态合理性"为核心概念、价值取向和建构原理的开放—冲突的文明时代的伦理学方法。它具有下述形而上学特性：以生态世界观和生态价值观为哲学基础；以生态合理性为建构和确证伦理的理论合理性和实践合理性的价值标准；在文化冲突、经济转轨、社会转型的背景下，通过实现伦理生态的辩证复归，通过伦理—文化生态、伦理—社会生态的建构，确证现代中国伦理精神的理论合理性和实践合理性。"'生态合理性'本质上是一种整体合理性的价值观。以整体性为原则，生态合理性的'伦理学方法'关于伦理精神的价值合理性的存在原理表现为五个基本要求：生态整体的合理性、生态因子的平等性、反价值霸权、反个人主义及社会文明的健全与协调发展。"[3]"作为一种'伦理学方法'，'生态本位'的价值观的实质是以生态合理性为根本理念，建构伦理精神的理论合理性和实践合理性。"[4]这种生态合理性的伦理学方法，体现在伦理精神概念之中。

---

[1] 参见樊浩：《道德形而上学体系的精神哲学基础》，中国社会科学出版社2006年版，第26～40页。

[2] 樊浩：《伦理精神的价值生态》，中国社会科学出版社2001年版，第4页。

[3] 樊浩：《伦理精神的价值生态》，中国社会科学出版社2001年版，第21页。

[4] 樊浩：《当代伦理精神的生态合理性》，载《中国社会科学》2001年第1期。

樊浩先生认为,伦理精神所体现的是一个有机生命体。[1] 伦理精神由伦理价值的各种要素形成生命体,每个伦理价值也是一个有机的生命体。伦理精神是主体出于对伦理价值的追求而建构的意义世界或价值世界。不仅这个意义世界(主体内在的生命秩序)是有机的生命体,而且意义世界与世俗世界(外在的生活秩序),也处于有机关联的生命体中。在价值生成方面,不仅把伦理价值看作"价值主体—主体需要—价值客体"之间的关系链,不仅一般地在三者之间建立联系,而且认为无论是价值主体、价值客体、还是价值主体对价值客体的需要都是有机的,价值的合理性体现为三者有机关联所形成的生态合理性;在现实性上,伦理价值的现实合理性,存在于伦理与文化、经济、社会的内在关联所形成的有机生态之中。樊浩先生认为伦理精神是人文精神价值生态中的一个有机因子,在人文精神的价值体系中,不仅伦理价值,而且经济价值、政治价值和其他一切价值,也只有在与其他价值因子有机关联所形成的整体生态中,才能确证自己的合理性。伦理精神是在一定民族长期的社会实践和文明发展中生长起来的与该民族的特性相匹配的价值生态。伦理精神是民族伦理的深层结构,是民族伦理的内聚力与外张力的表现。伦理精神体现了人伦关系、伦理规范、伦理行为的价值取向,民族社会生活的内在生命秩序的设计原理,民族伦理精神的完整结构与伦理性格生长发育的过程。[2]

伦理精神的生态合理性方法表明,伦理精神本身是一个有机的生态,它自身由各种相互联系、相互影响的元素组成,因而形成一个整体性的、活的存在。伦理精神与其所处的社会文明中的其他价值因子如文化、经济、社会等的互补互动和对立统一,构成伦理精神的价值生态。伦理精神的价值合理性的标准,既不是抽象的伦理规范,也不是抽象的经济发展或生产力标准,而是社会文明的整体发展。樊浩先生指出:"伦理精神生态应当包括人的伦理生活、道德生活以及形成主体的人伦精神和道德精神的基本要素和基本结构,同时体现人伦精神、道德精神和人的伦理生活的基本原理。由此才能形成有机的生态。"[3]"伦理精神的价值合理性建构,就是合理的价值生态的建构。"[4]伦理精神以生态合理性方法立基,自身形成了一种比较严密的伦理理论体系。

伦理精神概念通过众所能知的语言和逻辑,将深刻的道理以道德哲学方式呈现出来,呈现为一种理论理性。同时,伦理精神还是一种实践理性。伦理精神包含了"伦—理"生态、"道—德"生态、"德—得"生态三大生态,所以成为极具现实性的"人

---

〔1〕 参见樊浩:《伦理精神的价值生态》,中国社会科学出版社2001年版,第101页。
〔2〕 参见樊浩:《中国伦理精神的历史建构》,江苏人民出版社1992年版,第29页。
〔3〕 樊浩:《伦理精神的价值生态》,中国社会科学出版社2001年版,第140页。
〔4〕 樊浩:《当代伦理精神的生态合理性》,载《中国社会科学》2001年第1期。

文力"[1]。这种"人文力"的彰显,既需要社会或整体承担更大的伦理建设使命,也需要个人或个体在道德实践上持续努力,还需要社会与个人或整体与个体的密切配合与协同一致。这三者相互配合,就能促进整体至善与个体至善有机统一的实现。就法领域而言,其同样需要法律环境的伦理建设、法律人的道德修养和"德得相通"的保障机制。伦理与道德能否成为现实的力量,关键在于人们对伦理与道德是否拥有信仰,而达到信仰的前提是对伦理道德具有信任。对伦理与道德信任与否的主要影响元素,是在既定共同体中能否实现"德得相通"或"德福一致"。如果可以将法现象所涉及的意识、规范、实践等领域视作一个既定的包括时间、空间、行为等在内的共同体,那么在这个抽象的同时也是现实的共同体内必须坚持伦理精神,而坚持伦理精神的前提是对法伦理的精神哲学形态或精神哲学体系进行探索。

黑格尔曾指出:"哲学是关于真理的客观科学,是对于真理之必然性的科学,是概念式的认识;它不是意见,也不是意见的产物。"[2]黑格尔又提出:"精神哲学作为一门真正的科学,既不是抽象地推论什么是精神的本质,也不是对发现的精神的现象进行外在的描述,而是要在精神活生生的发展中去认识精神的本质……从一个环节到另一个环节、从一个阶段到另一个阶段、从一种形态到另一种形态的必然性,也就是它成为一个自我实现、自我认识了的有机整体的必然进展。"[3]本书以"伦理精神"概念内容中所包含的三大生态为逻辑依据,力图从法伦理学维度,以哲学的视野探索法现象领域所包含的伦理精神哲学形态,期望为法伦理学科建设尽微薄之力,并在客观上助力社会至善与个体至善有机统一和人类命运共同体的和谐、安宁与进步。

---

[1] 樊浩:《中国伦理精神的现代建构》,江苏人民出版社1997年版,第252页。

[2] [德]黑格尔:《哲学史讲演录》(第1卷),贺麟、王太庆译,商务印书馆1959年版,第17~18页。

[3] [德]黑格尔:《精神哲学》,杨祖陶译,人民出版社2006年版,第12页。

第二章　法伦理精神哲学的“伦—理”生态

法作为一种重要的社会存在，内容丰富广博且与时俱进，如何从纷繁复杂的法现象中归纳抽象出其所关注的“伦理实体”种类及其特征，又如何发现其中存在的伦理价值理念及其意蕴，是在基本概念确立之后必须完成的学术任务。笔者认为，从法伦理视野分析，法的“伦理实体”主要包括自然、国家与家庭，而法的伦理理念则主要包括和谐、公正和理性。本章从伦理实体出发，逐步过渡到对各个具体伦理理念的探讨。

第一节　法伦理的“伦理实体”

黑格尔指出：“在考察伦理时永远只有两种观点可能：或者从实体性出发，或者原子式地进行探讨，即以单个人为基础而逐渐提高。后一种观点是没有精神的，因为它只能做到集合并列，但是精神不是单一的东西，而是单一物和普遍物的统一。”〔1〕樊浩先生提出：“‘原子的观点’的方法特质是：(1)认定世界由某个最小结构或元素构成，多样性的存在本质上归于这个最小结构，进而把寻找构成世界的最小单元当作哲学和科学的根本任务；(2)将基本结构或元素(原子)等同于由它们所构成的实体，认为‘原子’比由它们构成的实体更具有终极性意义；(3)个体的而非整体的思维取向和实践取向。”〔2〕对“伦—理”生态的探讨从实体出发，关注现实世界的整体性存在。黑格尔认为，“伦理本性上是一种普遍的东西”〔3〕，伦理是自由的理念。“因为伦理性的规定构成自由的概念，所以这些伦理性的规定就是个人的实体性或普遍本质，个人只是作为一种偶然的东西同它发生关系。个人存在与否，对客观伦理来说是无所谓的，唯有客观伦理才是永恒的，并且是调整个人生活的力量。”〔4〕樊浩教授指出：“‘伦’即人伦，在形而上的意义上是指人的实体，既是人的公共本质，也是人的共体；在现实性意义上即是人生活于其中的伦理实体或伦理世

---

〔1〕［德］黑格尔：《法哲学原理》，范扬、张企泰译，商务印书馆1961年版，第173页。

〔2〕樊浩：《道德形而上学体系的精神哲学基础》，中国社会科学出版社2006年版，第227页。

〔3〕［德］黑格尔：《精神现象学》(下卷)，贺麟、王玖兴译，商务印书馆1979年版，第8页。

〔4〕［德］黑格尔：《法哲学原理》，范扬、张企泰译，商务印书馆1961年版，第165页。

界。"[1]"伦"即实体或者说是实体的伦理表达,也是伦理价值的最高依归。

现实世界的"伦理实体"或伦理世界主要包括自然、国家和家庭。自然为人类的生存和发展提供了环境基础,国家为人类的进步和文明提供了社会保障,而家庭为人类生命的诞生和完善提供了温馨园地。从个体角度观察,人首先出生于家庭,然后在国家中成长,并享受自然环境的沐浴;从整体角度观察,首先有自然存在,然后有以自然为基础的占有一定时空的国家,而家庭则是在国家保护下形成的具体生命赖以生存的血缘单位。黑格尔在《法哲学原理》中将家庭、市域社会和国家作为伦理性的实体,对个体向整体的过渡过程进行了辨证分析,具有较强的现实性;然而,如果将伦理精神作为一个既寓于现实又超越现实的抽象体系进行分析,则可以从宏观实体逐渐分析到微观实体,从自然、国家分析至家庭,以增加法伦理的整体意识、宏观意识和全局意识,从而在法律领域中能够从实体出发思考具体的法律意识、法律规定和司法实践,提升法现象世界的伦理水平。

一、自然

(一)因何认识自然:根基—生存—境遇

"人类善于理解世界,我们一向如此。我们会狩猎或生火,因为我们明白了一些道理。在电视、无线电、书籍发明之前,我们经历了一个历史时期,人类存在以来的大部分时间是在这个时期里度过的。在无月光的夜晚,我们围着营火的余烬,注视着天上的星星。"[2]人一直生活在自然之中,无论远古还是当代,时间、空间、场地、资源、能量、美丽的风景等无不存在于自然之中,自然为包括人类在内的各种生物提供了生存家园。我们自然而然地生活在这个生机勃勃的蓝色星球即可,为什么还要对包括这个星球在内的自然环境进行不懈的探索呢?本书认为,主要包括以下几方面的理由。

第一,人类来源于自然。

自然是一个依据人类认识领域划定的极限概念。时间无限、空间无限、物类无限,超出了一般的认识水平,但是人们又期待能在有限理性范围内对整个世界有一个完整认识,在这种情况下,产生了自然的概念。自然就是"自己这样",它自组织、自运动、自发展。"自然界从何而来呢?它是来自自身,它没有始端和终端。"[3]其是有限理性可以观察到的宏大存在,故被视为可感可触的最大共同体或现实伦理实体。人类来源于自然。人直接地是自然存在物。一方面,人具有自然力、生命力,是

[1] 樊浩:《道德教育的"'精神'形态"与"中国形态"》,载《教育研究》2013年第2期。

[2] [美]卡尔·萨根:《宇宙》,周秋麟、吴依俤等译,吉林人民出版社2011年版,第41页。

[3] [德]路德维希·费尔巴哈:《费尔巴哈哲学著作选集》(下卷),荣震华、王太庆、刘磊译,商务印书馆1984年版,第523页。

能动的自然存在物，这些力量作为天赋和才能、作为欲望存在于人身上；另一方面，人作为自然的、肉体的、感性的、对象性的存在物，和动植物一样，是受动的、受制约的和受限制的存在物，他的欲望的对象存在于他之外。但这些对象是确证和表现他的本质力量所不可缺少的、重要的现象。

人既然来源于自然，那么自然的属性会为人类分有，这种分有给人类带来一种“回归本根，返回家园”的强烈渴望，于是人类对自然就产生出无尽的好奇心。从“我到底从哪里来的”的天真追问到“宇宙到底有没有边界”的科学思考，无不反映出人类渴望了解自然的急迫心情。人类不但有探索自然的强烈愿望，还拥有一定的认识自然的能力。人类禀赋中包含认知能力和思考能力，有助于对自然进行开拓性探索。

第二，人类的生存依赖自然。

人类首要的任务是生存。生存所需要的物质资料，在初民时期几乎完全直接来源于自然。原始社会，生产力极不发达，人类祖先主要依靠渔猎和采集满足基本生活需求。渔猎和采集需要在自然资源丰富的地区进行，而且受到季节的限制，因为无论是动物性资源还是植物性资源，其自身均存在一个生长周期，也需要适合的生长环境。当地域和季节限制了原始人群的生产活动时，尤其是在遭遇自然灾害时，很多人会因为没有足够的食物而无法继续生存。这就迫使人类开始对自然进行探索，努力掌握更多的天文、地理知识和协同狩猎的技巧与方法，以保障种群能够有效躲避异常气候、地震洪水、毒虫猛兽等带来的意外伤害。

随着有关自然知识的积累和人类自身能力的增强，人类的生产活动不断发展。畜牧业与农业的分离、商业的出现、近代机器文明的到来，使得人类的自信增加，人类从原来受制于自然的状态转化为开发和改造自然的状态，进入了“人类中心主义”时代。随着生产力水平的提高，人类整体文明持续发展进步。这一时期科学技术的进步、社会制度的改进、思想艺术的发展，其所仰赖的资源、信息和能量已经不完全是对自然资源的直接取用，而更多的是经过培育、加工、制造、建构，但是，生产场所、生产工具、生产工艺、生产技术等均离不开自然资源、自然规律、自然力量的支持。这一个时期可以称为人类成长期。

在第二次世界大战以后，环境问题日益严重。人们认识到，人类可以开发利用自然，但绝对不能违背自然规律，否则必然受到大自然的严惩。人们还认识到，在地球上，只有非常有限的空间或环境属于人类的“生境”，并不是所有地理环境都能为人类提供适宜生存的自然条件。这加重了人类的危机感，使人类意识到，人类如果要走向繁荣，离不开地球的根本支持、保护和调节，离不开自然所提供的物质、信息和能量。“环境运动已清楚地表明：人类的文明仍受生态系统的规限，而我们的各种技艺虽能大大增加我们选择的余地，却不能使我们摆脱这种规限。我们的经济财富可以用劳动去获取,但我们的生态福祉却深深地根植于自然。"[1]

历史发展与逻辑发展具有一致性。从原始社会到近代社会再到现代社会的发展历程表明,人与自然的关系按照逻辑可分为三种,即"自然中心论""人类中心论""生态中心论"。"自然中心论"阶段,自然处于控制地位,人类几乎没有环境自主权;"人类中心论"阶段,人类在一定范围内拥有了强大的改造自然、控制自然的力量,自以为能够掌控自然;到了"生态中心论"阶段,人类认识到环境与人类有机联系、共同存在,人类的行动应当遵循自然规律,人类应成为自然的耕耘者和收获者,实现环境保护和人类发展的双重目标。但无论是哪一阶段、无论存在怎样的环境意识,人类始终要受自然的影响。

第三,人类境遇在自然中展开。

人类对环境或自然的认识,跟其自身在发展进程中的境遇有关。作为自然组成部分的人类,在族群成长、文明成长、精神成长过程中,遇到过不同的境遇,"顺境""逆境""平境"是其类型化表述。"顺境"是指超出预期的良好发展环境,"逆境"是指出乎意料的恶劣发展环境,"平境"是处于人类能力掌控范围之内、可以由人作决定的发展环境。"顺境"会促进人类社会跨越式发展,"逆境"会导致人类社会发展进程倒退,而在"平境"中,人类可以确立发展目标、制定发展规划、完善发展标准、开发发展技术、归纳发展经验、确立新的发展目标。

"平境""逆境""顺境"交替出现、循环不息、辩证推进,探索自然的态度就在主动、被动、主动与被动相结合之间不断地切换、重复、扬弃。在组成人类共同体的各个部落、氏族、家庭乃至个体的认识自然的过程中,也具有这三种认识方式和同样的选择权利。无论是对自然探索采取怎样的态度,关于自然的知识必然会增多,而且越来越接近环境真相,那些被证明不符合自然实际的知识则逐渐淡出了人类视野。究其深层原因,在于包括各种生命形式在内的万事万物所具有的"向生恶死、趋利避害"的天然本能,而"生存、发展与繁荣"是生存动力。从"自然的控制"到"控制的自然"再到"自然的解放",[2]意味着人类认识的提升,意味着人类能够从自然中获得更大的解放。

人类境遇带来了与自然环境关系的变化。自然不等同于环境,环境仅仅是自然中能为人类所认识、所使用的一定范围的稳定性与变化性相统一的场所,即对人类活动产生影响的那一部分自然。自然与环境密不可分,一切具体的环境样态的最初来源和根据均为自然。因此,自然环境就是基于自然的一定时空范围。环境问题要解决,就不能仅仅盯住有限的环境本身,而是应当将环境置放在自然的背景中去观

---

[1] [美]霍尔姆斯·罗尔斯顿:《哲学走向荒野》,刘耳、叶平译,吉林人民出版社2000年版,第125页。

[2] 参见[加]莱斯:《自然的控制》,岳长龄、李建华译,重庆出版社1993年版,第151页。

察。将有限的环境置放于无限的自然中去观察,就得到了“生态环境”的概念,即注意到环境本身也是一种有机生态,从而发现环境自身具有环境伦理学者罗尔斯顿所说的“内在的自然价值”〔1〕,从而能够在处理人与自然环境的关系时自觉将“爱护环境、敬畏自然”作为伦理规则。这就等于通过对人与自然关系的分析,明确了自然实体所包含的伦理规律、伦理规则或伦理理念。而环境伦理规律、规则或理念在环境法领域的体现,就构成了法伦理学的重要组成部分。从环境治理角度来看,环境伦理对环境法的实施意义重大。全球气候变化、酸雨污染、土地荒漠化、水资源危机、森林植被破坏、生物多样性锐减、海洋资源破坏和污染及持久性有机污染物污染、太空垃圾等环境问题严重影响了人类的生存安全、生活质量和生产前景,给人类带来了不安、焦虑、紧张和疾病。在对环境问题进行综合治理的诸种手段中,环境法律法规的地位和作用非常重要。对环境法律法规的制定、实施和遵守不能仅仅依靠强制的方法,还必须同时依赖广大守法主体的伦理自觉。

那么,人类对自然究竟通过何种途径才能认识?

(二)何以认识自然:启发—实验—直觉

要获得关于自然的知识,须遵循认识的一般规律。认识主要包括认识主体、认识客体和认识方法等基本要素。在对自然的认识方面,作为主体的人类与作为客体的自然均是一个整体性概念,其中包含许多种属概念,人类社会中不同群体或个体对自然中诸组成部分的探索,拓展了自然研究的广度、深度,加强了自然研究的程度,提升了人类的能力自信和安全等级。

在认识主体与客体已经确定的情况下,认识方法或探索手段便成为能否获得知识、能在多大范围内获得知识的关键。人类对自然的知识,主要通过启发式生成、实验式生成和直觉式生成三个环节或三种途径获得。所谓启发式生成,是指高级理性生命自发地从知识源头那里获取新知,前提是知识接受者与知识源头者之间发生一定联系;所谓实验式生成,是指通过设计各种实验观察自然现象的周期性变化从而发现其中的规律;所谓直觉式生成,是指经过长期自觉的知识追求和生命体验,依靠灵感激发思维火花而解决思维困惑、获得具体真理。

人类通过多种方式认识和探索自然,形成了关于自然的基本认识,达成了“尊重自然、爱护自然、顺应自然”的基本共识,产生了敬畏和保护自然实体的基本认同,在此基础上,环境法所内蕴的伦理要求才能落实。本书综合运用这些认识方法,归纳总结常见的关于自然的三种认识视野或知识图景。

(三)自然的理论图景:常识自然—科学自然—哲学自然

著名哲学家萧焜焘先生曾指出:“逻辑与历史,基本上是一致的。人类认识的逻

〔1〕［美］霍尔姆斯·罗尔斯顿:《哲学走向荒野》,刘耳、叶平译,吉林人民出版社2000年版,第189页。

辑层次为:常识的、科学的、哲学的,人类认识的历史发展,基本上也是这样一个顺序……随着历史的前进,逐步开拓了视野,加深了对宇宙自然的外部条件与内在机制的认识。而哲学的辩证综合与整体概观,随着时日推移,日臻完善。"[1]他以此认识为基础,提出了常识性的宇宙观、科学的宇宙观、哲学的宇宙观概念。这三种宇宙观,实际上是三种自然观,可以分别称为常识自然、科学自然、哲学自然。它们客观存在于人类意识世界和以此认知为基础展开的各种现实实践中并对人的法伦理意识产生影响。那么,如何理解常识自然、科学自然、哲学自然的意蕴呢?

1. 常识自然

常识自然是指以人所处的位置为基础,由人的直观经验形成的描述性的自然。常识自然是人耳濡目染的结果,具有表面性、经验性和零散性。它是从客观经验出发而对自然产生的一种主观认识。不同的人群具有不同的常识自然观,常识自然观的形成受到气候、地域、文化、个体特质等方面的影响。它自身具有一个成长过程和变化范围,但保持一定程度的自我稳定性,自始至终关注围绕人的环境,虽然这种观测范围不断地加深其广度、深度或提高准确度。人的位置一旦发生变换,对自然的描述情景也会大不相同。常识自然是在与生俱来的探索自然的本能基础上的一种感受性、观测性、触觉性的反映。意识世界中,常识自然具有共性,但更多地体现为个性,即个性化的存在是常识自然图景的重要特征。由于这种个性化、差异化的存在或者说由于不同的常识自然观的存在,不同个体在后续的判断和行为上存在差异。无论是否被明确意识到,常识自然观人人存在,而且经常是作为背景性的潜在知识影响着人的诸种活动。常识自然观一旦形成,非经由周围环境的实地体验和严格的学习训练不易发生改变。

对个体而言,人类的常识自然观、人群的常识自然观,乃至某个地区、某种行业、某种家族的常识自然观多是一种间接性的知识性存在,真正发挥主导作用的是个体意识中的常识自然观。随着个体的成长和人类生产力的进步,个体的常识自然知识更多地指向了周围的钢筋水泥、田园草木、生活宠物和电脑空间,而对童年所好奇的深邃的星空、广袤的大地、昆虫的成长、鸟雀的饲养等纯天然的、与生产力发展无关却是基础性存在的自然现象的相关探索却常常由于环境和人生任务的牵绊而遭遇停滞、忽视、放弃。人一旦如此,人的意识世界也就因此被规定或界定,也就是说,意识世界的常识自然知识需要不断地进步、更新和发展,这样才能通过自我促进每个人的进步。

从法伦理角度来看,仅持有常识自然观的人,对待自然的态度是不明确的,往往是依照风俗和行为习惯去行为。比如,森林和动物资源均是人类生活生产的必需

[1] 萧焜焘:《自然哲学》,江苏人民出版社 2004 年版,第 168 ~ 169 页。

品，不同地域、不同时代的人们对此持有不同态度。对待森林，既有可能植树造林以保护农田，也可能砍伐野生植物并将其用作柴薪或搭建房屋的材料；对待动物，尽管动物中心主义者和动物权利论者都主张要改善和保障动物的权利，但前者提倡素食主义、禁食动物，后者则主张可以有限度地利用动物。为了调和不同常识自然观之间的冲突，就需要环境法对人的行为加以明确的规范和指引。例如，我国《森林法》第3条确定了保护、培育、利用森林资源应当尊重自然、顺应自然，坚持“生态优先、保护优先、保育结合、可持续发展”的原则。我国《野生动物保护法》第二章对野生动物及其栖息地的保护进行了规定，并在第21条第1款规定了禁止猎捕、杀害国家重点保护野生动物，其目标在于拯救珍贵、濒危野生动物，维护生物多样性和生态平衡等；《国家重点保护野生动物名录》也对野生动物保护工作作了贡献。此外，我国还是《生物多样性公约》的成员国。这些环境法规体现出尊重自然、爱护自然、顺应自然、维护生态安全，促进人与自然和谐共生的伦理理念，是对众多个体与群体常识自然观的凝练和提升。

2. 科学自然

科学自然是指以物质存在为基础，通过观测、实验和检验形成的，包括整体结构、细节探索、关系根据、组成因素、演化模式、运动规律等在内的具象与抽象相结合的自然图景。这种存在于人的意识中的自然图景不是朝夕间形成的，它自身的发展经历了一个过程。科学自然观的形成和推进主要是科技探索的结果。每一历史时期存在不同的科学研究范式，自然科学工作者就借助各自时代的研究范式进行探索并在既有的研究范式不能满足发展的需要时及时予以更新，为科学进步和造福世界不遗余力。

自然科学视野中的自然图景与人感觉到的自然可能一致，也可能不一致，甚至可能会超越人的常识和想象。科学对自然的揭示，追求的是确定性。通过质、量、度等方面的确定性把握，实现对自然规律的重复运用，并使这种体现自然规律使用结果的科学技术符合人类社会的发展目的。自然本身未必存在目的，但人类社会存在目的，目的产生于愿望和意志，是人的基于自身特殊存在需要的一种生存应对，因此合目的性是人类社会的重要特征。当自然规律被用于人类社会建设时，人类社会的科技文明程度得到提高，而社会成员因此对科学自然知识有了进一步认识，他们的意识世界中的科学自然观的内容可能发生更新、改变和发展。不同的文明、不同的社会，所具有的科学自然观未必相同，也未必不同，这取决于作为主体的文明、社会、个体自身的科学倾向和所在环境的科学水平以及处于自身内在科学倾向和外在科学水平之间的科学教育。科学倾向、科学水平、科学教育三者相互结合，构成了主体的科学素质，并在科学素质的基础上形成了各自的科学自然观。无论何种科学自然观，均以科学研究成果为基础而形成。科学研究的基本出发点：在人类社会中，科学的幼芽扎根于人类的常识之中,人类试图靠运用理性的思考和活动来理解和支配他生活在其中的这个世界。[1]

从法伦理视野观察,科学自然观不仅仅是简单地直接利用自然物品,例如使用泥、草和树干去建造非洲的茅草屋,而是直接"参赞自然",即利用研究工具直接介入自然内部,以科学实验的方法来发掘自然规律及自然真相。这里存在两方面的法伦理问题:一是人类究竟是否应当通过科学去探索自然奥秘;二是如果利用科学去探索自然奥秘,那么应当坚持怎样的伦理原则。如果不去探索自然奥秘而止步于敬畏自然,生产力就很难有大幅度提升;但是如果无限制地探索自然,似乎又容易影响自然自身的生态系统。我国《科学技术进步法》第1条回应了这两个问题。在其第1条规定的立法目的中,包含了"全面促进科学技术进步,发挥科学技术第一生产力、创新第一动力、人才第一资源的作用……"的内容,这清楚地表明,坚持科技创新,科技自立自强是国家非常重要的事业和战略;同时,该法又规定,国家完善高效、协同、开放的国家创新体系,统筹科技创新与制度创新。这意味着,"高效、协同、开放"等观念是对科技行为的一种法伦理要求。更高的科技伦理要求是:科技进步应维护人民生命健康、促进经济社会发展、维护国家安全、推动人类可持续发展,而不能发挥相反的作用。李石勇、卜传丞指出:"科技伦理治理,要遵循良法善治,形成伦理与法律的合力。法治是道德之治,也是良法之治,科技伦理治理需要形成伦理与法律的内外合力。之所以强调发挥科技伦理与法律的共同作用,是因为伦理与法律各有特性,而科技发展也有'真'与'善'的双重追求:科技活动求'真'则呼唤'自由',适合依据具有调控弹性的科技伦理来评价和规范;科技活动求'善'则强调'秩序',需要具有强制约束力的法律提供外部监督和制度保障。因此,既需要重视制定科技伦理规范,也需要重视科技伦理立法。"[2]

3. 哲学自然

萧焜焘先生指出:"科学的发展,特别是达到它基础理论的性质与结构的探索时,那些划时代的科学大师,如爱因斯坦、玻尔、玻恩等无不自觉地深入研究有关哲学问题。因为这是他们的科学体系赖以建立的理论基础。就是那些无视或鄙视哲学的科学家,在他们的科学实践中,实际上总是受一种哲学观点的支配。"[3]逻辑实证主义的维也纳学派奠基人、伦理学者莫里兹·石里克认为,"任何科学问题都会把

---

〔1〕 参见[美]伯纳德·巴伯:《科学与社会秩序》,顾昕等译,生活·读书·新知三联书店1991年版,第6页。

〔2〕 李石勇、卜传丞:《科技伦理治理中法治不能缺位》,载《中国社会科学报》2022年6月14日,A02版。

〔3〕 萧焜焘等:《科学认识史论》,江苏人民出版社2004年版,第23页。

我们引向哲学”。[1] 科学自然需要向哲学自然过渡，那么，如何理解“哲学视野的自然”呢？

所谓哲学自然，是指使用抽象方法对自然的本质、构成及其运行规律等所作的说明。哲学的本意是爱智慧，即关于智慧的学问。哲学可以分为许多种类，所关注的对象几乎涉及人类生活的方方面面，如果哲学是对自然进行基于范畴、逻辑和体系意义上的抽象，那么就会形成哲学上关于自然的认识，这种认识就是哲学自然。马克思主义认为，世界是物质的，物质是普遍联系和运动变化的，而运动变化是有规律的。规律可以分为根本规律、一般规律和具体规律等，其中对立统一是根本规律。从伦理视角来看，对立统一既强调不同元素的单独性，又强调不同元素之间的统一性，单独性与统一性相比，单独性应当指向统一性，因统一性包含单独性，统一性所形成的实体和整体作为主体，较单独性具有更大的有机性、能动性和力量性。对立统一规律带来了世界的运动变化，对立存在于统一之中，对立将走向统一。

关于宇宙的“一”，古往今来有很多哲学家进行过自身视野的沉思和理论表达。古希腊的米利都学派认为万物的本原是水，“万物的本原是无限者”，毕达哥拉斯学派说数学的原就是万物的本原，“一是世界的本原”，赫拉克利特提出“这个世界，对于一切存在物都是一样的，它不是任何神所创造的，也不是任何人所创造的；它过去、现在、未来永远是一团永恒的活火，在一定的分寸上燃烧，在一定的分寸上熄灭”[2]。柏拉图在《蒂迈欧篇》中指出，物质世界的真正元素并不是土、气、水、火，而是两种直角三角形，一种是正方形之半，另一种是等边三角形之半。[3] 笛卡尔的“实体”说、莱布尼茨的“单子”论、康德的“自在之物”、黑格尔的“绝对理念”、叔本华的“意志”、海德格尔的“存在”等，均可被看作从不同维度对自然统一性所作的理论阐释。在古印度，其精神生活从神话向“逻各斯”的转变应发源于公元前 800 年到公元前 300 年之间的《奥义书》，《奥义书》将世界的本原认定为“梵”。但是，“印度哲学并不像我们习惯做的那样对哲学和宗教做清楚的区分”[4]。在我国古代哲学中，“天”“道”“仁”“空”“理”“气”“心”等范畴，也可以被看作对自然统一性进行的阐释，特别是关于“天”的概念，基本上贯穿整个古代社会的意识世界。蔡元培强调：“五千年前，吾族由西方来，居黄河之滨，筑室力田，与冷酷之气候相竞，日不暇给。沐雨露之惠，懔水旱之灾，则求其源于苍苍之天。而以为是即至高无上之神灵，监吾

〔1〕［德］石里克：《普通认识论》，李步楼译，商务印书馆 2010 年版，第 18 页。

〔2〕北京大学哲学系外国哲学史教研室编译：《西方哲学原著选读》（上卷），商务印书馆 1981 年版，第 21 页。

〔3〕参见［英］罗素：《西方哲学史》（上卷），何兆武、李约瑟译，商务印书馆 1963 年版，第 193 页。

〔4〕［挪］G. 希尔贝克、［挪］N. 伊耶：《西方哲学史：从古希腊到二十世纪》，童世骏等译，上海译文出版社 2004 年版，第 21 页。

民而赏罚之者也。及演进而为抽象之观念,则不视为具有人格之神灵,而竟认为傅博自然之公理。于是揭露其起伏有常之诸现象,以为人类行为之标准。以为苟知天理,则一切认识,皆可由是而类推。此则由崇拜自然之宗教心,而推演为宇宙论者也。"[1]哲学自然所做的寻找自然世界"统一性基础"的努力,使人类意识世界的整体观和实体意识得以形成,虽然"理一分殊",但最终要处理好"殊相"与"共相"的关系,复归于"一理"。斯多葛学派曾指出:"一切事物都是那个叫做'自然'的单一体系的各个部分;个体的生命当与'自然'相和谐的时候,就是好的。就一种意义来说,每一个生命都与'自然'和谐,因为它的存在正是自然律所造成的;但是就另一种意义来说,则唯有当个体意志的方向是朝着属于整个'自然'的目的之内的那些目的时,人的生命才是与'自然'相调和的。德行就是与'自然'相一致的意志。"[2]"自然之统一性——首先我们要注意一切推广,假定在某种程度上对自然统一性与简明性有信心。关于统一性,这个问题不会有何困难。如果宇宙之各部分不是像一物之各机构,则互相不生作用,则它们将相互不认识;而尤其是我们将只能知其一部。所以我们就不必问那自然是整个的,而是问它何故是整个的。"[3]这种对自然世界"统一性基础"的追寻有助于在法伦理的意识领域形成整体观、实体观和意义世界,从法现象领域的"多"中找到统一性或同一性,进而在公共领域、私人领域或者公私交融等领域的法律中形成共同价值认同,保障个体实现自我超越而成为一个整体,并作为自然整体的一个组成部分去完成其天职或所承担的任务与使命,将整体发展与个体成长有机结合在一起并持续推进。

然而,现实世界尤其是现实法律世界的诸种理论、制度和实践,并不仅仅涉及对自然概念的理解,还涉及对现实世界最具权威性和现实性的伦理实体即国家概念的理解。那么,法伦理学又应当从哪些方面理解国家概念呢?

二、国家

黑格尔指出:"自在自为的国家就是伦理性的整体,是自由的现实化;而自由之成为现实乃是理性的绝对目的。国家是在地上的精神,这种精神在世界上有意识地使自身成为实在,至于在自然界中,精神只是作为它的别物,作为蛰伏精神而获得实现。只有当它现存于意识中而知道自身是实存的对象时,它才是国家。"[4]"'国家观念'的详细发展,属于'法律哲学'的范围。"[5]在现代社会,人类生活于国家之

[1] 蔡元培:《中国伦理学史》,商务印书馆1999年版,第5页。
[2] [英]罗素:《西方哲学史》(上卷),何兆武、李约瑟译,商务印书馆1963年版,第322页。
[3] [法]彭加勒:《科学与假设》,叶蕴理译,商务印书馆1957年版,第100~101页。
[4] [德]黑格尔:《法哲学原理》,范扬、张企泰译,商务印书馆1961年版,第258页。
[5] [德]黑格尔:《历史哲学》,王造时译,上海书店出版社2001年版,第40页。

中,而法律也多由国家制定。因此,法伦理学探讨离不开对国家意蕴的理解。本书认为,从法伦理研究需要出发,可以对国家的国土、人口、实践等要素予以特别关注。

(一)国土

国土是国家赖以生存的基本要素。国土是一种具体的东西,即地球的一部分土地,养育着在这里定居并组成一个集体的人群。“当今的整体社会——国家都各自定居在由明确的边界限定并得到其他国家承认的一块土地上。多数集团也是分布在一定地理位置上的。大区、省、市、镇相当于国土的细分部分。协会、工会、政党在国土范围内活动,它们本身也包括一些地方分部。”[1]国土包括地理位置、面积大小、气候状况、物种分布、资源种类、临海条件等具体要素。这些要素是历史展开的前提,也是历史展开的结果。历史是从地理给它提供的各种可能性中逐步选择出来的,无论是生产行业的发展、交通路线的选择,还是商业交流和人员流动,抑或是空间的规划和各个地区边界的确定,都有一个逐步选择的过程;同时,正是这种选择,在一定程度上改变了地理条件的样貌。可以说,多数国家的地理条件已经不是原生态意义上的“第一自然”,而是经过人类文明的洗礼而形成的“第二自然”。人类的居住地,从山洞、窝棚、毡包,到平房、高楼、别墅,体现了人类对地理环境的改造利用,从大航海时代的远洋航行到现代南极探索、空间站建设、星际航行等行动和实验的展开,则属于在更广泛意义上为拓展和建设人类生存空间所做的努力。

21世纪开始的太空探索是人类航天技术发展到一定水平的产物。在外层空间的探索和利用上,需要解决的法伦理问题包括:将人类存在扩展到太阳系将如何影响地球上的社会和文化?应该用什么样的法律、伦理和其他价值体系来管理人类住区和其他太空活动?人类是否有权开发外星资源和改变外星环境?作为国际空间法的基础性条约的1967年《关于各国探索和利用包括月球和其他天体在内外层空间活动的原则条约》(《外空条约》)所包含的伦理要求是:应为“和平”目的探索和利用外层空间,不能在绕地球轨道放置任何携带核武器或任何其他大规模毁灭性武器的实体,禁止在天体上建军事基地等;应为所有民族谋福利,各缔约国在探索和利用外层空间时,应当以“合作”和“互助”为准则,所发射的实体及其组成部分如果给其他缔约国或其自然人或法人带来损害,要承担国际上的责任。显然,在外层空间的探索和利用上,除了遵循相关条约和宣言的要求外,更需要具备“人类命运共同体”的伦理情怀。

国土具有完整性。国土完整意味着领空、领陆、领海同属于国家,国家领土神圣不可侵犯。当非法侵占国土事件发生时,主权国人民往往奋起反击,保护国土安全和完整,维护世界公正与和平。国际法之父胡果·格劳秀斯在《战争与和平法》中指

[1] [法]迪韦尔热:《政治社会学》,杨祖功、王大东译,华夏出版社1987年版,第41页。

出:“由于战争是为和平而发动的,没有争端就不会引起战争,所以,应当把通常发生在国家间的所有这些纷争看作战争法的调整对象,这样,战争本身就会把我们引向和平。这才是战争的真正目的。”[1]战争的目的是和平;和平是维护国土安全的重要伦理理念。我国《宪法》第29条第1款规定:中华人民共和国的武装力量属于人民。它的任务是巩固国防,抵抗侵略,保卫祖国等,该规定体现了保卫国土的坚定决心和浓烈的爱国情怀,而保卫国土安全和热爱祖国则是该条内蕴的法伦理理念。

国土对文明类型具有一定影响。国土是一种客观的物质存在,人类是一种具有能动性的生命形式。地球表面的土地经过早期的无主、轮番作主到各属其主,这种相对稳定的国土就对居住于其上的人口群体的文明产生影响。虽然这种影响不是决定性的,但至少是一种外在的、可观察到的物质性的作用。具体的国土,对人类的生存和发展而言,可以分为适宜的环境、不适宜的环境、处于两者之间的环境三类。这里的“适宜”“不适宜”是指是否符合人类生存和发展所需要的环境条件。如果国土能同时满足经济文明、精神文明、生态文明的需要,就是最适宜的国土;但如果一方面也不能满足,那就是最不适宜的国土。一般而言,国土条件越好,越有利于该国发展。但是也不能说,国土条件差的地方,就不能发展,否则就会陷入孟德斯鸠意义上的“地理环境决定论”。事实是,一个国家能否发展还在于人的努力。自然环境与主观能动性结合,国家才能实现发展;拥有好的环境而不努力也无法发展好;相反,随着科技进步,一个国家即使身处比较差的自然环境中,如果足够努力,也能取得进步和发展。根据国土是否适宜而做出相应的发挥主观能动性的努力所形成的不同文明风格,往往为法律和伦理所认可,并以规范或理念的方式固定下来被予以提倡和保护。2003年《保护非物质文化遗产公约》是继1972年《保护世界文化和自然遗产公约》之后制定的保护“遗产”的重要国际规范,其保护对象涉及社区、群体、个人视为其文化遗产组成部分的许多事物,如口头传统和表现形式、表演艺术、节庆活动、传统手工艺等。那么,为什么要保护非物质文化遗产呢?一方面,非物质文化遗产是文化多元的表征,便于各群体之间展开交流,促进人类持续发展;另一方面,保护非物质文化遗产是其文化承载者的普遍愿望。这实际上包含着“对世界各国人民的非物质文化遗产文化同样予以尊重和保护”的伦理意识。为了更好地实践该公约,联合国教科文组织制定了《保护非物质文化遗产的伦理原则》。其中包含12项伦理原则,以保持非物质文化遗产的动态性、活态性、持续力和正常使用。根据第8条伦理原则的规定,非物质文化遗产的动态和鲜活本质应持续获得尊重,真实性和排他性不应构成对非物质文化遗产保护的担忧和障碍。

---

[1] [荷]胡果·格劳秀斯:《战争与和平法》,[美]A.C.坎贝尔英译,何勤华等译,上海人民出版社2017年版,第19页。

（二）人口

人口是国家的核心构成要素。“国家只是人类社会的一个组成部分。它是人们已经建立的一个组织，在一定程度上出于自觉的目的。”[1]马克思主义认为，国家不是从来就有的，也不是永恒存在的，国家是一种历史性存在。可以想见，在人类初期，只有一些男女分散于地球上的各个角落，对变化万千、广袤无边的大自然产生好奇、困惑、恐惧与忧郁。虽然其时民智未开，但人类内在的智慧提醒人类要关注周围的环境以及来自环境的各种危险。这种危险可能来源于自然，也可能来自其他人种，或者其他生物，甚至属于弄不清原因的不明伤害。本能的力量让人类知道应当生存下去，而要生存下去必须集中大家的力量以克服危险。为了生存，以及克服外在的危险、袭击和入侵，家庭形成了家族、家族形成了氏族，即以天然的血缘关系为基础结成一个有力量的群体。男性负责保护和渔猎，女性负责生育和采摘，儿童主要处于被保护的地位。经过漫长的历史岁月以及经验的积累，人们发现只靠源于血缘关系的氏族社会还不足以解决所有问题，于是，不同氏族之间通过有用的信息沟通、简单的实物交换、自愿的相互通婚等途径建立联系，逐渐形成了部落。当不同的部落通过实质性交往和外在盟誓形式的约束构成一个部落联盟时，人的力量因群体成员的增加而变得强大了。部落联盟的力量远远大于单独的个别的氏族的力量，它以歃血为盟等契约方式建立，其存在目的是发展，即在保持人类生存的基础上，能够在人口及物资方面多多增长。这种增长，既有基于各个氏族本位的考虑，也有基于整体的结盟群体的考虑，这也就引发了关于如何处理个体与整体关系的思考。部落联盟可以发生变化，也可以很稳固，甚至可以持续几百年甚至上千年。同单独的部落相比，部落联盟可以从事更为广泛的活动，所涉及的空间范围更为广大。盟友既可以为共同安全而战，也可以开展共同狩猎或其他探索活动。随着部落联盟这种体现人类智慧的组织的出现，新的难题又来了。那就是由于人口与日俱增，所需要的生存空间和物质资源越来越多，所要应对的内外事务也日益增加，那么怎么办？是通过限制人口增长来减少供给与需求的矛盾，还是继续向前拓展突进以满足现实的物质需求？于是，为了聚集和拥有更为强大的力量，部落联盟就逐渐开始联合，同时对联合之后的内外事务进行种种的妥善安排，这样就逐渐产生了国家。因为有了国家，氏族、部落、部落联盟的安全和利益得到了保障；因为有了国家，各种人才的成长和能力发挥拥有了实现平台；因为有了国家，人类才集体创造出了更多的文明成果从而推动人类向前发展；也因为有了国家，人类在自然界中拥有了一席之地，得以展现人类的气质、能力和情怀。

在“男女—家庭—家族—氏族—部落—部落联盟—国家”这一历史和逻辑发展

[1]　[英]L. T. 霍布豪斯：《形而上学的国家论》，汪淑钧译，商务印书馆1997年版，第72页。

过程中，特别需要处理好人与人之间的关系。尤其是在现代国家中，不同的个体、不同的群体、不同的阶层、不同的利益集团等之间的关系更需要妥善处理。传统的以社会风俗和道德习惯为主调整人与人之间关系的规范模式，逐渐转变为以法律规定为主来确定彼此的关系。从法伦理视野来看，一方面，存在关于人口自身的法伦理要求；另一方面，存在关于人与人之间的相与之道的法伦理规范。关于人口自身的发展，由于人类早期生存环境和医疗条件差、死亡率高，因此关于人口生殖的理念并没有通过法律予以特别关注及贯彻，随着生产力水平提高、物质资源越发丰富和现代医学的飞速发展，人口的数量急剧增加。日益增长的人口加重了人口与经济、社会、资源、环境等方面的危机，于是各国纷纷根据自身的实际情况来确定各自的人口政策，通过制定法律或经济刺激等方式来调整。伦理贯彻于政策、法律或经济激励之中，自身具有相对的稳定性和一贯性，不同的国家在人口伦理方面存在既具有差异性又有共同性的认知。一般而言，可以将人口伦理意识，划分为保护人类生命、提高生命质量、规划人口数量三个组成部分。我国婚姻法中强调的“男女平等”、2021年修正的《人口与计划生育法》第18条第1款关于“国家提倡适龄婚育、优生优育。一对夫妻可以生育三个子女”的规定等，体现出保护人类生命、提高生命质量、规划人口数量等人口伦理意识。这些法律贯彻了人口伦理的要求，成为人口法伦理意识或伦理法律化的重要体现。

另外，人口增长背后，一项很重要的伦理议题是如何调整人与人之间的相互关系。伦理提出了“己所不欲，勿施于人”的黄金法则，并为人类社会提供了不计其数的具体行为规范。当这些有关相与之道的伦理规范停留于伦理范围而并未进入法律中时，不能认为这些规范是法伦理规范，只有那些进入法律中的伦理规范才能被称为法伦理规范。从一定意义上来看，几乎所有由法律调整的社会关系都与人有关，甚至说与具体的、个体的人有关。那么也就可以申言，法律是人制定的法律，因此任何法律都在不同程度上体现着人与人之间的相与之道。这里最典型的就是作为私法典型的民法。1804年的《法国民法典》确立了主体平等、所有权绝对、契约自由、过失责任等原则，并以这些原则为基础对人与人之间的合同、侵权等法律关系进行调整；我国颁布于2020年的《民法典》在民事权益受法律保护、平等、自愿、公平、诚信、不得违反法律与不得违背公序良俗、绿色等原则的基础之上处理平等的法律主体的人身、财产、知识产权等法律关系，而这些原则，许多就是法伦理意识的体现。

（三）实践

马克思在《关于费尔巴哈的提纲》中首次提出了实践观念，“从前的一切唯物主义——包括费尔巴哈的唯物主义——的主要缺点是：对事物、现实、感性，只是从客体的或者直观的形式去理解，而不是把它们当作人的感性活动，当作实践去理解，不是从主观方面去理解”[1]。按照实践世界观，世界在本质上是人的实践活动，人与外界客体通过实践联系在一起。“通过实践，人在改造外部对象的同时也改变了自己的生活、活动方式，从而体现了人作为主体的价值不断的实现。”[2]社会生活本质上是实践的。“实践派既不属于主观派，也不属于客观派，而是主、客观统一派。它以行为和实践作为轴线，从此将主观与客观、主体与客体、内因与外因、精神和物质、意识和存在等等辩证地统一起来，并以双方的矛盾运动看待生物进化史和人类社会史的一切现象，包括审美现象。”[3]从主体角度，可以将实践分为个体实践、群体实践和类种实践；从客体角度，实践可以分为自然实践、社会实践、人生实践；从内容角度，还可以将实践分为经济实践、政治实践、文化实践；从持续时间角度，可以将实践分为短期实践、中期实践、长期实践；从方法角度，可以将实践分为单一实践、复合实践和多元实践；依据效果，又可以将实践分为有效实践、无效实践以及介于两者之间的部分有效或部分无效实践；等等。立足于研究需要，本书主要从经济实践、社会实践、文化实践等角度进行分析。

1. 经济实践

我们用经济实践一词指称人类通过生产劳动、技术创新、海外贸易、空间拓展等方式满足人类最基本物质需要的实践活动。经济实践所对应的是人的自然存在或生理存在，即通过各种途径生产人类所需要的衣食住行、医疗卫生等物质资源，保证每一个人都处于“平安、健康、富足”的状态。经济实践离不开经济理论、经济环境、经济主体等要素的支持。经济理论探索经济规律，归纳人类生产实践活动的经验，为经济发展出谋划策；经济环境为经济实践提供政策支持、制度保障、技术服务、信息渠道，提供供需双方交易的平台、秩序和规则；经济主体活跃于生产、分配、交换、消费等环节，确保所生产的物质资源通过公平合理的市场交换机制流通到最需要的主体手中，实现资源配置的最优解。

许多国家和地区，往往对经济实践进行坚持不懈的追求。究其原因，主要包括以下方面：一是人对物质资源的需求并非一次性的，而是存在一个伴随新陈代谢的无限重复过程；二是物质资源本身具有稀缺性，特别是不可再生资源，这使“生产什么、如何生产和为谁生产”等问题变得极其重要；三是人类很少能直接取用自然形态的物质，自然形态的物质必须经过科学技术开采、加工后才能使用，这就需要持续地进行科技革命和生产领域的技术创新，使新的现代化生产工具不断涌现并继续推进

〔1〕《马克思恩格斯全集》(第3卷)，中共中央马克思恩格斯列宁斯大林著作编译局译，人民出版社1960年版，第3页。

〔2〕侯惠勤主编：《正确世界观人生观的磨砺——马克思主义著作精要研究》，南京大学出版社1996年版，第131页。

〔3〕刘骁纯：《从动物快感到人的美感》，山东文艺出版社1986年版，第103页。

技术进步；四是经济是开展其他一切社会活动的基础，经济的进步能够为其他领域提供相应的物资、资金、技术、信息等方面的支撑；五是经济发展是提高国家竞争力的实际需要；六是经济进步能够支持高科技领域的技术进步。由于以上诸种原因，经济实践往往表现出普遍性、持续性、规模性和效益性等特征。而伴随经济实践活动的持续进行，法律及法伦理建设普遍展开。

马克思主义政治经济学将经济活动分为生产、分配、交换、消费四个领域。生产领域涉及生产什么、能否生产、谁来生产、生产如何组织和管理、产品质量如何保障、职工权益如何维护等问题，相应产生了经济法领域的市场主体法及其伦理要求。以我国为例，《个人独资企业法》《合伙企业法》《公司法》等成为其中的代表。这些法律规定了生产企业的设立、变更和终止程序，规定了企业的内部管理机构、决议规则等，涉及企业对国家、社会和职工的各种义务，甚至规定了破产程序。这些市场主体法，蕴含着经济生产领域的诸多伦理思想。

一是允许自然人或公司在符合法定条件和程序的情形下成立经济实体。无论具体国家对经济实体设立采用自由主义、特许主义、核准主义、准则主义哪种指导思想，在允许成立经济实体这一点上都是相同的，只不过设立的企业、公司或其他形式的经济主体在数量、行业、规模等上有所区别而已。既然允许设立经济实体，那就意味着对物质生产、信息生产、技术生产、文化生产等生产行动的承认和激励，创造更多的物质财富、社会财富、满足人民群众日益增长的美好生活需要，也就成为生产领域的重要的法伦理情怀。

二是经济实体需要依法经营。公司内部的股东会、董事会、监事会、合伙企业的执行人、个人独资企业的所有人等均需依照相关领域的法律规定去制定并落实生产经营策略。经济实体并非在设立之后，就可以置法律规则于不顾；所谓经营自主权是在法律允许范围内的自主权。就经营自主权而言，它一方面来源于法律授权，从另一方面来看，它作为民商事主体的权利拥有“法不禁止即可为”的私法属性。但是，即使具有这种私法属性，也并非不受法律限制，企业一旦出现生产假冒伪劣产品或其他违法犯罪行为，同样会被视为未合规经营。企业只有合规经营，才能减少发展过程中不必要的成本和阻力，才能实现长期化、规模化发展，甚至成为国际企业或跨国公司。这里所体现的伦理要求，是经济实体的生产经营活动应当符合国家的整体要求，应当遵守社会的善良风俗，应当维护合理的生产秩序。

三是经济实体并非可以制造任何产品。现实世界的产品有民用品，也有军需品。不同行业的经济实体承担的生产任务并不相同，军工企业可以制造军需品，但一般的生产企业则主要开发、加工、制造、提供和创新用于社会生活和国家建设的项目、产品、技术或服务。股份公司的设立使得跨企业投资成为可能，但这并不意味着企业没有自己主要的经营范围，也并不意味着企业可以生产社会中的禁止流通物或限制流通物。这体现的是对所生产产品本身的伦理期待:所生产的产品、所提供的服务、所开发的项目、所进行的基础建设、所发明的生产技术、所收集的生产信息等必须是有用、有益、能促进社会发展的福祉。

上述分别是动机、行动及结果方面生产领域的法伦理意蕴。虽然其伦理意蕴并不止于此,但如果能够坚持生产财富、合规经营、产品有益等基本伦理要求,则必然能够促进企业行为主体自觉遵守法律规范,取得更大的社会效益和经济效益。

分配领域涉及分配给谁、谁来分配、分配什么、分配比例、分配方式、分配时间等问题,它是重要的经济实践领域。分配可以分为直接分配、间接分配,按劳分配、按需分配,有效分配、无效分配,公开分配、秘密分配,自愿分配、强制分配等。在分配领域,也存在相应的法律,劳动法、工资条例、税收法、预算法、招标投标法、会计法、审计法等均与分配有一定关联。分配是生产的延续,分配会反作用于生产。合理分配能促进社会领域的诸种经济资源合理配置,提高社会生产效率;不合理分配会影响物质资源合理配置,带来经济迟滞或经济混乱后果。因此,在与分配相关的法律中包含分配正义伦理理念,而能体现分配正义要求的,则是针对不同的分配主体制定一个公平合理的分配比例。这个分配比例既可以由市场自身确定,也可以由当事人协商确定,还可以通过政府指令性计划确定。可以根据不同的产品和服务,综合采用市场、合同、计划等具体途径确定分配的比例和再分配的次数。

交换是指人们互通有无、相互交换各自有权支配的物品、劳务、信息、技术等的行为。交换的价值,主要在于互通有无。许多国家和地区资源贫乏、地理环境恶劣、产物不足,即使自然资源和天然生产环境适宜的地区,也并非应有尽有,因此彼此常通过贸易和商业交换来满足各自的需要。同样的道理,国家领域内的每个主体,也并非能够生产出自身所需要的一切。近代科技革命的发生,推动了生产工具的发展,社会化大生产也日益兴盛,同时社会分工越来越细,极大地促进了生产力发展。亚当·斯密曾指出:“劳动生产力上最大的增进,以及运用劳动时所表现的更大的熟练、技巧和判断力,似乎都是分工的结果。”[1]分工明确了不同利益集团、行业、企业和个体的利益,这些主体各自尽力创造人类所需要的产品、服务、技术和信息,同时也不停息地进行着广泛的交换活动。交换主要发生在市场领域,包含很多类型。根据主体,可以分为个体之间的交换、消费者与商品提供商之间的交换、企业集团之间的交换、企业与事业单位之间的交换、河流上下游之间所在地区的生态补偿等;根据客体,可以分为物品交换、服务交换、技术交换、信息交换等;根据方式,可以分为实物交换、货币交换等;根据地点,可以分为实地交换、网络空间交换等;根据法律,可以分为合法交换和违法交换;依照伦理,可以分为合道德交换和不合道德交换;等

〔1〕 [英]亚当·斯密:《国民财富的性质和原因的研究》(上卷),郭大力、王亚南译,商务印书馆1972年版,第5页。

等。可见,交换行为具有广泛性、复杂性、变动性和丰富性。交换行为与人类社会相始终,交换带来的是生存、和平和发展,它能有效避免或减少侵权、抢夺、抢劫和战争的发生。但是,交换行为这些积极价值的实现,需要法律予以规范并在其中贯彻正确的伦理要求。交换有以下特征。

一是交换主体的广泛性。既然交换行为是一种重要的经济实践,自始至终存在于人类社会,那么就不能否定社会主体的交换权利,特别是那些关系到自身生存的必需品的交换权利。交换权利与交换能力不是一个概念,交换权利代表一种资格,可以被行使或放弃,但交换能力则主要取决于交换主体。只有通过交换,才能更好地满足生活需要、实现企业产品价值、保障物资流通、维护社会稳定。因此,各国的民法均通过规定合同的订立、效力、履行、保全、担保、变更与转让、终止、违约责任承担等具体制度来保障自然人、法人、非法人组织等的交换权利和交易资格。

二是交换的客体应当在合理范围之内。虽然交换活动的地位很重要,但是如果放弃人类的自我治理能力而完全交由市场或社会自发地确定交换客体的范围,也会带来"市场失灵"或"交易秩序失控"等一系列问题。在人类发现、生产、开发、收集的众多资源、产品、技术、信息之中,并非所有的存在物都对人类的发展有利,有些事物甚至是对人类有害的。法律限制黄赌毒黑交易,也对走私予以治理,更不允许买卖人口、器官或恶意提供人工辅助生殖技术服务,所有这些都是为了维护人类和国家的整体利益,将交换行为可能产生的副作用予以有效化解。从现实角度来看,一些法律禁止或限制的行业至今仍暗自存在,但曾经存在或边缘存在并不能表明其具有合理性,恰恰表明了以法律、伦理以及法伦理予以治理和引导的必要性、长期性和任务的艰巨性。法伦理是一种应然希冀,而现实世界则处于实然之中,实然向应然的发展和努力,无疑是人类文明发展的理想和必然趋势。

三是交换的价格应当公平。交换必然要通过一定的中介物来进行,其背后深含交换的原理。以物易物是早期的交换系统,将自身所拥有的物或某种普遍接受的物作为交易的媒介。当以自身所生产或拥有的某物进行交易时,由于自身需要的多样性,就必须估计自身所有之物与诸多所需之物的各种的相对价格,因此会变得不堪其累;当以某种普遍接受的物充当交换的一般等价物时,该物又未必容易携带、储存和保管。因此,货币交换系统就出现了。货币作为固定充当一般等价物的商品,其自身可能拥有一定价值,例如刀币或金银,也可能没有价值,例如贝壳、纸币或数字货币,但是这并不影响其交换媒介职能的发挥。究其原因,在于交换行为的发生取决于商品本身所包含的社会必要劳动。产品中凝结着个体必要劳动;如果该产品仅仅被当作自身消费品而不拿到市场上交换变成商品,便无法将该产品的个体必要劳动转化为社会必要劳动;当产品变为商品后,出售者便得到了以货币形式表达的社会必要劳动,货币代表着交换主体储存于社会中的社会必要劳动,等交换主体新的需求产生时，可以用货币去购买所需要的物品、服务、技术或能源等，以满足自身个性化需求，实际上等于用社会必要劳动去交换个体必要劳动，通过发挥所购买商品的使用价值达到生活生产或发展的目的。"不论财富的社会形式如何……使用价值同时又是交换价值的物质承担者。"[1]在个体必要劳动转为社会必要劳动和社会必要劳动转化为个体必要劳动这两个环节，都会出现价格问题。个体必要劳动或不同的个体必要劳动究竟能在多大比值上置换价值相当的社会必要劳动，而一旦拥有社会必要劳动存量，又在多大比值上去置换个体必要劳动或具体个体必要劳动以在未来满足自身需要，便成为交换价格必须考虑的问题。如果除去自然的通货膨胀率或通货紧缩率的影响，仍能够保持卖出和购入的相同比值或在一定幅度内上下浮动的合理比值，那么就是"价格公平"。价格法、反不正当竞争法、反垄断法、证券法以及其他相关法律法规中均包含对价格公平予以重视的伦理情怀，重视价格公道、价格公开、等价交换，以充分保障交换的经济及社会功能得以恰当发挥。

消费环节涉及消费来源、消费范围、消费方式等方面的问题，消费等于发挥物品、服务、技术、信息等资源的使用价值，是经济实践活动中的必然现象。一般而言，消费的来源，可以分为三种：一是自然供给，如新鲜的空气、干净的水源；二是生产加工供给，即在自然原料的基础上进行生产，例如交通运输、服装制作；三是精神创造供给，例如创作文学艺术、进行科技发明。这三种来源，分别对应着人的生态需要、物质需要和精神需要。消费范围具有广泛性。从主体角度来看，存在个体消费、家庭消费、企事业单位消费、政府消费等类型；从目的角度来看，存在安全消费、生存消费、发展消费、休闲消费等类型；从对象角度来看，存在物品消费、服务消费、技术消费、信息消费、精神产品消费、旅游产品消费、社会公共物品消费、国家基础建设消费等类型；从频率角度来看，包括一次消费、多次消费、重复消费等类型。从消费方式的角度来看，主要分为三种情形：主观消费、客观消费、从众消费。主观消费是指根据生活、生产、建设、发展等实际需求，自愿购买商品、服务或技术等，消费与否取决于消费主体的自由意志；客观消费，是由于客观情况的变化，消费主体不得不进行某种消费行为，比如突发疾病需要医疗资源、交通工具出现意外需要维修部件、外敌入侵不得不准备大量军需物资进行反击以保家卫国等；而所谓从众消费，是指既没有主体方面的正常需要，也没有特殊情况下的紧急需要，却跟随众人购买根本不需要的消费品或消费服务，这实际上是消费异化的一种表现形式。消费异化实际上主要是"虚假需要"造成的。马尔库塞指出："虚假的需要是为了特定的社会利益而从外部强加在个人身上的那些需要。"[2]

---

[1] 《马克思恩格斯全集》(第23卷)，中共中央马克思恩格斯列宁斯大林著作编译局译，人民出版社1972年版，第48页。

[2] [美]赫伯特·马尔库塞：《单向度的人》，刘继译，上海译文出版社2008年版，第6页。

在消费领域,同样需要法伦理的引导:在消费来源上不能无限制地扩大,应当保持适当的"度";在消费范围上尽量减少不必要的消费;在消费方式上则努力保持真实需要而避免虚假需要。消费是目标性的经济实践,没有消费行为,生活生产等现实需要无法得到满足,因此,消费行为非常广泛和普遍。周中之教授在多年前谈到的消费伦理的两原则,即人与自然和谐的原则,物质生活与精神生活和谐的原则,以及适度消费、绿色消费和科学消费三大消费伦理规范,[1]尤其是适度消费规范,需要在相关法律中予以重视和体现。否则,超前消费、奢侈消费、过度消费、面子消费、符号消费、炫耀消费、攀比消费等消费异化现象可能会难以避免。如果要实现适度消费、科学消费、绿色消费等消费伦理同时也是消费法伦理的要求,人与人之间需要在社会中相互合作,遵循维护协调的模式,"即使每一位社会成员都尽力克服更深层次的欲望,那么为了维持他们对稀缺东西的应得份额也需要协调。如果没有过去长期积累下来的维护协调的模式,社会不可避免地会走向衰败,人们将不得不在破败的屋檐下过着极其简陋的生活,没有清洁用水,没有学校教育,以及其他更多的东西"。[2]

2. 社会实践

当物质生活得到满足之后,人们就会进行各种社会交往,从而形成各种社会活动。何谓社会?马克思认为:"旧唯物主义的立脚点是'市民'社会;新唯物主义的立脚点则是人类社会或社会化的人类。"[3]社会学家横山宁夫认为:"中国宋朝的程伊川在《二程遗书》与《近思录》内有:'乡民为社会'之说……社会,原来意指人们以祭神为中心而进行集合。后来,便转化为把祭神的场所,称之为社,进而由此意味着以和睦为宗旨的各种集合……英语中的 society 和法语中的 société,都源出于拉丁语 socius(伙伴)一词,后来,西塞罗模仿亚里士多德的 κοινωνία,把 societas 当作人类共同体这个意义来使用。德语的社会(Gesellschaft)这个词,过去是指同一房间里的伙伴,后来才用来表示人与人结合的存在关系,进而作为 societas 这个词的译文,用得越来越抽象了。"[4]这里基于研究需要,主要对社会交往、社会群体的活动、社会具体制度的建设等方面进行分析。

(1)社会交往

社会交往是人们在社会活动中发生的相互联系与相互交流。马克思曾指出,人

---

〔1〕 参见周中之:《当代中国消费伦理规范体系研究》,载《华中师范大学学报(人文社会科学版)》2013 年第 2 期。

〔2〕 [美]C. E. 林德布鲁姆:《市场体制的秘密》,耿修林译,江苏人民出版社 2002 年版,第 29 页。

〔3〕 中共中央马克思恩格斯列宁斯大林著作编译局编:《马克思恩格斯选集》(第 1 卷),人民出版社 1995 年版,第 61 页。

〔4〕 [日]横山宁夫:《社会学概论》,毛良鸿、朱阿根、曹俊德译,上海译文出版社 1983 年版,第 29~30 页。

的本质并不是单个人所固有的抽象存在,在其现实性上,它是一切社会关系的总和。社会关系可以分为不同种类。社会学家郑杭生教授等从社会交往的向度,将社会关系分为“情感关系、地位关系、利益关系”[1]三种。横山宁夫将社会关系分为结合关系、对立关系、统治关系三类。其中,结合关系分为和睦关系、协作关系、共同关系、强制关系四种;对立关系分为反感关系、竞争关系、斗争关系、敌对关系四种;统治关系分为忠诚关系、依法关系、序列关系、隶属关系四种。[2] 人与人之间必然要在社会领域发生联系,具体社会交往存在一个产生、发展、终止的过程,但社会交往作为一种社会现象,却一直与人类社会相伴。社会交往包括主体、方式、内容等要素。社会交往主体既可能是个体,也可能是群体;交往方式包括语言交往、行为交往、思想交往、物质交往、现实交往、网络交往等;交往的内容涉及生活、生产、发展等诸多方面。“交往范畴的核心内涵是主体间性或交互主体性,展现为‘主体—主体’结构。这种以主体间性为基本结构的交往活动,是人的本质性的存在方式和活动方式,清楚地表征了人作为一种类存在物的本性,揭示人必然在‘关系’中生存的社会本质,是人与动物区别开来的根本性标志。”[3]

社会交往是法伦理非常重视的对象。社会交往,首先得有行动自由。著名法理学家张文显教授认为:“自由在社会中的实现过程始终离不开规则,无规则则无自由。在法是社会的主要规则的时代,自由需要通过法律来表达,并通过法律来实现。”[4]他还认为,法对自由的实现在多方面、多环节都能发挥作用:提供选择机会;为自由意志的外化排除人为的不正当障碍;把自由法律化为权利,使之成为从事一切对别人没有害处的活动的权利;把责任与自由联结,为平等的自由提供保护机制。有了行动自由,人与人之间才能进行交往。但这种交往必须是合法交往、是一种追求“善”的交往、一种与责任相联系的交往,而不是相反。我国2020年《民法典》规定,民事主体在民事活动中的法律地位一律平等,应当遵循公平原则,合理确定各方的权利和义务,并要遵循诚信原则,秉持诚实,恪守承诺,还要不违背公序良俗等。这些规定为民法典奠定了道德基础,也对民事行为或民事交往提出了法伦理要求。另外,在司法实践中,民事审判中存在以“诚信原则”为依据进行司法裁决的案例,而在刑事领域,则有非法拘禁罪的判决案例。非法拘禁罪非法剥夺了公民的身体自由,使其失去从事一切正常活动和社会交往的基础。法律基于社会交往的现实,为社会提供相互交往的规则,而在这些交往规则制定的背后,所包含的则是对人类交

---

〔1〕 郑杭生主编:《社会学概论新修》(第5版),中国人民大学出版社2019年版,第141页。

〔2〕 参见[日]横山宁夫:《社会学概论》,毛良鸿、朱阿根、曹俊德译,上海译文出版社1983年版,第88~102页。

〔3〕 王晓东:《日常交往与非日常交往》,人民出版社2005年版,第32页。

〔4〕 张文显:《法哲学范畴研究》(修订版),中国政法大学出版社2001年版,第210页。

往行为的伦理选择。社会交往必然是一种正常交往，既有利于主体自身又有利于整体或实体利益，而并非仅仅有利于自身而损害他人利益或社会整体利益。

(2)社会群体的活动

社会群体是指由两个及以上的人所组成的彼此认同、联系和互动的人群。“无论群体是如何形成的，它都是由拥有共同的经历和利益、对团体具有忠诚感的人组成。总之，社会群体的成员在保持个性的同时，也将他们自己视为特殊的‘我们’。”[1]“所谓社会群体，又称社会团体，是指处在社会关系中的一群个人的集合体。这个集合体的存在，不仅个人自己能够意识到，而且也为群体以外的人们所意识到。”[2]社会群体包含很多类型，如自发群体与自觉群体、正式群体与非正式群体、血缘群体与地缘群体、生活群体与生产群体、经济群体与政治群体、娱乐群体与学术群体等。这里所说的社会群体，不是指初级群体，而是指次级群体。按照社会学家查尔斯·霍顿·库利的解释：初级群体是群体成员共享亲密持久关系、规模较小的社会，比如家庭；次级群体是一群成员追求某个具体目标或行为的、非个人的、大型的群体，如商业群体。次级群体的规模远比初级群体大。本书认为，初级群体的形成侧重于一些天然需要，而次级群体的形成更侧重于人为需要。次级群体往往具有共同的偏好、共同的目标、共同的群内规范和成员的一致行动，形成了各种各样的社会集团。社会集团分为无组织的社会集团和有组织的社会集团两种，其中有组织的社会集团要得以稳定，一般需要适应环境、达到目标、联合成员、维持共同价值意识四项条件。[3]

社会群体、社会团体或社会集团，聚集了社会发展的合力，对人类社会的发展具有积极作用。然而，必须同时看到，在既定的社会或国家范围内，社会群体尚需要法律规范和伦理引导。社会群体的设立、变更和终止，如果缺乏法律法规的引导，很容易沿着其自发的方式和方向发展下去，所带来的伦理后果就是在整个社会中形成不同的、各自只维护自己利益和存在的多个小群体，在促进社会发展的同时也会对社会的整体性、团结性、稳定性造成消极影响。社会群体与整个社会的关系，恰如具体个人与社会群体的关系一样，存在个性与共性、个人主义与集体主义如何协调以及何者优先的问题。“任何社会或群体都是众多个人的集体表现，所有任何个人都应视为社会群体的特殊性表现，他没有独立的存在；作为其中一名成员的个人由于生命中的遗传和社会因素，与社会整体紧密相连。把他与社会脱离开来考虑和把社会

---

〔1〕 [美]约翰·J.麦休尼斯：《社会学》(第14版)，风笑天等译，中国人民大学出版社2015年版，第166页。

〔2〕 郑杭生主编：《社会学概论新修》(第5版)，中国人民大学出版社2019年版，第175页。

〔3〕 参见[日]横山宁夫：《社会学概论》，毛良鸿、朱阿根、曹俊德译，上海译文出版社1983年版，第111页。

和个人脱离开来考虑同样是荒诞的……把社会和个人分裂并将它们置于对立的位置上这样一种普遍的观点是一种极大的错误。”[1]马克思主义伦理学强调“集体主义原则”。“就社会主义道德的评价体系而言,无论是人们行为的善恶,还是人们道德品质的好坏、道德境界的高低,也必须依靠集体主义,把集体主义当作最基本的道德评价尺度。在社会主义道德体系中,善恶的尺度、利益的尺度、生产力的尺度,常常都具体化为集体主义尺度。”[2]我国《宪法》第35条对公民的结社权进行了保护,《社会团体登记管理条例》对非营利性社团的设立和管理进行了规范。《社会团体登记管理条例》第4条第1款规定:“社会团体必须遵守宪法、法律、法规和国家政策,不得反对宪法确定的基本原则,不得危害国家的统一、安全和民族的团结,不得损害国家利益、社会公共利益以及其他组织和公民的合法权益,不得违背社会道德风尚。”这里体现了法伦理要求。

(3)社会具体制度的建设

制度是由国家或国家机关所制定的,要求成员共同遵守的,调整社会联系、相互交往、事务处理的规则和程序。马克思主义经典作家认为,“现存制度只不过是个人之间迄今所存在的交往的产物”[3]。制度有如下几个特征:“一、制度是适应人们充分满足欲求而组织起来的定型化规范。二、制度有其所以存在的明确的目的,并有一定的持续性,但往往甚至在丧失其目的的准确性以后也继续存在。三、制度为使其明确起见,总是带有一种象征。四、制度是通过一切文化的诸要素组织起来,并对一系列的制度加以综合而成的。”[4]制度可以分为激励性制度与约束性制度、正式制度与非正式制度、基本制度与具体制度、历史制度与现实制度等不同种类,无数的制度组成制度体系,维护社会秩序及其良性运行。制度创新和制度变迁则使制度与社会发展节奏、社会发展需求保持协调和契合,不断解决、处理和规范社会出现的新情况,保障社会的和谐统一和持续发展。从法伦理的视野来看,制度的范围很广,既包括各个行业、各个领域、各个地区所制定的基本制度,也包括具体的企业、事业单位、社会组织、人民团体等制定的内部的具体制度,还包括为落实这些具体制度对其中的成员个体所设计的行为制度,以及为完成这些行为制度所确立的辅助制度。制度包含基本制度、具体制度、行为制度、辅助制度等制度类型,这些制度分为不同层次,彼此相互协调,共同发挥作用。制度的制定、修改和创新是社会中的重要实践活

〔1〕[美]查尔斯·霍顿·库利:《人类本性与社会秩序》,包凡一、王源译,华夏出版社1999年版,第28~29页。

〔2〕罗国杰主编:《伦理学》(修订本),人民出版社2014年版,第154页。

〔3〕中共中央马克思恩格斯列宁斯大林著作编译局编:《马克思恩格斯选集》(第1卷),人民出版社1972年版,第78页。

〔4〕[日]横山宁夫:《社会学概论》,毛良鸿、朱阿根、曹俊德译,上海译文出版社1983年版,第191页。

动，虽然并非所有社会成员都参与所有具体制度的拟定、测评和监督，但每个社会主体必然存在于一定数量的制度管理、调控、服务和引导之中。有了制度，社会经济实践乃至其他实践活动才有了依凭，才会有明确目标和行为动力。法律作为最普遍的行为规范，属于正式制度，它有自己的立法、执法、司法等法定程序和固定要求。

制度实践或制度建设领域的法伦理思想主要包括以下几方面的内容。

其一，制度制定本身具有法伦理性。任何制度都不是纯粹主观意志的产物，而是根据生产力发展水平、具体国情、社会生活的实际需要，结合历史经验或借鉴其他有益经验，经过一定的程序而专门制定的。它出现的直接目的可能是保护具体社会成员的利益，但其深层目的则是保护社会成员的共同利益，而不仅仅是保护社会成员的个别利益。一项具体制度，根据其功能和职责定位，会有效调整、规范和保护某一行业、领域、地域的共同利益，这些具体制度结合起来，形成制度整体或制度体系，就能将共同利益上升为整个社会的利益。制度在制定过程中的这种“为公共利益服务”或“以人民为中心”的思想体现了法伦理情怀。

其二，制度的实施具有法伦理性。任何制度在制定之后，都要落到实处，而要制度落实，则必须严格执行制度的每一项要求。制度仅仅制定出来，而不能严格执行，就会出现制度虚设。我国矿产资源法规定，矿产资源属于国家所有，由国务院代表国家行使矿产资源的所有权。地表或者地下的矿产资源的国家所有权，不因其所依附的土地的所有权或者使用权的不同而改变。各级人民政府应当加强矿产资源保护工作。禁止任何单位和个人以任何手段侵占或者破坏矿产资源。如果发生未取得探矿权勘查矿产资源、未取得采矿权开采矿产资源、建设项目未经批准压覆战略性矿产资源等情形的，往往要受到行政罚款、责令停业整顿、吊销其采矿许可证等处罚。法律一旦认可或确立了某项制度，该制度相关者就要落实，违背该制度则需要承担法律责任。即使社区制定的街巷卫生制度、社区垃圾收集运输管理制度、社区除“四害”工作制度、社区居民住宅卫生管理制度等，也需要社会居民自觉遵守。如果社区居民有的遵守、有的不遵守，那么制度就形同虚设。即使是这样细微而具体、仅仅在一个社区发挥作用的制度，也是期望能被严格执行、共同遵守的。而具体制度实施过程中的“严格”则是法伦理的重要理念。

其三，制度的调整具有法伦理性。每项具体制度本身都有其内在任务和使命，当社会发展进入新的阶段，就意味着有些具体制度需要根据时代的变化而修改、调整、变迁甚至废止。已废止的制度可以保存下来以资参考或借鉴，但新的具体制度必然要不断地产生。这个过程并非单一的客观或主观进程，而是在一定伦理意识支配下所进行的主观与客观统一的过程。这种伦理意识中，就包含法伦理意识，即与时俱进、适应社会需要的意识。法律本身并非一种固定性规范，其确定的具体制度本身具有相对稳定性，但是也在不断发展变化之中。就以监护制度为例，我国过去的《民法通则》(已失效)只规定了法定监护和兜底监护,而《民法典》则规定了法定监护、遗嘱监护、协议监护、指定监护、意定监护、兜底监护等监护种类,极大地适应了实际生活中的监护需要,特别是其中的意定监护,是对我国社会发展过程中所遇法律问题的积极回应。

3. 文化实践

马克思、恩格斯将人的"自由而全面的发展"作为人的发展的终极目标。这就意味着,在社会的发展进步过程中,不应当仅重视经济活动的建设,也不应当只重视社会共同体的建设,还应当注重文化成长或精神文明建设。物质生产、社会建设的需要被满足之后,下一个便是文化实践。文化实践带来的文化层次往往是判断一个国家精神状况的重要指标。自古以来,曾出现过无数的文化种类;未来社会,仍然会有无数的文化种类涌现。文化代表一个国家的精神指向。当生存、合作等问题得到解决之后,究竟应该把一个国家甚至人类引向何方?这是文化要解决的重要问题。文化问题非常复杂,因此这里需要用一定篇幅阐释一下对文化本身的理解。

关于文化概念的理解多种多样。梁漱溟先生指出:"据我们看,所谓一家文化不过是一个民族生活的种种方面。总括起来,不外三方面:(一)宗教生活方面,如宗教、哲学、科学、艺术等是。宗教、文艺是偏于情感的,哲学、科学是偏于理智的。(二)社会生活方面,我们对于周围的人——家庭、朋友、社会、国家、世界——之间的生活方法都属于社会生活一方面,如社会组织,伦理习惯,政治制度及经济关系是。(三)物质生活方面,如饮食、起居种种享用,人类对于自然界求生存的各种是。"[1]文化学者殷海光在对47个关于文化的定义作了梳理之后指出:"第一,在文化全部实有之中,我们不可有意或无意把我们认为'好的'或'要得的'看作是文化,而把我们认为'不好的'或'要不得的'看作不是文化而只是'历史中的偶然'……第二,文化包括层进中的各层……第三,文化之所指不限于所谓'文明人'的,所谓'野蛮人'同样有文化……第四,文化并非一成不变的化石,而是在变动之中……第五,价值观念是文化构成的必要条件。第六,文化与文化价值都是相对的,虽然也有普同的部分。"[2]人类学学者露丝·本尼迪克特认为:"自有人类历史以来,整个世界上不管哪个民族都能接受别的血统的民族文化。人的生理结构中并无任何东西去妨碍这种接受。人的行为有什么特殊变化,完全不取决于他的生理构造。人在不同的文化里所形成的解决各种社会问题——诸如婚姻、贸易等——的方法,虽有很大差异,但在人的原始能力的基础上都是同样可能的。文化不是一种生理遗传的综合体。"[3]

---

[1] 梁漱溟:《东西文化及其哲学》(第2版),商务印书馆1999年版,第19页。

[2] 殷海光:《中国文化的展望》,上海三联书店2002年版,第39~40页。

[3] [美]露丝·本尼迪克特:《文化模式》,王炜等译,生活·读书·新知三联书店1988年版,第16页。

伦理学家樊浩先生认为,“文化”就是通过“文”而使自身发生变“化”,从而不断地丰富人的内涵,不断提升人性的过程。他认为:“文化就是人化,不仅是指自然打上人文印记,也是人自身更加具有人文的属性。人化是客观人化与主观人化、个体人化与类的人化的统一。”[1]通过这些对文化概念的描述,笔者受到如下启发。

第一,文化渗透在器物、制度乃至精神产品等现象之中。虽然文化在这些以及其他所有方面呈现自身的程度不同,但是必然通过这些方面呈现自身,这一点是确定无疑的。那也就是说,如果我们想了解任何一个国家或民族的文化,只要从任何一种社会现象入手均可感知到其中所蕴含的文化脉动。如果要推动社会现象中能够通过人为努力而加以改善的部分的发展,那么应当首先思考文化变迁和文化濡化。可以说,文化是各种社会现象的内在理念。

第二,文化是客观与主观有机统一的产物。文化是一种客观存在,同时也是一种选择和取舍。如果文化是自发形成的、不需要任何人为的努力去建构,那么文化就超出人类控制之外因而无须再予关注;如果文化完全是人为产物而不存在自然基础,那么文化就可以任意建构、改变和取舍,这样一来,文化的稳定性、绵延性和穿透性也就荡然无存。因为客观,所以主观得以产生;因为主观,所以客观的文化规律、文化轨迹、文化节点才得以被认识。自古以来,不同的国家、地区、民族都非常重视文化建设。

第三,文化可以借鉴,但不能复制。文化既然是人类的文化,那么必然有人类的视野、风格和特征,是适应人类发展需要的主客观统一的存在。那么,不同的地区或社会之间,必然也存在一些能够相互借鉴的部分。但是,不同的文化类型也必然存在时代性、地域性、偏好性等特点,因此又各具特色,应当清醒地认识到,文化可以借鉴,但不能复制,任何一个国家或民族都不能强行将其文化移植到其他国家或地区。

第四,文化具有教化作用。文化既然是人化,那就是使人成人,并且不止于成为一般人,还要在人格上继续推进,乃至成为文化理想中的人格完满者。虽然不同种类的文化发挥教化作用的程度不一,但是发挥教化作用却是其共同之处。另外,教化是指一种“导善”的行动,而不像教唆那样使人染上恶习。虽然不能简单地用一种二元思维去评判某个国家、地区乃至个体所承载文化的优劣、好坏、有用无用或者是文明与野蛮,但是必须申明,文化本身确实有先进性与落后性之分,人类应当追求的是先进性文化,它能导人向善、利国利民、促进国家发展和人类命运共同体进步。

综上所述,文化是与时代、地域、族群相适应的,具有教化和人格提升作用的,能在一定程度上交流和借鉴的国家、地区、社会或家庭等共同体的内在理念。特别应当重视的是文化的教化作用。汤一介先生指出,中国传统哲学关于真、善、美的观点

---

[1] 樊浩:《文化撞击与文化战略——中西比较文化原理》,河北人民出版社1994年版,第7页。

集中体现在中国古代思想家长期讨论的三个命题之中，即“天人合一”“知行合一”“情景合一”。[1] 通过这三个“合一”，提升人格境界。贺麟先生提出：“文化包括三大概念：第一是‘真’，第二是‘美’，第三是‘善’，文化要以真理感化、来影响，就名词上的意义来说，文化是真理所产生，所以文化是真理化，但真理是从学术上研究而得的，例如哲学科学等等都是构成文化的因素，也可以说是学术化；所谓‘美’，就是艺术化，使欣赏的人有美感，受陶冶；所谓‘善’，即是道德化。总起来说，……总起来说，真善美即是真理化、艺术化、道德化，而由于系高尚的情感、坚强的意志和正确的理智所产生，可以说是精神化——精神文明。而文化的特征乃是征服人类的精神，使精神心悦诚服。”[2] 文化是共同体的内在理念，那么，文化活动就是在共同体内一系列的文化实践，如果将国家作为共同体，那么国家领域的文化实践就属于文化活动。在国家共同体、整体或实体之中，文化实践包括无数的种类，它们也各自存在自己的文化实践主体、客体和内容。基于本书研究的实际需要，笔者主要分析其中的文化创作活动、文化呈现活动和文化塑造活动。

(1)文化创作活动

文化是意蕴丰富而且不断发展的概念，因此文化创作并非在一瞬间完成后就永远处于停滞状态，而是一直处于发展变化过程之中。文化创作一般包含创作主体、创作目的、创作方式、创作形式等方面的内容，创作主体既可以是独立的个体，也可以是有组织的群体或乡村、城镇、都市乃至整个社会和国家。创作目的既可以是使文化变得方便实用，也可以是繁荣文化自身，或者是增进经济利益或提高国际声誉。创作方式按类型可分为自发创作与自觉创作、手工创作与机器创作、简单创作与精细创作、一次创作与连续创作等。而创作形式既可以表现为文字、图片和形象，也可以表现为声音、色彩或氛围，甚至可以表现为学说、仪式和制度，或者数据、程序和软件。文化创作与一般的生产实践的区别：文化创作的着重点在于通过物质产品、精神产品或电子产品表达一种理念，而并不是像一般生产实践重点关注产品的有用性、安全性、稳定性和便捷性。随着历史的发展，无数的文化产品在人类社会中扎根和发展。例如，在现代社会，非常普遍的一种文化创作活动是影视作品的创作。无论是经典影视作品还是网络空间的微电影，均是利用人的视觉器官与听觉器官实现文化影响。这种影视作品具有可观赏性强、传播范围广、更新速度快、潜移默化地影响人的思维等特点。为了保障其积极作用的发挥同时避免其可能带来的消极影响，国家制定了有关于电影方面的法律规范，其中包含重要的伦理内容。

《电影产业促进法》规定了电影产业健康发展必须遵循的价值基础，那就是弘扬社会主义核心价值观。电影产业的存在和发展，并非仅有娱乐功能，还能丰富人

---

[1] 参见汤一介：《中国传统文化中的儒道释》，中国和平出版社1988年版，第1页。

[2] 贺麟：《文化与人生》，商务印书馆1988年版，第280页。

民群众的精神文化生活，体现社会主义核心价值观。这里所指的电影是指运用视听技术和艺术手段摄制，以胶片或数字载体记录、由表达一定内容的有声或者无声的连续画面组成、符合国家规定的技术标准、用于电影院等固定放映场所或者流动放映设备公开放映的作品。电影的创作、摄制、发行、放映等活动，都要遵守法律法规，尊重社会公德，电影创作不得损害我国国家尊严、荣誉和利益，不得危害国家统一、主权和领土完整，也不能泄露国家秘密或宣扬恐怖主义、极端主义，不能诋毁民族优秀文化传统或伤害民族感情、破坏民族团结，也不能侮辱诽谤他人或散布他人隐私，侵犯他人合法权益，等等。可见，《电影产业促进法》中包含的伦理内容非常广泛，也十分重要。“关于电影和伦理，最著名的话当属让－吕克·戈达尔在1959年说的那句名言：‘跟拍镜头是个道德问题’（le travelling est affaire de morale）。”[1]电影类型很多，跟拍镜头时有出现，在跟拍时必须严守道德限度。

（2）文化呈现活动

当文化创作出来后，必然要以一定的方式展现出来，从而在社会中成为一种引起关注和重视的事物。文化本是一种“理”，当这个“理”与人已掌握的各种物质、技术、技巧、方法等相结合的时候，意味着文化之“理”获得了现实性。文化呈现方式众多，语言、著作、形象、视频、行为、仪式、节目、广告、建筑、工具、雕塑等都可以成为文化的表达方式。文化作为一种理念，不仅其自身存在理念结构，而且其穿透范围非常广泛。可以毫不夸张地说，人类能力所涉及的所有领域，均有文化的身影。文化呈现具有多种多样的方法，文化与具体行业、流程和设计程序相互结合，共同发挥作用，通过促进人的“道德、力量和幸福”的同时发展而普遍地改进人类。在这里，本书主要讨论文化以“形象”方式如何呈现自己。

形象是通过二维、三维或更高维度等方式来表达作为内在理念的文化形式。它往往是期待的状态、色彩与情感统一的造型。形象包括文学形象、影视形象、雕塑形象、建筑形象等种类，而每一种形象又包含许多种类。例如，雕塑可以分为植物形象雕塑、动物形象雕塑、人物形象雕塑、动作形象雕塑、表情形象雕塑与器官形象雕塑等，也可以分为室内雕塑、路边雕塑、广场雕塑、城市雕塑、农村雕塑、山体雕塑与墙体雕塑等，每一种雕塑均从不同侧面、角度或维度反映一定的文化理念。雕塑作为一种公共艺术，自然需要物理空间、社会氛围和资金力量的支持，但一定的文化含量是最必要的，否则不能成为雕塑。从法伦理角度来看，雕塑不能占据过多的物理空间，否则会挤占宝贵的用地资源；雕塑也不应置放于与周围社会氛围不协调之处，否则其社会效果会减低；雕塑更不能被当作广告的同义语。雕塑作为一种文化象征，不是用来攀比的器物商品，不是用来渲染恶俗劣习的低俗符号，有关活动更不能以

[1] [英]丽莎·唐宁、[英]莉比·萨克斯顿：《电影与伦理：被取消的冲突》，刘宇清译，重庆大学出版社2019年版，第36页。

单纯逐利的动机去从事,否则很难形成完美的艺术品。因此,法律法规必须对此予以关注并进行力所能及的规范。城市雕塑是在道路、广场、车站、港口、机场、体育场(馆)、公园、公共绿地、居住区、风景名胜区及其他公共场所建设的室外雕塑。城市雕塑应符合城市规划要求,统一规划、合理布局,突出独特性、创新性,要注重与周围环境、建筑风格和历史风貌相协调。这意味着,城市雕塑具有规划性,法律法规不允许私自设置雕塑。住房和城乡建设部所颁发的《城市雕塑工程技术规程》(JGJ/T 399—2016)提出,城市雕塑工程应符合城市特色风貌建设要求,并应避免对交通造成不利影响。它将城市雕塑按体量分为特大型、大型、中型和小型四类,规定大型、特大型的城市雕塑工程建设应结合城市广场、主要道路、公园绿地、重要公共建筑、周边环境等因素做好城市雕塑规划。这些,均可以理解为关于城市雕塑的一些具体的法伦理要求。

(3)文化塑造活动

文化内蕴于实体之中,如果不加以人为努力,文化无法具象,或者仅仅成为一种偶发的、零散的、短期的存在,而无法形成一种人类精神文明成果并自觉地发挥自身的各种功能尤其是教化或引导作用。所谓的文化塑造,这里是指将自发的、零散的、偶然的、转瞬即逝的、或隐或显的文化萌芽予以自觉、系统、深入、整体地记录、分析和整理,从而形成文化知识、文化系统和文化氛围,为国家和社会发展提供重要精神力量的实践行为。

文化塑造的主体多种多样。文化塑造的主体一般来说是作为伦理实体的国家。国家是文化塑造的基础主体或推动主体,国家之内的具体部门、地区或行业等同样是文化塑造行为的主体,可以将其称为二级主体,与作为一级主体的国家相对应。三级主体就是每个具体的个人。个人塑造文化的范围虽可能仅限于自身、家庭或社会联系所及的范围,却不妨碍个人作为文化塑造的终极承载者。一级主体、二级主体、三级主体之间既有自上而下指导的一面,也有自下而上生成的一面,同时,在不同层级的主体之间还存在平等交流的一面。可以说,任何国家、国家内所存在的各个部门、行业、地区,以及每个具体的个人(无论年幼或年长),都是自觉或不自觉的、临时的或长期的文化塑造者。所有这些文化塑造主体自发形成了一个虽然无法明示但却客观存在的文化塑造主体体系,依照国家内在精神的运行规律各自履行自身的文化形塑使命。

文化塑造活动的目的主要是形成文化知识、文化体系、文化氛围。文化知识是关于文化规律的一般性认识。文化既然渗透现实生活的各个方面,那么就可以从各种社会现象入手,分析其中的文化线索、文化脉络、文化质料、文化坐标、文化关联、文化内核。然后将所有社会现象中的文化含量集中起来,建构系统的文化知识。所谓文化体系,不但包括文化本体自身、还包含文化自身运行规律的展开逻辑以及文化本体在具象中的表征途径、表征方式、表征范围、表征时机、表征评估、表征调控等方面的内容。文化氛围,则是通过有意识的文化推动,借助器物、制度、文艺等方式形成的。文化氛围体现文化建设的实际水平。文化氛围并非固定不变的,也并非整齐划一的。不同时期、不同地域、不同人群等会形成不同的文化氛围。对文化知识、文化系统、文化氛围的发现、整理和宣传等所有活动,均属于我们所理解的文化塑造活动的内容。

文化塑造活动类型繁多。依照目标,可分为人类文化塑造活动、民族文化塑造活动、家庭文化塑造活动;依场所,可分为田野性文化塑造活动、剧院性文化塑造活动、宫廷性文化塑造活动;依照感官,可分为视觉性文化塑造活动、听觉性文化塑造活动、感受性文化塑造活动;依照意识,可分为无意识文化塑造活动、有意识文化塑造活动、意识不明确的文化塑造活动;依照领域,可分为情感精神文化塑造活动、合作精神文化塑造活动、团结精神文化塑造活动;依照态度,可分为主动性文化塑造活动、被动性文化塑造活动、主动与被动相结合的文化塑造活动;依照年龄,分为儿童文化塑造活动、青壮年文化塑造活动、老人文化塑造活动;依照单位,可分为企业文化塑造活动、事业单位文化塑造活动、机关文化塑造活动;依照艺术,可分为文学艺术文化塑造活动、舞台艺术文化塑造活动、影视艺术文化塑造活动;依照法律,可分为合法文化塑造活动、非法文化塑造活动、规避法律的文化塑造活动;等等。这样的分类作为一种理论抽象和哲学表达,旨在表明文化塑造活动的丰富性、多样性。

文化塑造活动已经变成社会和生命历程中的重要组成部分。文化塑造活动令人目不暇接,但只要文化塑造活动与国家内在精神的文化指向相符,那就是成功而有效的、具有先进性的文化塑造活动。但是,这种相符性并非能为所有文化主体时时关切和明确意识,因此需要法伦理对文化塑造的活动条件及其发展方向等方面作出明确的规范和引导,以保障文化塑造活动的先进性、整体性和适用性。例如,2020年《娱乐场所管理条例》第5条对设立该场所或从业的人员作了排除性规定,曾经构成特定犯罪的、被剥夺政治权利的、被强制戒毒的、因卖淫嫖娼被行政拘留的人员不能开设有关场所或从业。根据第7条第1款,娱乐场所不允许被设在居民楼、博物馆、图书馆、文物保护单位建筑物内,住宅区或学校、医院、机关周围,也不允许设在车站、机场等人群密集场所,建筑物地下一层以下和与危险化学品仓库毗连的区域也不能设立。根据该条例第13条,国家倡导弘扬民族优秀文化,禁止在娱乐活动中包含违反宪法基本原则、危害国家统一、危害国家安全、煽动民族仇恨、违背社会公德等的不良内容,不能为犯罪活动提供条件,否则就要承担法律责任。可以说,虽然这仅仅是一个行政法规,但是却体现了丰富的法伦理内涵。国家允许该行业开展经营,要求其依照法律规定进行,依照法律规定的伦理要求进行。该条例对该场所的设立、经营、管理等诸多方面,进行了细致的规定,无疑是伦理法律化和法律伦理化的一个典型例证。

现实地看,文化是人类社会的重要组成部分,对社会文明的发展起着潜移默化的作用。但是,文化就其内在本质来说,主要是共同体或实体的内在理念,因此具有发展变化和不易为法律所把握的特点,即对于文化现象,法律所能作的规定或所能调整的范围比起法律对财产、企业、个体信息等方面的调整和保护来说要更少、更抽象,因此相应的法伦理思想也并不是非常充分。但是,这并不意味着文化现象在社会共同体中缺乏治理模式,恰恰相反,文化现象在社会建设中往往受到重视,通过党的领导、社会的广泛参与、文化主体的积极行为,不断促进文化建设,为国家、社会和个体的成长提供正确的文化方向和先进的文化资源。

三、家庭

黑格尔将家庭作为重要的伦理实体。他指出:"作为精神的直接实体性的家庭,以爱为其规定,而爱是精神对自身统一的感觉。因此,在家庭中,人们的情绪就是意识到自己是在这种统一中、即在自在自为地存在的实质中的个体性,从而使自己在其中不是一个独立的人,而成为一个成员。"[1]家庭是人出生后所面临的第一个伦理实体,也是最直接的伦理实体。通过家庭,人才能走向社会,才能成为国家成员。家庭以婚姻为基础;如果不存在婚姻,就很难成立家庭。婚姻随着人的生理年龄增长和社会文化期待而产生,也随着身心消散、感情崩溃、婚姻文化瓦解而消逝。家庭是法律的重要保护和调整对象。对家庭实体进行法伦理研究,首先需要对家庭概念进行分析,因为对家庭的理解与对文化概念的理解一样,也存在广泛的视角和多维的解释。

社会学家 W. 古德认为,家庭不是单一概念,很难用简洁的语言来概括,而许多社会单位都可以或多或少地被看作家庭,因为它们或多或少地类似于传统的家庭模式。他指出:"毋庸置疑,下述概括并不全面,但却包含了这些关系的大多数:(1)至少有两个不同性别的成年人居住在一起。(2)他们之间存在着某种劳动分工,即他们并不都干同样的事。(3)他们进行许多种经济交换与社会交换,即他们相互为对方办事。(4)他们共享许多事物……既包括物质活动,也包括社会活动。(5)成年人与其子女之间有着亲子关系,父母对孩子拥有某种权威,但同时也对孩子承担保护、合作与抚育义务,父母与子女相依为命。(6)孩子们之间存在着兄弟姐妹关系,共同分担义务,相互保护,相互帮助。当所有这些条件都存在时,很少有人会否认这个单位是一个家庭了。"[2]从经济学角度对家庭进行研究的贝克尔对"家庭分工"进

---

〔1〕［德］黑格尔:《法哲学原理》,范扬、张企泰译,商务印书馆1961年版,第175页。
〔2〕［美］威廉·J. 古德:《家庭》,魏章玲译,社会科学文献出版社1986年版,第13页。

行了探讨:“已婚男女之间最一般的分工是:在传统上,妇女把大部分时间用于生儿育女和操持其他家务劳动,而男子则狩猎、当兵、种地和从事其他‘市场’活动。家庭成员之间各种分工,部分地取决于男女之间的生物学上的差别,部分地则取决于经验和人力资本的投资不同。”[1]伦理学者则认为,“对家庭而言,它是最初的、直接的、自然的伦理实体,家庭是民族的基础”[2]。

从法伦理视野出发,笔者认为,所谓家庭,就是由合法结合的作为个体的男女双方及其所生育儿女所组成的、占据一定的地理空间并积极参加社会活动、同时存在精神世界追求的稳定血缘综合体。家庭分为各种各样的种类。按照规模,可以分为大家庭和小家庭;按照稳定性,分为稳定家庭和不稳定家庭;按照居住地点是否只在一个国家,可以分为国内家庭和国际家庭;按照相处状态,可以分为和睦家庭和不睦家庭;按照是否幸福,可以分为幸福家庭和不幸福家庭;等等。家庭不同于家族,家族是一个扩大了的家庭。摩尔根将人类在不同文化阶段表现出的家族形态分为血婚制家族、伙婚制家族、偶婚制家族、父权制家族、专偶制家族等,并将专偶制家族作为文明时期的家族形态;而从家庭发展逻辑来看,可以将家庭分为原在家庭、新设家庭、延续家庭三种类型或三个发展环节。原在家庭是指子女从小生活的由父母所创设的家庭;新设家庭是指子女成年后通过婚姻创设的自己的家庭;而延续家庭则是指子女的子女在成年后通过婚姻创设的他们自己的家庭。这三种家庭类型是不断递进的家庭发展阶段,同时又多存在于一个时间区间;如果将单个环节的家庭称为小家庭或核心家庭,那么组合在一起便构成大家庭。许多具有血缘关系的大家庭组成家族。法伦理学所研究的作为伦理实体的家庭,主要是指由夫妻双方和子女共同构成的核心家庭,而不是指家族、氏族、部落、民族等宏大概念。之所以如此,是因为由夫妻和子女共同组成的核心家庭已经包含了各种基本的伦理关系和需要由法律予以规范的内容。由此理解出发,本书主要分析家庭的生物性、财产性、教育性等功能及其相应的法伦理要求。

(一)“生命”意义上的家庭:相互“关爱”

人类生命的延续,即繁衍人口的重任,主要由家庭完成。家庭的重要功能或首要使命,实际上是力所能及地完成生育和积累人口的任务,从而为国家和社会活动提供生命支持,同时在自然实体的广袤胸襟中书写人类的文明与辉煌。“在两性之间存在着生理上的差别,身体的构造不同。人们不用训练,就能看出这些明显的差别。但是,两性之间也有不少相似之处……许多男子和女子是‘介乎两者之间’。此外,甚至男女之间的一般差别也在随时间而变化;男女差别不仅随不同的社会而起

[1] [美]加里·斯坦利·贝克尔:《家庭论》,王献生、王宇译,商务印书馆2005年版,第41页。

[2] 赵庆杰:《家庭与伦理》,中国政法大学出版社2008年版,第189页。

变化，而且随着历史时代而变化。”[1]男女两性人格平等，各有优势，共同缔造生命个体或家庭成员。“不论在何地，人总是从一男一女的结合中生出来。但是，这个作为基础的生物性材料，为每个社会集团所特有的逻辑所反复演绎、反复表述。自然，将生身父母与子女联系起来的关系——血统关系——和从他们生身父母的角度来说这些子女之间的关系——嫡亲关系——都具有生物性成分。在我们的社会里，这些关系难道不是被称为‘血肉相连’吗？”[2]因为有血缘关系，血肉相连，所以家庭成员更能相互关心、相互帮助、相互爱护。那么，针对生命意义上的家庭，法律及其蕴含的伦理内容究竟有哪些呢？本书认为，主要包括以下几个方面。

一是对婚姻主体结婚条件进行了适当限制。现代民法尊重“意思自治”，确立婚姻自由原则。然而，在婚姻主体条件即结婚的主体条件方面却多有规制。究其原因，一方面是为了维护整体婚姻秩序并使之与社会中其他具体制度相互衔接、融通以形成更好的国家秩序甚至人类秩序；另一方面则是为了更好地发挥家庭的众多功能。依照《法国民法典》对“法定婚龄”的规定，男女双方都应该年满18周岁；不满18岁的，需要检察官的特许（第145条）及父母的同意。根据《德国民法典》的规定，一般来说，只有成年人才能结婚（第1303条第1款），但如果申请人年满16周岁，且其未来的配偶已经成年，家庭法院可以根据申请免除该条件；其还规定，暂时的精神错乱或丧失知觉状况的，婚姻可以废止。我国《民法典》第1047条规定，结婚年龄，男的不得早于22周岁，女的不得早于20周岁。其第1048条规定，直系血亲或三代以内的旁系血亲禁止结婚。所有这些及其他相关规定，保障了结婚主体民事行为能力的“适格性”，保障人口繁衍任务的正常和理性进行。

二是对家庭伦理义务直接进行了法律规定。我国《民法典》第1059条第1款规定，夫妻有相互扶养的义务。《民法典》第1058条规定，夫妻双方平等地享有对未成年子女的抚养、教育和保护权利，同时也要共同承担对未成年子女的抚养、教育和保护的义务；《民法典》第1071条第1款规定，婚生子女与非婚生子女享有同等权利。同时《民法典》规定，家庭应当树立优良的家风，弘扬家庭美德并重视家庭文明建设。夫妻应当互相忠实，互相尊重，互相关爱；家庭成员应当敬老爱幼，互相帮助，共同维护平等、和睦和文明的婚姻家庭关系（第1043条）。《德国民法典》规定，配偶双方有义务适当地抚养家庭（第1360条第1句）。抚养义务的承担形式既包括人身性给付，也包括为适当生活的需要提供经济上的帮助。所有这些规定，都体现出家庭伦理的要求。

法律不仅规定了父母对子女的抚养义务，还规定了子女对父母的赡养义务，同

---

〔1〕［美］威廉·J.古德：《家庭》，魏章玲译，社会科学文献出版社1986年版，第36～37页。

〔2〕［法］安德烈·比尔基埃等主编：《家庭史：遥远的世界　古老的世界》（第1卷），袁树仁、姚静、肖桂译，生活·读书·新知三联书店1998年版，第22页。

时还有夫妻之间的相互扶养义务。所有这些看似复杂的家庭关系,被中国传统伦理以简单的行为模型作了规定,即“夫义妇顺、父慈子孝、兄友弟恭”。婚姻法律在对家庭人口方面进行调整时,所坚持的伦理思想是保护生命的成长,同时期望围绕生命成长所逐渐拓展而成的各种家庭关系能保持和睦状态。唯有做到这一点,家庭繁衍生命、保护生命、抚养生命的功能才能得到顺利实现。

(二)“财产”意义上的家庭:“共同所有”

所谓财产意义上的家庭,是将家庭看作一个生产、占有、使用和处分各种物品的实体单位并将合理合法地为家庭增进财产作为一种家庭义务的家庭观。任何家庭都必须有一定的居住地以及直接或间接来源于地球的各种各样的资源,如房屋、家具、饮食、衣服、药品、生活工具、生产工具、交通工具、通信工具等具体物资。具体家庭财产的数量、质量、规模、形式等随着经济社会的发展而不断发展变化。

笔者发现,就一个具体家庭而言,其财产主要分为初期财产、中期财产、后期财产三种类型。所谓初期财产,是指男女结婚时夫妻双方所拥有的财产。家庭初期财产由“可能的”三部分组成:一是男女双方结婚时各自带进家庭的他们本人原有的财产;二是在成婚时双方父母及亲朋好友所赠与的财产;三是双方在结婚时所在国家或社会所奖励的财产。为什么要用“可能”一词加以修饰?因为第一项财产肯定会存在,无论多寡,都会存在;但是第二项财产则是随机的,可能有,也可能没有;第三项财产也不确定,结婚时社会是否会提供住房、是否会提供婚姻奖励基金,这取决于当地的经济发展水平、结婚人口数量及相关的婚姻奖励政策。家庭初期财产以结婚当时所拥有的财产为限,而后所获得的各种财产就不属于家庭初期财产了,可以称其为家庭中期财产,即从夫妻结婚那一刻开始算起,一直到未来子女结婚那一刻为止所拥有的财产。为什么要选择这样一种时间分界标准?理由在于,如果成家后所生育的子女也已经结婚了,那么子女自身的家庭历程就开始了。一般而言,家庭中期财产是由家庭中所有具有劳动能力的成员通过合法合理的方式获得的,劳动收入、房屋出租、货币投资、企业开设、专利技术、经商交易、合理赠与等方式都是家庭中期财产的来源。在子女结婚后,原父母家庭的财产模式又会发生新的变化,可以将子女结婚后原来父母的财产称为家庭后期财产。家庭后期财产数额并非固定的。它自身仍旧能够通过各种方式增长,只不过由于劳动能力变化等方面的实际原因,其增长幅度和方式与家庭中期财产存在一些区别而已。一方面,父母要为养老、防病、防灾而储存一定的财富,还要为子女家庭的适当需要、需要承担的社会责任或者自愿捐助等保留一定量的财富;另一方面,父母还拥有自己的劳动技能和经验智慧,而经济的发展、经济模式的进步、盈利方法的更新、经济政策的刺激等因素所构成的外部环境,也会为父母家庭后期财产的增长提供条件、途径和动力。因此,父母也会在力所能及的范围之内继续谋求家庭财富的增长。初期财产、中期财产、后期财产三者在数量上没有前后承接关系,并不是一直上升或下降的,也不会呈现一种股票变动指示图似的随机变化状态。家庭财产有一定的可预期性、可把握性和稳定性,但也有变化性、起伏性甚至崩溃的可能,如遭到入侵敌人的洗劫或受到意外灾害毁损。

针对家庭财产,法律存在一些规定,其中包含伦理内涵。以我国为例,在以下两个方面表现比较突出。

第一,从整个法律体系上对财产所有权制度予以确认和保护。从主体角度来看,所有权分为国家所有权、集体所有权、私人所有权;从形式来看,所有权又分为单一所有权与多数人所有权,而多数人所有权又分为按份共有和共同共有两种类型。家庭财产属于私人所有和共同共有。我国《宪法》第 13 条规定了保护公民财产的总纲:公民的合法的私有财产不受侵犯;国家依照法律规定保护公民的私有财产权和继承权;国家为了公共利益的需要,可以依照法律规定对公民的私有财产实行征收或征用并给予补偿。《刑法》分则中的“侵犯财产罪”包括抢劫罪、盗窃罪、诈骗罪、抢夺罪、聚众哄抢罪、侵占罪、职务侵占罪(《刑法修正案(十一)》作了一些修订)、挪用资金罪(《刑法修正案(十一)》作了一些修订)、挪用特定款物罪、敲诈勒索罪、故意毁坏财物罪、破坏生产经营罪、拒不支付劳动报酬罪等罪名,其中许多罪名跟私人财产的保护有关。《个人独资企业法》第 5 条规定,国家依法保护个人独资企业的财产和其他合法权益。《民法典》更是要保护平等主体的人身利益和财产利益,并在物权、债权、知识产权、婚姻家庭和继承等领域坚定地贯彻这一理念。除此之外,还有许多法律与财产的保护相关。这样一来,在中国特色的社会主义法律体系中,就明确提出了对财产、财产所有权的依法保护。其中就包含对家庭财产所有权的保护。

第二,民法对家庭财产进行了具体保护,体现了共同使用家庭财产的理念。家庭财产与夫妻财产不是一个概念,但家庭财产包括夫妻财产,特别是在生育子女之前或子女尚未通过劳动为家庭增加任何收入之前。因此,对夫妻财产制度的确立和维护实际上关涉对家庭财产利益的保护。“自承认已婚妇女有财产权以来,已出现的夫妻财产制度主要有五种:嫁资制、统一财产制、联合财产制、分别财产制和共同财产制。”〔1〕从法伦理角度来看,夫妻财产制的设立遵循“谁拥有的财产是谁的、谁创造的财产是谁的、谁制造的债务是谁的、谁承担的责任是谁的”原则,以此维护婚姻领域财产所有权的公平。我国《民法典》关于夫妻财产的规定,主要包括夫妻共同财产、夫妻个人财产、夫妻约定财产制、婚姻存续期间共同财产的分割、离婚时夫妻共同财产的处理等方面的内容,除了离婚时夫妻共同财产处理与家庭财产关联不大外,其他方面都涉及家庭财产的数量和变动。《民法典》第 1062 条第 1 款对夫妻共

〔1〕 杨大文主编:《婚姻家庭法学》,复旦大学出版社 2002 年版,第 174 页。

同所有的财产范围作了规定。《最高人民法院关于适用〈中华人民共和国民法典〉婚姻家庭编的解释(一)》"夫妻关系"部分,存在更细致的关于婚姻财产的要求。例如,其第25条规定,婚姻关系存续期间,下列财产属于《民法典》第1062条规定的"其他应当归共同所有的财产",一是一方以个人财产投资取得的收益,二是男女双方实际取得或者应当取得的住房补贴、住房公积金,三是男女双方实际取得或者应当取得的基本养老金、破产安置补偿费。这一规定,实际上是基于家庭存续期间所获得的中期财产收入的理论前提。

必须看到,法律对包括夫妻财产在内的家庭财产的保护,并没有脱离法律规范的特征和视野。它并不侧重当事人道德水平的提升,也不期望通过道德自觉履行各自的财产义务和享有相应的财产权利。法律侧重定分止争,特别关注家庭特别是夫妻之间在财产关系方面的秩序与和谐,并为此不懈努力。一般而言,家庭财产纠纷主要存在以下情形:一是夫妻双方在婚姻存续期间,各自所得的收入应当如何处理,如果缺乏关于夫妻财产制度的设计,就会出现纠纷。二是对子女劳动收入的归属问题产生争议。子女劳动收入是全部归属于家庭,部分归于家庭财产,还是自己保有,是家庭财产生活中必须处理好的问题。因为这个问题涉及将来子女成家时,父母如何为每个子女准备适当的结婚物质条件并在彼此之间尽力保持价值相当的问题,否则,子女也容易为此怀疑父母所施与的爱是否公平。三是家庭财产继承纠纷。在现实世界中,为争夺遗产而发生纠纷的情形并不少见。现代法律对遗产继承颇为关切,确定了男女平等原则,确定了"谁尽孝多谁可以多得"的伦理原则。这些可能发生的纠纷类型,往往为法律所关注,而许多具体的法律规定,也主要是为了防范和化解这方面的纠纷。例如,在英美法中,存在以下规定原理:"至于所有权,不论年龄如何,子女均可因赠与或继承而取得动产或不动产。在子女成年之前,不论取得方式如何,其财产上的监督权,均由享有亲权的人以监护人的名义行使。行使这项监督权的人,应于事后对子女交账。子女也可以没有监护人而享有某些动产所有权。但因继承取得的金钱或动产,遗嘱执行人不得直接向未成年人为给付;在这种情形之下,父母的一方应该主动申请被指定为监护人,因为,未成年人没有从事有效清算的能力。"[1]这种规定,在一定程度上有助于化解家庭财产继承纠纷。

必须看到,仅仅有法律规定还不够,无论何种纠纷或矛盾的预防和处理,都需要当事人的道德自觉,将他律与自律相结合,从而形成家庭财产领域的秩序,实现真正的和谐。

(三)"教育"意义上的家庭:做一个"好人"

家庭的任务并非仅仅包括人口的增长、财富的积累,还包含促进所有家庭成员

---

〔1〕 [美]阿瑟·库恩:《英美法原理》,陈朝璧译注,法律出版社2002年版,第132页。

文化成长。也就是说，家庭本身还具有文化性、教育性。所谓教育性，就是在基于家庭精神的家庭文化自发或自觉的影响下，使家庭成员的个人素质得到整体提升。

这种家庭教育应当具有以下主要特征：教育的主体以父母为主，但家庭成员之间相互影响；教育方法以正式教育与非正式教育相结合，但以言传身教的非正式方式为主；教育内容具有稳定性与创新性相结合的特点，但稳定性、重复性是其主要状态；教育过程具有连续性与间歇性相统一的特点，但以间歇性为主；教育结果具有较强的稳定性，但并非不存在变化的可能；教学氛围主要以家庭氛围为主，但也与社会教育氛围相互关联或者是社会氛围的直接缩影；教育时间是终身，在不同的人生阶段都会受到家庭的影响；教育目标是将家庭成员造就成社会和时代所需要的有用之才，特别是在健康、才能和德行等方面往往尽其所能为家庭成员提供最大化服务；教育是无偿的，并不收取费用；教育是自发的，并没有一个专门的教育体制；教育是相互的，一般来说，是由年长者传授给年幼者，由有专业技能、生活经验者传授给无专业技能或生活经验者，但是在某一具体的方面，也可能出现传授方向相反的情况；教育知识的有限和无限的统一，从长远和总体看，家庭本身的成长及家庭所有成员的个体成长在持续发生，所以教育知识的范围也在不断更新和扩大，呈现开放性、无限性的特征，但在一个具体的时代或辈分的范围之内，实际上有些知识是有限的、固化的甚至是陈旧的；教育态度不同，与学校教育不同，不同的家庭在教育方面所投入的注意力是不同的，其占家庭全部注意力投入的比重也存在差异，或者是非常积极地投入，或者是认识不到家庭教育的必要性，或者采取一种顺其自然的态度；家庭教育可用的资源是非常有限的，虽然有些家庭的财力、地位和能力的条件优秀，但与社会教育资源相比，还是处于十分有限的地位；教育途径比较丰富，既有言传身教，又有长辈带晚辈的手把手的帮教，还有一些针对现实问题的随机教育；一般性的教育理论并不能照搬入家庭教育之中，对不同的家庭或同一家庭的不同家庭成员所采取的教育方法、教育手段、教育模型、教育理念并不完全相同，同样的教育方法在面对不同家庭成员时所取得的教育效果并不一样；家庭教育的范围非常广泛，从养生教育、技能教育到品德教育，从生存教育、安全教育到健康教育，从生活技能、生产技能、成才技能教育到如何应对人生各种境遇的教育，从社会交往教育、如何进入社会的教育到如何更好地敬重祖先、履职尽责、服务人民的教育等，均包含在家庭教育之中；家庭处于不断发展的状态之中，家庭规模、家庭住址、家庭成员、家庭任务、家庭需求、家庭所在环境等也处于不断发展变化之中，因此，家庭教育本身往往与这些因素的变化相协调或者保持一致，也处于不断发展变化之中，很难像高等教育一样给其划分一些具体的科目；家庭教育所造就的成果是人才，因此在许多方面具有很强的不可逆性。另外，知识的传授容易被家庭成员接受，家庭成员的价值观往往在一定程度上需要家庭教育养成，而且家庭教育的影响往往终其一生都很难改变，因此，家庭教育非常受家长重视；家庭教育立足于家庭，同时也着眼于家庭的发展和进步，这种家庭本位的特点使各个具体家庭之间的教育虽然存在共性，但也有各自的家庭教育特色。

家庭教育的上述特点，在不同时代、不同地区和不同文化中的体现程度不一样。家庭是走向社会的预备阶段，家庭又是社会的重要组成部分，家庭对社会的影响和家庭为社会所培养的人才类型不容小觑。为了为家庭教育提供一个参照和进行引导，法律对家庭教育问题也存在专门规定，其中特别关注德行的培养，并因此使相关法律具有了更多的伦理内涵。

《家庭教育促进法》主要在以下方面体现出法伦理的内涵：

第一，规定了家庭的目标。该法将家庭教育界定为父母或其他监护人为促进未成年人全面健康成长而进行的品德、身体素质、生活技能、文化修养及行为习惯等方面的培育、引导和影响，认为家庭教育应发扬中华民族重视家庭教育的优良传统，注重家庭、家教、家风培养，增进家庭幸福与社会和谐，培养德智体美劳全面发展的社会主义建设者和接班人，这就将家庭教育与社会发展紧密地结合在了一起，能够保障国家建设所需要的各种各样的人才。

第二，规定了“立德树人”的家庭教育任务。该法规定，应培育和践行社会主义核心价值观，弘扬中华优秀传统文化、革命文化和社会主义先进文化，促进未成年人健康成长。为了保障这一教育任务的实现，国家和社会应为家庭教育提供指导、支持和服务。

第三，确立了对未成年人个体特性的尊重意识。家庭教育要想得到良好效果，必须针对未成年人的身心发展规律和个体差异进行个性化教育，尊重未成年人的人格尊严，维护其隐私权和个人信息，保护未成年人的合法权益，贯彻科学的家庭教育理念和方法，保持家庭教育、学校教育和社会教育紧密结合和协调一致，从而更好地实现家庭教育的目标。

第四，确定父母或其他监护人的法律责任以保障未成年人拥有良好的品德。根据该法规定，父母或者其他监护人应当具有责任意识，应当明白家庭是人的第一个课堂，应当用正确的思想、方法和行为教育未成年人养成良好的思想、品性和习惯，应当弘扬中华民族家庭美德，共同构建文明、和睦的家庭关系，应当教育未成年人爱党、爱国、爱人民、爱集体、爱社会主义，应当教育未成年人崇德向善、尊老爱幼、勤俭节约、团结互助、诚信友爱等；怠于履行家庭教育责任的，应当予以批评教育、劝诫制止，必要时督促其接受家庭教育指导；等等。虽然《家庭教育促进法》所包含的家庭教育内容仅仅是家庭教育的一个组成部分，但是其中所蕴含的伦理情怀可见一斑。

“我国家教的萌芽，是以‘家业世传’为主要形式的。家传的内容，固然有为官的知识，但更多的是生产与科技知识。因为，产生于原始社会中后期的家庭，首先要解决生存问题，为下一代传授生产知识和与生产密切相关的科技知识是社会赋予家庭的重大责任。‘家业世传’为后世开创了家学这一家教形式，为弥补学校科技教育的不足，使我国古代科技水平长期处于世界领先地位，做出了重要贡献。”[1]教育带来教化。教化可以来自国家、社会、学校、家庭等，但是最直接、最原初、最朴素的教化则往往是在家庭中完成的。家庭教化彰显、确证并巩固家庭精神，形成家庭伦理精神、家庭品位、家庭风度，同时，更为重要的是，家庭教化为个体成长提供了营养和引领，将家庭成员培养成对国家和社会有用的人。

自然、国家、家庭等伦理实体或有机体、共同体、整体包含无数的组成要素，因此也就存在无数的人与自然、公民与国家、成员与家庭之间的关系。法律已经发展到能对其中的一些主要关系进行调整和规划的程度，其中包含丰富的法伦理内容。法律是法学理论和认识的反映，同时又通过现实的司法力量去保障法律实施，因此法律中所表征的伦理思想同时也是法学理论所接受并为司法实践所认可的伦理基础。通过对上述实体及其相应法伦理思想的阐释和解读，笔者认为，要使这些法律、伦理以及法伦理的具体要求能够切实落到实处，需要在处理人与自然、人与国家、人与家庭的伦理关系时坚持一些基本的也是最重要的伦理理念。伦理理念作为“伦”关系中的意识指针和行为方向，能够保障法实践的伦理气质和伦理境界。

第二节　法伦理的“伦理理念”

黑格尔说，“伦理本性上是一种普遍的东西”[2]，“理念是自在自为的真理，是概念和客观性的绝对统一性”[3]。伦理理念是特殊性指向普遍性、个别性指向实体性的中介，通过对伦理理念的坚守，具体主体能够与作为现实实体的自然、国家和家庭保持一致，从而实现伦理发展和现实实体进步。通过考察和分析，笔者认为，法伦理的伦理理念主要包括和谐、公正和理性三个理念。这三个法伦理理念不是分别对应一种实体，而是贯穿在所有实体法律中的伦理要求，而这种伦理要求，也是现实实体自身运行规律的自然体现。它们是法律所坚持的与实体自身的客观规律相一致的主观追求，同时又是一种客观存在，它们各有其价值和内涵，共同促进法治进步、社会稳定和伦理建设。

一、和谐：自然和谐、国家和谐与家庭和谐

人类对和谐理念的追求源远流长。《周礼》提出：“六律、六同、五声、八音、六

〔1〕马镛：《中国家庭教育史》，湖南教育出版社1997年版，第2~3页。

〔2〕［德］黑格尔：《精神现象学》（下卷），贺麟、王玖兴译，商务印书馆1979年版，第8页。

〔3〕［德］黑格尔：《哲学科学全书纲要》，薛华译，上海人民出版社2002年版，第123页。

舞、大合乐。以致鬼、神、示,以和邦国,以谐万民,以安宾客,以说远人,以作动物。”《尚书》倡导:“克明俊德,以亲九族。九族既睦,平章百姓。百姓昭明,协和万邦。”赫拉克利特说:“自然也追求对立的东西,它是以对立的东西产生和谐,而不是从相同的东西产生和谐。”[1]毕达哥拉斯认为,“整个宇宙,一切事物都是按照数的和谐关系有秩序地建立起来的”[2]。关于和谐的内涵,却有不同的理解。诗人巴湘认为,“‘和’是宇宙中不同的物体共生与交融的状态。‘谐’乃为自然世界中协调有序的规则。和谐的理念应当是从宇宙空间到微观世界中各个不同的层面与环节中相当协调与共存的自然状态”[3]。左其亭认为,“和谐的观点是马克思辩证唯物主义重要哲学思想的具体体现。辩证唯物主义和谐观提倡人与自然和谐相处,倡导事物之间相互协调、相互适应,保持平衡、一致、完整的和谐关系”[4]。虽然这些观点的界定视角有所差异,但基本内涵是相似的,即和谐是不同元素相互依存、相互运动、相互转化、相互平衡的状态。

和谐理念具有以下主要特征。第一,和谐是不同元素之间共存共融的动态平衡状态。“夫和实生物,同则不继。”(《国语·郑语》)和谐是一个动态过程,需要自始至终将意识指向“和谐”、在具体规定中体现“和谐”、以行为促进“和谐”,从而保障各个组成部分能相互促进、相互推动、共同发展。第二,和谐并非没有斗争。和谐是一种相对稳定的状态,在这种稳定的状态中生生不息,催生新的生命、新的工具、新的机制、新的成就。但是,和谐内部往往有一个从量变到质变的发展过程,这个发展过程会使原来的平衡状态被冲破而出现“涌动”。涌动之后再出现新的平衡,于是事物就交替呈现和谐、斗争、再和谐等状态。只要这种斗争或变化能为人类所认知和把握,就仍属于和谐范围。第三,和谐是人类社会自觉的伦理追求。和谐不能自发实现,需要人的努力。通过理念、技术、行为、具体制度、经济、教育、文化等方面的设计、发展、巩固和创新,和谐状态才能被保持。法律作为一种正式制度,是实现和谐必不可少的途径和手段。和谐能够带来和平和发展,避免相互伤害,保障公共利益、共同利益和整体利益。以前述现实伦理实体相关探索为基础,可以将法伦理意义上的和谐理解为自然和谐、国家和谐、家庭和谐等和谐类型所组成的统一体。

(一)自然和谐:“环境法”的伦理担当

1.环境法以“可持续发展”理念为处理人与自然关系的指导思想

人类与自然环境的关系问题,早在人类诞生之初就已出现。在工业革命以前的漫长岁月里,人类由于生产力落后,对环境影响程度小,没有超过环境承载力和自净

---

〔1〕周辅成编:《西方伦理学名著选辑》(上卷),商务印书馆1964年版,第11页。
〔2〕罗国杰、宋希仁编著:《西方伦理思想史》(上卷),中国人民大学出版社1985年版,第59页。
〔3〕巴湘:《和谐论》,世界知识出版社2010年版,第5页。
〔4〕左其亭:《和谐论:理论·方法·应用》(第2版),科学出版社2016年版,第6页。

能力，这时的环境问题是个别的、短期的和局部的。例如，滥伐森林引发水土流失、部落战争引发土地荒芜退化、不依时节捕猎影响野生生物繁衍等均发生在一定地区而并非遍布全球。此时人与自然的关系状态是：自然占据主导地位，自然条件制约人类发展，人类严重依赖自然；自然为人类提供其所需要的基本资源，人类对自然保持敬畏。在此阶段，自然与人类的关系总体上处于朴素的和谐状态，因此并没有像现代法律规范一样进行专门调节。

真正带来严重的环境污染问题、给人类与自然关系带来巨大挑战的，是18世纪工业革命。从认识论角度来看，笛卡尔“二元论”和牛顿的“机械宇宙观”采取“人类中心主义”立场，使人类处理与自然关系的意识发生了巨大转折，对自然的态度由“敬畏”转向“征服”，从而严重破坏了人与自然之间的和谐关系。从实践中来看，随着蒸汽机、发电机等技术设备的发明和推广，人类改造自然的能力迅速增强，人类对环境的作用和影响逐渐超出了环境承载能力。煤烟尘、二氧化硫等带来的空气污染，冶矿、制碱、制酸等化学工业带来的水污染、土壤污染、大气污染等日益严重。尤其是第二次世界大战之后，随着科技快速进步和经济高速发展，人类行为对环境影响的能力、规模和程度极大增强，带来更为严重的环境挑战并使之成为全球性问题。臭氧层空洞、全球气候变暖、全球荒漠化、全球水危机、核电站泄漏等，直接威胁着人类的生存环境。发生于20世纪40年代到20世纪70年代的世界八大公害事件，更是加剧了人类对环境问题的担忧。

从1972年至今，人与环境的关系逐步发展为一个新的阶段。一方面，环境保护运动蓬勃开展；另一方面，制定了国际或国内的各种相关法律法规等，从法律制度层面规范人与自然的关系。在环保运动方面，存在各种各样的社会组织。环保运动追求生态系统观，呼吁“环保、低碳、节约”的绿色生活方式。同时，环境法有了较快发展。以原有法为基础，环境立法从早期凌乱、欠缺规划状态，向统一化、体系化方向发展。发达国家在环境立法方面不断推进，而发展中国家也逐渐制定了环境法并形成专门的环境法体系。这些环境法贯彻了一个基本的发展理念，即可持续发展，通过采取可持续发展战略实现人与自然之间的和谐发展。

“可持续发展”理念形成于1987年。1972年联合国人类环境会议前后，关于如何处理经济社会发展与环境保护关系问题，理论上曾经有过争论，出现过“零增长派”和“乐观派”两种理论阵营。“零增长理论”认为，只有合理利用环境，改善全球环境，人类才能走出危机把握未来；为了维护人类生存环境，应对社会经济发展实施全面限制。乐观论则认为，虽然目前人口、资源和环境发展趋势给技术、工业化和经济增长带来了一些问题，但人类能力的发展是无限的，因而这些问题并非不能解决。上述争论推动了可持续发展理论的产生。1983年11月，联合国成立了世界环境与发展委员会。联合国要求该组织以可持续发展为基本纲领，制定全球的变革日程。

1987年,该委员会把历经4年研究、经过充分论证的报告《我们共同的未来》提交联合国大会,正式提出了可持续发展模式。“可持续发展是既满足当代人的需要,又不对后代人满足其需要的能力构成危害的发展。”[1]人类应享有以与自然相和谐的方式过健康富有生活的权利。

可持续发展理念不拒绝发展,也不是无节制发展,而是鼓励采取一种生态持续性、经济持续性、社会持续性相统一的发展模式,它为环境和发展的统一提供了一个基本框架并很快被国际社会接受。《环境保护法》第1条明确规定:“为保护和改善环境,防治污染和其他公害,保障公众健康,推进生态文明建设,促进经济社会可持续发展,制定本法。”可持续发展理念,能有效治理包括滥采滥伐和非法排污所带来的诸多环境问题,促进人们“像一座山那样思考”,[2]保持自然的完整、稳定和美丽,妥善处理人与自然的关系。“人类的历史不能被理解为一片真空。所有的人类社会一直是,而且仍然是依赖于种种复杂的、相互联系着的物理、化学和生物过程。这些过程包括由太阳产生的能量,包括那些生命要素的循环,包括地球物理学的各种进程,它们共同导致了大陆板块穿越地球表面的漂移,以及控制气候变化的各种因素。这些奠定了各种各样的植物和动物(包括人类)构织成各种复杂的、相互依存的群落的基础。尽管这些领域中的某些,尤其是天气变化,关于它们的科学知识依然相当粗略,但在对各个学科的广泛研究中,已经使一点越来越清楚,那就是地球上的生命和所有的人类社会都依赖于这个复杂过程中的整个系列之中和相互之间的一连串精微的平衡。这些发现帮助我们去理解环境如何影响人类社会发展,以及同样重要的——人类对环境的影响。”[3]只有人类与环境保持和谐共生,才能既保障生态功能,又保持人类社会持续发展。

2. 环境法体系体现了人与自然和谐的理念

一般认为,环境法由国内环境法和国际环境法两部分组成。国内环境法由环境基本法、自然资源法、环境污染防治法等部分组成。环境基本法规定一国的环境保护基本制度,实现国内环境和谐;自然资源法有助于实现诸生态要素之间的和谐;而环境污染防治法作为直接约束各种可能的排污行为的法律体系,位于环境治理的主要地位,它通过调控环境污染行为避免对自然造成伤害,实现人与自然和谐相处。

---

[1] 世界环境与发展委员会:《我们共同的未来》,王之佳、柯金良等译,吉林人民出版社1997年版,第52页。

[2] 参见[美]罗德里克·弗雷泽·纳什:《大自然的权利:环境伦理学史》,杨通进译,青岛出版社1999年版,第165页。

[3] [英]克莱夫·庞廷:《绿色世界史:环境与伟大文明的衰落》,王毅译,中国政法大学出版社2015年版,第7页。

环境基本法是对一个国家所拥有的环境有机整体进行保护和改善的综合实体法。1969 年《美国环境政策法》(The National Environmental Policy Act of 1969)在规定该法案"宗旨"(Sec. 2[42 USC § 4321])时说:"该法案目的是:宣告一种国家环境方针。通过这个方针促进人与环境之间的建设性的、令人愉悦的和谐;提升对预防或根除对生物圈和环境危害以提升人的健康和幸福的种种努力;加深对生态系统和自然资源对国家重要性的理解;同时建立一个环境质量委员会。"《法国环境法典》第 L110-1 条规定:"陆地和海洋的自然空间、自然资源和自然环境,遗迹,昼夜景观,空气质量,生物及生物多样性属于全民族共同的遗产。该遗产产生生态系统服务和使用价值。生物过程、土壤和地质多样性共同促进该遗产的形成。"对该遗产的认知、保护、开发利用、修复、恢复原状和管理,对其进化能力及其提供的服务的维护,应当在确定其意义范围的法律框架内遵循以下基本原则:(1)谨慎原则;(2)预防行动与纠正原则;(3)污染者付费原则;(4)所有人都有权获取公共机关所掌握的环境信息的原则;(5)参与原则;(6)生态互助原则;(7)可持续利用原则;(8)环境、农业、水产业和森林可持续管理之间的互补性原则;(9)不退化原则。[1]《环境保护法》第 4 条、第 5 条分别规定:"保护环境是国家的基本国策。国家采取有利于节约和循环利用资源、保护和改善环境、促进人与自然和谐的经济、技术政策和措施,使经济社会发展与环境保护相协调。""环境保护坚持保护优先、预防为主、综合治理、公众参与、损害担责的原则。"可见,许多国家的环境基本法都通过保护环境实现人与自然的和谐。

此外,各国还通过许多具体的法律规定来解决在某一领域的人与自然相和谐问题。以我国为例,在自然资源的保护领域,有土地管理法、水土保持法、水法、渔业法、矿产资源法、森林法、草原法、野生动物保护法、城乡规划法等,它们在各自的领域、环节为人与自然和谐相处提供具体规范依据。在环境污染防治领域,又包括大气污染防治、水污染防治、固体废物污染防治、土壤污染防治、噪声污染防治、电磁辐射防治、放射性污染防治等方面的立法,如循环经济促进法、清洁生产促进法、环境影响评价法、环境保护税法,它们能有针对性地解决某种污染场所或污染源的环境问题,恢复和促进人与自然和谐相处的状态。

国际环境法有助于实现全球范围内生态和谐。国际环境法是指国际法主体(主要是国家)调整国家、社会在开发、利用、保护和改善环境的国际交往中形成的国际环境社会关系的法律规范的总称。它主要由国际条约,国际习惯法,国际会议与国际组织的重要宣言、决议、大纲,重要的国际环境标准、准则、建议,一般的法律原则、司法判例和公法学家学说等内容组成。如前所述,环境问题的产生有一个从小到

---

〔1〕 参见《法国环境法典》(第 1 至 3 卷),莫菲、刘彤、葛苏聃译,法律出版社 2018 年版,第 3~4 页。

大、从局部到全球、从一般性污染到严重性污染的变化过程,目前所面临的环境问题,大多是全球性的。一方面,这些全球性环境问题的存在表明人与自然的关系并未彻底处理好;另一方面则表明,如果要治理人类的行为尤其是发达国家的环境污染行为所导致的全球性环境问题,就需要不同国家之间的协作,而不可能仅仅依靠一个国家甚至一个企业或一个自然人去完成。国际环境法的数量众多,而且与时俱进,在环保意识培育、环保行动协调、环保纠纷解决等方面发挥着重要作用。例如,《人类环境宣言》《内罗毕宣言》《里约环境与发展宣言》确定了人类保护环境的共同原则;《长程越界大气污染公约》《保护臭氧层维也纳公约》《联合国气候变化框架公约》等包括了对大气环境保护的规定;《联合国海洋法公约》《防止船舶污染海洋公约》《国际油污损害民事责任公约》等对国际海洋污染防止和海洋环境保护进行了规范;《生物多样性公约》《南极海洋生物资源养护公约》《濒危野生动植物种国际贸易公约》《国际热带木材协定》《保护世界文化和自然遗产公约》等则对自然地域和生物资源的保护进行了规范。国际环境法与国内环境法的发展节奏未必同步,各国经常根据本国所面临的环境形势对国内环境法进行修订,以保持本国范围内人与自然的和谐。

3. 环境纠纷处理体现了对和谐理念的追求

环境法规定了环境污染承担的法律责任。“环境法律责任制度的主要功能在于保障环境法律规范所设定的环境义务的实现。环境法律责任制度是环境法律制度的一个必不可少的组成部分,没有环境法律责任制度作保障,环境法律、法规设定的各种环境义务就如同‘环境道德’的宣示,难以实现其调整社会关系的功能,更难以实现环境法的立法目的。”[1]环境法律责任是综合性的法律责任,包括民事责任、行政责任和刑事责任。环境民事责任,是指环境法律关系主体依照民法规定的法律形式所承担的法律后果,它基于环境侵权而产生,因污染或破坏环境,侵害到他人的人身权、财产权或环境利益等民事权益,一般采用排除危害和赔偿损失两种责任承担方式。环境行政责任,是指环境行政法律关系主体违反环境行政法律规范或不履行环境行政法律义务所承担的否定性的法律后果。它以当事人违法或不履行环境行政法律义务、主观上存在故意或过失为前提,环境行政处分和环境行政处罚是其主要的承担责任方式。环境刑事责任是指行为人违反环境法,造成环境严重污染或破坏,构成犯罪时,依法所应承担的以刑罚为制裁方式的法律后果,它是国家运用刑事手段调整有关环境保护的社会关系的具体表现形式,主要包括拘役、管制、有期徒刑、罚金等责任形式。环境基本法中规定了民事、行政、刑事责任,而各个单行法和相关的民法、行政法、刑法则对具体的责任形式作了规定。通过明确环境法律责任

---

〔1〕 张梓太:《环境法律责任研究》,商务印书馆2004年版,第43~44页。

承担,一方面能处理好当事人之间的关系,另一方面能处理好人与环境的关系,避免环境污染行为重复发生。

环境污染存在多种救济方式。以我国环境司法救济活动为例,其中包含许多具体规定和做法。

一是设置环境公益诉讼制度。《环境保护法》第 58 条规定:“对污染环境、破坏生态,损害社会公共利益的行为,符合下列条件的社会组织可以向人民法院提起诉讼:(一)依法在设区的市级以上人民政府民政部门登记;(二)专门从事环境保护公益活动连续五年以上且无违法记录。符合前款规定的社会组织向人民法院提起诉讼,人民法院应当依法受理。提起诉讼的社会组织不得通过诉讼牟取经济利益。”

二是设置环境污染责任保险制度。《环境保护法》第 52 条规定,国家鼓励投保环境污染责任保险。环境责任保险可以化解环境污染风险,在环境生态修复过程中发挥重要作用。

三是设置专门的环境保护审判庭。通过环保法庭,审判第一、二审涉及大气、水、土壤等自然环境污染侵权纠纷民事案件,涉及地质矿产资源保护、开发有关权属争议纠纷民事案件,涉及森林、草原、内河、湖泊、滩涂、湿地等自然资源环境保护、开发、利用等环境资源民事纠纷案件,并对不服下级人民法院生效裁判的涉及环境资源民事案件进行审查,等等。

四是鼓励公民参与环境监督。《环境保护法》第 53 条规定:公民、法人和其他组织依法享有获取环境信息、参与和监督环境保护的权利。各级人民政府环境保护主管部门和其他负有环境保护监督管理职责的部门,应当依法公开环境信息、完善公众参与程序,为公民、法人和其他组织参与和监督环境保护提供便利。

五是确立生态损害赔偿诉讼机制。《最高人民法院关于审理生态环境损害赔偿案件的若干规定(试行)》第 1 条第 1 款规定:具有下列情形之一,省级、市地级人民政府及其指定的相关部门、机构,或者受国务院委托行使全民所有自然资源资产所有权的部门,因与造成生态环境损害的自然人、法人或者其他组织经磋商未达成一致或者无法进行磋商的,可以作为原告提起生态环境损害赔偿诉讼:(1)发生较大、重大、特别重大突发环境事件的;(2)在国家和省级主体功能区规划中划定的重点生态功能区、禁止开发区发生环境污染、生态破坏事件的;(3)发生其他严重影响生态环境后果的。这对于正确审理生态环境损害赔偿案件,严格保护生态环境来说,意义重大。

六是为处理环境污染犯罪提供司法解释。《最高人民法院、最高人民检察院关于办理环境污染刑事案件适用法律若干问题的解释》第 1 条对《刑法》第 338 条规定的“严重污染环境”术语作了明确解释,[1]有助于准确处理环境污染犯罪。

通过多种多样的制度设计和标准归纳,以及大量的环境行政救济活动,提升社会环保意识和伦理意识,实现从浅层生态学向深层生态学[2]转变,确保生态环境良好,绿水青山蓝天同在。总之,“环境法首要的价值是追求和谐,而确立和谐共生的环境伦理也更为合适。由于环境法各项规则的落实以及环境伦理的实现最终都要通过环境法律关系来完成,环境法律关系也就具体承载了环境法价值和环境伦理,因此环境法律关系的价值定位也应该与环境法的价值追求和环境伦理相一致,即和谐价值应该是环境法律关系的首要的价值定位和最高的价值追求”[3]。

(二)国家和谐:“实体法”的伦理使命

宪法是国家的根本法,它规定了一个国家的基本制度、基本权利和基本义务等。宪法伦理思想很重要的一个方面,就是要把社会各个组成部分安排好,使其都能在法律规定的范围内行使权利、履行义务、承担职责,团结为一体,为国家的稳定、发展和繁荣作出贡献。以宪法为基础,形成了各个具体的部门法。按照法律设置目的,可以将法律分为实体法和程序法两种,实体法规定人与人或人与法人或法人之间确

---

[1] 《最高人民法院、最高人民检察院关于办理环境污染刑事案件适用法律若干问题的解释》第1条规定:“实施刑法第三百三十八条规定的行为,具有下列情形之一的,应当认定为‘严重污染环境’:(一)在饮用水水源保护区、自然保护地核心保护区等依法确定的重点保护区域排放、倾倒、处置有放射性的废物、含传染病病原体的废物、有毒物质的;(二)非法排放、倾倒、处置危险废物三吨以上的;(三)排放、倾倒、处置含铅、汞、镉、铬、砷、铊、锑的污染物,超过国家或者地方污染物排放标准三倍以上的;(四)排放、倾倒、处置含镍、铜、锌、银、钒、锰、钴的污染物,超过国家或者地方污染物排放标准十倍以上的;(五)通过暗管、渗井、渗坑、裂隙、溶洞、灌注、非紧急情况下开启大气应急排放通道等逃避监管的方式排放、倾倒、处置有放射性的废物、含传染病病原体的废物、有毒物质的;(六)二年内曾因在重污染天气预警期间,违反国家规定,超标排放二氧化硫、氮氧化物等实行排放总量控制的大气污染物受过二次以上行政处罚,又实施此类行为的;(七)重点排污单位、实行排污许可重点管理的单位篡改、伪造自动监测数据或者干扰自动监测设施,排放化学需氧量、氨氮、二氧化硫、氮氧化物等污染物的;(八)二年内曾因违反国家规定,排放、倾倒、处置有放射性的废物、含传染病病原体的废物、有毒物质受过二次以上行政处罚,又实施此类行为的;(九)违法所得或者致使公私财产损失三十万元以上的;(十)致使乡镇集中式饮用水水源取水中断十二小时以上的;(十一)其他严重污染环境的情形。”

[2] 奈斯和塞申斯提出的“深生态学”平台包括8个原则:(1)地球上人类与其他形式生命的繁荣有其内在的价值。非人类的其他形式生命的价值独立于它们可能有的狭义的供人类之有用性。(2)丰富的生命形式的多样性本身有价值,它使地球上人类与非人类的生命更为繁荣。(3)人类无权减少这种丰富的多样性,除非为满足重大需要。(4)目前人类对非人类世界的干涉过多,情况正在迅速恶化。(5)繁荣人类生命和文化要与人口的持续降低相匹配,为繁荣非人类生命,这种降低是必要的。(6)政策要跟上显著的生活条件的改善。这又影响到基本的经济、技术和意识形态结构。(7)意识形态的变化主要在于注重生活质量(相对于内在价值情况)而非高标准的生活方式。要明确大与伟大之间的区别。(8)同意上述观点的人有直接或间接的义务加入完成这一转变的任务行列中来。参见[美]戴斯·贾丁斯:《环境伦理学》(第3版),林官明、杨爱民译,北京大学出版社2002年版,第242页。

[3] 张景明:《和谐理念下环境法律关系研究》,知识产权出版社2015年版,第42~43页。

实的权利义务关系，一般将民法、刑法等归入实体法范围；程序法一般是指诉讼法。实体法从各个具体法律主体出发，赋予不同主体相应的权利、义务，同时使这些权利义务主体和谐相处、不能侵权或相互伤害；程序法则是在各个法律主体的实体权利受到侵害或无法正常实现的情况下，由代表国家公权力的司法机关出面，依法处理各种法律纠纷，使侵权或犯罪导致的社会关系的异常状态恢复到正常状态、使得不到实现的权利通过国家强制力得以实现，从而确保国家社会处于动态的和谐之中。

第一，民法维护或恢复平等主体之间的和谐。民法是调整平等主体的自然人、法人和非法人组织之间的人身关系和财产关系的法律规范的总称。所谓的平等主体，是指所有社会成员以人格平等的身份相互交往和合作。社会成员有各种各样的身份和角色，但同时又是社会普通的一员，当以社会普通一员的身份相互交往时，彼此之间就不存在命令与服从的关系。这种平等的交往，自罗马法以来，被称为私法关系。凡平等主体之间的交往所产生的法律关系，从民法的角度看，或者是人身关系，或者是财产关系，或者是兼而有之的知识产权关系。民法设置了相互交往的各种民法原则、民事法律制度和民事行为规则，希望当事人能遵循相关规则，从而形成和恢复正常的交往秩序，以保持彼此之间的和谐。赵万一教授认为，“身份平等、等价有偿、意思自治、诚实信用”等“民法基本原则的基本要求无一不来源于人的伦理要求”[1]。

民事法律关系的主体主要是自然人、法人、非法人组织。主体中最常见的是自然人，为了使自然人之间能够更好地和谐相处，民法规定了关于民事权利能力、民事行为能力、民事责任能力的具体法律制度，使处于各种年龄阶段、各种精神状况、各种意思表示能力的不同主体都能受到民法的周到保护，法人、非法人组织等主体开展民事活动也依照自然人实施民事行为的基本逻辑进行。

民事法律关系的内容分为民事权利和民事义务两个部分。一般而言，在民法领域，民事权利和民事义务具有对应性，所以从权利角度对民事主体的行为进行规定，就等于对民事主体应尽的义务同时提出了要求。民事权利体系内容非常丰富，从“财产权、人身权、知识产权”到“支配权、请求权、形成权和抗辩权”，从“绝对权、相对权”到“专属权、非专属权”，从“主权利、从权利”到“既得权、期待权”，等等。这样一种细致划分，使当事人在处理民事法律关系时明确各自的权利义务，在保护当事人利益时能够有法可依，能有效防范、化解和妥善处理可能出现的民事纠纷。

民事法律关系客体一般包括物、行为、智力成果三类。民法上的物是指存在于人体之外，占有一定空间，能够为人力所支配并且能够满足人类某种需要，具有稀缺性的物质对象，其中包括动产与不动产、可分物与不可分物、原物与孳息、主物与从物、种类物与特定物等种类。

---

〔1〕 赵万一：《民法的伦理分析》，法律出版社2003年版，第46～47页。

民事行为是指能发生民事法律后果的作为或不作为。民事行为分为合法民事行为与非法民事行为,合法民事行为主要表现为民事法律行为和其他适法行为,而非法民事行为则主要表现为侵权行为、违约行为等。合法民事行为是符合交往与合作秩序的行为,属于常态,自然受到民法的保护;而非法民事行为则属于交往与合作中的例外,就需要通过当事人自力救济或公力救济方式恢复平衡和予以保护。自力救济是依靠自己的力量保护受到侵犯的权益,主要有自卫行为和自助行为两种,而自卫行为又包括正当防卫和紧急避险。公力救济就是通过和解、调解、仲裁、诉讼等方式恢复争议双方利益的平衡。民事权利保护原则上应采公力救济,依靠国家权力来解决争议。当然,民事权利自力救济也具有一定正当性,包括权利与救济内在统一、人性认同及人格尊严、人民主权与自治等,从救济效率角度来看其还有迅捷、及时的优势。不管哪种民事权利救济方式,目的都是使非常态的交往合作关系复归常态,维护法的正义价值和秩序价值。

智力成果是指人的智慧活动所创造的非物质型产品,文学艺术作品、技术发明、商标等均属于智力成果。智力成果具有人格与财产的一体性,涉及署名权、财产权等民事权利,是现代社会尤其是智能时代重要的民事法律关系客体,这就需要法律专门予以调整,从而确保在智力成果的署名、专利申请与保护、商标使用与转让等方面顺畅依法进行,避免不必要的争议和纠纷,促进发明者、转让者、使用者相互之间关系的和谐。

第二,刑法通过对犯罪行为的预防、惩罚和改造,维护、恢复或推进社会的和谐。意大利刑法学者贝卡里亚认为:“刑罚的目的既不是要摧残折磨一个感知者,也不是要消除业已犯下的罪行。刑罚的目的仅仅在于:阻止罪犯再重新侵害公民,并规诫他人不要重蹈覆辙。”[1]《刑法》第 2 条规定:“中华人民共和国刑法的任务,是用刑罚同一切犯罪行为作斗争,以保卫国家安全,保卫人民民主专政的政权和社会主义制度,保护国有财产和劳动群众集体所有的财产,保护公民私人所有的财产,保护公民的人身权利、民主权利和其他权利,维护社会秩序、经济秩序,保障社会主义建设事业的顺利进行。”刑法以犯罪理论和刑罚理论为基础。犯罪包括犯罪主体、犯罪客体、犯罪主观方面、犯罪客观方面四个构成要件,符合此四个构成要件的才能构成犯罪,由刑法加以矫正和惩罚,这既将一般违法行为与犯罪行为相区分,又将刑法的工作重点放置到了国家安全、公共安全、国防利益、社会经济基础、社会管理秩序、公民各种权利等关涉整体秩序的各个方面,从而保障基本制度层面的和谐。

在所有法律部门的责任形式中,刑罚手段最为严厉。我国刑罚手段分为主刑和附加刑两类。管制、拘役、有期徒刑、无期徒刑、死刑属于主刑,罚金、剥夺政治权利、

---

〔1〕 [意]切萨雷·贝卡里亚:《论犯罪与刑罚》,黄风译,北京大学出版社 2008 年版,第 29 页。

没收财产属于附加刑，这种有主有从、有轻有重、宽严相济、相互衔接的刑罚规定构成了一个完整的、科学的刑罚体系。通过这种刑罚体系，通过罪刑法定、罪责刑相适应、适用刑罚人人平等诸原则，通过公诉制度，充分发挥刑罚惩罚、矫正、安抚、威慑、预防、教育等功能。“刑罚的威慑功能源于其惩罚性，而威慑功能的大小必然与惩罚性成正比。”[1]刑法作为一国之内最严厉的法律，从伦理意义上看，就是要以最严厉手段有效避免犯罪行为发生，维护国家秩序与个体自由之间的和谐，保障国家和社会稳定。

第三，行政法维持行政主体与行政相对人之间的和谐。行政法由法律、法规、规章等多层次的法律文件组成，具有广泛性、复杂性和多变性。它对和谐性的追求，主要体现在以下三个方面。

一是行政法的调整对象十分广泛。行政是为实现国家目的而进行的积极、连续、统一的管理活动，行政行为包括抽象行政行为与具体行政行为，内部行政行为和外部行政行为，单方行政行为和双方行政行为，依职权行为、依授权行为和依委托行为，羁束行为和自由裁量行为等，关涉行政确认、行政许可、行政裁决、行政执法、行政监督、行政征收、行政补偿、行政救助、行政处罚、行政指导等具体活动，几乎关涉社会、经济、治理、文化、教育、生产、就业、入学、医疗、住房、交通等所有方面，与人民群众生活质量和国家稳定密切相关。行政法为这些行政管理活动提供了指引和路径，保障所有社会活动都能在秩序的轨道上运行，减少不同社会主体之间的沟通成本，增加合作效益。

二是行政法的发展性使其更能对现实社会生活发挥理想的调控作用。成文法具有稳定、明确的优点，同时也具有一定的滞后性，需要根据社会现实的发展变化而持续创新发展。行政法与人民生活息息相关，因此在更新发展方面的速度、范围和频率较其他部门法更为突出，特别是行政法规、行政规章等方面的变化，更是能够紧密联系社会实际不断发展。这就使社会各个方面的发展过程中，始终有行政法在发挥作用；在“以动应动”的立法、执法、司法等法律实践活动中，能够保证各个领域的基本秩序。

三是行政法具有强制性。如果将法律规范区分为强制规范和任意规范两种，那么可以说，行政法中的强制性规范占据很大比例，具有一定程度上的“命令—服从”性质。这与其作为公法的特点有关。行政处罚的种类包括申诫罚、财产罚、资格罚、人身罚等，警告、责令检讨、行政罚款、没收财产或非法所得、销毁物品、吊扣许可证和执照、取消申请和报考资格、行政拘留等。行政法中贯彻着行政合理性原则，能够使行政组织、行政机关、行政机构与公民、法人、其他组织等行政相对方之间实现法

〔1〕　黄立：《刑罚的伦理审视》，人民出版社2006年版，第186页。

定秩序内的和谐,保障个体行为与国家实体行为的统一。

(三)家庭和谐:“家事法”的伦理气质

所谓家庭和谐,主要是指家庭成员中人与人之间的和谐。这种和谐并不意味着家庭成员之间总是处于相亲相爱、平静相处的状态,有时也会发生冲突,但只要这种矛盾没有超出家庭精神的范畴或冲击家庭实体自身的存在,就可以仍视为处于家庭和谐状态。由于家庭承担的繁衍人口、创造财富、实施教育等众多任务的艰巨性,以及个体性格差异及社会环境外在影响等因素的存在,具体家庭并非总处于和谐状态。“家事法是关于民法调整家庭领域中的亲属身份关系和亲属之间生前死后的财产关系的法律规范的总和。”[1]家事法作为关于婚姻家庭方面的法律,它未必在法律规范形式上独立存在,但从调整对象的内在逻辑上看,可以将其作为一个专门领域而命名为家事法。家事法主要是适应婚姻家庭发展的实际情况,在不同环节规划出不同的行为规则以使当事人有法可依。家事法并不是一味地维护家庭的稳定或存在,它也规定了离婚条件,从而在感情破裂等现实原因出现时允许当事人通过离婚来结束婚姻关系。家事法由于妥善地处理了亲属之间的身份关系和财产关系,即使婚姻结束、家庭解体,也能使当事人彼此之间以及与新的家庭成员之间在未来保持平等交流和相互友善。从这个意义上看,它与家庭伦理的旨趣有所不同。家庭伦理是通过规范家庭成员的相互联系以及相互关系,从而保障家庭的存在、和睦和发展,它对家庭存续与否予以特别关注。尽管家事法与家庭伦理在关注点或主要要求方面存在区别,但两者之间仍存在千丝万缕的联系:家事法是落实家庭伦理的重要途径,而家庭伦理则能够在其关注范围之内推动家事法规定的实现。家事法的法律精神在很大程度上反映着既定国度的家庭伦理文化,在这种伦理文化中,和谐占据重要地位。具体而言,家事法主要在以下几个方面体现了和谐理念要求。

第一,明确了夫妻人身关系规则,使夫妻相处有章可循。家庭因婚姻而产生。婚姻当事人在婚前是独立的个体,婚后则因婚姻存在而获得了另外一种称谓,即妻子与丈夫或其他基于婚姻文化的称谓,同时建构了一个婚姻共同体。严格来说,婚姻并非契约,婚姻是相互的同意,在相互同意和社会允许的情况下组成婚姻共同体,并承担婚姻共同体所派生的一切权利、义务和责任,围绕婚姻共同体所带来的各种家庭任务、社会任务而共同奋斗。因此,婚姻当事人而不是婚前当事人的关系稳定、和谐就变得十分重要。由于人是生理性、心理性与精神性统一的生命形式,相处之道往往是动态、复杂与变化的,婚姻当事人关系的调整就不能仅仅依靠当事人自发行为去完成,而需要给其提供一个外在行为规范作为依循。这种行为规范虽然是过去的、他人的、社会的婚姻当事人相处经验的总结而并非来源于新成为婚姻当事人

---

〔1〕 杨立新:《家事法》,法律出版社2013年版,第2页。

的主体自身，但这些经验乃是人类理性对于同种或类似现象的归纳总结，因此也有其基础性、共通性和一定的普适性，这也是新的婚姻当事人要遵循婚姻规范的重要原因。因为规范既是“他人”制定的，又是“自己”制定的，因为“他人”与“自己”存在共同的人性基础和理性视野。在关于婚姻的各种规范中，法律无疑是最直接、最具强制力的一种。为了保障夫妻关系和谐，在遇到疑难问题时能够有章可循，婚姻家庭法对夫妻相处的行为规范进行了许多明确的、具有可操作性的规定，其中尤为重要的是关于夫妻人身关系和财产关系如何处理方面的规定。

根据《法国民法典》的规定，配偶有“共同生活”的义务，配偶应有一个共同住所，并履行“夫妻义务”。同时其还规定，配偶应相互尊重、忠诚、救助和扶助。配偶之间应当尊重彼此的身体完整性和道德信念，无论在身体上或精神上都不能出现“不忠”，配偶之间应相互喜欢、相互奉献，有相互帮助的义务，其中包括金钱义务。另外，配偶双方应共同决定家庭的物质目标和精神目标，家庭目标基于双方的协议而达成。配偶任何一方都有权就与个人秉性有关的问题单独作出决定，只要该决定不给对方带来负面影响即可。配偶之间可以相互委托、相互代理等。〔1〕 根据德国家庭法，婚姻是为终身而缔结的，不排除离婚，但不能随意解除。配偶双方负有过婚姻共同生活的义务，配偶双方互相为对方承担责任。配偶双方应根据各自的能力、可能性和内部协议来料理共同事务。配偶之间通常会进行分工，但这种分工不是绝对的，一方无法照料共同事务时，另一方必须加以援手。配偶有义务配合另一方完成其“管辖”的事务等。〔2〕 这些关于人身关系的规定，涉及人的自然需求、人格和家庭活动等方面的内容，为保障夫妻人身关系和谐提供了必要的行为规则。

第二，规定了父母子女关系规则，促进家庭成员之间的和谐。根据美国与家庭相关的法律和判例的规定，儿童的幸福是最重要的考虑因素；儿童患难时，父母应该提供支持，以帮助子女顺利成长；儿童正在遭受或有可能遭受重大伤害时，父母应该进行有效的干涉，以保护他们。儿童在家中成长，是父母而非国家对其负有最重要的责任。父母具有探视儿童、教育儿童、为儿童选择信仰、同意医疗、同意儿童收养、选择儿童姓氏、对适龄子女同意结婚等方面的权利和义务，或者说，这些就是父母的责任。无论是法律关系上的父母、收养父母，还是继父母、养父母，都属于“父母”，都应当对儿童承担“父母责任”。儿童由地方当局领养时，其父母仍有“父母责任”，并且应该告知并允许其参与关于子女的决定；如果儿童不服从监护令或紧急保护令，

---

〔1〕 参见[法]科琳·雷诺-布拉尹思吉：《法国家庭法精要》（第17版），石雷译，法律出版社2019年版，第60~62页。

〔2〕 参见[德]迪特尔·施瓦布：《德国家庭法》，王葆莳译，法律出版社2010年版，第62~63页。

父母可以要求政府归还儿童,将居住在监护中心的儿童带走。[1] 根据我国《民法典》"婚姻家庭编"的规定,父母有抚养子女的义务,父母有教育、保护未成年子女的权利和义务;子女应当尊重父母的婚姻权利;子女对父母的赡养义务,不因父母的婚姻关系变化而终止;父母和子女有相互继承遗产的权利;非婚生子女享有与婚生子女同等的权利。《最高人民法院关于适用〈中华人民共和国民法典〉婚姻家庭编的解释(一)》第42条规定,《民法典》第1067条所称"抚养费",包括子女生活费、教育费、医疗费等费用。上述关于儿童的权利与父母责任、父母抚养义务与子女赡养义务等方面的规定,旨在保障家庭成员之间关系的和谐,完成家庭所承担的种种责任和使命。

第三,通过司法实践解除不和谐的婚姻关系。婚姻随着人的生理年龄增长和社会文化期待而产生,也随着身心消散、感情崩溃、婚姻文化瓦解而消逝。法律力图保护婚姻家庭成员的和谐,面对不幸出现的难以修复的现实情况,法律并没有要求当事人固守婚姻,而是维护当事人对离婚的选择权。如果婚姻已经不能维系,强行维护名存实亡的婚姻,不但无法实现婚姻和谐,而且对当事人和其他家庭成员来说是有害无益的。因此,现代婚姻法中的婚姻自由既包括结婚自由,也包括离婚自由。"人类社会自有婚姻以来,就存在婚姻解体现象。婚姻解体的原因有两个:一是配偶的自然死亡或被依法宣告死亡;二是离婚,离婚是婚姻解体的原因之一。"[2]

婚姻法学者夏吟兰认为,到目前为止,美国并不是一个完全实行无过错离婚的国家,尽管所有的州都适用无过错离婚主义。从一定意义上说,过错离婚在美国现行婚姻制度中仍占有一席之地。所谓过错,包括"通奸、虐待、谋害、遗弃、酗酒、有毒瘾、精神病、被判徒刑等"[3]。在我国婚姻制度史上,革命根据地的婚姻立法,1950年《婚姻法》、1980年《婚姻法》、2001年《婚姻法》、《民法典》婚姻家庭编,都体现着保障离婚自由、反对轻率离婚的精神。《民法典》第1079条关于"诉讼离婚"的规定是,夫妻一方要求离婚的,可以由有关组织进行调解或者由当事人直接向人民法院提起离婚诉讼。人民法院审理离婚案件,应当进行调解;如果感情确已破裂,调解无效的,应当准予离婚。有下列情形之一,调解无效的,应当准予离婚:(1)重婚或者与他人同居;(2)实施家庭暴力或者虐待、遗弃家庭成员;(3)有赌博、吸毒等恶习屡教不改;(4)因感情不和分居满2年;(5)其他导致夫妻感情破裂的情形。一方被宣告失踪,另一方提起离婚诉讼的,应当准予离婚。经人民法院判决不准离婚后,双方又分居满一年,一方再次提起离婚诉讼的,应当准予离婚。婚姻纠纷司法实践中,往往

---

〔1〕 参见[美]凯特·斯丹德利:《家庭法》,屈广清译,中国政法大学出版社2004年版,第258~262、370页。

〔2〕 李桂梅:《中西家庭伦理比较研究》,湖南大学出版社2009年版,第180页。

〔3〕 夏吟兰:《美国现代婚姻家庭制度》,中国政法大学出版社1999年版,第143页。

调解在先,如果调解无效,那么也只能判决离婚。我国《民法典》关于“离婚冷静期”的规定,对于缓解冲动离婚具有一定作用,如果经过这一时段仍旧坚持离婚,法院就会尊重当事人的意愿。这有助于避免当事人之间继续相互伤害,同时对社会整体和谐具有帮助作用。

二、公正:“权利—义务的对等状态”

对于公正理念的内涵却存在多种认识。罗国杰、宋希仁两位著名伦理学家曾说,在古希腊诗歌中就有以公正理念处理人与人之间关系的思想。“在赫希阿德的诗中,已经自觉提出人类社会和动物界的根本区别之一,就在于人和人之间的关系是用道德来调整的。不但如此,他认为,只有坚持用‘公正’‘正义’来处理人和人之间的关系,才能维持人类社会的正常秩序。”[1]亚里士多德对公正理念主要从三个方面理解:一是指出公正是一切德性的总括。公正常常被作为德性之首,它“比星辰更让人崇敬”,“公正最为完全,因为它是交往行为上的总体的德性”[2]。二是认为存在具体公正,即作为公正总体一个部分的公正。当说“违法与不平等”属于不公正、“守法与平等”属于公正时,是从总体公正意义上说的;而当人们说买卖、出租等行为是公正的,抢劫、杀戮等行为非公正时,则是在具体公正层面使用公正概念。三是指出具体公正包括许多种类。他将具体公正分为分配公正和矫正公正两种,并以此为基础,对回报的公正、政府的公正、自然的公正、约定的公正等进行了深入分析。约翰·罗尔斯从“作为公平的正义”角度,归纳出正义两原则。“第一个原则:每个人对与其他人所拥有的最广泛的基本自由体系相容的类似自由体系都应有一种平等的权利。第二个原则:社会的和经济的不平等应这样安排,使它们被合理地期望适合于每一个人的利益;并且依系于地位和职务向所有人开放。”[3]伦理学者高兆明认为,公正是对现实社会关系的评价性反映,公正的内容是历史的、具体的。“在最抽象的意义上,公正可以规定为以权利与义务关系为核心的人们相互关系的合理状态。”[4]上述理论表明,公正理念内涵具有复杂性、多样性、开放性。

从法伦理视野出发,笔者认为,公正是一种权利—义务的对等状态,它具体表现在法律制度安排、责任承担、“权利—义务—责任”对等、从业平等—规则平等—机会平等主要方面。

---

〔1〕 罗国杰、宋希仁编著:《西方伦理思想史》(上卷),中国人民大学出版社1985年版,第31页。

〔2〕 [古希腊]亚里士多德,廖申白译注:《尼各马可伦理学》,商务印书馆2003年版,第130页。

〔3〕 [美]约翰·罗尔斯:《正义论》,何怀宏、何包钢、廖申白译,中国社会科学出版社1988年版,第60~61页。

〔4〕 高兆明:《制度公正论:变革时期道德失范研究》,上海文艺出版社2001年版,第31页。

（一）制度安排："平等保护"所有法律主体

人类社会中的法律主体，包括自然人、法人、非法人组织、机构甚至国际法领域的国家。这些法律主体产生的方式有两种：一是自然生成，如个体生命的诞生；二是人工建立，如各种类型的企业、社会团体、组织机构。自然生成的法律主体，基于其生命发展变化的实际需求而规定相应的权利—义务，以使不同生命主体能够履行自己的天职，发挥自身的价值，促进实体的和谐和发展。人工建立的法律活动主体主要是作为一种无生命机构而存在，一旦产生，就被依法予以保护，非因法定原因或不可抗力而不能任意取消这些非生命机构的存在。同时，采用"法人拟制说"等具体法律部门的法学理论，为该类主体的实践活动提供较全面的法律保护。在这两类主体中，人类扮演双重角色：一方面，人是这些所有主体的建构者和推动者，在其中发挥领导和主力作用；另一方面，人又是所有社会主体中的一个重要组成部分，人在开展其实践活动时需要同时与其他社会主体比如企业、社会组织甚至具体管理机构发生各种各样的联系。法律一方面对人的基本权利和义务进行了规定，另一方面则对各种各样的社会组织或机构在设立之后所享有的权利和承担的义务进行了规定，从而保障不同的主体在从事经济实践、社会实践、文化实践等活动时都能够有法可依，处于坦然和安心的状态。

根据《世界人权宣言》的规定：人人生而自由，在尊严和权利上一律平等；人人有权享有生命、自由和人身安全；任何人不得使为奴隶或奴役，一切形式的奴隶制度和奴隶买卖，均应予以禁止；人的法律人格在任何地方都有权获得承认；人人有权享有国籍；任何人不得加以酷刑或残忍的、不人道的、侮辱性的待遇或刑罚；人人完全平等地有权由一个独立无偏倚的法庭进行公正公开的审讯；任何人的私生活、家庭、住宅和通信不得任意被干涉，其荣誉和名誉不得被攻击，在这些方面有权享受法律保护；任何人可以拥有单独财产所有权或共同财产所有权，其财产不得被任意剥夺；人人有权工作、自由选择职业并享受公正和合适的工作条件；人人享有休闲和闲暇的权利和受教育的权利；等等。这份宣言，虽然条文不多，但体现了对人这一生命主体进行保护的主要方面。以该宣言为基础，形成了多个国际人权规范。

我国先后批准、加入了包括联合国核心人权公约的 20 多项国际人权文书。例如，1981 年签署批准的《消除对妇女一切形式歧视公约》，1990 年签署、1991 年批准的《儿童权利公约》，1997 年签署、2001 年批准的《经济、社会及文化权利国际公约》，2007 年签署、2008 年批准的《残疾人权利公约》等，实现了对人类生命主体权利—义务的全面保护。就"非人类生命"的活动主体的保护而言，《生物多样性公约》于 1992 年在里约热内卢签署、1993 年对中国生效；为保护野生动物，拯救珍贵、濒危野生动物，我国于 1988 年制定并于 2022 年又修订了《野生动物保护法》；1988 年批准并于 2021 年调整了《国家重点保护野生动物名录》，从而在能力许可范围之内对相应的野生动物进行了有效保护。

根据1980年在维也纳订立的《联合国国际货物销售合同公约》,各个缔约国在平等互利的基础上发展国际贸易,需要统一的法律规则。它鼓励在国际贸易中遵守诚信要求;一旦发生纠纷,依照该公约所确立的一般原则解决,如果没有一般原则,则应按照国际私法规定适用的法律来解决。该公约从缔约国的高度,规定和保护国际贸易的秩序,维护各缔约国的贸易合同利益。我国《民法典》“合同编”规定的订立主体包括自然人、法人、非法人组织等,确立了合同订立制度、效力制度、履行制度、保全制度、变更和转让制度、终止制度、违约责任制度等,其中又包括缔约过失责任制度、情势变更原则、抗辩权制度等内容,从而在具体法律制度层面保护了平等主体的国内交易秩序或在《民法典》被选为准据法时用于涉外合同秩序的维护。

(二)主体应承担“角色职责”

法律主体还可分为自然主体、国家主体、家庭主体三类,即法律主体所承担的三种职责或所扮演的三种角色。自然人同时具备三种实体的角色,既在自然环境中扮演角色,需要在保护环境还是破坏环境、坚持动物保护主义还是动物滥用主义之间作出选择;又忙于各自所在行业的生产,创造物质财富或精神财富,扮演着社会主体角色;此外还要在家庭中履行父母、子女或配偶的诸多责任,因此又是家庭意义上的法律主体。有的主体可能仅仅具备其中的两种角色,如国有企业主要是自然实体内的主体和国家实体内的主体,而很少扮演家庭实体内的主体角色。

德国伦理学者包尔生认为,“首先,我们坚持个人本身有责任,然后是塑造他的集体即他的家庭、社会阶层、民族乃至一般人类也有责任”。[1] 人对自身、家庭、阶层、民族、人类等都有责任。人是自然之子,诞生于具体的国家和家庭之中,由父母抚育成人。既然如此,每个个体必然在自然、国家、家庭中有自己专门的角色定位,这种角色定位天然赋予每个人以相应的担当、任务和责任,而作为个体的人就要“安伦尽分”。这里的“伦”,不仅是在家庭、国家中的伦理关系定位,还包括在自然中的定位,就像矿物、植物、动物等在自然中的定位一样。人在自然、国家、家庭等伦理实体中都拥有自己所在的“伦”。也就是说,这些伦理实体的存在离不开个体,如果没有个体在内,这些实体也就无法构成圆满的实体,同样也说明,个体应自觉或自发地承担对应的自然责任、国家责任、家庭责任,因为只有尽到各个层次、各个维度、各种形式的责任,才能促进个体在实体中的成长,而实体自身也才能存在和发展。同样道理,当个体的人组成家族、团队、行业、企业、学校、机关等各种各样的聚合体、联合体或共同体时,这些现实存在的组织、机构、行业、团体等也在各自“伦”的位置上扮演自己的角色、完成自己的使命。

---

〔1〕［德］弗里德里希·包尔生:《伦理学体系》,何怀宏、廖申白译,中国社会科学出版社1988年版,第393~394页。

现代法律,在很大程度上是从各种角色出发规定权利和义务的,或者说是以法律规范的形式充分肯定各种角色所代表的社会实践。例如,在环境保护法领域,存在环境污染者、环境保护者两种角色。对导致环境问题的个人、企业、组织乃至机构,进行严厉的法律惩罚;对在"公民环境权""企业环境权""国家环境权"等各种环境权许可范围内开展的以及其他保护环境、生态修复等环境活动,法律则不予干涉,维护其正常生产经营活动。又如,在经济法领域,其中的市场主体法体系包括个人独资企业法、合伙企业法、公司法等种类,这种分门别类的立法模式,实际上以企业角色的类型化为前提,不同的企业在中国特色的社会主义市场经济中有不同分工、扮演着不同角色,因此就要承担相应的责任,具有相应的担当。而在家庭法中,则将家庭成员区分为配偶、子女、父母。父母应当抚养子女,子女应当赡养父母,配偶之间应当相互扶养。在一般继承顺序中,以角色为基础进行法律制度设计:第一顺序继承人是配偶、子女、父母;第二顺序继承人是兄弟姐妹、祖父母、外祖父母。其中兄弟姐妹又包括同父母的兄弟姐妹、同父异母的或同母异父的兄弟姐妹、养兄弟姐妹、有扶养关系的继兄弟姐妹。

然而,法律并不保护所有的角色类型。角色是一种事实判断,法律则体现着一种价值判断,受法律保护意味着国家实体的认可或确认。社会关系中存在形形色色的角色,并非所有角色都能促进人类共同体的进步、文明与发展。对于现实中一些阻碍人类社会沿着文明方向持续前进和发展的非合理角色及其所作所为,法律并不加以肯定或保护,而是予以禁止或限定,从而维护具体法律主体与作为整体的现实实体的一体进步。

(三)"权利—义务—责任"对等

所谓"权利—义务—责任"对等,是指每个主体在承担自然角色、国家角色或家庭角色时,应尽到自己相应的义务、享有相应的权利、承担相应的责任。从实践角度来看,实体首先要为各种角色提供必要的行为自由和活动基础,这种基础进入法律领域,就被称为权利。法律上的权利,是指依照法定或约定为或不为一定行为的资格;与法律权利相对应的是法律义务,即依照法律规定或合同约定为或不为一定行为的必要性。著名法理学者张文显教授指出:"法律权利是规定或隐含于法律规范中,实现于法律关系中的,主体以相对自由的作为或不作为方式获得利益的一种手段。法律义务是设定或隐含在法律规范中,实现于法律关系中的,主体以相对抑制的作为或不作为的方式保障权利主体实现利益的一种约束手段。"〔1〕如果没有法律权利,各个主体就不会有行动自由;如果没有法律义务,就不会遵循行动的必然性作为或不作为。对自然、国家、家庭等现实实体来说,就难以保障实体的活力及其所需

〔1〕 张文显:《法哲学范畴研究》(修订版),中国政法大学出版社2001年版,第309页。

要的贡献、秩序和发展。因此,在法律权利、法律义务之外又另外规定了法律责任。在行为主体滥用权利或“不履行义务”“不当履行义务”时,就要承担相应的法律责任。A. J. M. 米尔恩认为,“公正为社会生活本身所必不可少。一群对比例平等的原则缺乏实际理解的人根本无法形成一个社会共同体。他们将不理解竞争,将不能进行评论和合理的分配,而且也无法分配奖赏或责罚”[1]。权利、义务与责任应当“对等”,拥有多少权利就应当承担多少义务,同时也要准备承担相应的法律责任。公正表现为“给每一个人他所应得的”,存在“比例平等原则”要求。这一原则体现为,“(a)某种待遇在一定特定的场合是恰当的,那么在与这种待遇相关的特定方面是相等的所有情况,必须受到平等的对待。(b)在与这种待遇相关的特定方面是不相等的所有情况,必须受到不平等的对待。(c)待遇的相对不平等必须与情况的相对不平等成比例”[2]。但是,权利、义务、责任之间的对等并非可以用算数比例或几何比例直接确定的,因为法学是一门实践性很强的学科,它通过法律规范这一媒介,将理念落实到具体实践、落实到司法实践,需要许多具体路径、技术和方法,由此揭示了“权利—义务—责任”对等思想在法领域体现的复杂性。

笔者认为,“权利—义务—责任”对等思想在法现象领域主要表现在以下三个方面:

第一,没有无权利的义务,也不存在无义务的权利。法律权利产生于现实需要即法律调整的可能。无论是权利主体、权利客体还是权利内容,均是基于人类对现实实体及其内部构成元素的认知范围。在此认知范围之内,以法律规范可以提供的社会功能为依据,规定具体的权利和义务。如果将法律体系作为一个整体来看,就会发现权利与义务往往是同时存在的,而且处于相互对应状态。但是就具体领域的法律主体而言,其本身所享有的权利和承担的义务并非总是直接对应的。以自然人为例,在物权法领域,因为自己拥有所有权,所以就有相对应的尊重他人所有权的义务。在合同法领域,尤其是双务合同中,一方的主要权利便是另一方的主要义务,相互具有直接对应性,甚至在某些情况下具有数量的对应性。但是在税收法中,自然人纳税主体则并不存在直接的权利与义务的对应特点。纳税是每个公民应尽的义务,但是税法并不因此直接赋予纳税义务人权利,而是通过为纳税义务人提供社会公共设施、公共产品及其他个人生存、发展和完善所需的安全、秩序、文化等公共服务,而对公共设施、公共产品、公共服务的使用则可以视为自然人纳税义务人所享有的权利。就具体自然人来说,其纳税数额与所享有的公共权利并未直接相连,但在

[1] [英]A. J. M. 米尔恩:《人的权利与人的多样性——人权哲学》,夏勇、张志铭译,中国大百科全书出版社 1995 年版,第 66 页。

[2] [英]A. J. M. 米尔恩:《人的权利与人的多样性——人权哲学》,夏勇、张志铭译,中国大百科全书出版社 1995 年版,第 59 页。

实体这一整体范围之内,经过提供公共设施、公共产品、公共服务等行为的转化,成功地实现了权利与义务的对应。

第二,权利滥用、不履行义务、不适当履行义务要承担法律责任。康德指出,“责任是自由行为的必要性”,“绝对命令表明去做某一种行为是一种责任”[1]。如果一种行为既不是法律规定去做的也不是禁止去做的,它便仅仅是允许去做的,因为没有限制权利的法规,对此行为也没有规定任何义务,这样的行为就可以说与道德无关;然而,对于绝对命令规定去尽的责任、去履行的义务,如果不仅仅是迫于绝对命令的要求才去做,即做得比要求做到的多,那就值得称赞;如果仅仅严格按照绝对命令的要求去做,便是“守本分”;如果所完成的行为比绝对命令要求做的少,就是道德上有缺点或过错。该尽到的责任没有尽到,就要受到法律的惩罚。“对一种应该受到谴责的有缺点的行动所承受的法律效果或后果便是惩罚。”[2]义务没有尽到,权利使用不当,必然会受到实体的否定或惩罚,具体表现为承担各种法律责任。

第三,“权利—义务—责任”范围处于不断发展之中。不同角色所拥有或可能拥有的权利、义务、责任的种类、范围、广度、深度、程度等并不相同,因此每个主体、每类主体及其在不同发展阶段所承担和享有的权利、义务、责任呈现不同的面貌。为了使“权利—义务—责任”体系维护实体发展的功能更好发挥,法律在对权利、义务、责任的“多样性”进行“类型化”处理后,通过法律认可或确认权利、义务、责任的形式,使当事人有所依凭并借此得到保护,同时为当事人之外的其他人从事类似行为时提供借鉴或指导。同时,法律根据各类实体的发展情况及时进行修订,对权利、义务、责任等体系不断进行推进和完善,从而形成合理的实体秩序,保证“世无遗人、物无遗物”“人尽其才、物尽其用”,充分发挥所有法律主体及社会存在的功能和价值,推动人类社会持续向着文明、幸福、美好的方向前进。

(四)分工平等—规则平等—机会平等

所谓分工平等,是指具体主体进入实体后所面临的实体内分工情况与人自身的天赋、能力、素质相适应。任何法律主体,无论是自然人还是法人,均要承担现实的工作任务。职业分工和社会分工所导致的责任担当,应该与人的天赋、能力、素质等方面相适应。天赋即生而有之的禀赋,个体之间差异较大且后天难以改变;能力即经过学习与训练而得来的本领;素质即因工作环境要求而在实践中逐渐养成的品性、修养。天赋、能力和素质并存于同一主体,形成一个具有内外结构的整体,在承担相应任务时一体发挥作用。通过教师法、注册会计师法、律师法、医师法、公务员法等法律,确保将人的天赋、能力和素质与具体的行业对应起来,既能在微观层面充

---

[1] [德]康德:《法的形而上学原理——权利的科学》,沈叔平译,商务印书馆1991年版,第28~29页。

[2] [德]康德:《法的形而上学原理——权利的科学》,沈叔平译,商务印书馆1991年版,第36页。

分发挥相关主体的特长和优势，又能在中观层面为行业高质量发展提供人力资本支撑，进而为实体发展作出更大贡献。

法律主体因自身承担角色的多样性，往往自发或自觉地承担着各种自然责任、国家责任和家庭责任。爱护环境是自然职责，勤奋工作是在国家实体内的责任要求，保护家人的安全和健康则是家庭职责的重要组成部分。法律在其能够规范和调整的范围之内，通过环境法、劳动法、婚姻家庭法保障这些责任的履行。然而，并非所有的自然责任、国家责任或家庭责任都能由法律作出规范和调整，事实是大量的相关责任或职责是自发的，由行为主体依照其自身的理解去为或不为。这就导致一个实践难题：在从事法律调控之外的、自发的履责场合，行为主体究竟应当依据何种原则行事呢？笔者认为，既然法律确定的选择原则是根据天赋、能力和素质确定，那么对于主体的自发的法律无法调整的职责行为，也可以遵循天赋、能力、素质与其所承担的责任或从事的活动相适应的原则，即“量才录用”原则。这一原则是法伦理中公正理念的应有之义。唯有通过量才录用，才能使相应主体处于能够发挥自身潜力的“人尽其才”状态，也才能使自然责任、国家责任和家庭责任的承担找到内在统一性，从而不但促进各个现实实体的进步，而且妥善处理不同实体之间的关系使之保持和谐。

所谓规则平等，是指不同主体在获得相关的分工角色之后，应该同等地受到相应规范的调整、保护和引导，不应存在例外。这种角色分工或者说承担相应责任的“名分”获取，既可能是一种纯粹的自发活动，也可能是一种自觉活动，或者是在社会文化（包含法律文化和伦理文化）引领下无意识形成的一种取向活动。自发获得的角色分工，应遵循的原则是“自然法”或自然规则；自觉获得的角色分工，则在遵循自然法则的基础上更应遵循相应的规章、法律、行规；基于取向获得的角色分工，则需要在遵循自然法则、社会法则的基础上遵循理念法则，即一些工作理念或精神思维模式的运行规律。无论自然规则、社会规则还是理念规则，都既是相应主体的行动保障、程序依凭和方向引领，又是外在于主体的一种客观存在，构成了相应主体进行活动时的各种规则基础。在各类规则中，法律无疑是重要的组成部分。法律规则在其调控可及的范围之内，对所有相关的行为主体一视同仁，法律适用人人平等。除非法律中有相反规定，一般不存在例外情形。即使存在对例外情形的规定，也是基于具体法律立法目的的实现需要而设置，而并非出于一己之私或仅仅是局部的、行业的利益。法律的这一要求，以法律的科学性、公开性、明确性为前提。法律是天下之“公器”，具体的法律在其保护的利益上虽然有分工，但从法律体系的整体价值旨趣来看，是为了更好地保护和推进公共利益。任何不依照法律规则作出的行为，必然会在一定程度上影响法律旨趣或法律目标的实现，从而使“法律体系之坝”出现漏洞，并因此消解法律的规范功能。“法律是一种制度的秩序，道德是一种心灵的秩序。"[1]一方面,遵守法律规则;另一方面,敬重法律规则中所包含的"平等"道德意识,严格遵守法律与伦理的具体要求,充分发挥规范体系的重要作用。

所谓机会平等,是指有关行为主体在法律规则规定的框架之下,从事各种现实活动的机会具有平等性,不应将某些活动归为某些主体的专属权利,而其他相关主体则被排除在外或者予以高门槛限制。法律作为重要的社会规则,规定了主体的权利、义务和责任。从促进主体活动积极性角度来看,权利是其中更为重要的部分,没有权利保护会失去行动的资格和前提。但是,从事实上看,并非法律规定了某种权利,实践中的所有主体就能无一例外地行使这些权利,这取决于各种事实条件。例如,公司法规定了设立公司的权利,那么是否所有的自然人或法人都会设立公司并进行经营呢?事实并非如此。这里就出现一个问题,即所谓的设立公司的机会平等意味着什么?这里其实有三层意蕴:一是法律规定的是规则意义上的平等,事实上平等与否是多种因素综合作用的结果。二是在法律规定了公司设立条件之后,并不是所有的社会主体都会去申请设立公司,无论申请还是不申请设立公司,都是一种自愿行为,法律要保护和尊重的就是这种自愿性或意思自治性。因为没有人比自己更了解自己、没有人比企业更熟悉其自身,所以公司法对自愿性或意思自治的尊重,实际上是尊重个体的生命活动本质或企业为自身计划完成的任务,如此更有益于实体和人类的发展进步。三是法律对于影响他人申请设立公司自愿性的强制行为或不当影响行为并没有明确规定。如果自然人或企业法人在强制或不当影响下设立有限责任公司或股份有限公司,那么所成立的公司是否能像自愿设立的公司那样负责任地经营、发展呢?是否会在遭遇经济困境时退市逃脱甚至宣布破产呢?是否会将公司设立作为谋求个人利益的工具从事"炒作公司"行为并因此降低实体经济含量呢?针对这些情形,一方面,固然需要法律不断细化和完善相关规定,使各种非法或违法行为不再有容身之地;另一方面,更需要伦理发挥作用,通过尊重相互的、合法行为的"自愿性"即"自主性",自觉地维护市场经济秩序乃至社会所有领域的活动秩序。侵犯自愿性或自主性的行为在许多领域都可能发生或存在。例如,在招标投标法、反不正当竞争法、反垄断法、商标法、专利法、《民法典》合同编等所调整的领域,均有可能发生。虽然私法领域有"法不禁止即可为"的观点,但对于法不禁止的行为乃至于法所许可的行为,均应当依照法律规范中所体现的伦理要求即法伦理精神去实施行为,如此才能在更高程度上、更大范围内、更好效果上保障依法治国与以德治国的实现。

三、理性:"自在而自为的真理性"

可以说,法律在创立之初,主要是对整体秩序予以理性安排,通过整体秩序合理

---

[1] 李建华:《法治社会中的伦理秩序》,中国社会科学出版社2004年版,第37页。

化,促进实体发展,增进个体幸福,实现实体发展与个体幸福的有机统一。这里所包含的伦理理念是“理性”。保持实体和谐,需要设定公正的措施;要做到公正,则需要生成、推动和发展法律制度或法律规范,这就需要人类理性发挥作用。理性也因此成为维护实体存在的重要法伦理理念。

黑格尔认为:“理性是自在而自为的真理性,这种真理性是概念的主体性与概念的客体性及普遍性的单纯的统一性。因此,理性的普遍习惯既具有在意识中给定的客体的意义,也有在自我意识中的我的意义。”[1]理性是主体性、客体性及统一性的结合,既有客体意义,又有自我努力价值,因此,通过理性理念可以保证实体稳定发展,同时克服实体内不同组成部分的非理性冲动,确保意识和意志的整体取向或实体指向,保护组成部分或各个具体主体的合法权益。康德将理性分为理论理性和实践理性两种,同时认为两者实质上只是同一理性。“理论理性或思辨理性所着意的,主要在于认识对象直到认识先天的最高原理;实践理性则着意于规定意志,规定它最终的和完全的目的。但是理论理性和实践理性两者并不相冲突,因为它们在原则上是相互一致的,归根到底并没有两个理性,理性的和实践的,只是同一理性的不同运用罢了。”[2]理性并不排斥现实的幸福。古希腊的伊壁鸠鲁认为:“理性能使我们思议肉体的终结和消散,而使我们解脱对未来的恐惧,理性使我们如此完备地得到生命所能得到的一切快乐,以致我们没有必要把永恒纳入我们的欲望之中,但是理性并不逃避快乐,而且当环境使它脱离生命时,理性也不是没有享受过幸福的生活的。”[3]法律是理性之学,民国时期法学家吴经熊曾指出:“理性乃法律之生命,更不要说普通法其自身不是其他什么事物而恰正是理性,它被理解为一种之于理性之技艺性的完善,即其通过漫长的学习、观察和经验,而并非出于每个人的自然理性;无人天生精通技艺。”[4]我国台湾地区学者傅佩荣提出:“理性指的又是什么呢?一般谈的理性是广义的,如肯定人是理性的动物,可以思考、反省、说话,这些是理性的表现。但这里所谓的理性是狭义的,狭义的理性只是一个统合作用。举例来说,你昨天所见的世界或许与今天不同,但你知道这是同一的世界,如何得知?理性把它们统合起来了。”[5]

基于上述学者关于理性思考所受到的启发,我们发现,法伦理视野的理性理念主要体现在以下方面。

---

〔1〕[德]黑格尔:《哲学科学全书纲要》,薛华译,上海世纪出版集团、上海人民出版社2002年版,第267~268页。

〔2〕[德]康德:《实践理性批判》,韩水法译,商务印书馆1999年版,第13页。

〔3〕周辅成编:《西方伦理学名著选辑》(上卷),商务印书馆1964年版,第95页。

〔4〕吴经熊:《正义之源泉:自然法研究》,张薇薇译,法律出版社2015年版,第44~45页。

〔5〕傅佩荣:《自我的意义》,北京理工大学出版社2011年版,第59页。

(一)"规则缺失"时的理性反省

不同级别的现实实体之间、现实实体与其组成部分之间、现实实体内的不同组成部分之间,由于主客观原因的存在,很容易出现龃龉或矛盾。如果缺乏规则及由此而形成的稳定秩序,则必然带来实体内外无明、焦虑和混乱。如果任凭这种情形蔓延,实体发展、个体幸福及实体与个体至善的实现就会成为空中楼阁。近代法律思想家霍布斯(Hobbes)在《利维坦》中所表述的相关思想典型地代表了这种忧虑。他还为此发掘了人类社会或人类交往的一些基本法则,并将之称为自然法,认为研究自然法的学问是道德哲学。

霍布斯说,"自然使人在身心两方面的能力都十分平等","由这种能力出发,就产生达到目的的希望的平等","任何两个人如果想取得同一东西而又不能同时享用时,彼此就会成为仇敌"。[1] 在人类的天性中,有三种造成争斗的主要原因,一是竞争,二是猜疑,三是荣誉。它们对应着求利益、求安全、求名誉。人们互相疑惧,自保之道就是先发制人,用武力或机诈来控制一切他能控制的人,直到他看到没有其他力量足以危害他为止。这样一来,"在没有一个共同权力使大家慑服的时候,人们便处在所谓的战争状态之下"。"这种战争是每一个人对每个人的战争。"[2] 为此,必然需要依据一定规则建立"利维坦",或者说,作为共同权力化身的利维坦必须贯彻一些基本规则。这些基本规则有很强的伦理意味,它们不是法律条文,主要是一些人与人相处的伦理原则。

这些基本规则或伦理原则主要包括15项。第一,每个人只要有获得和平的希望,就应当力求和平;在不能得到和平时,他就可以寻求并利用一切有利条件和助力。第二,在别人也愿意这样做的条件下,当一个人为了和平与自卫的目的认为必要时,会自愿放弃这种对一切事物的权利。第三,所订信约必须履行。第四,接受他人单纯根据恩惠施与的利益时,应努力使施惠者没有合理的原因对自己的善意感到后悔。第五,每一个人都应当力图使自己适应其余的人。第六,当悔过的人保证将来不再犯,并要求得到恕宥时,就应当恕宥他们过去的罪过。第七,在报复中,也就是在以怨报怨的过程中,人们所应当看到的不是过去的恶更大,而是将来的益处更多。第八,任何人都不得以行为、言语、表情、姿态表现仇恨或藐视他人。第九,每一个人都应当承认他人与自己生而平等。第十,进入和平状态时,任何人都不应要求为自己保留任何他不赞成其余每一个人要为自己保留的权利。第十一,一个人如果受人信托在人与人之间进行裁断,那么自然法就有一条戒条要求他秉公处理。第十二,不能分割之物如能共享,就应当共享,数量允许时,应不加限制;否则就应当根据有权分享的人数按比例分享。第十三,有些东西既不能分割,又不能共享。规定公

[1] 参见[英]霍布斯:《利维坦》,黎思复、黎廷弼译,商务印书馆1985年版,第93~94页。
[2] [英]霍布斯:《利维坦》,黎思复、黎廷弼译,商务印书馆1985年版,第94页。

道之理的自然法便要求全部权利以抽签方式决定；要不然就轮流使用，让第一次占有权以抽签方式决定。第十四，凡斡旋和平的人都应当被给予安全通行的保证。第十五，争议各方应将其权利交付公断人裁断。[1] 按照霍布斯的理解，第一自然法即“对和平的珍惜、热爱、追求和保护”是最重要的基本规则。没有和平，便没有生命和生存，人类文明甚至人类社会能否存在都会成为疑问。

霍布斯上述思想对人性的假设是从现实的、习性角度出发的，不是从本体意义上的人性出发的。他所关注的主要是人的习性中“好争”的一面，而对习性中的其他方面没有明示。但是恰恰因为如此，其思想更符合法律通过“抑恶”而“扬善”的特点。霍布斯的思想主要是对人类从“自然状态”过渡到“国家状态”的考察，其并没有对已经成型的国家的某些领域缺乏规则的情况进行考察，也没有涉及自然实体或家庭实体中缺乏规则会引发何种状态或带来何种伦理困境。但是，其中蕴含的基本逻辑是一致的：如果缺乏规则，行为主体就会根据自己对生活的理解行事，彼此之间也无法达成协议或让步，于是便无法形成统一的、合理的、可执行的秩序，将人类本可以通过理性把握的幸福变为放任自流的状态，给人类社会发展增加不必要的痛苦、成本和阻力。霍布斯之所以能作出如此分析，是因为其作为法律思想家所具有的“理性”。其实，理性并非思想家的专利，康德将人类称为“有限理性”生命，这就意味着所有人都拥有理性。“理性不是一种特定存在和持续存在的物，而是行动，是真正的、纯粹的行动。”[2] 当人们的理性关注法理的探索、法律的制定、司法实践的完善等领域，就表征为法伦理领域的理性。“理性赋予人以反省的意识，并使人自觉地关注于自身的价值与存在意义；自我的超越在一定意义上便展现为理性的升华。”[3] 理性有助于法律主体的伦理超越与自我升华。

（二）建构“严谨的”法律语言

语言是理性的产物，法律语言也不例外。“语言和意识具有同样长久的历史；语言是一种实践的、既为别人存在并仅仅因此也为我自己存在的、现实的意识……”[4] 当法律意识兴起，法律语言也随之产生和发展。法律语言产生于社会实践客观需要，它是主观与客观相结合的产物。在出现矛盾或纠纷而且既有规则类型不能予以有效化解和调整的时候，法律规则的出现就成为必要。要制定或完善法律规则、进行法学理论探索、确立完备的司法程序，需要专业语言作为一个基本前提。“任何一个共同的概念（更不用说抽象概念了）如果没有语言来表达它，就不可能产

---

〔1〕 参见［英］霍布斯：《利维坦》，黎思复、黎廷弼译，商务印书馆1985年版，第98～119页。

〔2〕 ［德］费希特：《伦理学体系》，梁志学、李理译，中国社会科学出版社1995年版，第57页。

〔3〕 杨国荣：《理性与价值——智慧的历程》，上海三联书店1998年版，第50页。

〔4〕 《马克思恩格斯全集》（第3卷），中共中央马克思恩格斯列宁斯大林著作编译局译，人民出版社1960年版，第34页。

生,也不可能固定下来。"[1]在法律领域,必须对发生争执的两造、所争议的客体及内容等确定"名相"或称谓,否则就无法在遇到类似争执时提取思维记忆和案件处理方式。于是,最初的法律语言就在自发与自觉相结合的状态中产生。随着处理类似争议的经验增加,人们逐渐从中发现了更多需要用语言予以界定的法律领域、法律逻辑、法律方法,同时需要对司法案例进行汇总,对立法、执法、司法等法律实践经验进行总结、归纳和保存,于是出现了大量的法律术语、法律句式、法律篇章,形成了不断丰富并日益更新的"法律语库"。"社会发展需要—法律语言的理性探索—社会新发展的需要—法律语言的新探究"构成了法律语言螺旋上升的动力,世界不同法系及国内不同部门法中,包含无数相似或有差异的法律术语,甚至因此形成不同法律文化,这无不体现了理性对法律语言的创造能力。

法律语言将自身同其他专业语言区分开来,并以此为基础形成自己的言说系统,贯穿于法学诸理论、法律各种规范及司法实践之中。可以将法律语言分为法学理论语言、法律规范语言、法律实践语言三种。法学理论语言是指在法理学探索、讨论和表达过程中的词汇、语法和句式。它主要存在于学术讨论、著作撰写、学者交流等领域,具有较强的开拓性或创新性。许多新法律术语在此得以形成,但尚未得到社会全体认可。法学理论语言的现实意义,在于为其他法律活动提供前沿思索和理论选项,交由国家、社会、个体根据实际需求进行选择、使用和推广,形成法律意识上的合力。法律规范语言是指在各种法律规则条文表达中所使用的术语、逻辑和句式。国际公约、国内法律、行政法规及行政规章、地方性法规等规范性文件中所使用的语言,不限于专门法律术语。因为每一具体规范性文件都有其目标任务和调整范围,除使用专门法律术语以保障法律规范的共通性之外,还往往使用很多有关的行业术语甚至生活用语,以避免规范性文件陷于空疏而无法切实发挥对现实的调整作用。法律实践包括许多方面,其中最主要的是司法活动。因此,法律实践语言是指在以法官为公断人的审理活动中以口头、书面、电子数据等形式表达出来的法律用语。它不但包括一般社会用语、法律规范文件用语,还包括参与诉讼活动的原告、被告、诉讼参加人、公诉机关、法官、律师,甚至旁听群众等在起诉、审理、强制执行等过程中所使用的口头或书面用语,因此更为丰富和灵活。但是,无论是法学理论语言、法律规范语言还是法律实践语言,都存在一些基本的共同要求,即准确性[2]、凝练性、周密性、严肃性。法律语言为人的行为提供了内在符号支撑和外在行为指南,在多元并存的世界里,理解法律用语是进入法律殿堂的钥匙。

作为人类重要的通信符号,语言既能方便沟通,也会带来障碍。同一语言的形

[1] [俄]B. A. 伊斯特林:《文字的产生和发展》(第2版),左少兴译,北京大学出版社2002年版,第8~9页。

[2] 参见宋北平:《法律语言》,中国政法大学出版社2012年版,第68页。

成意味着意识世界“数据交换平台”的建立，多样化语言的存在表明意识世界存在主体性分割。语言既能够自卫，也可以进攻；语言既是信号，也是思想；语言既是声波传递，又是力量之媒。法律语言及其分支系统的理性创建，为人的行为提供了内在符号支撑和外在行为指南，在多元并存的世界里，理解法律用语不但是进入法律殿堂的钥匙，也是促进实体伦理水平提升的重要方式。如婚姻家庭法的法言法语能够促进家庭和睦，社会中实体法和程序法的法律术语，有助于实现社会公正，而环境和自然资源法的法律词汇则能提升环保意识，促进环保行动，保障自然生态系统的稳定和谐。

（三）设计“适用的”诉讼制度

《管子·七臣七主》指出：“夫法者，所以兴功惧暴也；律者，所以定分止争也；令者，所以令人知事也。法律政令者，吏民规矩绳墨也。”法律的原初功能在于“定分止争、调解息讼”。法律不仅用来公平解决不同个体之间的法律纠纷，还用于解决个体与整体之间的法律纠纷，从而能够既维护个体合理利益，又维护整体利益，做到“经国家、定社稷、序民人”（《左传》语）。这就需要设计纠纷处理程序或进行具体制度安排。

一般而言，当出现纠纷的时候，有三种可能的解决方式：一是置之不理；二是合理疏导；三是彻底消灭。采取置之不理的方式，等于放任自流而交由纠纷当事人自行解决。可能出现的好结果是纠纷得到化解而不复存在；可能出现的坏结果是矛盾无法解决，“一方当事人打过来，另一方当事人怼过去”，相斗状态持续发展甚至成为世仇。争议的发生取决于多种因素，既有主体因素，也有环境因素，还有现实世界内在运行规律的间接影响，等等。最好的争议解决办法就是“合理疏导”。合理疏导不回避现实社会所发生的纠纷矛盾，而是通过基于整体性、伦理性的广阔视野和高远站位，将不同主体之间的纠纷通过合理方式予以耐心化解，从而使矛盾纠纷状态走向统一和平状态或由反常状态复归正常状态。这样，既不会由于放任纠纷而使整体处于混乱状态，也不会因力图消灭纠纷而引发新的矛盾，从而使实体保持在安全、和平和稳定状态。“合理疏导”实际是社会同意以这种方式化解和处理纠纷的理性态度。它认可通过国家确立的诉讼方式去解决相关纠纷，不认可通过主体之间的“私斗”化解矛盾。诉讼方式以及以此为基础所建立的诉讼制度在自然保护、国家治理、家庭成长等方面发挥着不可替代的重要作用。

诉讼制度中的合理性或法伦理要求主要体现在以下方面：

第一，确立场所、设备和工作人员。处理纠纷需要在一定场所进行。这种场所可以是露天的，也可以是开放的或者封闭的；场所可以位于纠纷发生地、居民生活地或交通枢纽地；场所本身可以固定在某一个地方，也可以临时设置。自古至今，纠纷处理场所从开始的临时选择状态发展到现代法律中相对稳定的“法院”，又从现实法院发展到“网络法院”。纠纷处理场所的出现，是人类理性的一种自发运用；在具体的法院地址选择或网络法院的建设上，则是人类理性在自觉发挥作用，它根据过往经验、司法理念和实际需要，根据生产力发展水平、居民分布情况、社会制度机构、法律文化倾向等因素，本着便民、高效、实用、安全等原则而选择或建设。中世纪的英国巡回审判制度需要法庭，中国抗日战争时期陕甘宁边区的“马锡五审判方式”也要“就地审判”，均离不开“审判地点”或现在所谓的“管辖地”。同样道理，审判场所也需要一些基本的设施和设备。特别是现代社会，法律纠纷日益呈现多样化、复杂化、细微化、科技化等特点，人民法院承担较大的压力，如果没有通畅的通信设施、先进的电子设备、安全的交通工具、保险的案卷存放柜等设施设备保障条件，及时、高效、公平地处理法律纠纷的愿望就无法实现。另外，法律专门人才的兴起和队伍壮大也并非完全出于自发，而是在过去审判经验的基础上逐步培养和选择的结果。法律工作人员专业化、法律职业共同体的形成，将通过司法处理法律纠纷的水平提升到了一个前所未有的高度，实现了法律制度的系统化、现代化和智能化。

在“场所、设备、人员”三者具备之后，就可以根据法律规定和案件事实进行一审、二审、再审或适用简易程序，开展庭审工作。庭审，即法庭审判，是一个具有法的范式和象征意义的法的空间。在这个空间中，有法律程序的展开，抗辩活动的推进，以及不同诉讼角色的扮演，而围绕的中心，则是法官对案件的心证形成。[1] 在庭审过程中，原告方与被告方形成一定的诉讼对抗，交由作为庭审中心的法官来进行公断和裁决。在庭审准备、法庭调查、法庭辩论、案件评议、宣告判决等过程中，均遵循严格程序和要求。无论采用“对抗制”庭审方式还是“纠问式”庭审方式，也无论具体诉讼构造有怎样细微的区别，从其要达到解决纠纷的初始目的和设置诉讼制度所依据的伦理理性原则来看，都具有相同性或相通性。

第二，尊重“案件事实”。如果要正确处理法律纠纷，必须对纠纷“因何发生、如何发生、何以处理”等问题保有清晰明确的意识。这种意识的形成，离不开对争议发生的时间、地点、主体、环节、过程、结果等因素的客观把握。只有实事求是地依照案件“事实”去处理法律纠纷，才能保障在每一个案件中都体现公平正义。而如果要做到实事求是，则必须运用理性进行分析、甄别和判断。一是公断人应亲自审理案件。这一原则在民事诉讼法上称为“直接原则”，即在法院审理民事案件时，必须由受诉法院审判人员亲自聆听当事人和其他诉讼参与人的言词陈述及辩论，亲自审查证据及其他有关的诉讼材料，最后依法作出判决的原则。其实，不仅是在民事诉讼领域，刑事诉讼中的公安机关、人民检察院、人民法院等机关和工作人员，也是亲自进行案件侦查、提起公诉、审判等各种工作。间接审理、书面审理虽然也能解决法律纠纷，

---

〔1〕 参见龙宗智：《刑事庭审制度研究》，中国政法大学出版社 2001 年版，第 1 页。

但前提必须是案件事实清楚。如果案情复杂或属于疑难案件，单纯采用书面审理方式就会发生困难。审理模式应以直接审理、当面审理为主，通过证据质证、法庭辩论等环节，发现真实案情并了解法律纠纷发生的来龙去脉。二是应认真分析当事人的陈述及其所提供的证据。当事人陈述时，由于受到情绪影响或出于对自身利益的考量，很可能出现虚假陈述、并非全真的陈述等情形，所提供的相应证据也可能出现不全、失真甚至为伪造等情形。作为公断人的法官如果不能加以正确区分或辨别，很有可能出现案件审理不当的后果。面对各种各样不断变化的案情，需要的还是法律专业人员的经验、理性、才学和智慧。

第三，处理法律纠纷时，同等尊重所有主体。“法律面前人人平等”不仅包含权利平等、义务平等、法律责任平等、人格平等等内容，也包含实体法适用平等、程序法适用平等、遵法受到保护平等、违法受到惩罚平等意蕴。当从自然、国家、家庭等现实实体视野进行观察、进入法律纠纷的处理环节时，就会发现，发生争议的当事人在作为共同性规则的法律面前地位平等，是合理化解纠纷的必然前提。纠纷当事人之间法律地位平等，意味着他们有权选择是否通过法律诉讼方式解决彼此的争议。如果当事人能够自行和解，那么自然会带来和谐，同时还能节约司法资源。但是，如果一般民事纠纷选择通过诉讼途径来解决，或者检察机关对影响到实体安危的犯罪行为依法提起公诉，那么就需要确立两造诉讼主体在法官面前的平等地位。在法官面前，无论其身份、财产、学历、性别、民族、籍贯、规模、行业、性格等有何事实上的不同，都具有依法提出自己主张、提供相应证据、参与法庭辩论、接受裁决文书送达等诉讼权利或义务。而作为法官，在庭审中更是被要求做到“自觉遵守司法回避制度，审理案件保持中立公正的立场，平等对待当事人和其他诉讼参与人，不偏袒或歧视任何一方当事人，不私自单独会见当事人及其代理人、辩护人”[1]。法官的中立公正立场，是对当事人平等地位的尊重。也只有在此平等地位的基础上，原告、被告才能自主地使用法律语言、表达诉讼请求、公平对抗，使法官能正确把握争议的由来、经过、焦点，从而作出正确判决。通过发挥理性的作用，寻找处理或解决各种法律纠纷适宜的时间、地点、方式条件，确立诉讼时效制度、管辖权制度、法律责任承担制度，使现实伦理实体之间或实体内各种联系恢复正常，以保障实体的正常运行和持续发展。

总之，自然生命、国家公民、家庭成员等身份的确定，是伦理意识的反映，而围绕这些现实伦理实体所确立的各种法律法规、司法审判技术及法律责任承担方式等相互配合所形成的体系，以及蕴含于其中的和谐、公正、理性等伦理理念，有助于充分发挥人的主观能动性，维护现实伦理实体的稳定、发展和繁荣。然而，当依照这些法

〔1〕 参见《法官职业道德基本准则》第13条。

伦理理念维护现实伦理实体的整体秩序之后，还需要作为个体的、内存于现实伦理实体的各个组成部分坚守一定的法律道德观念，以做到内在与现实实体伦理规则相应，外在与现实实体整体秩序相符合，进而实现“实体与主体一致、整体与个体一致、伦理与道德一致”的法伦理发展目标。

第三章　法伦理精神哲学的“道—德”生态

法伦理学意义的现实伦理实体及其伦理理念的探讨，是从整体性的“伦”走向了“理”。然而，对于生存于现实伦理实体中众多的法伦理主体来说，尚未揭示其自身应该遵守的基本道德规范，即“道”。依照第一章所陈述的伦理精神哲学范式，我们需要对基于“伦”中之“理”基础上的、法律主体应当遵循的“法道德规范”进行归纳和抽象，并对依照这些道德规范而行为的法律主体应该表现出怎样的法伦理意义上的“德”进行钩沉，从而为“德福一致”或“德得相通”提供“法道德”环节的理论基础。

第一节　法伦理的“道德规范”

康德认为，实践原理是包含意志一般决定的一些命题，这种决定在自身之下有更多的实践规则。“如果主体以为这种条件只对他的意志有效，那么这些原理就是主观的，或者是准则；但是如果主体认识到这些条件是客观的，亦即对每一个理性存在者的意志都有效，那么这些原理就是客观的，或者就是实践法则。”[1]实践法则即道德法则或者道德规范。“法道德规范”主要包括敬重、诚信和节制等内容。

一、敬重：对“实体—规则—正义”的心理认同

宋朝大儒程颐、程颢从修养角度谈“敬”。[2] 当代实践伦理研究者丸山敏雄从对师长尊敬角度说“敬”：“‘敬’就是使自己虚心坦怀，既不增加也不减少任何东西，以自己的本来面目，毫无掩饰（以自己纯粹的个性），投向对方，与对方的心融化在一起；‘跳进’（无条件地投入）双亲的感情或老师的心中。换言之，就是把长辈的心作为自己的心，自己专心致志地努力为长辈，心胸里怀着他们的名字和姿态，片刻不离。”[3]康德则认为，头顶的星空和心中的道德律让人敬重。法伦理的道德领域，同样要求对自然、国家、家庭等现实伦理实体及其运行规则予以敬重，从而呈现自身的

〔1〕［德］康德：《实践理性批判》，韩水法译，商务印书馆1999年版，第17页。

〔2〕参见陈来：《宋明理学》，辽宁教育出版社1991年版，第86页。

〔3〕［日］丸山敏雄：《纯粹伦理原论》，王英、刘李胜合译，译林出版社2003年版，第138页。

特色。

(一)敬重实体

从自然实体、国家实体到家庭实体，是一个自然序列的演化过程，这个过程在中国传统文化中被称作“天、地、君、亲、师”。既然离开自然就无国家，而无国家则家庭也难以长续，从追根溯源的伦理文化来看，就应当对这些实体拥有敬重之心。这种敬重之心，对于自然实体来说，表现为“敬”；对于国家伦理实体来说，体现为“忠”；而对家庭伦理实体来说，则称作“孝”。“敬”“忠”“孝”的含义本质相同，它们分别属于自然之爱、国家之爱和家庭之爱，共同的要求是道德主体应该发掘、培养和弘扬“根祖之心、感恩之心、服务之心”。法律对自然生态的保护、对国家正常生活生产秩序的维护、对家庭关系和睦的关注，无不体现敬重实体的要求。

然而，在现实生活中，并非所有法律主体都能做到无时无刻或者在从事具体行为时能率先站在实体角度进行思考，并因此导致各种各样的法律后果。个体生成之后，就遵循生长、繁荣和衰落的逻辑发展变化。在忙碌的生命历程中，自然、国家、家庭往往被当作背景性存在而遭到忽视。相对于人类生命或者个体生命而言，自然实体似乎与人类的联系已经不那么直接和紧密，于是出现了对自然的失敬行为，滥采滥伐、任意排污，导致环境恶化。当人类感受到环境危机给自身带来的切肤之痛时，才逐渐恢复对自然的敬重并以法律予以力所能及的保护。在从事与自然直接发生关联的行为特别是在从事自然开发行为时，需要对自然及其运行规律保持起码的尊重，始终将“自然”实体观念置放于意识世界。否则，法律主体的自身行为就可能出现放纵状态、出现负外部性。

如果缺乏国家实体意识，就会在各种法律理论创建和法律实践活动中，出现仅从个体偏好、部门利益、地方利益出发的“个原主义”思维模式。虽然法律既保护整体利益又保护私人利益，但从全局来看，整体利益的保护和私人利益的维护都以国家实体的存在及正常运行为前提。如果缺乏敬畏的实体精神，那么各种利益的保护都不可能持久和稳固。如果仅从个体利益、个体偏好甚至个体情绪出发，就会各行其是，带来大量法律规避行为，就会导致违法犯罪行为发生，还会给地方立法合宪性审查工作带来新挑战，甚至会阻碍普遍性、统一性、权威性的立法、执法、司法等法律实践工作的开展。只有心中保持坚定明晰的国家实体观念，才能产生爱国情怀，才能自觉遵纪守法，从而确保国家实体运行的结构性秩序。民法对违约行为及侵权行为的法律矫正，刑法对犯罪行为的惩罚和教育，行政法对行政违法行为的监督管理，无不包含对忠诚国家伦理情怀的要求。我国法官职业伦理第一项要求即“忠诚”，要求法官“坚持忠诚品格，永葆政治本色”；法官职业道德基本准则也要求，法官应牢固树立社会主义法治理念，忠于党、忠于国家、忠于人民、忠于法律，做中国特色社会主义事业的建设者和捍卫者。这都体现了对国家实体忠诚的要求。

同样道理，如果对家庭实体不敬重，就会违拗家庭精神，不爱护家庭，不履行家庭责任、不遵守婚姻家庭法律、不愿意接受家庭情感和家庭伦理，甚至出现与亲人争吵、与兄弟姐妹争夺财产的紧张关系。黑格尔曾说，因为伦理是一种本性上普遍的东西，所以家庭成员之间的伦理关系不是情感关系或爱的关系，而是“个别的家庭成员对其作为实体的家庭整体之间的关系”〔1〕，只有这样，个别家庭成员的行动才能以家庭为其目的。家庭成员敬重家庭实体和家庭精神，维护家庭的存在、发展和进步，是法律所要求的内容。婚姻法学者叶应萍认为，世界各国调整婚姻家庭关系的“立法例”主要有婚姻法、家庭法、婚姻家庭法或亲属法四种，“婚姻法所调整的婚姻家庭关系，既包括婚姻家庭关系从产生到消灭、终止的动态运行过程，又包括在这个动态运行过程中产生的权利义务关系”〔2〕。这种动态过程及其中所包含的人身关系和财产关系的调整，存在一个根本的宗旨，那就是只要家庭还存在，法律就要尽其所能维护家庭运行秩序，促进家庭和睦。

（二）敬重规则

“逻各斯”（逻辑）作为本体运行规律，在自然、国家和家庭实体展开和体现。当这些“逻各斯”为人类所认识并成为知识的时候，就可以成为人调整自己行为的根据。“哲学不是梦游者的呓语，而乃是清新的意识。哲学家的工作只在于把潜伏在精神深处的理性，（这理性最初只是潜伏在那里的内在本质或内心本性）解释出来，提到意识前面，成为知识——哲学工作实在是一种连续不断的觉醒。”〔3〕当运行于实体中的规律为伦理学所揭示，呈现为人人能够学会的知识的时候，就很容易被意识准确把握。规律包括普遍规律和特殊规律、一般规律和个别规律等类型，普遍规律、一般规律往往成为需要共同遵守的法律规则，而敬重法律规则也就等于在维护自然、国家和家庭的正常运行，因此，敬重法律也就具备了客观理由。

如果特别欠缺法律规则意识，就很容易出现以合法形式掩盖非法目的、专门窥测法律漏洞、利用法律巧设骗局、以法律所赋予的职权谋求个人利益、偷税漏税、作伪证、违法犯罪等不良情形，不但会给实体的秩序造成危害，而且会给法律权威和法律公信力带来不利影响，就会造成阻碍整体发展和个体进步的无序局面。敬重法律，就是所有社会主体都应当守法和依法办事。守法有其正当性。曹刚教授指出：“守法的当为性的终极根据在于人的需要，自我的实现以及社会角色的履行实践又是守法当为性的直接和现实依据。”〔4〕遵守法律、敬重法律规则，并不是将规则作为绳索，而是将规则作为道路，作为实体内各种要素相互联系的顺畅通道、必要保障和

〔1〕［德］黑格尔：《精神现象学》（下卷），贺麟、王玖兴译，商务印书馆1979年版，第9页。
〔2〕叶英萍：《婚姻法学新探》，法律出版社2004年版，第17页。
〔3〕［德］黑格尔：《哲学史讲演录》（第1卷），贺麟、王太庆译，商务印书馆1959年版，第42页。
〔4〕曹刚：《法律的道德批判》，江西人民出版社2001年版，第160页。

发展路径。法律规则并非无处不在,也并非无所不能;但是,敬重法律的规则意识则可以做到人人拥有,无所不及。敬重法律本身就是一种伦理情怀和道德关切。

（三）敬重正义

敬重正义是指敬重法律规则中所包含的正义观念。正义观念是许多人共同关心的问题。柏拉图认为,就个体正义而言,当灵魂中的理智、激情、欲望三者各安其位、相互和谐时即为正义;同样,就国家的正义而言,当与理智、激情、欲望相对应的三种人在国家里"各做各的事"互不相扰时即为正义。托马斯·阿奎那将公理或正义定位于在某一内在活动与另一内在活动之间的某种平等关系的适当比例,并将正义分为"自然的正义"和"实在的正义"两种。[1] 现代生命伦理学家帕格森将正义分为"相对的正义"和"绝对的正义"两种。前者指向个人,认为个人的保全就是正义;后者指向全体,认为公共的安全就是正义。[2] 我国法理学学者认为:"正义的基本内核却是可以把握的,这就是'应得的(奖惩)',也即每个社会成员都应得到与其行为相适应的合理的平等的对待,通俗地说就是得其应所得,罚其应所罚。"[3]

这些对正义意蕴的解释,反映了人们正义观念的多样性、发展性、变化性、开放性。假如根本不存在一个正义观念,那么敬重正义的情感向谁而生?假如存在多种多样的正义概念而又都正确,那么这不同的正义观之间是否会发生冲突?之所以存在对正义观念的多种认识,是因为不同意识世界的立场性、偏好性、趋向性存在差异,但是,在个体正义观、行业正义观、区域正义观之上,必然存在一个既定时空的理性定在,存在一个建立在特殊正义观基础上的公共本质或普遍物的正义要求,这个正义要求是渗透所有个体正义观、行业正义观、区域正义观并作为其基础的普遍正义观。黑格尔曾指出,"真理只有一个",这种普遍正义观是一个而不是多个。正义是理性在具体时空的定在。法伦理意义上的正义观是对正义理念的"分殊"。这种正义观最主要的要求是"应得的奖与惩",即法律中所体现的敬重或敬畏正义的要求,就是"该奖的奖、该罚的罚"的正义观。法律是国家强制力的表现,奖励与惩罚是其实施的重要保障手段。如果奖罚不到位、对于奖罚手段悬置不用仅作警示甚或奖惩不当,就违背了伦理上关于善恶的因果律,那么不但具体法律目标难以实现,而且法律中所蕴含的一般法律价值及伦理理念也难以落实。

正义观念经常表现为正义感,正义感是法律主体的必备素质。正义感既源于个体禀赋,又源于环境培养。两者相较,主体占据主要方面。无论环境优劣好坏,行为

---

〔1〕 参见罗国杰、宋希仁编著:《西方伦理思想史》(上卷),中国人民大学出版社1985年版,第373页。

〔2〕 参见万俊人:《现代西方伦理学史》(上卷),北京大学出版社1990年版,第215页。

〔3〕 张中秋、杨春福、陈金钊编著:《法理学——法的历史、理论与运行》,南京大学出版社2001年版,第254页。

主体既可能作出正义的选择,又可能作出非正义的选择。每一部法律乃至法律中的每一个具体条款,均存在有关正义具体要求的内涵,保障主体在依法行为的同时能敬重正义甚至匡扶正义。敬重正义,是一种良知;敬重正义,是一盏心灯;敬重正义,可以在没有法律规则可以依凭的时候,照样走夜路而不迷;敬重正义,可以真正地落实法律规定和伦理精神。施塔姆勒说:“我们无需辨认正义究竟是一个伦理概念还是一个法律概念。这取决于人们判断该概念的视角。如果我们将它视为一个制定并实施法律的人的一种美德,那么它就属于伦理。如果相反它被适用于特定规范的客观内容,那么它就是一个法律问题。”[1]伦理性正义需要正义的法律来实现。

二、诚信:“意思自治”的道德边界

诚信由“诚”和“信”两个字组成,即“诚实”和“信任”。亚里士多德认为,自夸的人和自贬的人都不是诚实的人,唯有有适度品质的人才是诚实的,“对于自己,他在语言上、行为上都实事求是,既不夸大也不缩小”[2]。伦理学家包尔生认为:“诚实可以被看作仁慈的一种形式,它是表现在思想的交流上的仁慈。”[3]诚实分为否定和肯定两个方面,否定方面的主要要求是“不应该说谎”,肯定方面的主要要求是“友邻之爱”。德国学者尼格拉斯·卢曼认为:“在其最广泛的含义上,信任指的是对某人期望的信心,它是社会生活的基本事实。”[4]我国传统文化中,“诚”与“信”应是一种本体与元素的包含关系,在这种包含关系中,诚表征为信,信则可以体现诚的要求。《中庸》指出:“诚者,天之道也;诚之者,人之道也。”孟子指出:“诚者,天之道也;思诚者,人之道也。”(《孟子·离娄上》)综上可见,诚实主要是一种自待之道,而信任则是一种待人之道。诚实就是意思表示真实,信任就是要彼此放心,而诚信就是既要诚实又要恪守承诺。

法律上的诚信主要体现于私法领域,其作为一种法律主体的应有之德,也同时存在于公法之中。据赵万一教授考证,私法或民法中所称的诚信,首先出现在1907年的《瑞士民法典》第2条中;1947年日本在修订《日本民法典》时,将其放到第1条第2款中;在德国则是通过学说和判例形成;受到大陆法系法文化传统的影响,德文中的Treu und Glauben源于古代德国誓约,在古代德国,通常以In Treu(于诚实)、

[1] [德]施塔姆勒:《正义法的理论》,夏彦才译,商务印书馆2016年版,第89页。

[2] [古希腊]亚里士多德:《尼各马可伦理学》,廖申白译注,商务印书馆2003年版,第119页。

[3] [德]弗里德里希·包尔生:《伦理学体系》,何怀宏、廖申白译,中国社会科学出版社1988年版,第664页。

[4] [德]尼克拉斯·卢曼:《信任:一个社会复杂性的简化机制》,瞿铁鹏、李强译,上海世纪出版集团、上海人民出版社2005年版,第3页。

Mit Treu(与诚实)、Bei Treu(依诚实)、Unter Treu(在诚实名义下)等来强制交易各方作誓,随后为了增加可靠性,在诚实之后加上了 Glauben(信用)一词,并以"于诚实信用"为誓词,起到确保契约义务履行的作用。后来,诚实信用誓词被转用为民法的一项基本原则。[1]

诚信要求在从事民事活动尤其是合同行为时应诚实行事、不诈不霸、重信用并自觉履约。其因内涵丰富且开放、位阶高,被称为民法中的"帝王条款"。诚信在行政法中的要求是全面履行行政法规定的义务或责任,在刑法中体现为不违背刑法规定从事诈骗等行为。具体来说,法伦理视野的诚信道德规范包括以下主要内容。

(一)真实表达

法律主体在从事任何法律事务时,都应将自己内心的真实意思正确地表达出来。在法律看来,"知而不言,言而不真"即为合同上的欺诈;不履行契约、不适当履行契约即为失信于人。诚实包括主体、客体、内容三要素。诚实的主体是人。智能机器虽然高级,但其由人发明创造,因此决定权在人。诚实的客体,是指诚实所针对的对象,一般是指周遭环境中的人或行为。诚实的内容,是指应在哪些方面做到诚实。严格来说,在生活、生产、生长中的每一个环节、场合、情景、事件上都应当自始至终恪守诚实品性,在任何方面都要做到"不掩饰、不虚伪、不撒谎"。主体、客体、内容三者组成了一个"诚实之城";这座诚实之城以具体主体为中心、以其活动范围为半径形成"诚实之光"。

做到诚实并非易事。首先,应意识到诚实对主体成长及整体发展的重要性和必要性。诚实是立身之本和治国之道,"诚实本身尚不足以塑造一个伟人,但它是伟大品格中最重要的因素。诚实的人使雇主放心,并且使受雇于他的人充满信任,诚实是坚持原则、人品正直、独立自主的核心要素,是每个人的第一需要"[2]。其次,要有坚持诚实的无畏之心。诚实状态并非周围环境的唯一状态。当客观条件和历史条件具备时,环境还可能出现谎言状态或诡诈状态。如果遇到了不幸,但同时在这种不幸状态中坚持诚实操守,就必然要承受、付出、拼搏、奋斗更多,因此,如果缺乏坚定决心和道德毅力,就很难将"诚实"贯彻到底。最后,诚实的实现需要能力。生而有之的为禀赋,经过学习锻炼而形成的为能力。当面对瞬息万变的现象世界,面对相对复杂的法律事实、存在多种可能性的法律选择时,如果不具备诚实知识和明辨是非的能力,基本上就无法落实诚实。诚实是一种理想状态、应然状态,而动作、眼神、动机、语言、行为、工具、过程、结果、时间、空间、物象等各种中立存在物都有可能被用来削弱、遮蔽、排斥、阻隔诚实,缺乏相应能力和道德智慧,就无法实现正确而

---

〔1〕 参见赵万一:《民法的伦理分析》(第2版),法律出版社2012年版,第122~123页。

〔2〕 [英]塞缪尔·斯迈尔斯:《人生的职责》,李柏光、刘曙光、曹荣湘译,北京图书馆出版社1999年版,第51页。

真实的表达。在撰写法律文书时，既有格式要求，又有内容要求，并非任意而为，因此，民事领域的授权委托书、证人出庭申请书、民事起诉状、反诉状、答辩状、调解书、判决书，公安行政执法中的受案登记表、移送案件通知书、传唤证、询问\讯问笔录、检查证、证据保全决定书、听证报告书、治安调解协议书、当场处罚决定书等，能够保障相关事实的真实、清楚、明白，同时有助于提高执法效率或执法效果。总之，诚实不仅应停留于语言层面，还应从内心深处出发，诚于内而发于外；法伦理主体应当在经历所有法律事务的过程中，实话实说、拒绝伪证、秉公执法、清正廉明。

（二）恪守诺言

如果说"真实表达"主要针对"诚"的一面，那么"恪守诺言"则是侧重"信"的一面。"诚信的品质在日常生活中的重要表现，就是言行一致，表里如一，遵守诺言，履行契约。简言之，说话算数，说到做到，不蒙骗，不作假。"[1]具体到法律主体而言，所作出承诺的并不局限于个体，还包括法人、非法人组织以及其他社会组织或结构，等。所谓法律上的诺言，即以法律法规、规章条例、公司章程、个体合同等形式所表达出来的"诺言"。这其实就是一种法律上的承诺，尤其是对自身所负责任或承担义务的承诺。如果不能履行该"承诺"或者法律规定或合同约定的义务，那么就会有损公信力或个人征信。正如《合同法与道德》一书的作者亨利·马瑟所谈到的："一个人不应该违反诺言。这是一个传统的、被共同接受的道德原则，得到了与缔约行为和防止重大损害有关的理由的支持。"[2]

法律并不回避利益关系，而是以人的理性努力将各种现实的利益关系予以梳理、归纳、分类，然后以抽象法律条文的形式进行规定和调整，或者将实践中大量经典案例汇集成册以作为判例判决的借鉴。绝大部分合同属于双务有偿合同，一方利益所得往往是一方利益所失，存在较强的利益相关性，因此通过要约邀请、要约、承诺等环节所订立的合同，所体现的往往是经过谈判博弈而形成的双赢或共赢利益局面。如果法律规定的义务不能落实或者合同一方当事人违约，那么受到伤害的是由各种具体法律法规所确立的合理的利益格局，或合同所约定的利益平衡格局将被打破，这必然引起违法赔偿或违约补救，从而通过和解或诉讼程序恢复既定的法律秩序及在法律秩序之内正常运行的合同秩序。而这一切，均需要社会成本、立法成本、司法成本。如果依据边沁功利主义或经济学上的"成本—效益"思维模式来考量，这就等于减少了"幸福数量"或增加了法律治理成本。考虑到整个社会运行的巨大成本及发展社会的持续目标，那么必然希望凡有承诺，必会恪守。这也就是合同约定需要履行其自身承诺的原因。"合同是当事人之间的法锁""允诺禁反言"等要求，

---

〔1〕 魏英敏主编：《新伦理学教程》（第2版），北京大学出版社2003年版，第424页。

〔2〕 [美]亨利·马瑟：《合同法与道德》，戴孟勇、贾林娟译，中国政法大学出版社2005年版，第83页。

鲜明地体现了这一特色。

(三)客观地理解法律活动

法律活动是指立法、执法、司法、守法等法律实践。这些法律活动本身是为整体或实体利益而存在的,不仅仅保护个体利益、行业利益或局部利益。

在法律制定过程中,应当进行调查研究,掌握事务本身的运行规律,再与法律目标及其所包含的伦理理念相结合,立足于具体法律所承担功能的现实立场,制定出针对性、适用性和可执行性较强的法律。在制定法律过程中,如果不考虑法律的科学性,制定不切实际或无法真正发挥作用的法律,就起不到法律本身应有的作用,还会因此增加不必要的立法成本。在立法资源具有相对稀缺性的客观约束条件下,法律并非越多越好或越少越好,而应根据社会发展的实际需要进行立法,实现不同法律之间的"帕累托最优"。

执法时,应以法律为准绳,以事实为依据,对具体事务依法进行处理。当法律规定得不够具体时,应当通过申请答复、制定具体条例等方式彻底明确法律精神,客观、真实、准确地处理所面临的法律事务,既不扩大也不缩小,既不掩盖事实也不忽视情节,依照法定程序和法定方法,由具有执法资格的工作人员公正、独立地分析、判断和处理事件,不掺杂任何私心或无关考虑,一心一意地处理好职责所要求的各项法律事务。这是诚信执法的要求。

司法过程中,在立案、审理、裁决和执行各个环节,都应做到及时、客观、高效和准确,不能由于当事人性格特点或外在环境可能存在的一些不利因素而有所偏颇、有所选择、有所忽视,更不能有案不立、压案不查、有罪不究、"运动式""一刀切式"执法,不能与律师进行不当接触,不能违规违法办理减刑、假释、暂予监外执行,坚决杜绝金钱、人情、关系的不当干扰。所有这些,既是对司法者的职业伦理要求,也是对执法者诚信品德的要求。

守法中,应当及时跟踪和了解国家主要法律法规,并根据所在区域和行业,以及当前进行的业务,了解地方性法规、行业规章、交易惯例、司法解释等的具体要求,自觉依法行为,避免盲目或侥幸心理。坚决避免以下错误认识:"法律与我无关,法律是管别人的、不能管我";"法律可有可无,可以由人掌控;法律不外乎人情,所以就按照人情想怎样做就怎样做";"法不责众,所以别人做得不好,自己跟着做不好也没关系";"轻微的违法不是犯罪,打点擦边球无所谓";"别人守法,我违法,正好可以谋求法外之利";"守法者都老实;唯我精明,可以勘破法律漏洞";等等。只有当每个人都自觉守法时,才会使法律体系成为一个整体,取得良好的法律效果。法理学上对法律信仰、法律权威乃至依法治国的强调,无不体现了这些要求。

总之,法律主体或法伦理主体应当在"自由意志"能够"意思自治"的时候,真实表达、恪守诺言、按照法律实践活动本身的客观要求从事相应的行为。法律虽是行为规范，但也通过调整行为而影响人的心理及内在德性，从道德哲学角度看，法律不仅是调整行为的刚性规范，还是通过调整外在行为而矫正、培养和完善内在德性的教育措施。通过诚信原则，以及"重合同、守信用"等具体领域过渡到对所有法律义务的遵守和对所有法律承诺的实现，即法伦理学意义上的诚信观念要求。究其实质，乃在于对法律主体可能出现的各种意思自治设定一个法伦理边界，从而使实体和个体同时拥有秩序、公正和生机。

三、节制：法律意识选择与"不合理欲望"化解

如果没有自由意志，所有规范科学就失去了存在价值；如果仅有自由意志，那么自然科学也就无存在的必要。正是自然规律与自由意志同时存在，才使合规律性与合目的性统一的法律实践活动成为可能。节制之德，正是保障合规律性与合目的性统一的重要举措；或者，在法伦理层面说，节制正是保障合法性与合伦理性统一的道德哲学。节制之德，古今中外非常重视。柏拉图认为，"一个人较好的部分统治着他的较坏部分，就可以称他是有节制的和自己是自己的主人"[1]。德国学者包尔生指出："节制可以被规定为在满足某种诱惑力的享乐会危及基本善的时候所表现出来的抵制这种享乐欲望的道德力量。"[2]宋代朱熹指出："革尽人欲，复尽天理。"（《语类》卷十三）。近代蔡元培指出："自制之德目有三：节体欲，一也；制欲望，二也；抑热情，三也。"[3]节制的主体包括个体、群体乃至人类社会整体。节制的客体是指那些能够对家庭、国家、自然等周围环境带来不好影响的思维、言语或行为。至于节制的内容，则主要集中于思想、行为、欲望等方面。节制的实质含义，是依照实体运行规则的要求，设定目标，完善自己的行为，从而保障在"气质之性"发挥作用的领域"择善固执"，进而达到人格完善。在法伦理领域，节制主要体现于以下两个方面。

（一）"法律意识"的自我调整

"意识"是法律主体的重要组成部分，意识世界包含着丰富内容。主体意识世界的形成，既有自然规律的作用，也有主体自觉的努力的作用。从法伦理角度可以将意识中的内容分为法律意识和非法律意识。所谓意识的自我调整，主要是指主体在从事法律事务时，应将意识世界中的非法律意识部分调整到法律意识领域，从而依照法律规定、法律价值、法伦理理念的要求去思想。

法理学家孙国华指出："法律意识的形成是法的形成的前提条件，无论是法的创制，还是实施，脱离法律意识的作用是不可想象的。法律意识虽然有自己作用的特

---

〔1〕［古希腊］柏拉图：《理想国》，郭斌和、张竹明译，商务印书馆1986年版，第15页。

〔2〕［德］弗里德里希·包尔生：《伦理学体系》，何怀宏、廖申白译，中国社会科学出版社1988年版，第413页。

〔3〕蔡元培：《中国伦理学史》，商务印书馆1999年版，第122页。

殊机制,它服从于社会意识对社会存在作用的一般规律,但是,社会关系的法律调整必须有法律意识的作用才能进行。因此,一个国家占统治地位的法律意识不仅仅属于独立于法律制度而存在的'纯粹'思想领域,而且是渗透到法律制度、法律调整本身中的因素,成为法律制度的有机组成部分。"[1]法律意识主要包括法律观、法律感、法律思想等方面内容。从主体角度可以将法律意识分为个体法律意识、群体法律意识、社会法律意识。其中,个体法律意识发挥着至关重要的作用,因为所有的法律意识最终均由个体法律意识组成。个体法律意识、群体法律意识、社会法律意识相互依存、相互衔接、相互作用,构成法律意识整体。

第一,法律意识并不天然地在意识世界中占据中心地位。意识的种类很多,可以说,有多少种社会就有多少种社会意识;有多少群体或个体,就有多少群体意识或个体意识。将所有这些意识类型加以抽象,就得到了意识这个概念,而意识之中所包含的各种因子、结构、存在,则构成了意识世界。法律意识是主要通过培养形成的,因此并不天然地在意识世界中占有主导地位。就规范层面的意识而言,在人类社会早期,图腾意识也许是最主要的意识,而在进入农业社会直到近代工业革命以前,道德意识是最突出的意识,现代社会强调法治,法律意识无疑是意识世界的重要部分。从守法的角度来看,现代社会强调法律意识;从法伦理角度来看,现代社会不但应当强调法律意识,还应当强调伦理意识。但这仅仅是对规范意识的阐释,而实际上,意识世界中还存在大量的非规范事务的意识,譬如发展意识、创新意识、服务意识、管理意识,等等。既然如此,那就需要经过意识主体自我努力,将所有这些意识类型安排到适当的位置,在涉及不同意志行为的时候,启动不同的意识类型。法律是现代社会的重要调控器,其调控范围几乎涉及人类行为的所有主要方面,因此,根据时代发展的需要而调整法律意识的思维空间位置并在处理法律事务时坚持正确法律意识的指引,就是一种意识世界中法律意识的自我审视、自我引领和自我节制。但是,仅依靠主体的自我努力还不够,尚需要社会环境的系统培养。

第二,法律意识的形成需要社会环境培养。在意识世界中,法律意识是一种观念性存在。这种观念具有相对稳定性,但其内容在不断地发展变化。从外观来看,这种法律意识观念在开始并未占据意识世界的某个固定位置,而是到处游走,直到理性为其最后确定相对固定的思维场所。法律意识的产生、发展、变化,法律意识的游动、停歇和场所固定,法律意识内容的强弱、多寡等,主要是在社会存在的影响下产生的。法律是阶级社会的产物,如果没有法律,就很难产生相应的法律意识。但是,仅有法律也不能产生法律意识,毕竟意识世界是属于个体可以进行某种调控的思维空间,因此,法律意识的形成需要培养。

---

〔1〕 孙国华主编:《法学基础理论》,中国人民大学出版社1987年版,第297页。

第三，法律意识具有自身统一性。在与意识世界的相同、相异、相似的其他因子或具体意识类型相处过程中，法律意识逐渐成长。当个体自觉努力与外在环境所提供的适当培训相互结合时，就会形成法律意识，并将法律意识凸显出来，将其提升到适当的思维空间位置。个体法律意识、群体法律意识、社会法律意识都得以生成、发展和壮大之后，就会形成“法律意识的统一性”。法律意识主要包括法律观、法律感、法律思想等内容。社会存在决定社会意识，随着生产力发展，自发产生了正当感，这种“正当感”通过法律的形式表达出来，形成法律感。在法律感的基础上进行思考探索，形成各种法律思想。正当感、法律感、法律思想等相互交织，一体存在，构成法律意识整体。逻辑实证主义维也纳学派奠基人M.石里克指出：“‘意识’这个词如同‘灵魂’一词一样，是用来表示‘内容’的总体或某个时刻结合成一个统一整体的心理过程的。我把所有一起存在、彼此相随的观念、感觉或行为理解为统属一起或一起形成一个单独整体的一个‘我’。但是这个‘我’，这个意识不是像休谟所设想的仅仅是许多单个观念的总和，仅仅是一堆知觉或知觉的结合。光是许多知觉在一起还不足以使这些知觉成为同一个意识的成分或状态。还必须加上某种更重要的东西，这就是意识的统一性。”[1]意识的统一性构成一切心理过程的基础，在法律意识这一具体领域，存在法律意识统一性这一基本事实和先决条件，如果所有法律意识类型都能指向或复归在这个基础性的法律统一性，就等于满足了法律意识中的节制要求，同时也满足了法意识伦理的道德底线要求。

（二）“不合理欲望”的化解

欲望是一种客观存在。离开了欲望没有发展，深陷欲望则不能自拔。所以，应该在合理范围内来肯定欲望或为欲望设置理性指引。为便于深入分析，我们把欲望分为狭义的欲望与广义的欲望两种。狭义的欲望指人体的自然本能；广义的欲望则指人类对周围环境所有的期待和冲动。在这里，我们从广义的欲望出发进行分析。“饮食男女、安全有序”“交往和谐、心情愉悦”“追求进步、繁荣发展”的期待、愿望和追求，均可归入广义的欲望范围内。法律对此均有不同程度的关切。

饮食男女、安全有序是最基本的欲望，它决定着人的生死存亡，但其具有自发性。对此予以合理的节制与自我调整，能够在满足自己的欲望或需求的同时不伤害他人和实体，否则就容易受到“冲动的惩罚”，走向“社会性死亡”。在这一点上，法律首先保护人的自然欲望或生存愿望。《联合国宪章》第1条第3款规定，促成国际合作，以解决属于经济、社会、文化和人类福利性质的国际问题，不分种族、性别、语言、宗教，增进和激励对于全体人类之人权及基本自由的尊重。这里的“人权”，主要是指生命权以及以此为基础的其他相应权利。两次世界大战给人类带来惨重的战

[1] [德]石里克：《普通认识论》，李步楼译，商务印书馆2010年版，第155～156页。

祸,生命及人格尊严饱受摧残,甚至出现种族灭绝犯罪,如果不能以善邻之道和睦相处,则必然引发争端或冲突。《联合国宪章》对人权尤其是"生命权"的强调,体现出国际法对生命的尊重。我国《宪法》第33条第3款规定,国家尊重和保障人权。《民法典》第990条第1款规定,民事主体享有人格权,而人格权包括生命权、身体权、健康权、姓名权、名称权、肖像权、名誉权、荣誉权、隐私权等权利,"回归'人法'本位的民法典确认和维护了人格尊严作为社会的道德底线"。[1] 另外,如前所述,各国民法还规定了婚姻自由权。所有这些及其他相关规定,体现了法律对生命权、生存权的基本尊重。但是,必须看到,法律在对各种相应的权利进行规定的同时,也作了法律意义上的限定。任何法律主体,均依法享有这些权利,那就意味着在不同的法律主体之间设置了一条无形的权利边界,即国际法上的缔约国或国内法上的个体,在享有自己生命权以及以此为基础而形成的其他权利的时候,必须同时尊重其他缔约国或个体的同样的权利,这实际上就是一种理性的规定,也是法律进行节制的重要内容。通过法律,设置相应的权利,同时承担对应的义务,能够形成合理秩序,保障人的生命正常诞生或延续,也只有在生命存在的前提下,才能谈得上其他方面的发展或进步。

"交往和谐、心情愉悦"属于社会领域的基本权利。马克思主义认为,人是社会关系的总和。只有相互团结、相互联系、相互交流,才能形成合力,建构和推动社会共同体的发展。现代社会,从来没有一部法律限制人类的正常交往,也没有一部法律鼓励人类之间的非正常交往。所谓正常交往,是对共同体和个体同时有益的社会交往,如合伙经商、开厂办学等。所谓非正常交往,则是对共同体和个体均存在不利影响的交往,如共同犯罪等。另外,还有一种存在于正常交往和非正常交往之间的交往形式,可以称其为偏利交往,即相互交往的方式只对共同体或个体单方有利,但并不能做到对共同体和个体同时有利,前者如世界上个别超级大国穷兵黩武行为带来的国际范围内扩大化的军事交往,后者如为自身谋利而生产质量不合格的食品给社会健康带来损害。对于正常交往,法律规定予以肯定;对于非正常交往,法律往往予以明确否定。但对于偏利交往行为,因其不易分辨而且类型多样,法律总是力图针对具体问题进行调整,在发挥其正面作用的同时,节制其"过分之处"。例如,国际法之父胡果·格劳秀斯在《战争与和平法》中提出,战争的目的是引向和平,"如果发动战争的目的是为了保全我们的生命和身体完整,以及获得或者拥有那些对生活来说是必要的和有用的东西的话,那么都是完全与那些自然法原则相一致的。在这些场合,如果有必要使用武力,也绝不会与自然法的原则相冲突,因为所有的动物天

---

〔1〕 参见曹刚:《〈民法典〉的四大伦理精神》,载《道德与文明》2020年第6期。

生就被赋予力量,以便足以保全和保护它们自己”[1]。也就是说,保全战争或自卫战争被自然法则所允许,除此之外的掠夺战争或侵略战争则会被自然法则视为“不义”。胡果·格劳秀斯认为,战争分为公战、私战、公私混合战争三类。“公战”是拥有主权的主体所进行的战争;“私战”是由没有从国家那里获得授权的私人所进行的战争;“公私混合战争”则是公共权力当局与私人之间进行的战争。一对一的“决斗”也可以被划入战争范畴,因为一对一决斗比公战古老得多。但在法庭建立后,这些战争就要遵循公共裁判员的公平裁决,而不能无端地使用暴力。胡果·格劳秀斯借用国王提奥多里克的话说:“法律得以创设的原因就在于阻止任何一人使用其个人暴力。如果人与人之间的争端都用暴力来解决的话,那么和平与引起极端混乱的战争之间的区别又何在呢?任何人在不通过寻求法律救济的情况下获得他认为是应当得到的东西的行为,均被法律称之为‘暴力’。”[2]这段论述,明显体现了法律在节制人类非理性行为方面的“止暴”作用。1970 年 3 月正式生效的《不扩散核武器条约》宗旨是,防止核扩散,将核能更多地用于和平目的,在和平利用核能方面展开国际合作。究其实质,在于当时乃至以后很长的一段历史时期,核武器都是大规模杀伤性武器,如果发动战争或核战争,消灭的恐怕不只是战争对手,连同人类自身也会一起走向毁灭。科学技术本身没有价值属性,但如何利用科学技术是一个伦理甚至法伦理问题。人类不能被自身的发明毁灭,因为这违背了发明创造的“初心”,不能为“心理”“情理”“伦理”“法理”所接受。我国 2021 年修订的《兵役法》第 2 条规定,保卫祖国、抵抗侵略是中华人民共和国每一个公民的神圣职责。可见,其所认可和确认的是“保卫祖国、抵抗侵略”的正义战争,旨在保家卫国、维护世界和平秩序。所有这些以及其他维护人身关系、财产关系、知识产权关系等方面的相关法律,充分保障了包括相互交易的经济关系在内的正常的社会交往秩序,使社会主体能有所遵循并因此获得合法的现实利益,“合理”“方便”“体面”地生产和生活,获得愉悦的心情,保障社会的健康发展和人的健康长寿。

“追求进步、繁荣发展”关涉整体发展。它是法律所确认和肯定的目标,但是也并不是不予限制。这在经济法领域有重要体现。经济法学奠基人之一李昌麒教授曾指出,“市场秩序是指由法律规定并保证实施的,以公开、公正、公平为目标的一种有条不紊的状态。因此,从根本上讲,市场秩序只能是一种法制化的市场秩序,或者

[1] [荷]胡果·格劳秀斯:《战争与和平法》(第 2 版),[美]A. C. 坎贝尔英译,何勤华等译,上海人民出版社 2017 年版,第 35 页。

[2] [荷]胡果·格劳秀斯:《战争与和平法》(第 2 版),[美]A. C. 坎贝尔英译,何勤华等译,上海人民出版社 2017 年版,第 57 ~ 58 页。

说只有法律的力量才能形成符合市场经济规律的秩序”[1]。市场是存在交易关系的场所，因产品在此流通而使经济充满活力，供需双方依照各自需求得到所需物资，实现最大的资源优化配置，进而带动所有经济环节或整个经济的发展。然而，所有这一切，必须以公正的市场交易秩序去完成。如果市场交易不能正确地反映供求关系的变化，出现不正当竞争或垄断行为，那么必然会限制市场功能的有效发挥，从而从整体上影响经济发展。经济法中的经济主体法，为市场主体的设立、运行和从事市场交易提供了法律前提，使自然人、公司、合伙企业、中介组织等能够以自己的名义放心地从事市场交易活动。与此同时，经济法又在宏观调控法中对影响市场秩序的不正当竞争和垄断行为进行了明确规定，将市场交易中的不当行为排斥在外，以实现市场交易领域的有效“节制”。广义的不正当竞争包含垄断，狭义的不正当竞争则主要是指在市场交易中违背诚信原则、公平交易的行为。不正当竞争涉及市场交易微观领域的具体行为，而垄断则往往涉及整个产业、行业或地域的市场布局。世界上的立法体例，有的将两者合并立法，有的则单独立法，既存在国内的相关立法，又存在全球多边、地区多边甚至双边的国际立法，可见其并不局限于国内市场，在国际贸易领域也发挥着作用。1642 年，英国通过第一个成文反垄断规则，宣称除非涉及专利和发明，所有垄断特许都无效。作为现代第一部反垄断法的《谢尔曼法》，宣告以契约、联合或共谋等形式对州际、国际的贸易和商业进行限制或垄断的属于违法。德国 1957 年制定过《反对限制竞争法》，加拿大在 1889 年制定过《禁止限制性贸易的合并法》，俄罗斯在 1995 年颁布过《关于限制竞争和在市场交易中限制垄断活动的法律》。[2] 我国《反不正当竞争法》规定了混淆行为、商业贿赂、虚假宣传、侵犯商业秘密、不当有奖销售、商业诋毁、网络领域不当竞争行为等种类；而 2022 年修正的《反垄断法》第 3 条规定，垄断行为包括“经营者达成垄断协议；经营者滥用市场支配地位；具有或者可能具有排除、限制竞争效果的经营者集中”等三类，而每一类又包含非常具体的行为类型。综上所述，追求进步、繁荣发展的愿望在经济市场领域的体现，就是充分发挥市场优化资源配置的重要作用，释放经济活力，促进经济发展，因此以相应的法律予以保障；然而，如果对市场交易放任不管，又很容易出现不正当竞争或垄断行为，市场的优势难以发挥，为此，又制定了相关法律予以限制。促进性与限制性或禁止性法律相互配合，在市场交易领域体现了节制意识，从而保障既实现经济发展，又不是无发展、过度发展，而应理性发展、持续进步的伦理情怀。

总之，节制作为一种品质，并非否定主体、利益、欲望，而是肯定和保护合理的主体、利益和欲望并实现无数主体、利益、欲望之间的协调，确立各自的定位，实现彼此

---

[1] 李昌麒：《经济法——国家干预经济的基本法律形式》（修订本），四川人民出版社 1995 年版，第 355～356 页。

[2] 参见刘宁元、司平平、林燕萍：《国际反垄断法》，上海人民出版社 2002 年版，第 27～31 页。

共同发展，从而形成一种符合伦理要求的正常的秩序、轨道和路径，保障整体形成合力，提升生活品质和文明程度。不但个体应当节制，法人、行业、民族、人类整体等也都应崇尚节制之德。一般来说，人的心理既有智慧、能力、魄力，也具有任意性、盲目性、非理性。如果不以前者节制后者，就会带来严重危害。“无节制、放荡、对享乐的过度沉溺首先会摧垮对于更高的事物的感受能力；意志和理智会被过度行为弄得疲惫不堪；然后感觉也会变得迟钝，最后甚至享受的功能也会丧失。所有消极的享受都会麻木人的感觉；更强烈的、更有诱惑力的刺激总是不断地需要通过已经疲惫了的器官来实现快感，直到最后达到那种慢性迟钝状态，即浪荡子状态。”〔1〕如果法律主体陷入浪荡子状态，就会自摧身心，就会为了感官享受而去攫取违法的利益或财富，就会给整体性法治环境和法治建设带来负面影响。如果非法律主体起而效仿，必然会对现实伦理实体产生进一步的冲击。反之，如果法律职业主体能够做到节制，而且其他所有主体在所有场合、时间和情形下均能坚守节制之德，那就不仅有利于法治建设、培养德才兼备的法治人才，更能促进伦理道德水平提升，使家庭、国家、自然等现实实体中充满文明的“伦理气象。”

第二节　法伦理的“道德主体”

道德主体是道德法则的实践者、道德品质的承载者，还是道德风尚的推动者。法国社会学家涂尔干认为：“倘若没有相应的道德纪律，任何形式的社会活动都不会存在。实际上，对每个社会群体来说，无论它是有限的，或者具有一定的规模，都是各个部分构成的整体：正是原初要素的不断重复，才构成了整体，而该要素本身却是个别的。”〔2〕个体无法像关注自身利益那样，一直关注社会利益的存在，因此必须把社会利益纳入个体意识，要求个体尊重它们，并形成道德纪律。法律职业道德纪律因法律职业、法律角色而生，其中主要是对法律职业者的道德要求。然而，法律职业主体并不等同于法伦理主体，或者说不等同于法伦理中的道德主体，后者的范围远比前者宽泛。法律职业主体与法伦理中的道德主体并非同一概念。法律职业主体是指从事法律工作的一群人，他们/她们共同发挥公众服务精神，虽然附带地加以谋生，但不失其为公众服务的宗旨。〔3〕一般而言，法律职业主体主要包括法官、律师、检察官、仲裁员、公证员等职业类型，对应着相应的法律职业伦理守则或道德规范。法律职业主体无疑是法伦理的主要的甚至处于中心地位的法伦理道德主体。但是，

〔1〕［德］弗里德里希·包尔生：《伦理学体系》，何怀宏、廖申白译，中国社会科学出版社1988年版，第414页。

〔2〕［法］涂尔干：《职业伦理与公民道德》，渠敬东译，商务印书馆2015年版，第13页。

〔3〕参见李本森主编：《法律职业伦理》（第4版），北京大学出版社2021年版，第6页。

在这些法律职业之外,还存在无数的职业类型、存在作为守法主体的自然人、法人、非法人组织等,即使是法律职业主体的组成人员,其也需要同时遵守各种法律法规,因此也同时具备守法主体地位。而在国际法领域,政府间国际组织与非政府间国际组织也可以成为守法主体。所有这些,均是法伦理的道德主体的组成部分。

尽管法伦理的道德主体种类繁多、数量众多,又可能是资源、信息、技术、人员、产地、具体管理制度等的集合体,但从法伦理角度来看,其中最主要的力量是人本身。人制造了工具、开展了生产、创制了法律、建构了文明,没有人自身,其他一切实践均无从谈起。另外,无论是作为社会科学的法学,还是作为人文学科的伦理学,它们对人的行为的关心、对人的成长的关心等都是其他非规范学科无法比拟的。因此,从法伦理视野进行分析,既可以将法伦理道德主体定位于自然人、法人、非法人组织等,也可以包括法官、检察官、律师等具体职业甚至职业场所,但必须申明人在其中的核心地位和主体作用,而法的道德目的,很大程度上在于提升所有法伦理道德主体尤其是人这一核心法伦理道德主体的道德境界,从而确保法律内蕴道德理念的实现。本书认为,对作为人的法伦理道德主体,法主要从以下方面对主体的"德性"提出了要求。

一、"自觉的"法律遵守者

自然人是法律最主要的遵守者,因为一切法人或非法人组织均由自然人组成。自然人是民法意义上的人,基于出生而取得法律主体资格。它与公民的概念不同,公民是指具有一国国籍的人。自然人包括本国公民、外国公民和无国籍人。康德指出:"人属于感性世界;人的理性当然有一个无可否定的感性层面的使命,即照顾感性的关切,并且为今生的幸福起见,制定实践的法则,在这两点而言,他乃是一个有需求的存在者。但是,人毕竟不是那种彻头彻尾的动物,以至于对于理性向自身所说的一切也都漠不关心,而把理性只是用为满足他作为感觉存在者的需要的工具。因为,人虽然具备理性,然而倘若理性仅仅有利于人达到本能在动物那里所达到的目的,那么在价值方面这就完全没有使人升华到纯粹的动物性之上;这样,理性仅仅是自然用来装备人以便其达到它规定动物所要达到的那个目标的特殊方式,而不给他规定更高的目标。"[1]自然人不仅是一个感觉存在者,而且拥有理性,可以通过理性超越动物性而实现道德性。因此,每个人均是道德主体。在法律领域,这种道德主体就包含了每一位自然人。

自然人成为法伦理意义上的道德主体,具有以下缘由:

一是所有人都生活于既定社会的法律秩序之中,无论这种法律是成文法、判例

---

〔1〕[德]康德:《实践理性批判》,韩水法译,商务印书馆1999年版,第66~67页。

法,还是习惯法或现代法。离开了法,不仅整体的秩序无法保障,个体的权益也会受到冲击。既然如此,对法律“共同行为法则”的遵守就成了与生俱来的、不言自明的一项伦理义务。既然遵守法律是一项基本伦理义务,那么每个自然人都需要了解法律并依照法律规定和精神行为。法律是追求正义的社会规范,对个体的道德品质成长存在一定要求,因此,作为守法主体的自然人就需要在遵守法律的过程中以理性自觉推动个体德性的成长,而不是原地踏步或者倒退落后,而这也是“明于五刑,以弼五教”(《尚书 · 大禹谟》),通过法律来推动伦理进步的题中应有之义。

二是自然人包括所有的人,即使是无行为能力或限制行为能力人也是民法及其他法的主体,因此毫无例外地拥有个体道德成长的需求。就一个具体国家而言,既有长期居住在此的本国公民,也有来此进行国际贸易、外事交往、旅游探亲的外国人或无国籍人,这些客居之人也应当遵守所在国的法律,除了极其个别的人拥有依照国际公约或条约所规定的“司法豁免权”之外,没有任何人或由这些人开办的企业能够脱离所在国的法律管辖,也没有任何能够逃避违法犯罪责任的“法外之地”。由于所在国国情、文化以及个体经历的差异,必然会形成多种多样的个体化道德观并在这种道德观的支配下依照自身认为是“善”的标准行动。这既有可能与所在国的个体道德观发生重合、交叉,也有可能与所在国的个体道德发生冲突和矛盾,从而影响所在国的个体道德建设。在这种情况下,就需要主动调整自身的道德观念,适应所在国的道德要求,从而无论走到哪里都是充满道德正能量的主体,而不是任性而为、为人诟病或嫌弃的境外游客。同样道理,当本国公民去往其他国家时,也可能出现跨文化碰撞等问题。无论是法律的属地管辖还是属人管辖,这种可能性都会演变为现实性。因此,不但要求本国公民能够逐步形成更多的道德共识,也要求其他国家人员同样提升自己的道德水平。

守法是自然人的一种道德义务。美国法学家庞德认为,人们对内在本性的控制,使人们得以继承这个世界并保有和增加他们所继承的东西。“这种支配力是直接通过社会控制来保持的,是通过人们对每个人所施加的压力来保持的,施加这种压力是为了迫使他尽自己的本分来维护文明社会,并阻止他从事反社会的行为,即不符合社会秩序假定的行为。”[1]实现社会控制、社会治理的方法很多。庞德从社会规范的角度,认为道德、法律、宗教等是社会控制的主要手段。但是必须看到,法律、道德或宗教的保障力量不同。三者相比,法律的保障力量更为现实。法律依靠国家强制力实施,因其是国家意志,所以无论是否在主观上接受法律或法律的规定,都必须遵行;守法是自然人的一项道德义务。

自然人守法的情形并不相同,因此需要相关法律措施引领。是否所有自然人都

---

〔1〕 [美]罗斯科 · 庞德:《通过法律的社会控制》,沈宗灵译,商务印书馆2010年版,第11页。

愿意自觉遵守法律呢？对这个问题的回答有三种可能：一是所有自然人都愿意守法，二是所有自然人都不愿意守法，三是有的愿意守法、有的不愿意守法。在第一种情况下，个体已经尽到了守法的道德义务，因此无须法律意识的培育、法律规范的修订、司法实践的保障。但是，法治建设实践表明，自从国家诞生法律，违法行为没有停止或彻底消失。这就反证出并非所有人都能够在法律所规范的范围内行为。同样道理，如果认为所有人都不守法，那么法律的诞生或存在还有何种现实意义呢？既然法律不起作用，那么法律就没有生成的自然逻辑，也就无所谓法律现象和由法律诸现象所组成的法律世界。因此，现实情况必然是，既存在守法者，也存在违法者。现在的问题是，为何"守法者、违法者并存"是一种社会守法情况的恒常现象？究其原因，主要有以下几种。

从个体的属性来看，每个个体既有普遍性也有特殊性，而在现实世界的诸种活动往往是由普遍性通向特殊性同时以特殊性外化为现实性的方式展开，既然如此，就在其普遍物或"普遍的理念"的支配下形成思想、心理、行为的多样性。这种多样性中，仅有部分是与法律相关的因子。这就意味着，个体的多样性有时会与法律的运转方向一致，有时就可能相反或者无涉。个体特殊性与法律规则相一致的时候，就呈现守法状态；若是相反，就出现违法状态；甚至若是脱离了法律规则运行的扇面或轨道，就成为无关法律的行为状态。

从现实需求来看，法律存在的重要目的之一是维护个体的合法权益。自然人作为生物性、社会性、精神性相统一的高级生命形式，为了其自身的生存、发展和进步，必然会拥有无数的、不同层级的需求。而当这些需求特别是最基本的生存需求都无法满足、生存受到危及的时候，就极易铤而走险、实施违法犯罪行为。即使在基本需求得到满足之后，也会因为心理需求不当膨胀而将自身引向违法犯罪深渊。例如，许多经济上的违法犯罪案件就是在追求过分的财物、追求奢侈消费的心理诱惑下产生的，即使是历史上赫赫有名的培根大法官，也因贪图财物而构成受贿罪，辜负了公众对理想道德图景的期待。

就整体秩序而言，法律具有预防作用，对于正在发生的违法犯罪行为而言，法律具有当场救助功能，而对于已经发生的违法犯罪行为，法律只能给予事后救济。趋利避害是人之特性，不仅个体如此，人类整体也是如此，未雨绸缪、防患于未然，当场控制远比等待违法犯罪结果发生要好，因为一旦发生，就会使生命陨落、物质受损、精神受创、文明程度下降。那么，就需要通过道德手段提升意识自控能力，让道德成为内在精神主宰，在非理性因素准备占据上风时，果断地通过道德累积的力量调动理性，促其改过自新。虽然只有在极少数的情况下，非理性的异化意识才能占据上风，但是道德教化不能须臾中断，因为只有依靠强大的内心深处的道德力量，才能将可能出现的违法犯罪行为提前预防和理性化解。正是从这个意义上来说，自然人是重要的法伦理道德主体。

自然人数量巨大、经历各异、观念不同，需要将在法律领域具有普遍性的法伦理道德理念作为理想、追求和阶梯，拾级而上，日臻完善。

二、“热诚的”法律服务者

人以百工为生，法律职业也是百工之一。法律职业是指专门从事法律适用、法律服务工作的特定职业。一般来看，法官、检察官、行政机构的执法人员、律师、法律教学与研究人员、仲裁员、公证员、法律顾问、企业法务等均属于法律职业人员。这些人员可以分为三类：一是法律知识的探索者，如各种教育机构、科研院所、学会团体中的法律研究人员；二是法律行为的直接参与者，即拥有一定司法职权并依照职权分工而从事法律活动的立法人员、法官、检察官、行政机关的执法人员、仲裁员等；三是直接提供法律服务的人员，律师、政府法律顾问、企业法务等就属于这一类。所有这些人员组成了法律职业共同体。

法律职业共同体不仅是一种事业共同体、利益共同体，而且是一种价值共同体、意义共同体。虽然其中的组成人员具有稳定性与变动性相统一的特点，但是这个职业共同体一直客观地存在，这与经济实践中各种行会的存在是一样的道理。既然法律职业很早就出现且世界上各大法系均有专门以法律为生的人员，那就意味着所有进入、退出或依旧在场的法律职业共同体的成员都应坚守基本的职业行为规范和道德操守。原因很简单，那就是法律职业人员是“懂法”的专业人士，既然如此，如果能够恰当运用法律为当事人和社会提供法律服务，则会稳定法律秩序，提升法伦理水平，但如果不适当地应用了法律，那么对实体所造成的法律伤害和伦理危害就更加严重。因此，社会对法律职业人员或法律专门人员提出了更高的道德要求。进一步说，对这些法律职业人员所提出的具体道德要求还不完全一样。如果将法律探究者与法律服务者归于一类，而将拥有司法职权的法官、检察官、协助侦查的公安人员，以及其他行政机关的行政执法人员等分为另一类，那么可以说，对后者提出的职业道德要求远高于前者，因为前者主要是利用法律知识在个体领域进行活动，而后者的行为则主要是在公共领域活动，其行为所产生的法律效果和伦理影响就不仅涉及个体，还会涉及整体，不但会涉及整体的过去，还会涉及整体的未来。由于这样一种不同的道德要求，可以将法律职业共同体成员分为两层。如果说自然人或公民是因为不具备专门的法律知识而应当自觉守法，那么以律师为代表的法律服务者因为拥有专门的法律知识所以应当“热诚”，而对以法官为代表的司法官、立法者、行政执法人员等而言，则因为其同时具有公民、专业人员、公职人员三重身份，所以应当对其有更高的道德要求。这里，以典型的法律服务者—律师—为代表进行分析。

律师，是指依法取得律师执业证书，接受委托或者指定，为当事人提供法律服务的执业人员。律师的诞生可以追溯到古罗马的“保护人”制度，即由被告人的亲戚朋友陪同被告出席法庭并在庭审中提供具体意见和帮助，开始并不面对法官，后来则发展到可以代替被告向法庭表达意见及反对指控。中国古代也有诉讼代理现象。《周礼·秋官》记载：“凡命夫命妇，不躬坐狱讼。”如果大夫以上的贵族涉及诉讼，在必要时可以派出下属子弟代替自己出庭。我国1950年7月颁布的《人民法庭组织通则》和1954年《宪法》以法律形式确立了辩护制度。经过规范积累和实践发展，1996年公布《律师法》并在2017年作了第三次修正。律师虽然是一种职业，但是对律师的素质要求很高，因其所提供的法律服务、法律产品、法律技术与作为国家意志的法律规则有关，往往对其提出了政治素质、业务素质、道德素质等方面的要求。政治素质就是要求律师忠于国家法律和人民利益，不违背国家实体以法律形式表达的对各行各业、各种行为的具体要求；业务素质是要求律师具有精深的法律知识、丰富的社会知识、科学的思维方式和善辩的口才、卓越的写作能力、辩护中的应变能力、公关竞争能力，这是律师开展法律服务工作的知识和能力前提。与此同时，律师作为“社会的良心”“法律正义的骑士”，还要有较高的道德素质。道德素质能为诉讼等活动指示正确的方向，在遭遇道德两难时作出正确的选择。为了保障司法活动的公正性，许多国家都设置了律师制度，为了保障律师能在法律活动中发挥重要的作用，法律往往赋予律师比普通人更多的权利和相应的义务，同时律师面临的工作任务具有多样性、复杂性、变化性等现实特点，因此纷纷制定律师执业道德、律师执业纪律。那么，从法伦理学角度进行观察，对律师职业道德主要有哪些要求或期待呢？本书就以律师的业务范围或工作领域为基础进行一种思辨型分析。

一般来说，律师的职业活动主要涉及远距离服务、中距离服务、近距离服务三种类型。所谓远距离服务，是指律师仅仅用法律知识为社会提供一些智力支持，如法律咨询与代书。法律咨询是指律师对公民、国家机关、机关团体、企事业单位以及其他单位和组织提出的有关法律方面的询问，进行作出解释、说明，提供法律方面的建议、意见等方面的业务活动。这类活动具有经常性、普遍性、广泛性，是律师为社会提供法律服务的最简便、最直接、最普遍的工作方式。所谓代书，则是指律师受当事人委托，以委托人的名义，根据事实和依据法律，为当事人撰写有关法律文书的业务活动。在法律咨询活动中，最重要的道德要求是如实地提供法律知识、法律信息，做到客观、全面、真实、及时，在正确回答咨询问题之后，咨询者是否应提起诉讼，律师可以提出诉讼建议，但是否会走诉讼，由咨询者最终决定。律师不能越俎代庖、更不能为谋求未来的律师费而“调词架讼”。因为，律师的服务工作，也存在息讼解纷、助推实体和谐的伦理要求。而在代书活动中，应以事实为根据、以法律为准绳，避免进入“以虚为实、以无为有、颠倒是非、播弄乡愚”式的旧时讼师中存在的道德盲区。此外，也并非任何请求都可以代书，违反伦理道德的、违反公序良俗的、不涉及法律事务的，或者即使涉及法律事务但属于心理认识层面的请求，不适宜代书。

律师从事的法律顾问服务，可称为中距离法律服务。法律顾问是国家机关、企事业单位、社会团体和公民个人为实现依法经营管理、排除不法侵害、保障法律实施等目的而聘请的为其提供法律服务的人员。法律顾问，既包括由律师承担的法律顾问，也包括非律师担任的法律顾问，其中律师担任法律顾问的方式最为常见。无论是企业法律顾问、事业单位法律顾问、社会团体法律顾问，还是常年的、临时的、专项的、综合的法律顾问，法律顾问与聘方之间的关系是因“聘任法律顾问合同”而产生的，也以合同规定为双方履行权利义务的根据。严格来说，法律顾问应当维护聘方的合法权益并保守相关的国家秘密、商业秘密和个人隐私。但是，也存在因此而走向极端的可能。那就是，法律顾问与聘方不再是平等关系，而是开始变成聘方的“自己人”，甚至依附于聘方，从而使自己失去独立地提供各种法律服务的客观立场，而仅仅考虑法律是否对自己的顾问单位有利，或者作出对于顾问单位最有利的选择，至此，还没有偏离道德航线。但是如果在草拟、审查修改合同及其他法律文书、为企业的经营决策提供法律依据和法律建议等过程中，发掘法律漏洞、隐藏霸王条款，甚至曲解法律规范，就会脱离法伦理范围。毕竟，事务只是聘方的事务，但是作为法律顾问的律师所用的法律，乃是国家公共意志，而不专属于某一具体单位或仅仅为单位服务。如果每个法律顾问均是以高尚的道德心态从事法律服务活动，顾问单位的法律意识和法律水平得到提升，那么顾问单位不但在法律上具有胜算，而且在道德上也占据了优势地位，必然也会因此得到更多益处。如果每个顾问单位甚至没有设置法律顾问的单位和个人都能具有法律上的胜算和道德优势，整个社会的法律制度和伦理造诣就会提升。

必须申明，法律和道德作为分别侧重行为和心理的规范，并不是没有客观的上限，也并非没有客观的下限。其客观的下限就是廉耻丧失、秩序混乱、身体受伤、文明不继，其客观的上限是幸福美满、秩序通畅、人丁兴旺、社会发展。如果道德规范与法律规范均不存在，所形成的就是客观的下限；如果道德规范与法律规范都完善，所形成的就是客观的上限。超出客观的下限和上限，就从实体两端的门洞中走了出去，要么滑落，要么上升，因此其对实体整体的和谐、公正及理性发展也就没有了现实价值。既然在超出限度后就不能再对实体产生现实价值和正负影响，那么道德规范和法律规范的探究、设计和应用，也就存在一个客观的边界、幅度和效力空间。道德相信“人人皆可为尧舜”、可以成为“圣人”，但是在现实道德生活中，无法奢望这种道德人格理想能够普遍实现，能够恪守基本伦理规则和道德规范，做一个道德合格的公民也就足够了。同样，对法律来说，虽然期望人类能依照法律所揭示的社会规律以及符合自然理性的要求去行为，形成一种没有例外的，不受“人情”“利益”“权力”影响的纯粹法治状态，让人们在法律制定之后能够仰望法律、信仰法律并自愿接受法律约束，但是，由于现实世界的无限丰富性，法律无法承担同时调整所有“行为、心理和意识”的巨大使命。法律仅仅是一种调整行为，即“有意识的动作”的专业规范。它所能做到的，就是要求行为主体在从事法律行为时能够依照法律规范而不是违背法律规范去行为。如果再提出法伦理要求，那就要求主体在依照法律规范从事行为的同时能够意识到其中包含的价值理念，进而能够做到在遵守任何合理性规范性文件时，甚至在规范性文件欠缺时，仍旧能够依照正确价值理念或道德理念去行为。

“法律和道德的要求并不是等价的……道德标准比法律确立起来的标准通常更广泛，并且要求也更高。道德可以要求慷慨和同情、怜悯和慈悲，这些都超出法律的要求范围。尽管有这个差别，道德要求这一观念看起来还是与法律要求这一观念很相似。”[1]律师首先需要依照法的道德理念去行为，然后再将个体道德经验过渡到系统的、整体的、实体的“成人”伦理理念。法律提供规范，伦理提供价值；法律提供制度，伦理提供动力；法律规范行为，伦理服务精神；法律侧重基本要求，伦理提倡境界升华。就法律顾问而言，虽然对其提出了一定的法律和道德要求，但这些要求并非难以企及，而仅仅是一种法伦理层面的要求，即在从事法律顾问活动时，应当同时意识到法律自身的价值理念、这些自身价值理念中所包含的道德理念以及意识到道德理念向伦理理念过渡的必要性。当律师从担任法律顾问的环节过渡到在具体诉讼案件中进行代理、辩护等环节后，社会对律师的道德成长就会有更多期望。

律师所从事的诉讼代理活动，可以称为律师为社会提供近距离服务。律师之所以被称为律师，关键还在于其诉讼代理活动的开展。根据《律师法》第 28 条的规定，律师的业务主要包括接受自然人、法人或者其他组织的委托，担任法律顾问；担任代理人、参加诉讼；担任辩护人；代理各类诉讼案件的申诉；参加调解、仲裁活动；提供非诉讼法律服务；解答有关法律的询问、代写诉讼文书和有关法律事务的其他文书等。其中，诉讼代理活动是重中之重，也最能体现律师的社会价值、个体风采和实践能力。为方便律师完成各种诉讼代理及其他业务活动，法律赋予了律师依法执行职务受保障、查阅案卷、调查取证、同在押被告人会见和通信、参加法庭庭审、代行上诉、获取本案各种法律文书副本、为被告人申请变更强制措施等权利，同时也规定了律师应当承担不得拒绝司法机关依法指定辩护的命令、遵守诉讼秩序和程序、维护当事人的合法权益、不得作对当事人不利的行为、保密等义务。同时，由于律师代理诉讼及其他业务的重要性，律师的行动能直接影响案件纠纷的依法解决、能够影响被代理人及社会公众的法律意识、能够在一定程度上影响法律规定的实施和完善，所以往往通过制定一些规范性文件对律师服务进行各种管理。其中，最为突出的就

---

[1] [美]大卫·莱昂斯：《伦理学与法治》，葛四友译，商务印书馆 2016 年版，第 79 页。

是律师法、律师职业道德和执业纪律等方面的规定。

律师职业道德涉及律师与当事人之间、律师与律师之间、律师与司法机关之间、律师与媒体之间等各种具体的领域。律师执业道德水平也在持续提升。但是,仍有进步空间。实践中出现过由于委托人认为律师没有尽到勤勉义务导致诉讼失利因而对律师进行投诉、由于被认为侵害关联方利益而被要求退还律师费、由于律师事务所及其律师被认为存在虚假宣传而被投诉违反职业道德、由于泄露当事人个人隐私或国家秘密而被立案调查或提起公诉等典型事件。在因律师职业道德瑕疵而致诟病的个案中,贯穿着一种常见的道德瑕疵成因,即求利动机。服务费用的多寡对律师自身和律师事务所的生存与发展极为重要,如果没有案源、没有足够的收入,那么其生存与经营都会陷入困境,也就无法履行提供优质法律服务的社会职责。所以,收费制度的存在有其现实合理性。但是,如果求利动机超过了对法律尊重、在发生利益冲突时注重利益最大化而不是诉讼法律效果最优化、为了胜诉而向司法人员进行不合法的利益输送、为了提高竞争力而作不符合客观事实的自我宣传,就违背了法律职业伦理和执业纪律的基本要求。在我国,律师数量巨大且逐年增加。随着律师队伍成长壮大,律师在全面依法治国和以德治国过程中发挥着越来越重要的作用。为了发挥律师的重要作用,需要不断提升律师职业道德水平。律师职业道德水平的提升完善,固然需要职业道德规范、入职宣誓仪式等作外在保障,更需要律师坚守忠诚、热情、诚信等道德观念,自我促进内在道德意识成长。"律师工作在促进社会公平和正义中肩负着重要责任。广大律师要进一步增强使命感和责任感,坚持依法履行职责,在社会公平和正义中积极发挥职能作用。"[1]

三、"公正的"司法裁决者

法律纠纷的处理,需要司法制度作保障。所有司法工作人员的工作都非常重要,缺一不可,因此也多有相关的职业道德纪律和执业道德规范要求。例如,作为法律守护人的检察官,必须独立、公正、依法行使法律所赋予的法律监督职权,因此,"忠诚、公正、清廉、文明"就成为检察职业道德要求。"检察官具有遵守宪法和法律的义务。另外,从'全体的奉献者'的理念出发,还应该具有在执行职务时不偏不倚、公平等基本态度。"[2]

法官在整个司法活动中担任审判工作,其角色非常重要。因为,在所有诉讼的解决过程中总有直接裁决者,无论这个裁决者是行政官员、司法官、民间热心的纠纷调解者还是人民调解员,这个裁决者本身的角色都是不能空置的。"争议各方应当

---

〔1〕 中华全国律师协会编:《律师职业伦理》,北京大学出版社 2017 年版,第 61 页。

〔2〕 [日]森际康友编:《司法伦理》,于晓琪、沈军译,商务印书馆 2010 年版,第 179 页。

将其权利交付公断人裁断"[1],唯有如此,才能保障和谐。现代社会最重要的诉讼裁决者是法官,法官是社会正义的最后一道防线。因此,法官职业伦理就成为司法伦理的典型和代表。法官不仅是自然人、司法工作者,还具有政治地位,这在无形中提高了对法官职业伦理道德的要求。

《法官行为与职业伦理》一书记载,许多国家都在进行法官职业道德建设,法官职业道德国际化和国内化成为一种重要趋势。澳大利亚学者认为,维护公众对于司法体系的信心,促进公众对于司法机构的尊重,保护法官总体和法官个人的声誉是法官行为的三个指导原则。加拿大詹姆斯·泰勒大法官认为,在履行司法道德义务时应当做到:努力使自己行为正直,以持续加强司法机构的公信力;在司法行为中不仅要做到公正,而且要显示公正。法国学者认为,法官的职业道德义务实际上是人们对司法人员的一种道德上的希冀,人们期望法官能够谦虚、温和、正派、高尚、耐心、谨慎等,法官应该是一个诚实的人。荷兰学者认为,总的来说,法官应该对司法工作负责。[2]"在司法伦理的这种形象中,核心之处为公正与偏见这两个概念。二者都可以借助于有利于准确选择规则和适用规则的工具性价值来进行解释。在其柔性形态中,公正是一个形式问题,要求任何人不能是自己案件的法官,或更宽泛地说,任何人不能成为结果和他们自己的实质利益具有直接关联案件的法官。"[3]

作为中国特色社会主义法治事业的建设者、实践者和维护者,我国法官往往具有党员、公务员和司法职业者三重身份,因此也就受到党章、宪法,以及诉讼法与法官职业道德的规范。法官职业伦理规范,主要体现在党的文件、国家法律法规、法院系统的相关文件之中。《中国共产党章程》第2条第2款规定,中国共产党党员必须全心全意为人民服务,不惜牺牲个人的一切,为实现共产主义奋斗终身。《宪法》第27条第2款规定,一切国家机关和国家工作人员必须依靠人民的密切支持,经常保持同人民的密切联系,倾听人民的意见和建议,接受人民的监督,努力为人民服务。《民事诉讼法》第6条规定,民事案件的审判权由人民法院行使。人民法院依照法律规定对民事案件独立进行审判,不受行政机关、社会团体和个人的干涉。根据《刑事诉讼法》第2条的规定:中华人民共和国刑事诉讼法应保证准确、及时地查明犯罪事实,正确应用法律,惩罚犯罪分子……保障社会主义建设事业的顺利进行。根据《行政诉讼法》第1条规定的立法宗旨,人民法院应公正、及时审理行政案件,解决行政争议,保护公民、法人和其他组织的合法权益,监督行政机关依法行使职权。根据《法官职业道德基本准则》第2条的规定,法官职业道德基本要求是忠诚司法事业、

---

〔1〕[英]霍布斯:《利维坦》,黎思复、黎廷弼译,商务印书馆1985年版,第119页。

〔2〕参见怀效锋主编:《法官行为与职业伦理》,法律出版社2006年版,第72~334页。

〔3〕[澳]汤姆·坎贝尔:《法律与伦理实证主义》,刘坤轮译,中国人民大学出版社2014年版,第54页。

保证司法公正、确保司法廉洁、坚持司法为民、维护司法形象。

根据《法官职业道德基本准则》的规定，其内容主要涉及司法职责、业外活动、自身修养等方面。在司法职责的履行方面，法官应当做到忠诚司法事业和保证司法公正。忠于党、忠于国家、忠于人民、忠于法律，做中国特色社会主义事业的建设者、捍卫者。坚持和维护中国特色社会主义司法制度，认真贯彻落实依法治国基本方略，自觉维护法律的权威和尊严。坚持以事实为根据，以法律为准绳，正确适用法律，合理行使裁量权，避免主观臆断、超越职权和滥用职权，确保案件裁判结果公平公正。在业务活动方面，应当严格遵守廉洁司法的相关规定，不接受案件当事人及相关人员的请客送礼，不利用职务便利或法官身份谋取不正当利益，不违反规定与当事人、其他诉讼参与人进行不正当交往，不在执法办案中徇私舞弊，不从事或参与营利性的经营活动，等等。在自我修养方面，应树立正确的权力观、地位观、利益观，坚持自重、自省、自警、自励，坚守廉洁底线，依法正确地行使审判权和执行权，杜绝以权谋私和贪赃枉法行为。尊重当事人和其他诉讼参与人的人格尊严，避免盛气凌人、“冷硬横推”等不良作风；尊重律师，依法保障律师参与诉讼活动的权利。法官职业道德以及法官行为规范中虽然对法官职业道德有明确的规定，但不排除法官在司法审判活动中遭遇道德困境的可能，因此也就无法彻底排除错误裁判的发生。如果偶尔出现，就会受到法官职业纪律的惩戒，也会受到法官职业伦理的谴责。错案终生追究制是一种外在的制度安排，而最重要的还是法官内在的道德自觉。法官应当坚持依法审判、主持正义。“尽管在司法伦理手册中，警戒句‘依法司法’只是获得略多一点的注意，但是，它是所有伦理制度的核心。法官在生活中所有不应该做的事情，都必须被视为违反了他们在法庭上应该怎么做的假定。无论你从事什么工作，你都不能在工作时喝醉或睡着。更具体一点，司法之恶，比如表现出偏见、偏倚或偏好，其力量源于司法任务的规范模式。我们认为，社会中法院的角色在于解决纠纷，或是强制履行法律义务等诸如此类，正是因为这一理念，要求法官公正、无偏见，聆听双方意见；此外，法庭确实会因而负有在工作时不能睡着的特别强烈的义务。”〔1〕平等审理、保持公正，是司法伦理的基本要求。

第三节　法伦理“道德目标”的实现

伦理学者甘绍平认为，“法律概念的本义是什么呢？所谓法律是按照伦理精神创制出来的调节人类外在行为的规范体系，它由为社会认同的机构设立，依凭确定的程序得以运用，通过强制手段获得保障，拥有‘公正’之义……法律是最基

〔1〕［澳］汤姆·坎贝尔：《法律与伦理实证主义》，刘坤轮译，中国人民大学出版社2014年版，第106～107页。

本的道德"[1]。既然法律以伦理为基础创立，甚或说，法律就是最基本的道德，那么意味着法律必然有自己的道德目标。从法伦理来看，法的道德目标是指通过法律规范实现的道德境界培养和提升。然而，这一道德目标或道德任务的实现，并非凭空完成的，它需要具体的法律途径或实现媒介。一般而言，法"道德目的"的实现是通过以下主要途径进行的。

一、行为：从行为自发的"多样性"走向法律行为"类型化"

法律所关注的主要是行为。行为是什么？从法伦理视野来看，行为是有意识的动作，即在一定意识支配下形成的动作。如果仅仅是动作，不能称为行为，如眨眼睛和上厕所，只能算是动作，不归法律调整；但对谁眨眼睛和在哪儿上厕所则由于加上了意识因素，就要受到法律调整。如果缺乏对行为本身的理解，就缺乏法律规范形成的基础，也无法保障法治效果的实现。法律依照"动作—行为—法律行为"的分析思路，最终将自发的、多样性的、无序的行为进行类型化处理并予以规范和调整，避免发生主体"无所措其手足"的情境。

由于生理结构的稳定性、协调性和能动性，人每天会有无数的动作。其中包括有意识动作与无意识动作、对周围环境有益的动作与对周围环境有害的动作、存续时间较长的动作与瞬间即逝的动作、人前动作与幕后动作等无数的动作类型。对于这些动作类型，法律一般有两种处理思路：如果这些动作纯粹在个体正常领域内发生，则不进行法律干预，如吃饭时是否会发出声响、睡觉时是否打呼噜。如果这些动作在一定的环境中发生，且在此环境中的人或物无法脱离该动作所可能带来的影响，在这种情况下，往往会要求动作者通过增加一定的行为，以将该动作的"外部性"予以化解和降低。例如，在传染病流行期间，对于在荒野中或空旷的大街上不戴口罩的行为可以不予关注和追究，但是在人群密集的、相对密闭的空间内或在高铁和飞机上，一般要求戴好口罩并采取其他必要的个人防护措施，以减少和避免可能导致的疫情传播。其内在原理在于，发生于个人领域的动作，一般不会给他人他物带来损害，产生不了人身财产损害或其他法律后果；发生于公共场所的动作，因其有可能带来现实利益损害及产生相应法律后果，法律应当予以关注。另外，还有更深一层对动作的理解，即以动作来掩盖行为。动作是无意识的，做出动作者不承担法律责任甚至道德责任，而行为是有意识的，行为者可能要承担法律责任或道德责任。然而，如果为了回避法律责任或道德谴责，而借助某种外在条件使其他人误认为是动作，但实际上是以动作掩盖其行为，那么仍然要承担相应的法律责任或道德责任。现代法律虽然已经发展到不再使用"春秋决狱"方式的程度，但是在确定是否属于

---

[1] 李光辉主编：《伦理与法律专辑》，光明日报出版社2008年版，第4页。

违法犯罪行为时，仍存在对“过错责任”或犯罪主观要件等方面的考量。可以说，对一种行为是否合法的考虑，必然同时包含正确的动机与合理的结果。

那么，在动作基础上的行为又有哪些呢？如前所述，行为是包含意识或者说是在意识指导下的动作。行为可以分为许多种类。依照目的，可以分为生存行为、发展行为、创新行为；依照过程，分为长期行为、中期行为、短期行为；依照内容，分为经济行为、政治行为、文化行为；依照范围，分为全球行为、国家行为、地域行为；依照场所，分为家庭行为、工作行为、娱乐行为；依照时间，分为过去行为、现在行为、未来行为；依照道德属性，分为高尚行为、普通行为、可耻行为；依照主观状态，分为故意行为、过失行为、通常行为；等等。而每一行为种类又可以进行无数的细化。有些基本行为在人类早期即已产生，如渔猎行为、采摘行为及搭建住处的行为；有些行为则是随着人类文明社会之树的展开而逐渐加入进来的；同时还有一些行为退出了历史舞台或由主流行为演变为其他新兴的台前行为的前置行为或基础行为。法律作为国家产生之后出现的一种行为规范，并无足够的能力调整已发生、正发生或将发生的一切行为，它只能在国家意志所允许的范围之内、根据实际情况进行力所能及的调整。但即使这种力所能及的调整，也对人行为模式产生了巨大的规范和引导作用。

法律在对行为进行调控的过程中，存在一个调控范围的问题。将法律调控范围之外的行为当作非法律行为，而将法律可以调整的行为称为法律行为。法律行为是指法律规范规定的、以当事人的意志为转移的、能够引起法律关系产生、变更和消灭的行为。法律行为种类很多，如果从性质上来看，可以区分为合法行为与违法行为，合法行为是法律所承认和保护的，但违法行为是法律所否定和惩罚的、是需要通过责成责任主体承担相应的民事责任、行政责任、刑事责任等方式让遭到冲击或破坏的人与人之间及人与整体之间的相互关系恢复到正常的轨道上来的行为。但是这种合法行为与违法行为的划分，还不足以让法律承担对其所能、所欲及两者的结合所形成的法律行为的具体调整任务。大的目标必须细化为具体任务，意识的抽象必须落实于意志的实践。法律行为也必须细化为更具体的行为类型。这些具体的行为类型，在我国的法律体系中，主要分为民事法律行为、刑事法律行为、行政法律行为等三种，分别对应民法、刑法、行政法三种实体法，同时在司法实践中对应法院民事审判庭、刑事审判庭、行政审判庭等具体处理案件的部门，从而使相应的行为得到妥善的处理。而且随着时间变化，还作出了一些新的分类，如针对环境污染行为，修订了《环境保护法》和各种污染防治法及专门设立的环境资源审判庭，对环境问题进行及时、全面而严格的治理。需要说明的是，进入司法实践领域或成为法律纠纷的案件中所代表的行为仅仅是法律对行为调整功能的小部分体现，大量的调整功能还在于通过预设的法律结果引导现实实体或整体内的所有成员、行业或部门等，依照法律规范、法律价值、正义观念去行为、行动、行事，从而形成结构性、框架性、基础性的法律意义上的制度正义，更期望在这种法律制度正义的环境中，促进身在其中的各种个体的自身美德的成长，从而至少保障法律职业人士或者社会所有成员在从事法律活动时能够坚持做到法律制度正义与法律职业美德的统一，进而再在其他领域推动社会至善和个体至善的同步增长。法律对多种多样、不计其数的行为所进行的民事法律行为、刑事法律行为、行政法律行为以及每一种分类中更具体和多样化的法律行为的分析、分类和归纳，可以视作一种“类型化”思维或类型化处理。对多样性的、自发的行为的类型化处理，相当于法律编码，由此将自发的行为纳入法律机器运转程序之中，从而得出必然性法律结论。这个过程，就是多样性、分散性的自发动作、自发行为转化为自觉的、有规范意识的法律行为、合法行为的能动过程。法律主体在此过程中，从自发走向了自觉；法律因其分类、调控和引导，也发挥了其应有的社会功能，实现了法律自身的价值，进而为社会至善作出了力所能及的贡献。

二、规范：从分散性行为规则到统一性法律规则

法伦理的道德主体德性的培养和实现，不仅需要对人们的行为进行分类并将其中的重要行为纳入法的调整范围之内，还需要将各种各样的分散性的行为准则或行为规则进行有机结合和规范升华，形成统一性的法律规则。当统一性的法律规则产生时，各种社会主体的行为就会有所依凭。因此，将分散性的行为规则整合为体现国家意志的统一性的法律规则，也是法伦理中的道德主体德性成长的必备前提或基础条件。

无论是普通的社会成员，还是各种法律主体，均有其自发的行为模式和对行为规则的理解。对不同行为规则的坚持或偏好，会使各种行为规则并存，如果缺乏对统一性的法律所规定的行为规则的认可、施行和维护，就会出现各种规则之间的碰撞而引发不必要的矛盾，影响实体的和谐。为此，就需要从对分散性的、各自所习惯的行为规则的遵循逐渐过渡到对法律规则的遵循，从而使整个实体在法律所确立的共同规则基础上有序运行。

分散性行为规则的产生，主要有以下四个方面的原因：

一是个体性差异。不同领域、不同维度、不同性质的法律主体，各自拥有自己的个性特征。每个个体有不同的内在生命基因和外在的性格特征，同时有其自身看待和理解世界的独特方式，这种由生理、心理和精神所组成的个体性的差异，会导致行为规则方面也存在不同。即使是作为商法主体的各种有限责任公司、股份有限公司等企业，由于股东会、董事会、监事会等组成人员的差异，也会形成其独特的风格和行事特征，在市场活动中遵循自己理解、认可甚至自身制定的行为规则。例如，在市场营销活动中，就产生了各种各样的产品推介行为和促销手段。公司的行事方式或行为规则，形成公司企业文化的一部分，反过来又作用于公司中的新职工，于是其行

为规则就会不断累积、加强和拓展，成为一种不易撼动的现实存在。

二是个体成长的家庭环境不同。家庭是现实的伦理实体，家庭文化建设也有其共性，但是不同家庭存在不同的家庭文化。家庭需要、家庭规模、家庭地位、家庭财富等方面的差异，会形成不同的家庭文化，不同的家庭文化中就包括各自对某种相应行为规则的认可、提倡和遵守。每个法律主体从其出生之日起，就一直受到家庭所推崇的行为规则类型的潜移默化的影响，在其长大成人之后，也会带有家庭行为规则的印记，自发或自觉地按照家庭的行为规则去行事。由于人的一生离不开家庭，无论是父母家庭、自身家庭、子女家庭，人总是在做工或工作之后回到家庭，因此家庭中所坚守的行为规则会对家庭成员反复地熏染、影响和培养，从而强化了源自不同家庭甚至不同家族、氏族的行为规则，使人的行为规则在社会领域呈现多样性。

三是个体所从事的行业不同。个体要参与到现实实体的建设，一种重要的途径就是从事某领域的工作。天下百工，各有其重要作用与价值。生产行业、服务行业、咨询行业，以及农业、工业、信息业、AI 业等均存在自身独有的行为规则，以明文规定的方式或行业惯例的存在。个体参与到不同的行业，或者从一个行业转换到另一个行业，或者一身兼任多个行业的工作，不可避免地要受到各个行业规则的影响，或者依照行业规则去行事。当不同的行业规则发展成一种社会性存在时，社会领域又增加了许多的规则类型。

四是个体境遇不同。任何个体的成长都是在顺境、逆境的交替变化中不断前行的。个体如果身处顺境，一般会坚守既有的合理行为规则，但是一旦遭遇逆境，很可能会突破合理的行为规则。

既然分散性的行为规则因个体性格、家庭特点、行业特色、人生境遇等原因而生，那么，就存在许多行为规则或出现多种行为规则并存的可能性。这些行为规则，或者属于生存规则、发展规则，或者属于独处规则、交往规则，或者属于短期规则、长期规则，或者属于个体规则、整体规则等，总而言之，在人类活动的一切领域，都存在多种多样的、自发的、相互一致或相互矛盾的各种行为规则。在这种情况下，为了现实实体的存在和长远发展，就需要采用一些方法，将好的行为规则固定下来，从而形成整体中各个领域的规则秩序。这些规则秩序可以称为“人道”。统一规则的提倡和维护需要外在力量。或者利用社会舆论的威力，或者使用国家强制力，或者两者同时使用，以保障共同行为规则的主体认可、接受和实行。从法伦理角度来看，法律主要依靠国家强制力保障实施，其保障力量最强。通过国家强制力，将多种多样的行为规则抽象、归纳、凝练为共同性的行为规范，形成保护生命健康的行为规则、婚姻规则、继承规则、保护财产和财产交易的行为规则、发展生产规则、遵守国家秩序保护国家利益的行为规则、国际交往规则、对外贸易规则等，并把这些规则以法律规范的形式固定下来。

法律规范是通过一定法律条文表达出来的,具有一定内在逻辑结构的行为规则。它是由国家机关制定或认可的并以国家强制力保障实施的社会规范,体现了国家意志。法律规范体现在法律条文中,是法律条文的内容,而法律条文则是法律规范的文字表达形式。通过"假定、处理、制裁"的法律规范逻辑结构,促使准备从事法律行为的各类主体,规划、预设、反省、调整自身无意识坚持的行为规范类型,而自觉依照法律规范的指引和要求去行为,逐渐在整个现实实体中都能形成依照法律规范、遵循法律规范行为的习惯,而法律规范也就成为社会主要的行为规范类型,带来秩序、文明、公平和效率。

法律规范可以分为不同种类,依照强制程度,可以将法律规范分为强制性规范和任意性规范两种。强制性规范是对于法律权利和义务规定明确、不能变更、必须执行的法律规范,因此又称为命令性规范。任意性规范是指法律规定了一定的权利义务范围并允许人们在此法定范围内自行确定其具体权利义务的规范,因为当事人有一定的自我决定权,所以又称为允许性规范。从法伦理视野分析,强制性规范所涉及的内容主要是关涉整个现实实体的安全、利益、秩序、发展的内容和可能对公共利益产生影响的私人行为,即关涉整个秩序、整体利益的行为。对于这类行为,如果不使用更能体现国家意志强制力量的强制性规范予以规范,就很可能使自然、国家、家庭的秩序陷于崩溃。但是,如果某种行为仅仅涉及私人之间的利益和联系,其对整体所产生的影响不大,或者即使产生不好的影响也能通过司法机制的其他方面或者社会领域内的其他规范予以调整,就可以将该类行为交由当事人自行决定或当事人自行协商决定,如合同订立的形式,如果法律没有规定为要式合同,那么是采用口头形式、书面形式,还是数据电文形式等,则交由当事人协商确定,体现出尊重个体对其生命活动的自由选择权。需要说明的是,任意性规范貌似任意,但仍旧是在国家法律规定的范围内的任意,而不是随心所欲的任意。可见,无论是强制性规范还是任意性规范,均包含国家意志,包含国家意志的强制性、干预性和调整性,只是国家意志的介入程度有所区别而已。强制性规范确定了现实实体中的刚性秩序,而任意性规范则确定了现实实体中在一定轨道内运行的可以由个体意志参与的相对灵活的秩序,而在强制性规范、任意性规范之外,即超出法律规范范围或不在法律规范范围之内的其他行为领域,则完全由个体或行为主体自己作主,从而发挥生命活力、保证生活的丰富性、生产的发展性、文明的持续开拓性。强制性规范与任意性规范的调整范围,也是与时俱进的,并非永远固定在一个水平。如果说中国古代法律是以强制性规范为主,古罗马民法中包含更多任意性规范,那么现代的法律则是强制性规范与任意性规范的有机结合。一般而言,在公法领域强制性规范比较多,而在私法领域,任意性规范比较多。在成文法国家,强制性规范与任意性规范的划分很容易找到制定法根据,在判例法国家,这种规范类型的区分则主要从内涵与判例中的法学原理、法律规则中去分析，但是判例法国家也并非没有制定法，因此，这样的规范类型划分也有其现实意义。

法律规范具有评价、指引、强制、教育等多种作用，归根结底，就是通过法律规范，在现实实体的主要方面，形成一种统一的行为规则，从而保持现实实体稳定性与开拓性、生存性与发展性、秩序性与自主性的有机统一，促进社会文明秩序的形成，为法伦理道德目标的实现提供规范性保障。

第四章　法伦理精神哲学的“德—福”生态

法伦理精神哲学的“德—福”生态，主要探索如何实现法律领域社会至善与个体至善的有机统一。因为法律由国家制定，也主要在国家领域发挥作用，以国家为基础而对其他方面发挥影响，所以“德—福”生态探索就主要在国家实体领域展开。所探索的主要问题包括法律环境至善的内容、个体道德的要求及实现法律领域“德福一致”的具体路径。

第一节　法伦理的“整体至善”

一、科学立法：“规律发掘—人类本位—良法制定”

亚里士多德曾指出：“法治应当包含两重含义：已成立的法律得到普遍的服从，而大家所服从的法律又应该本身是制定的良好的法律。人民既可以服从良法，也可以服从恶法。就服从良法而言，还得分别为两类：或乐于服从最好而又可能订立的法律，或宁愿服从决定良好的法律。”[1]“良法”是法治的应有之义，更是对法律自身的伦理要求。刘云林教授指出：“依据法律伦理的视角，法治目标的达成乃是良法体系在社会生活中全面而有效地实现，从而创制良法成为实现法治的前置条件。从实然的意义而言，这一良法具有和一般法律相同的结构，即价值形态和规范形态的统一；从应然的意义而言，良法指向的是法律的形式合理性和实质合理性。”[2]无论是习惯法、判例法还是成文法，如果其能成为良法，则必然包含规律发掘、人类本位、良法制定等逻辑环节。

法律既然称为法律，必然是规律的反映。这种规律可能是自然规律，也可能是社会规律或人生规律，表现在法律上就是如何处理人与自然的关系、人与社会的关系、人与人之间的关系。每一种关系处理得如何，取决于对相应规律的认识程度。在环境领域，当缺乏对自然规律的正确认识和深刻把握的时候，容易产生盲目乐观和消极畏惧两个极端。如果认为自然资源永不枯竭、可以任意索取和排污，自然界能够通过自身的新陈代谢而自动实现生态平衡，就是一种盲目乐观的思想。在这种

---

〔1〕［古希腊］亚里士多德：《政治学》，吴寿彭译，商务印书馆1965年版，第199页。

〔2〕刘云林：《法律结构视阈中良法的向度及其实现》，载《道德与文明》2020年第4期。

思想支配下，调整人与自然关系的环境法就会缺失，即使制定了环境法，其作用也得不到重视，法律效力也得不到发挥。相反，如果认为人类对环境问题完全无能为力，环境公害不可避免，对环境事件只是一味地担忧和恐惧，就会放弃生态修复和污染防治活动，对违法排污行为也采取放任态度。为了避免盲目乐观和消极畏惧两个极端，需要对自然规律尤其是与人的生存发展密切相关的自然规律进行深入探索，对涉及人与自然关系的行为确立“提倡”“限制”“顺其自然”等不同态度，制定出相应的人类行为规范，从而在主观能动性范围内有效地减少甚至避免环境损害。同样地，历史唯物主义告诉我们，社会历史的发展也存在一定的客观规律性，符合社会规律的行为会促进人类历史发展，当人类行为不符合社会规律时，则有可能出现风险。如果法律不能很好地反映社会规律，或者对社会规律一无所知、忽视甚至漠视，就容易出现不作为和乱作为两种极端的情形，从而带来相应的社会后果。同样道理，如果缺乏对人与人之间相互关系规律的客观把握，或者虽然把握了相关的交往行动规律，但在交往实践中不承认和遵循这种规律，不将这种客观存在的交往规律以法律的形式规定出来，那么人与人之间的联系可能处于杂乱无章、无序可循的状态，人与人之间的关系处于高度的不确定状态，从而对人们的生活产生消极的影响。因此，法律之生成需要一个基本前提，就是对各种自然规律、社会规律、人生规律的把握。对这些规律的内涵外延、实现条件、具体路径把握到什么程度，法律的科学性也就能体现到什么程度。

但是，法律并非规律的同义语。毋宁说，法律是呈现为整体规范形式的那一部分规律，其中既包含作为事实存在的客观规律本身，也包含作为价值存在的态度或选择。如果采用“镜像规则”，把规律自身当作一种客观存在，而法律则像镜子里面的人一样与外在规律完全一致，不折不扣地反映规律，而不添加任何人的价值、选择和态度，那也无法构成现实的法律。理由在于，规律并非专为人类而存在。既然是规律、逻各斯、必然性，那么其内在构造、运行程序、作用范围就并非仅仅与人类有关。不同层次、不同维度、不同级别的规律所调整的范围也不一样。与人这种生命形式、有限理性存在者相关的规律，可以为人类所把握，但与人类只有间接联系的那些宏观星体运行规律或微小粒子的运行规律还不能轻易为人所把握，那么这些尚未被把握的规律就不可能进入法律的视野。另外，即使是已经为人类认识和有能力娴熟利用的规律，其自身也未必对人类有利。北半球中纬度地带的四季更替泾渭分明，夏天的酷热可以使人中暑、冬天的严寒足以将人冻僵，唯有春秋两季的气温符合人体体温变化规律，那么对夏天的酷暑和冬天的严寒就应该规定在法律中，让人类自愿地承受此不适吗？必然不是。而是要通过发展生产、改变居住条件、调节作息规律等方法避免其可能对人带来的伤害。当这种态度、选择沉淀下来成为一种可供选择的生存指南，被法律所认可、肯定或呈现时，它就成为一种价值选择或价值取向,这种价值选择或价值取向也就成为法律的一项具体价值因子。当类似的价值因子累积、分类、归纳之后,可成为法律的价值正当性或立法原则。因此,从这个意义上看,法律是基于对规律的发现和选择而制定的。只有发现了更多规律并通晓各种规律的利弊,基于维护人类发展的本位去进行合理选择,才有后续的认可或制定环节存在。法律经年累月地经过岁月沉淀之后,就会成为人们默认的甚至自觉的行为习惯。因此,可以说,习惯就是过去的法律,而法律则可以成为未来的习惯。现在所谓的习惯,实际上就是过去法律所塑造的行为模式,这种习惯虽然已经不是记载于当下法律条文中的"明确的法律",但其是"过去的法律",是作为服务于当下的、明确的法律的基础或背景的"默示性法律"。习惯也处于变动之中,当新的法律需要培育新的行为样式、行为习惯时,已有的习惯就会发生相应的改变,如果仍旧拘泥于旧有的习惯,很可能不能适应新的法律、新的习惯要求。当然,习惯的形成、变化和发展,并不是受到法律因素的单一制约,还受到其他因素的影响,从根本上说,无论是习惯的发展变化还是法律的发展变化,都是生产力发展变化的结果。生产力进步了,经济基础发生了改变,时代发生了变化,已有的习惯和法律必然要发生相应的改变。之所以分析习惯与法律的关系,是因为法律对习惯的形成具有重大影响,而习惯中的行为习惯部分而不是心理习惯或其他习惯部分,与过去的法律的培育具有不可隔断的联系,从而确立习惯为什么还能够成为法,或者习惯法还能作为法律渊源之一的内在原理。习惯法实际上就是对过去的法律所塑造的行为习惯的认可。

同样道理在社会领域和人生领域也发挥着作用。社会作为围绕"社"而形成的"会",作为一种从家族、氏族、部落、联盟发展起来的人类组织,贯穿于其中的各种规律也并非对人类的发展全部有利,有助于实现和平的规律是人之所欲,导致战争冲突的规律则为人之所恶。对于人生规律而言,逆境、顺境交替出现,向上还是向下、文明还是野蛮、善良还是邪恶、高尚还是卑鄙,个体作为主体也具有一定的主动性,同时还受所在环境、成长境遇等外在因素的影响。当立法者在面临众多的规律时,必须作出选择,而这种选择就是价值取向。这种价值取向的归纳、集中就成为立法原则。

笔者认为,立法原则集中反映了人类社会的基本价值追求,它是立法者应当遵循的指导思想,即对众多的、不同性质、不同功能的规律进行取舍,以调整现实世界诸种经济活动、社会活动、文化活动等并使整体和个体都实现进步和发展的价值意识。它是规律与现实相互结合的必经之路。为了实现规律与现实的有机结合,不仅需要对规律进行研究,更需要对现实的社会生活进行调研,然后将规律与现象进行比对,分析现实世界的各种现象哪些是符合规律要求的,哪些是违背规律要求的,对于符合规律要求的部分通过法律予以肯定,对于违背规律要求的部分通过法律予以矫正。这里又出现了一个必须回答的问题:规律有许多种,存在不同级别的规律,既有根本规律又有非根本规律,既有整体规律又有个体规律,那么究竟应当以哪种规律为依据呢？笔者认为,应当以根本规律为依据,同时照顾到立基于根本规律之上的整体规律和个体规律。理由在于,根本规律是万物之理的运行、是"众理之理"自身的运动,舍此根本规律,则整体与个体均会失去发展根基和提升方向,从而根基不稳或半途而废,但是体现根本规律的整体规律和个体规律则需要重视,社群主义与自由主义一致是政治学认识社会的重要思维范式。也就是说,社群主义所代表的整体与自由主义所代表的个体均是一种现实存在。社群是一种客观存在,行业、区域、社会、家庭、国家、能为人类所认识和把握的自然等,均是一种客观存在,不能忽视这些具体存在的必然性、必要性、必须性,不能忽视其相互之间或内部各组成部分的相互联系、彼此的特殊利益和发展诉求,因此需要对其进行调研分析,从主体、客体、内容等方面充分肯定和保护其地位、利益和权利;同理,个体是一种客观存在,个人也是一种客观存在,合伙企业、公司、学校、机关、法人、非法人组织等也是一种客观存在,个体是生活或生产的基本单位,社会需要的生产、管理和文化活动都由其承担,因此必须赋予其法律地位、主体资格,对其正常的经营活动进行保护,发挥其所承担的各种各样的生产职能,保护其尊严、权利、利益。那么,这些尊严、权利、利益到底体现在哪些具体方面呢？这就需要进行调查研究。并非在个体规律与整体规律之上存在一个根本规律,当不同级别的个体日益聚拢形成不同层次的整体并达到人类理性所能认识到的最高整体,以及最高整体内在的、最深层的本体的运动程序、轨道、方向、力量、频率、周期等才是所谓的根本规律,所以,从个体规律成长为整体规律,再成长为根本规律或者也可以称为处于最深层的内在本质的规律,需要很长时间的、自觉的、方向性的努力。而法律就是要为这种努力保驾护航,从规范层面予以支持。这样的法律能推动人和社会从现象走向本体、从表象走向规律、从整体走向实体、从规范走向伦理。

关于立法原则或立法时所考虑的价值取向的理论依据应是正义论。伦理对法的要求,即善或正义,从根本上说,与伦理对人类行动或者人类规范秩序所提出的一般要求相应。正义论要求,立法应当坚持正义原则。符合正义原则的法律就是好的法律,而不符合正义原则的法律则是不好的法律。在法律中有大量的词汇表达与正义类似的概念,"善良与公正;诚实信用;公正;自然法或自然理性;善良风俗或者自然理性;善良风俗或者社会道德;善意;人性、人道;敬畏;责任感或者尽义务的行为;正当理由、正当原因;一个正直的人的判决",[1]等等。关于正义的概念,虽然有如此多的类似表述,却并未形成统一的、能够为所有法律主体所接受的正义概念。著名法理学家 E. 博登海默曾指出:"正义有着一张普罗透斯似的脸,变幻无常,随时可

[1]　参见[德]施塔姆勒:《正义法的理论》,夏彦才译,商务印书馆 2016 年版,第 54 页。

呈不同形状并具有极不相同的面貌。当我们仔细查看这种这张脸并试图揭开其表面背后的秘密时,我们往往会深感迷惑。从哲学的理论高度来看,思想家与法学家在许多世纪中业已提出了各种各样的不尽一致的'真正'的正义观,而这种种观点往往都声称自己是绝对有效的。"[1]这一点可以从古希腊的自然正义观、中世纪的神学正义观、近代的契约正义观、现代的罗尔斯的"作为公平的正义"观等正义理论2000余年的历史发展中找到证据。那么,既然将正义作为立法的理论,必然得有一个关于正义的基本理解。从法伦理学角度来看,可以将正义理解为伦理实体运行规律的时空定在。依照现实的伦理实体的层次,可以将正义分为自然正义、国家正义、家庭正义。自然正义是在自然的范围内适当地安排各种主体的法律地位、权利义务和责任形式,在生态哲学思想的指导下,发挥罗尔斯顿所说的万事万物的"内在价值",从而保护自然界自身的"整体价值"。国家正义是在国家范围内合理安排各种主体的法律地位、权利义务和责任形式,各尽其力、各安其分、各得其所,如柏拉图在《理想国》中所指出的,立法者和监护者应当智慧,国家的保卫者和辅助者应当勇敢,农夫、手工业者和商人应当节制,这三部分"应当各自发挥天赋、发挥各自的职能、相互配合"。"每个人在国家内做他自己分内的事","正义就是有自己的东西干自己的事情"[2]。而家庭正义,就是在整个家庭范围内,合理安排各个家庭成员的法律地位、权利义务和责任形式。家庭以情感为主,但是在现代社会日益引入了一些法律因素。当涉及法律问题时,如婚姻、继承、家庭共有财产分配,家庭正义观就会在家庭和谐观的大框架之内发挥作用。

立法正义的现实目标就是实现现实伦理实体及存在于其中的道德个体的同向并进、一体发展。法律调整行为,行为背后是利益,利益背后是动机,动机背后是需要,需要背后是价值。通过正义价值观的引领,确保培养合理的需要、形成善意的动机、追求合法的利益、保障正当的行为。正义本身具有属性的特征,可以用来描述和评价性情、行动、规范和制度的好坏优劣,但正义本身不是属性,它是一种状态、一种理想,或者说正义自身就是努力的目标。在任何的法律中体现正义的要求,使法律成为实现正义的要素,这是立法正义所希冀的目标。而已经认可或制定出来的符合正义要求的法律,就可以成为良法。符合正义要求的法律就是符合伦理实体运行规律具体时空要求的法律。在良法与恶法的区分上,自然法学派以自然法作为评定实证法或人定法是非优劣的标准。如果实证法符合自然法的要求,就是正义的法、良法,否则就不是良法、"恶法非法",霍布斯甚至直接将研究自然法的科学称为真正的道德哲学。什么是自然法?"自然法是人类所共有的权利或正义体系,是与'实在

[1] [美]E.博登海默:《法理学:法律哲学与法律方法》,邓正来译,中国政法大学出版社1999年版,第252页。

[2] [古希腊]柏拉图:《理想国》,郭斌和、张竹明译,商务印书馆1986年版,第155页。

法’相对照的得到普遍承认的正当行为原则。”[1]自然法学理论绵延2000余载，在第二次世界大战的纽伦堡审判、东京审判后又得以复兴，充分彰显了其生命力和理论价值。那么自然法与正义是什么关系？依据前面的论述，可以将自然法理解为正义的体现。正义既可以体现为自然法，也可以体现为实证法；既可以体现为成文法、判例法，也可以体现为习惯法。正义是内容，法律则是正义的载体。正义自身就是目标，通过正义、伦理规律或伦理原理，走向伦理实体本身。

需要说明的是，功利论、义务论、契约论等，也可以成为认可或制定法律时的一种指导思想，但它们有自己的适用范围。

功利主义代表边沁在《道德与立法原理》中指出：“追求快乐和避免痛苦是立法者考虑的目的，这就要求他必须了解它们的值。快乐和痛苦是他必须运用的工具，因而他不能了解它们的效能，而这从另一个角度看也就是它们的值。”[2]把所有快乐的值加在一起，也把痛苦之值加在一起，如果快乐的总值较大，就是好的总体倾向；如果痛苦的值较大，就是坏的总体倾向。依照功利主义，制定法律时，就要衡量某部法律可能给人带来的快乐和痛苦哪个更大，如果快乐大于痛苦，就可以制定，否则，就不用制定。“功利主义的立法者认为惩罚是唯一一种可以对付犯罪的措施，其本质在于要给犯罪者带来痛苦，其主要价值在于它阻遏或预防了犯罪。根据功利主义观点，不应当制定一部无效的，或者不能预防犯罪的法律。”[3]

义务论代表康德将立法分为“伦理的立法”和“法律的立法”两种。伦理的立法是从道德“动机原则”拓展为行为规则，属于诱导的或劝导的模式；法律的立法中不包含道德“动机原则”而是包含其他类型的动机，而且是通过强制性制定的。伦理的立法不可能是外在的立法，法律的立法也可能是外在的立法。对于康德而言，按照其“绝对命令”“人在任何时候应当被当作目的而不是手段”“一个理性存在的世界作为目的王国只有通过作为成员的所有人的自我立法才有可能”等主要观点，法的概念或任务就是“在于按照普遍的自由法则将一个人的任意与其他人的任意统一起来”[4]。这也可以看作一种立法思想或立法原则。

契约论在霍布斯、洛克、卢梭、罗尔斯、高蒂尔、斯坎伦那里有很明显的体现。契约论或契约主义、同意论的特点是将契约作为社会、国家、政府、公司甚至法律产生的根据。依照契约论的观点，法律就是不同个体之间相互协商、达成合意的产物。契约论是一种个体主义的伦理范式，它照顾到了不同主体的“特殊意志”，但是容易

[1] 宋希仁主编：《西方伦理思想史》，中国人民大学出版社2004年版，第186页。
[2] [英]边沁：《道德与立法原理导论》，时殷弘译，商务印书馆2000年版，第86页。
[3] 刘爱龙：《立法的伦理分析》，法律出版社2008年版，第181页。
[4] [德]迪特玛尔·冯·德尔·普佛尔滕：《法哲学导论》，雷磊译，中国政法大学出版社2017年版，第148页。

忽视作为基础的整体的“共同意志”，因此其在私法领域，尤其是合同法领域发挥着重大作用。但是，历史上是否存在某个历史时点，所有人都能有空闲、有条件、有能力坐下来进行协商以达成合意，以制定法律或通过该契约生成人类社会、国家和政府呢？假如存在这样一种时点和场景，也已经达成了“作为合意”的契约，那么后来出生的人也受该契约约束的理由何在呢？既然不是本人的意志表达，而仅仅是前人的意志表达，那么为什么要遵守这个契约呢？之所以选择遵守，是因为其是一种合理的契约，能够为整体和个体带来安全、和平与发展，那么这实际上已经成为一种选择论，而不是平等协商、通过自身或代理人参加的契约论。另外，假使所有人都能参与订立契约，那么是否所有人都有订立契约的行为能力呢？是否具有足够的理智、知识、坚定的意志、卓越的谈判技巧，而使自身的特殊意志得到合理的承认呢？实际上，不可能所有个体的订约能力都在实质上平等，那么所导致的结果就有可能是强者的特殊意志引领、覆盖甚至吞噬弱者的特殊意志。如果强者的特殊意志是合理的，那么自然会带来明显的积极效果；如果情形相反，则可能使所订立的契约未必能够真正成为公共意志而只是个体意志的交叠或组合。这就是为什么契约论的批评者将契约论当成一种理论上的虚幻假设的原因。但是，毋庸讳言，契约在现实世界确实发挥着重要的作用。没有契约，就无法理解个体的需求和愿望，也无法保护和尊重个体的尊严和利益，更无法体现黑格尔所说的“自己为人，同时尊重他人为一个人”的法律精神。无论如何，契约论确有其重大的理论贡献和实践价值，关键在于，契约论可以在立法过程中的讨论环节体现，可以在合同实践领域体现，但它不宜成为一种可普遍化的原则。

通过坚持立法中的正义论原则，成功地将所把握的、对人类社会发展有积极作用的各种规律推到了具体的立法活动面前。立法主体、立法内容、立法程序、立法技术等均属于立法活动的组成部分。这些立法活动在“立法学”中已经比较成熟，而且在现代社会的立法实践中亦获得了丰富的经验，取得了巨大成就。

立法主体方面，应当合理确定立法权限，该分散的分散，该集中的集中，立法主体应提升自己的伦理素养，切实落实好立法的公共目的而不仅仅维护部门利益、行业利益或自身利益；当就某一条款的存废展开讨论的时候，应该基于法律功能能否实现而展开，而不能过分地强调特殊的案例；需要进行立法创新的时候，就果断创新，但不能违背国家根本大法即宪法的规定和精神。无论是认可或制定法律，无论是法律、法规、行政规章、地方性法规，也无论是采用怎样的立法体例或干脆通过判例法的方式来呈现深藏其中的法律规则，均需要围绕立法目的来展开。

立法内容要以现实社会实际存在的社会关系、利益关系、法律关系等为前提来展开。各个具体的法律在制定之时，需要前期的社会调研和后期的立法论证。任何法律的诞生，都是生产力发展到一定阶段的产物，生产力引起了生产关系的变化，而生产关系的变化则引起了上层建筑及其他社会关系的变化，法律就是依照新发展、新变化的事实而制定的，并不仅仅是主观意识世界的反映，也不是立法愿望的无拘束表达，主观应服从客观，基于客观的立法才会更有针对性、适用性，才有更高的效率和现实价值。法律的“立、改、废、释”等也是遵循客观需要的原则，当一项新的具体法律制度被引入已有的法律文本中时，也存在其最适当的时间节点。不同的法律在时间效力上一般是指向未来而没有溯及力；在适用地点上则是国家范围、某个地方或者国际领域；适用对象既可能是全体自然人，也可能是某种特殊职业的人群，如法官法、检察官法、律师法等，或者专门的行业，如银行法、会计法、教育法等，还可以是针对某种组织或行为，前者如个人独资企业法、合伙企业法、公司法，后者如证券法、票据法、清洁生产法等。那么，就需要根据不同的适用对象分别开展调查研究，形成不同的法律草案，再经讨论通过。

立法程序是指有权制定法律的国家机关在制定、认可、修改、补充和废止法律的活动中，需要遵守的法定步骤、程序和方法。不同的国家和地区可能存在一些具体的差异，但程序本身的法定性、客观性、连续性、可操作性、合理性等特征不会改变。在所有这些特征中，合理性最为要紧。所谓合理性就是整个立法程序的设置符合一个国家和地区的具体情况。同时要求，所确立的立法程序应该尽可能体现参与主体的广泛性、法律讨论的深刻性、制定法律的高效性。只有更多的符合条件的人员参与，法律的制定才更能集思广益，同时为更多的公众所提前了解；只有在讨论时针对立法背景、条文的遣词造句、法律的逻辑表达、法律出台后的效果预估等进行针对性的、多维度的、深入的分析、沟通和交流，才能使法律成为一部优秀的法律；也只有确定足够多的但并不是无限的讨论次数、具体的、方便开展的环节和行之有效的方法，才能在急需法律的时候高效地制定出法律并同时保障法律的科学性。

立法技术主要针对具体法律的篇章结构而形成。采用严谨的法律语言、严密的逻辑表达，形成法律体系。法律语言不同于一般的日常用语，它必须做到清晰、简洁和易于理解，且应当规范而不应随意，不应存在语言漏洞和表达歧义。虽然由于语言自身的特点，使用不同语系所制定的法律在精确性上会有所不同，但应努力做到准确无误，不能概括含糊、模棱两可，更不能在不同法律的表述中相互抵牾。任何一部法律的制定或认可，均有其现实功用和目的，立法时主要围绕立法目的而展开，立法语言则是体现立法目的、承载立法意志的重要手段，对某一具体调整对象或调整范围，到底达到怎样的调整力度、程度、幅度才能奏效，产生所期望实现的法律目的或法律效果，完全取决于法律语言本身的表达情况。通过选择、界定、安排、协调具体的立法语言，达到词能达意、与规律一致的程度。法律逻辑一般通过法律规范表达出来，其中包括假定、处理、制裁三种组成要素。其中，“假定”环节最为重要，因为其直接反映立法的方向、范围和目标，即一部具体的法律究竟要调整哪些具体的社会关系类型、哪些行为可以成为法律行为、哪些社会现象受到了法律的注意和重视。“假定”是法律调整对象的具体化,需要经过调研、分类、论证才能进入法律条文,然后才能予以处理,进入应当如何作为或不作为的引导或指示环节,最后以制裁环节作为对行为正确性的保障。立法是为了形成合理秩序,并不是为了惩罚。法律条文通过假定、处理、制裁等环节体现出价值关切,形成对行为、秩序和价值的逐级引导。此外,不但所有的具体法律应该形成一种相对稳定的、动态而开放的法律体系,即使是一部具体的法律或行政法规本身,也应当自身内容协调、能够囊括所要解决问题所涉及的各种项目,不存在遗漏或忽视,使法律成为规律性与伦理性相统一的杰出作品。

法伦理学者富勒曾指出,如果要创造和维系一套法律规则体系,应努力避免以下八种情形:(1)完全未能确立任何规则,不得不以就事论事的方式去处理每一项问题;(2)未能将规则公之于众,或者至少使受影响的当事人能够知道他们所应遵循的规则;(3)滥用溯及既往性的立法,这种立法不仅不能引导行动,而且会破坏前瞻性立法的诚信;(4)不能用便于理解的方式表述规则;(5)制定相互矛盾的规则;(6)颁布超出相关当事人做事能力的规则;(7)频繁地修改规则,以至于人们无法根据规则来调适行为;(8)无法使已公布的规则与实际执行情况相吻合。[1] 富勒认为,这种情形中任何一方面的失败,都会导致形成糟糕的法律体系,甚至不能产生可以称作一套法律体系的东西。在立法过程中应尽量避免这些可能性,从而保证法律的正当性和科学性。

二、严格执法:“执法效果—执法程序—执法观念”

在良好法律制定之后,法律就作为一种制度存在于社会之中。作为一种正式制度,法律通过以下方式发挥作用:一是通过一定载体表达出来,如石柱、铜鼎、纸张、数据电文等;二是既有的法律条文、判例法或习惯法通过传播而逐渐在意识世界形成观念性认识;三是将法律规定落实于行为层面。这个“呈现—意识—行为”过程其实就是法律现实化、法律行为化、法律制度化、法律效果化的过程。从记载的法律条文开始,向内变为法律意识、向外变为法律行为,尤其是向外变为法律行为,意味着法律的落实。如果这种落实完全是一种自觉行为,就不需要执法;如果这种落实需要外在力量的引导、帮助、命令或强制,就变成了执法过程。

那么,为什么已经制定出来的良好法律未必能天然地获得敬重、遵守和履行呢?原因在于,人作为法律调整的对象,其本身是一种自然性与自由性相结合的生物性、社会性、精神性相统一的高级生命形式,其生理结构、社会活动、心理构成极为精密

〔1〕 参见[美]富勒:《法律的道德性》,郑戈译,商务印书馆2005年版,第47页。

和复杂，特别是人内心深处存在的对自由的渴望，使其成为一种不愿意受到各种约束的生命。这种心灵的自由向往一方面会带来不受拘束、冲破藩篱的结果，另一方面也是主观能动性的体现。它既可能带来开拓、创新和发展，也可能带来倒退、破坏和毁灭。当自由呈现为“我意欲、我行为”的任性状态时，就极易产生对他人和周围环境的伤害，从而出现一种负面结果，所以需要将“任性的自由”纳入“必然性”的活动场域，由此称其为“必然的自由”。但是，从任性的自由转化为必然的自由，需要花费更多的成本。以办公用品的采购制度为例，如果不通过以落实采购法、会计法、审计法等要求为目标的严格的程序审批制度，购买办公用品的效率会很高，速度会很快；但如果严格遵守采购制度的规定，则会增加许多的时间、交通、沟通成本。那么，在自由采购和程序采购之间，对于采购主体来说，既然成本不一样，按照人类趋利避害、删繁就简的一般行为心理，就会选择成本低的采购方式。但是，自由采购方式具有违背各种财会法律、财务纪律的更大可能性。而一旦出现违法行为，损害的乃是法律所确定的关于整体的经济秩序。为避免这种“损害的更大可能性”，许多国家设置了各种采购程序以保证采购的真实性、规范性和有效性。这种通行于世界的做法，是一种落实法律精神的具体措施。对采购主体来说，遵守这种措施规定意味着需要作出更多付出或努力。进而言之，守法意味着对个体自由的适当放弃，意味着保持高度注意义务以避免违法行为发生。对于经济主体而言，守法经营意味着主动放弃不应当谋取的利益，许多所谓灵活的销售策略和人为的管理制度会被放弃或调整，随心所欲的行为、偏好和嗜欲会受到自我限制。受到客观原因影响或者出于主观认识不足，这种自我节制或自我调整并不容易天然地做到，所以就需要通过执法活动进行引领和指导。再有，任何社会或整体的发展，都有其战略规划、发展目标、路径选择、制度安排、行动组合，因此也需要通过执法行动予以保障、推行和评估。执法意味着对秩序的维护，对各种利益主体以非法手段获取权利、利益、名誉等途径宣布“此路不通”。综上所述，个体属性、自我行为调整的需要、整体发展的保障需要，共同决定了执法活动存在的必要性，执法活动是落实法律精神或法律规范的必要途径。

执法是既有法律的现实化过程，一般包括执法主体、执法范围、执法过程、执法手段等要素。执法主体可以以机构的形式存在，但最终落实执法功能的主要还是执法一线的具体工作人员。执法范围是由法律规定的执法区间。哪些地域、事项、人员属于执法对象，需要法律予以明确规定，虽然执法范围存在一个动态发展过程，但是应当由法律明确规定，否则很容易出现执法不到位或过度执法的情形。执法过程是执法的各个环节所组成的连续体，表明身份、出示证件、现场执法、签字存档等构成了一般的执法过程要求。执法手段是各种执法的技能和技巧，语言艺术的运用、书面通知的使用、科学手段的使用、互联网技术的采纳、统一办事大厅的建立、公司网上注册流程等，均处于发展进步之中。

在所有这些执法要素中，伦理、法律、专门知识等发挥着重要作用。如果缺乏伦理保障，执法就会失去方向性，特别是在出现法律尚未调整到的新兴领域而无法可依的情形时，伦理就会发挥方向性作用，从而使执法在选择时有价值依归而不会失去方向。伦理作为关涉整体性、实体性的知识，蕴含着万事万物的基本道理，能够发挥价值引领作用。法律是影响执法活动的另外一个因素。法律是由国家层面制定的，但是法律在通往现实的道路上需要行政法规、行政规章、地方性法规等作为过渡或中介，以分解和落实法律所确定的诸种目标。这里就存在一个行政法规、行政规章、地方性法规等与法律规定、法律规定所体现的精神必须保持一致的基本要求。但是，非法律的法律渊源与作为法律的法律渊源之间、下位法与上位法之间未必总能保持一致状态，在分解、落实法律的具体目标时，也不能保障其行为必然在合法性范围之内。这一方面需要通过宪法审查制度来解决，以保证国家法令的统一性；另一方面还需要建立在伦理基础上的统一情怀，因为伦理是人理、是做人的道理，法理是当人遇到法律行为时应当坚持的原理，在这个意义上，伦理是能够涵摄法理的，所以通过伦理走向法理，再由法理形成法条，最后通过法条进入现实世界的法律活动，就能发挥伦理的根基作用。

执法过程可以分为依照规定执法、自由决定执法和介于规定与自由决定之间的执法三种类型。社会公众的一般心理，是期望依照规定执法或者说是依法执法。依照规定执法具有两个好处，一是有章可循，不出差错；二是无须旁骛，专心从事执行事务。但是，任何规定、规范，都是为现实服务的，而不是现实世界为规定、规章、规范服务的。现实世界是动态的，也必须是动态的，因为只有动态，才能保持活力和向前发展。关于时间空间是静止的认识至今仍存在于世界上不少地区，他们认为一切都是循环的，所以会导致求发展的动力不足。然而，动态与发展还不是同一个概念，动态是对整体状态的描述，对应的是静态；而发展是一个方向性描述，发展与倒退相对应。既然执法是动态的，那就不能走向倒退的状态，而应走向发展的状态。那么怎么样走向发展状态而不是陷入倒退状态，即怎样通过执法促进发展而不是激励倒退？这是行政执法的难题。如果原地不动，就是不作为；如果不符合规律地动，就是乱作为；如果想不清楚动不动，就是知识上没有准备充足而犹豫彷徨。那么，解决这个难题的方式是什么？就是依照法律、规律去行为，依照伦理所表征的根本运行规律去行为。遵循规律、实事求是，就会破解犹豫不决、左顾右盼、患得患失、畏首畏尾的难题。也就是说，社会是向前运动发展的，在对这种运动发展的新趋势、新方向、新领域等缺乏既有的执法程序规定，而又必须进行执法时，所需要的就不仅是丰富的行业知识、专门的法律知识，还需要深邃的伦理智慧。

执法行为并不等同于行政行为。由于许多执法行为都是由层层设置的行政机关所承担的，因此一般认为执法行为属于行政行为。实际上，行政机关所从事的行为远比执法行为要宽泛，行政机关管理社会中方方面面的事务，从日常生活所需到生产经营，从环境保护到稳定秩序，从收缴税款到发展社会公共事业，从经济结构调整、文化事业发展到国家外交活动的开展等，行政权也因此具有丰富性、发展性和层级性。行政权所包含的执法行为，可以称为行政执法行为，其中包含行政处罚权、行政处分权等，同时还包括赋予行政相对人的行政复议权、行政诉讼权等，但是行政权并不仅仅包含实施行政执法行为。同样道理，执法行为也可以由某些司法机关作出。检察机关和法院没有关押、改造和教育罪犯的职能；监狱是关押和改造犯人的地方，监狱就是在执法，在所有执法行为中属于最为直接、最为严厉、最为有效的极限执法。因此，执法行为与行政行为有交叉，甚至主要由行政机关承担，但两者并不是完全等同的概念。

在执法行为中，固然要探索正确的执法过程、执法环节、执法方法，但最重要的是要有内在的伦理意识。而这种内在的伦理意识的核心要求，是希望执法主体依照权力的属性去行为而不能掺杂部门利益、个人私意或其他任何无关考虑，坚持为人民服务，同时要有严格执法的勇气和决心。人是执法的主体，而任何机器设备、软件技术等辅助工具的功能在于实现人自身的意志，人处于主体性地位。

执法者往往被赋予了执法权力。既然是执法权力，那么必然意味着一种意志对另外一种意志的引导、限定甚至涵摄。政治学中关于“权力”概念界定的方式众多，本书认为，权力是整体意志对特殊意志的整合。权力因集体生活而生，如果世界仅存一人，便无所谓权力；权力为公共目的而存在，而非为个人利益而设，假如权力中掺杂个人目的，权力便不再被视为真正的权力；权力是一种用来进行公共服务的工具，其本身不是目的。权力具有的集体性、公共性、服务性一旦不能被正确理解，而为个体性、私利性、部门性所遮蔽或取代，权力就失去了其本真的原初含义。权力并非无所不在，但如果缺乏对权力的正确解读，就会认为权力无所不在、无所不能，其实这是将其他力量误认为权力的结果，是一种“权力的幻像”或“权力的假设”。当两个陌生人相遇，其中一个人出于并非善意的目的对另一个人进行意志强制时，所形成的就是侵权行为、违法行为、犯罪行为，而不是一种执行权力的行为；同样道理，当一个人拥有权力而正当行使权力时，若相对人出于私利而进行拒绝、对抗甚至反叛，就等于对集体事业、公共目的、服务情怀进行了否定，必然要受到执法主体的教育、改造和惩罚。权力、货币、文化等构成了现实社会活动中的三个主要元素，每种元素都有其自身的运行规律、运行边界、运行时间、作用范围、作用方式、作用结果，有的时候三种要素交织进行，有的时候则是各行其道。无论是交织进行还是各行其道，各种元素自身的逻辑规律不会改变，其所拥有的内在特征也不会改变，那么就依照各自的逻辑要求去处理和安排相关的事情，而不是相互进行无端的渗透，就会形成和保持稳定而充满活力的社会生活。执法主体在执法时,获得了执法权。无论这种执法的目的是矫正、处罚不当行为,还是推广、建构一种新的具体的生活或生产制度,均应坚持执法权力的集体性、公共性和服务性,并保持执法权力本身的纯粹性,不将个体性、私利性、部门性或利益元素、文化元素运行逻辑掺杂其中,则必然能产生良好的执法效果。执法过程中应当对执法权力存在清醒认识,既无不过,又无不及,恰到好处,从容中道。执法过程中最重要的要求是执法权力行使的纯粹性,而这恰恰是伦理学对严格执法行为的重要要求。

三、公正司法:"确定事实—找准证据—实事求是"

司法的理想状态或伦理要求是公正。司法公正在这里主要包含以下意蕴。

一是合理地设置司法机关。在现实世界,人与人之间发生纠纷是不可避免的。一旦出现纠纷,就必须采取合理方式予以解决,以使社会运行恢复到正常状态,从而在保障整体利益的同时维护个体利益。从解决纠纷的手段分析,纠纷解决的方式主要有三种,即情感方式、规则方式和力量方式,每一种方式所使用的工具主要是思维、语言和行动,以及体现思维、语言和行动的各种各样的载体、工具和武器。情感方式能够在双方相互理解的基础上将纠纷妥善解决,没有后患,缺点是当情感因素在社会中缺失时,力图以情感方式解决纠纷的方式就显得比较脆弱。规则方式是基于事实和规则进行一种理性裁判,其长处在于有章可循、比较彻底,其不足在于周期较长、成本较高。力量方式则是通过角斗、决斗、械斗等暴力方式解决纠纷,其优点在于简单直接,其缺点在于纠纷只能暂时解决,而留下仇恨、敌视和复仇。

从解决纠纷的制度设计来看,纠纷解决方式可以分为"自力方式""助力方式""公力方式"三种。这里所说的自力方式,是指在遇到纠纷的时候,完全由矛盾双方依靠自己的力量解决,而不请第三人或者国家机关介入。其长处在于,因为对纠纷发生的事实、原因、过程、结果等非常熟悉,所以更能准确地找到自己的诉求,有利于纠纷的解决;其不足之处是,假如一方或双方不肯让步,容易使纠纷悬停、搁浅或谈判崩裂。所谓助力方式,就是邀请能够保持中立态度的第三方,主持双方或多方纠纷的解决。其优势在于,既能保证争议双方或多方各陈己见,又能在沟通破裂时由第三方重启斡旋沟通的桥梁,即使经过一个较长的或反复的过程,也能将矛盾冲突等级降低或消弭冲突;其缺点在于,寻找一个为双方所信服的、德才兼备而又古道热肠的自然人或第三方组织,并非易事,而且在达成和解协议后的执行方面,第三方自身往往并不具备强制执行的资格和能力。所谓公力方式,就是用基于整体需要而产生的国家所设置的、专门的纠纷解决机关,按照规定程序,解决发生于自然人、法人、非法人组织、行业、部门、地区、家庭等之间或相互之间的各种各样的、或大或小的纠纷。公力方式的优点是具有权威性,既能妥善地解决纠纷,又能保障有效地执行,而且从总体上看,公力方式能够使社会中大部分纠纷得到妥善解决;其不足在于标准化或类似标准化的流程设计,往往需要纠纷主体主动适应,如果不熟悉处理纠纷的各种对应程序,则需要专门人士来代理参加各种纠纷的处理过程,因此会有较高的时间成本、知识成本、经济成本。通过仲裁或诉讼解决纠纷、定分止争的方式,是规则方式与公力方式的有机统一,它具有权威性、公正性和可执行性,能普遍解决各类纠纷,推动社会发展和进步。为了实现司法活动所承载的社会功能,就需要科学设置各个级别、各个地域的司法机构,尤其是法院。为法院审判活动提供所需要的场地、设备、技术、人员、资金、政策等实际保障,同时在不同级别或地区的法院中设立民庭、刑庭、环境庭等具体的部门,以便更专业地处理相应纠纷,提高审判效率。

二是平等地对待诉讼主体。所有的司法活动,无论是民事诉讼、行政诉讼还是刑事诉讼,均应当平等地对待诉讼主体。所谓的平等,就是在案件受理方面、适用规则方面、裁决执行方面均一视同仁。

在案件受理方面,对于依照法律规定需要当事人起诉或公安机关立案的案件,有关机关应该依法受理、依法立案,而不能拒之门外或选择性受理。

在规则适用方面,应保障规则适用平等。在民事诉讼中,程序法赋予一方当事人的权利和义务,应当同样赋予另一方当事人。给予双方当事人平等的起诉权、答辩权、反诉权,对双方提供的证据同样予以考虑,主持者不得与案件结果存在利害关系或偏袒一方,等等。行政诉讼实施“不告不理”原则,起诉也需要条件。但是一旦具备了起诉条件,就应当受理,在审理过程中应尊重原告、被告依照行政诉讼法的规定享有的各项权利,对具体行政行为进行审理。刑事诉讼的目的在于保障作为实体法的刑法的实施,惩罚犯罪,保护人民和社会的安定。无论是公诉还是自诉,无论是简易程序还是一般程序,无论是死刑复核程序还是审判监督程序,公诉人、法官、辩护律师、被告人等必须遵守刑事诉讼规则,特别是犯罪嫌疑人或被告人的辩护权,应当予以重视。犯罪嫌疑人或被告人仍旧具有人格,享有法律所赋予的权利,其既有可能成为罪犯,也有可能是守法公民。辩护不但是一种过程、一种形式,更是一种权利、一种结果,刑事辩护能够有效避免冤假错案的发生,无罪释放或定罪判刑都是刑事辩护带来的客观结果。

在裁决执行方面,对所有被执行主体应当同样严格。偿还所欠贷款应当依照调解书或判决书按期进行,否则就可以依照当事人的申请启动强制执行程序。依法对应当受到行政处罚的单位或个人进行行政执法,而不能差别化对待。对于需要在监狱等执行机关进行教育改造的人员,应当在尊重其人格的同时严格执法,按照统一的标准,依法依规进行减刑、假释,从而坚定服刑人员弃恶向善、回归社会正途的决心。

平等地对待各种诉讼主体,要求同样情况同样对待、不同情况不同对待,而并非绝对的一致或统一。因为每个案件的具体情况并不相同,只要依照所规定的各种条件或标准、依照法律的规定去对待,认真严肃、公平公正地对待每一案件中的当事人,就属于达到了平等的要求。这同时也意味着,需要将社会中发生的各类案件进行归纳总结、分类梳理,找出规律,制定科学合理的赔偿标准、处罚标准、量刑标准,从而做到实事求是、准确无误。

三是正确地处理各种纠纷。所谓正确地处理各种纠纷,就是依照法律规定或法律规定中所蕴含的价值精神来处理各种纠纷。由于认识的差异,对于同一事件或纠纷,必然会存在不同的看法,出现对于同一类纠纷案件处理的不同建议。在这种情况下,就需要一个明确的判断是非曲直的标准。这个标准就是科学制定的法律。依法去处理各种纠纷,使处理结果符合法律要求,达到法律所期待的结果,就等于将法律规则落到了实处,从而增强各类实体内的各种行为的规则性而不是无序性、随机性和偶然性。但是,有些国家或地区的成文法并不发达,或者法治文化并不十分成熟,那么就需要利用法律精神进行判断。法律精神即正义精神,正义是理性在具体时空、具体案件中所呈现的具体要求,它在具体案件中有不同的体现,依法处理案件,关键是找到这种具体的体现。法律上的正义是伦理学上善的重要组成部分,如果想找到具体案件中的正义,就需要进行伦理思考,同时还需要法律知识的滋养和对现实世界各种纠纷类型的洞察和经验积累。因此,一个好的司法工作者,必定是集伦理、法律、社会等知识于一体,而不仅仅是通晓法律。

从法伦理视角来看,依照法律所要保护的对象,可以将现实社会发生的各种纠纷分为三类,即与人身有关的纠纷、与财物有关的纠纷、与发展有关的纠纷。与人身有关的纠纷是指以人身及其附属利益所产生的纠纷,包括现代民法所说的生命权、健康权、荣誉权等所有的权利内容,那么与对生命造成伤害,对健康带来侵害,对荣誉、名誉、隐私、婚姻等各个领域带来危害有关的,即只要是关涉人身权的纠纷,都可以称为该类纠纷。所谓与财物有关的纠纷,指的是人类发展所需要的空间及空间所承载的物质、精神等方面发生的纠纷,如衣、食、住、行方面发生的纠纷,或者作为思、想、念、虑载体的著作、影视、发明创造等著作权或专利权方面的纠纷。物权纠纷、债权纠纷、动产纠纷、不动产纠纷,需要使用行政罚款、查封、冻结、扣押财产等手段处理的行政纠纷,以及与盗窃罪、贿赂罪、破坏社会主义市场经济秩序罪等有关的,均属于与财物有关的纠纷。而所谓与发展有关的纠纷,是指不同的主体在成长发展过程中发生的纠纷,即不同的个体、群体、整体等在其成长过程中,受到了其他物种或本物种的个体、群体、整体的伤害,那么就会发生“成长的纠纷”或者称为“发展的纠纷”。对个体的诽谤、市场中的不正当竞争行为、以“贸易战”“经济战”“技术战”等限制或危害其他国家发展的行为,均属于对其他主体发展所进行的限制并由此导致纠纷、争执或争端。任何纠纷,只要发生,就必然会给个体、群体、整体带来一定的损失，因此应当尽量避免；一旦发生则应妥善处理，以利于整体和个体的发展或成长。适用法律处理这三类纠纷的主要工作人员是法官，检察官和律师也同时发挥着重要的作用。通过“法官—检察官—律师”形成的诉讼模式的三角形结构，听取原被告或控辩双方的意见，作出公正的裁决。

司法公正的实现依靠法律职业伦理保障。在我国，法官应当忠诚司法事业、保证司法公正、确保司法廉洁、坚持司法为民、维护司法形象（《法官职业道德基本准则》）。除此之外，世界上其他许多国家对法官职业伦理也作了讨论和规定。澳大利亚的法官行为指导原则有三条，即维护公众对司法体系的信心、促进公众对司法机构的尊重、保护法官总体和法官个人的声誉。为此，要求法官做到公正、正直并在听审、参与审判、私下交流、法庭外的各种行为中严格遵守相关规定。美国有关法官行为的准则规定，法官应当尊重和遵守法律；法官不应让家庭、社会或其他关系影响司法行为和裁判；法官不应利用司法机构的公众威信为他人谋取个人利益；法官不应主动为他人的品行作证；法官应当忠诚、勤奋、耐心，应当有威严、有礼貌、尊重人。法国的法官则要通过职业宣誓，承诺认真忠诚地履行职责，严格遵守司法讨论的秘密并且做一名高尚、正直的合格法官。在英国，法官行为指南要求，法官及其家庭成员不能要求或接受任何与法官在执行司法职务时所做、将做或漏做的某件事相关的礼物、遗赠、贷款或好意；法官不能在不知情的情况下允许法庭人员或其他在其影响、管理和职权范围内的人员要求或接受任何与法官在执行其职责时所做过的或漏做的某件事相关的礼物、遗赠、贷款或好意。〔1〕可见，世界上许多国家的法律文化和法律制度虽然不同，但在对法官职业伦理具有较高要求这一点具有共同性。在法治社会中，每个诉讼主体均有接受公正审判的权利。而法官最重要的职业道德要求，就是做到正直、公平、诚实，无所畏惧、不偏不倚、毫不冲动、秉承善意地依法办事，处理好每一个案件。

在我国，检察官则应当忠诚、为民、担当、廉洁。检察官所承担的任务有很多，从实施侦查、提起公诉、实行公诉、提起救济乃至指挥执行，一般均由检察官担当或主导。因此，从联合国到世界各主要国家，对检察官职业伦理予以了高度重视。1990年颁布了《关于检察官作用的准则》，用于协助各个会员国确保和促使检察官在刑事诉讼程序中发挥有效、不偏不倚和公正无私的作用。就具体国家而言，美国1983年制定的《专业行为规则》（Model Rules of Professional Conduct）是目前美国除加州以外在各州制定法律伦理规范时的参考文本。《专业行为规则》所涵括对象包括律师、检察官、法官等，内容繁复细密，不但包括各不同角色的工作规范，还包括在法庭外的言论及活动规范，其第3.8点是有关检察官的特别责任规定。英国皇家检察署

〔1〕 参见怀效锋主编：《法官行为与职业伦理》，法律出版社2006年版，第72～73页。

(Crown Prosecution Service)在2010年2月订颁的《皇家检察官准则》(Code for Crown Prosecutors),对检察官的职责以及如何行使职权作了详尽的规定,要求检察官必须公平、独立和客观地行使职权。澳大利亚新南威尔士检察长办公室(Office of the Director of Public Prosecutions)于2004年首次制定《行为准则》(Code of Conduct),后经6次修正,于2008年5月完成最近一次修正,全文共24条,适用于检察长、副检察长、皇家检察官、负责检察业务之事务律师及其他检察署成员。《行为准则》提出三大目标,分别为专业、独立及公正,并逐一列举受到规范者应遵守之行为准则及违反之结果,内容详尽。[1] 我国最高人民检察院于2002年颁布了《检察官职业道德规范》(已失效),其中列举了"忠诚、公正、清廉、严明"4个目标。2009年,最高人民检察院依据《检察官法》制定的《检察官职业道德基本准则(试行)》(最高人民检察院第十一届检察委员会第十八次会议通过)公布,其中提出"忠诚、公正、清廉、文明"四大原则,将前面的"严明"改为了"文明"。2016年11月4日,最高人民检察院通过《检察官职业道德基本准则》。该准则从印发之日起实施,《检察官职业道德基本准则(试行)》同时废止。该准则一共包括5条。根据其规定,检察官应做到忠诚、为民、担当、公正、廉洁,自觉维护法制统一和接受监督。它要求全体检察官遵照执行,检察辅助人员参照执行。笔者认为,检察官职务活动涉及范围广泛、内容丰富,职业道德要求高,采用列举的方式来制定一部非常详尽的检察官职业道德准则往往存在一定的困难,但如果仅仅采用抽象式规范则又往往在落实时缺乏统一性,因此,可以采用列举与抽象相结合的方式,以保障检察官职业道德规范更具可操作性。

"律师是法治进步的产物,律师职业道德与社会道德在根本上是和谐统一的,律师职业在本质上是要维护当事人的合法权益,维护法律的正确实施,维护社会的公平与正义。"[2] 我国律师职业伦理要求,律师应坚定信念、执业为民、维护法治、追求正义、诚实守信、勤勉敬业。[3] 其中关键的内容在于律师应该处理好经营性与公利性,即服务当事人与忠诚法律之间的关系。诉讼业务作为律师的主要业务,决定了律师在执业过程中必然与法官等进行法律上的必要的交流和沟通。处理好律师与法官之间的关系,一方面,使律师、法官的工作独立性和公正性得到保证;另一方面,律师与法官交流的正当性和合法性也会得到保障。现实中,个别律师与法官交往过密,法官与律师之间存在不正常关系现象。发生这种不正常关系现象的原因何在?在于利益驱动,在于营利目的与忠实法律的公共目的发生了冲突而且没有很好地解决。依法依规、依照执业伦理去行为的律师队伍,能够全面正确地执行宪法和法律、

[1] 参见蔡碧玉等:《检察官伦理规范释论》,中国检察出版社2016年版,第9~14页。
[2] 许身健、刘晓兵编著:《电影中的律师职业伦理》,知识产权出版社2009年版,第8页。
[3] 参见中华全国律师协会编:《律师职业伦理》,北京大学出版社2017年版,第23~90页。

维护当事人合法权益、维护法律的正确实施和社会的公平正义；如果不能依法依德去行为，律师就可能成为“雇佣枪手”，甚至使律师队伍成为一般意义上的职业群体而不再能作为承担维护法律、弘扬法治的重要力量。

在实行对抗制审判的国家，律师的利益性与公共性关系问题也为法伦理学所关注，主要有三种认识。[1] 第一种认识是，律师在履行职责的过程中只需要保护其委托人。“他可以采取任何手段和权宜之计，而不必估计他人的危险和付出的代价，这就是他首要的和唯一的责任。”第二种认识是，“对于辩护律师在某一个特定的案件或者法律领域中应该怎样热忱地进行辩护，应该有一些公共利益方面的限制”[2]。第三种认识是，“对抗制度不仅将意见不一致的事实考虑在内，而且利用这样一种状况使许多观点形成对比来获得一个明智的判决”。因此，对抗制是以一种独特的方式服务于公共利益的，那么律师为委托人不择手段地辩护就同时有利于公共利益。关于这三种认识，第一种失之偏颇，第三种只能说是间接作用而不是直接作用，因此有诡辩之嫌。唯有第二种，能实现维护委托人利益与实体公共利益的平衡，因此符合“中道”。因为，在采取对抗制审判的国家，律师具有更大的自主性，而且判例法本身也具有开放性，可能存在过度维护委托人利益与维护公共利益之间的张力。这就更需要律师掌握法律精神或正义尺度而不是仅仅了解案例或案件事实。为了避免维护委托人利益与维护公共利益之间可能出现的矛盾，就必须使律师在为委托人热情辩护的同时坚持律师职业伦理。

律师作为高级法律服务人才，以其勤勉诚实和卓越的法律才干为实体发展和委托人利益维护作出贡献，他们替人排忧解难、以法律为武器维护社会的公平正义，是值得尊敬的。重要的是，律师应该遵循利益性和公共性、服务委托人和忠诚法律之间的合理边界和规范要求，从而保障律师职业队伍长期繁荣和文明发展。

第二节　法伦理的“个体美德”

法伦理视野的个体美德，是指与整体法律环境至善相对应的，个体的法伦理道德修养。与法律相联系的主体，主要是普通公众、法律职业人员、法律管理人员，因此，个体的法伦理道德修养，也围绕这些主体展开。这些主体所承担的法律职责逐级递增，因此对他们道德要求也相应提高。这些道德要求是应然状态而不是实然状态，它们是法伦理对个体至善的期待。

---

〔1〕 参见[美]门罗·弗里德曼：《对抗制下的法律职业伦理》，吴洪淇译，中国人民大学出版社2017年版，第12～18页。

〔2〕 [美]门罗·弗里德曼：《对抗制下的法律职业伦理》，吴洪淇译，中国人民大学出版社2017年版，第13页。

一、守法:"良好"的公民

公民是具有一国国籍的自然人,即一个国家给予了其相应的权利、义务和责任的自然人。一旦成为一个国家的公民,就受到该国法律的约束、规制、保障和调整,也在以法律为基础而形成的生活、生产、事业发展等社会环境中展开自己的人生。公民生活于法律之中,但生活本身并不等于法律,生活场景也并非完全由法律缔造、受到法律肯定和保护。公民作为自然人,生活于由时间、空间、人类及其活动所构成的统一场域,其中蕴含多种多样的具体规律、包含各式各样的自然现象、社会现象和家庭现象,也由不同层面、维度和内容的纷繁复杂的规范类型进行调整。从整个人类生活视角来讨论人的至善,一般是指人的觉悟状态,而不是指在经验世界的道德模范状态。法规范领域仅仅是生活领域的一个组成部分,而不是人类生活的全部。因此,这里所谓的至善就不是终极意义上的"单一物与普遍物相统一的状态",而仅仅是指经过主体努力可以实现和达到的道德模范状态,从这个角度来看,它是经验世界、法律世界中有限的至善。但这种有限的至善,是可以通过榜样引领、自觉学习、不断将外在道德规则内化于心等具体方式实现的,是一种经过人的练习可以达到的状态,因此是可期待的、可操作的、可以达到的。至于从整个人类生活观察到的"希贤希圣"意义上的至善,则是在此法伦理意义上的有限至善及其他行为领域的有限至善的基础上逐渐形成的,它是伦理学意义上的至善,也是人格至善,它是法伦理建设的最终目标。而在法伦理学意义上经过主观努力可以在一定时间内达到的有限度的至善,则是法伦理建设最终目标得以实现的阶梯性目标或阶段性目标,通过法伦理主体从具体而微观的阶段性目标入手,可以最终达到人格至善的境界。

所谓"良好的守法公民",主要是指公民的守法意识、守法能力、守法状况处于一个较高的水平,它不仅可以从普遍的、所有公民的意义上来使用,也可以从具体个体的角度去审视。如果说"自觉"地守法是一种态度,那么"良好地"守法则是一种结果。不同的文化类型,对人的守法意识产生不同影响。古印度是一种出世文化,以戒律为其调整生活的主要规范;古希腊是一种入世文化,以法律为其调整生活的主要规范;而古代中国则是一种入世中的出世文化,既要探索自然规律,又要因循自然、顺其自然,于是形成一种现实世界与意义世界兼顾的文化类型,从而以伦理道德为主要的行为规范。三种古代文化所产生的影响,具有绵延作用和辐射作用,迄今为止并未完全消失。其中蕴含的不同的文化因子,无论在整个人类世界还是在一个具体国家甚至个体的人身上具有表征和体现,因此人们所承认的社会规范的主要类型,也主要是戒律、法律和伦理规范,这就带来了对守法意识的不同影响。当戒律与法律不一致的时候、当伦理规范与法律要求不一致的时候,很有可能发生不同文化因子之间的意识碰撞,在这种情况下,能否充分认识到法律的价值、能否做到以法为本,便成为一种意识考验。其实,无论何种文化基因或文化因子,既然其中有规范性的存在,那必然还是要求有“规则意识”,或者说在规则意识这一点上是相同的。现代社会,最主要的、最有力的社会规范工具是法律,在面对法律时坚守规则意识便是遵守法伦理的重要要求。但是,具体到实践领域,必须时刻注意法律的更新和变化,依照新法律制定的具体规范及其中所包含的价值原理、伦理理念去行为。

我国古代社会以人治为主。张中秋教授曾指出:“纵观传统中国立法史,可以归纳出这样几个程序:第一,君主申令除旧律、布新律;第二,组织立法班子,该班子通常由精通文史或法律的大臣组成,有时,皇帝也亲自参加;第三,立法人员参酌古今,制成新的法律草案;第四,草案由皇帝直接颁布,或由皇帝组织集议,作出通过或修改的决定;第五,皇帝预批令天下实行。经过这种程序制定的法律,首先反映的是当皇帝的意志,其次是皇帝为代表的由极少数组成的统治集团的意志,最后才是获得他们认可的社会一般意志。毋庸讳言,这在根本上是一种与民主性大众意志相背离的专制意志(法)。”〔1〕这种传统社会的人治,缺乏现代意义上的法治观念、守法观念。中华人民共和国成立后开展的立法工作使广大人民的意志得到了充分体现和保障,法治观念、守法意识得到巨大提高。但是,具体到某些方面,还存在守法意识不足的情形。这一方面受传统“人治”因素的影响;另一方面也与主体自身缺乏对法律规范的理性选择有关。“选择在最初常被用来作为一个伦理范畴使用的,其基本含义是指人们‘对是或非、善或恶、好与坏的取舍行为’。它表明自我选择的行为,实际上就是一种价值评价和价值实现的过程。通过自我选择就会发现它的是非观、善恶观、美丑观,就会了解一个人的内心世界,一个人的思想道德,就会发现选择主体是否具有正义、勇敢、果断、开拓、胸襟等。”〔2〕选择守法还是违法,或者在守法与违法的边界上游走,也是一种道德取舍,能否选择守法,关键是对法的功能、价值及意义是否有充分的认识和把握。但是,并非具备了守法的规则意识就必然会成为守法者,因为守法还需要能力。

从守法能力角度去思考违法犯罪问题的研究并不多见。实际上,守法意识仅仅是一种意识前提,它要落实于具体守法实践,还必须拥有相应的守法能力。所谓守法能力,在这里指称守法所需要的客观条件。在正常情况下,每种社会主体只要依法经营、依法行使权利的同时履行法律义务,其生命权、健康权、财产权等自然会得到充分保障,也会因此提振和增加其守法的信心。然而,规范本身不同于事实,也不同于理念,它有自己的作用范围和作用维度,无法囊括人类历史或人类社会全景,它也无法左右现实世界的发展变化。当客观的环境和现实世界发生巨大变化时,守法就会付出巨大成本甚至变得不可能。例如,当人类社会遭遇不幸,出现世界大战的

〔1〕 张中秋:《中西法律文化比较研究》(第2版),南京大学出版社1999年版,第285页。
〔2〕 周书俊:《选择论》,中央编译出版社2006年版,第36页。

混乱局面时，守法的外在环境已经不复存在、生命甚至无法维系，那么还如何奢望守法？守法意识可以培养，但守法条件则需要人类社会一起去创造。随着科技进步和文明程度加深，人类越来越多地将社会发展的进程控制在文明、安全、生态的发展方向之下，避免战争、饥荒和各种自然灾害，自然能够在更大程度上保障所有主体的守法条件，从而在整体上获得社会发展的自主性。但是，也并不是说守法环境良好，作为法律主体的各种个体就一定会成为守法者。法律规范之于行为主体来说，可能主要是作为一种社会的规则及行进的道路而存在。在这种情况下，一旦个体所面临的环境为其提供了违法犯罪的诱惑或条件，违法犯罪行为就变得不可避免。因此，作为个体，在实际生活中应当依照《反电信网络诈骗法》等防止自身上当受骗，不给欺诈者违法犯罪的机会，另一面也要在受到违法犯罪诱惑时，坚决予以避免，从而形成和保持风清气正、自强不息、持续发展的社会法治环境，影响、培养和造就更多的法律专门人才。

所谓守法状况，是指用于从广义上评价社会整体的守法情况的指标。笔者认为，评价守法状况的指标主要有三个，即违约率、违法率、犯罪率。社会各个具体个体之间，会为满足生活或生产需要订立合同，促进财产流转关系发展。合同是当事人之间的法锁，一旦订立，就应当全面履行。然而，为什么合同实践领域，还会出现违约纠纷？究其原因，在于合同能否得到全面履行和实际履行不仅是当事人的主观意愿问题，还受到客观履行条件的影响。合同作为“合意”，是指向未来的、当事人之间的“制度安排”。除了标的额不大、权利义务关系简单、能够即时履行完毕的口头合同、书面合同或网络合同外，许多合同标的额大、履行周期长、权利义务关系复杂，在多达几个月、几年甚至十数年的履行周期中，并不能保障履约义务人的生产经营状况一直处于盈利状态或上升状态，作为相反情形的亏损状态甚至倒闭状态也都有可能出现。而一旦发生亏损或进入企业破产程序，那么合同的履行就变得非常困难甚至只能进行“相对满意”的履行，而无法偿还全部的贷款或欠账数额。也就是说，履约率的高低一方面反映出守法状况，另一方面又折射出生产经营的客观情况。履约率或者违约率的高低，固然受到当事人履约能力变化的影响，同时也与当事人的履约意识直接相关。如果说“履行不能”是受客观履约能力的影响，那么“拒绝履行”则往往是“主观不能”，即使有履约能力也不愿意及时全面地履行合同义务。客观履行能力不能由合同当事人自身决定，但主观履约意识则可以由当事人自我形成，因此，履约率提升或违约率下降可以成为刺激合同当事人提升守法意识的外在评价指标。

同样的道理，也适用于违法率或犯罪率。因为在现代社会，法律、法规几乎全方位覆盖、面面俱到，尤其是在日常生活领域，法律发挥重要的指引作用。例如，我国《道路交通安全法》。根据该法第2条的规定，中华人民共和国境内的车辆驾驶人、行人、乘车人以及与道路交通活动有关的单位和个人,都应当遵守该法。其目的在于维护道路交通秩序,预防和减少交通事故,保护人身安全,保护公民、法人及其他组织的财产安全及其他合法权益,同时还要提高通行效率。违法不仅会给个体财产或安全带来损害,还会给他人带来隐患或其他相关权益的损害,因此是应当避免的行为。但是,这种守法率或违法率同样是主客观相结合的产物,如前所举例的《道路交通安全法》,如果仅有合规驾驶意识,但缺乏合规驾驶能力,则还是容易出现违章、违法现象。犯罪是指违反刑法并应受到刑罚处罚的行为,它是一种严重的违法行为,比违约和一般违法行为所造成的损害或危害要严重得多。犯罪率或无罪率也是可以用来评价整体或某个区域犯罪情况的一项指标,但是犯罪也同样是主客观等各种条件交织在一起的产物,它能反映对刑法的遵守情况,但同时也反映出社会发展的客观环境。综上所述,守约率或违约率、守法率或违法率、无罪率或犯罪率,可以在一定程度上反映守法状况,虽然它反映的并不只是当事人所能掌握的主观情况。从违约率、违法率、犯罪率等角度去分析守法状况,可以从主观和客观两个方面共同努力,将这“三率”降到最低水平,从而使所有公民都成为可视的“良好的守法公民”。

二、用法:“优秀”的法律工作者

所谓法律工作者,在这里主要是指从事法律裁决、法律服务、法律执行等与法律相关的工作的社会成员。法律工作者范围广泛,从庭审法官到律师,从提起公诉的人员到一线的侦查、取证者,从人数众多的律师助理到各类企业的法务、各级政府的法律顾问,从仲裁委员会负责具体案件的秘书到公证处的公证员,再到各种司法鉴定机构的鉴定人员等,均可以归入法律工作者的范围之内。因其为专门法律人才,对法律的理解远比普通公民更加深入,如果能正确依法行为,会极大地维护和促进法治的进步;如果出现有法不依或利用法律漏洞的情形,就会影响法治环境至善的实现。因此,对其法道德要求比普通公民要高。但是,这些法律工作者并无职权去直接对他人产生影响,因此,对其提出的法律道德要求较高,但又没有达到法律管理者的高度。法律工作者是法律的执行者、实践者、推动者,人数众多,作用巨大,往往具备更高的道德品质。具体而言,主要包括忠于法律、履行好本职工作、成为道德楷模等一些方面。

1. 忠于法律

法律工作者所承担的主要不是理论研究任务,而是如何将法律规定落到实处以建构公平合理的现实秩序和完成相应的实践任务。无论是成文法还是判例法,无论法的具体表现形式如何,都存在一个基本做法,那就是用一些概念、要件、逻辑、行为范式等去归纳、概括和抽象现实世界存在的各式各样的家庭关系、社会关系和自然联系。这种做法，便于对法律进行认知和掌握。然而，在面对纷繁复杂、变动不居的现实情况和层出不穷的法律纠纷时，却往往还需要法律工作者自身去努力。如果遇到的法律问题比较简单，这时候可以直接依据法律规定或法律精神轻而易举地处理到位；如果面临的法律问题比较复杂和深奥，往往还需要法律工作者具有相应的社会阅历、工作经验和法律智慧，否则就可能处理不当。

法律工作者在面对和处理各种法律事务时，经常会面临三种不同的策略选择，即条文主义策略、现实主义策略、工具主义策略。

所谓条文主义策略，是指完全依照法律规定去分析、衡量事实，力图让丰富多彩的法律生活完全成为一种可重复的、可模拟的模式化存在。这种方法的益处是，能不折不扣地遵守法律规定；其不足之处是，当没有相应的法律规定或有些领域的法律规定还在修改完善时，就无法及时地处理问题，从而影响法律活动的效率。

所谓现实主义策略，是指能够依据法律规定和具体法律事务的实际情况，在有法律条文规定时依照条文规定、无法律条文时依照法律精神，甚至在对相关的法律条文进行解释时，能够从解决或处理具体法律事务的动机出发，合理地对法律条文进行解释和说明。其优点在于将法律与事实很好地结合在一起，依照法律要求准确地处理各种具体法律事务；其缺点是在对法条进行解释和对事实认定的过程中如果不加以明确的限制，会将无关的因素（如利益、人情、关系等）考虑进来，从而影响法律适用的整体性、普遍性和公正性，因此需要将法律的解释规则和对事实认定的规则尽可能详尽地予以规定。

所谓工具主义策略，是指仅仅将法律作为解决问题的工具，无论法律自身规定如何，只要能够以法律之名来解决实际问题即可。其优点是迅捷快速，开拓性强；其不足是法律可能仅仅沦为一种名目、虚设或装饰，而且法律规定及其体现的法律精神能否落到实处，尚处于不确定状态。

不同的策略会产生不同的效果，具体的法律工作者可根据具体的法律事务进行选择，司法、执法、法律服务等具体的法律活动可能有不同的策略选择或组合选择，但无论是何种选择，均应以依法处理法律事务、解决法律纠纷、提升法治水平为目标，而不是仅仅考虑一方当事人的利益、短期利益、局部利益、隐蔽利益，因为那样会损害整体利益，从而使实体精神、伦理精神受到遮蔽而无法彰显。为此，可以主要采用现实主义策略，但是对其法条解释规则和事实认定规则应同时进行非常细致严谨的规定。可以将这种策略称为“严谨的现实主义”策略，依照这种策略去行为，可以实现法律规定与法律事实的高度融合，达到忠于法律的基本要求。

2. 履行好本职工作

任何法律工作者，均是一种社会关系的总和，即存在于由各种联系、各种场域、各种行为组合而成的场域之中。工作是其社会联系中的主要组成部分，但并不是唯一的组成部分。法律工作者也有个人生活、家庭生活、社会生活,并因此需要承担各种各样的伦理义务和法律义务。这里要表达的是,能否做好法律本职工作是受到各种因素影响的,而不是轻而易举就能实现的,其中受到时间、精力、知识、情感、经济、文化、环境等各种各样因素的影响。然而,即使可能存在这样或那样的困难,从主体、环境、主体与环境相结合等维度进行努力,也可以使所从事的法律工作成为可期、可赞之事。

每个个体都有其独特的天赋和成长经历,各种家庭教育、社会教育、专业教育的重要目的之一就是帮助人“发现自己”,即发现其自身的禀赋、长处和优点,以此为基础提升专业能力。从这个角度说,社会领域的各种具体分工,无不对应着个体拥有的天赋和能力;而人类在自然界中所扮演的角色分工,则是人类整体所拥有天赋和能力的反映。这意味着每个法律工作者都拥有完成其法律工作的能力。法伦理学属于伦理学,必然包含一种内在的实体精神。无论是整体还是个体,其中均包含实体,分工的形成、结构、变化、取舍等既与个体天赋和能力相应,也与整体发展的条件和需要相应,但最主要的还是与实体的运行规律或“逻各斯”相应。既然如此,那么可以说,社会分工所产生的无数工种和具体工作,既是个体需要,也是整体需要,更是实体要求。做好法律本职工作,就是爱护人类、关心整体、服务实体。任何具体法律工作,没有高低贵贱之分;只要进行法律工作,就是贡献、愉悦和荣光,就是在为社会秩序稳定、人类族群发展、生态关系改善尽心尽力。可以将对工作的这种理解称为法伦理意义上的工作观。

依照这种工作观从事法律工作,就能在许多方面产生显著效果。这些效果主要表现在:敬重自己所承担的岗位职责;认真对待当事人所说的每一句话、所提的每一项诉求;在处理法律事务时保持一种平静的心态和庄重严肃的表情;能够以内在智慧分析所面对的具体法律事务中各种具体法律关系,从一种盲目的应对式工作状态过渡到一种主动的、自觉的、充满信心的、具有创新精神的工作状态;能够明辨工作的实际意义和轻重缓急,先完成最需要的、最有价值的工作内容;在充满对家庭、国家和自然热爱的情愫下,精神饱满地开展工作而不仅仅将工作当成谋生的手段;将工作当作实现人生价值,同时是为整体做贡献的重要渠道;在家庭、国家或自然环境遇到困难需要努力工作或加倍出力时,不遗余力地尽职尽责;将工作当成一种乐趣、一种天职、一种事业、一种成就、一种通往至善的阶梯。法律本是公正之术,做好法律工作,意味着公正秩序的实现,意味着工作主体个体德性的增长。

3. 成为道德楷模

伦理道德的作用在于教化、引导和启发,法伦理学也是如此,只不过其适用范围主要在法律领域而已。法律职业是人类社会重要的职业之一,作为法律工作者,如果其行为举止、修养仪态等能够成为人们学习或效仿的道德楷模或道德榜样,那么必然会产生一种好的伦理效果。世界许多国家对法律职业伦理的要求既有理想信念方面,又有行为举止方面,还有社会形象方面。例如,在语言方面,我国的法官行为规范要求:应礼貌示意当事人,认真听取当事人的意见,不随意打断或制止当事人的发言,不能与当事人争吵,也不能使用倾向性的语言提问;在表达方式上要得体,符合法庭特定气氛的要求;而在所使用的语言内容上,则要求规范、准确、文明、体现法律精神、符合法律要求。又如,在检察官和律师的形象方面,也有许多具体规定和要求。检察官应当自觉遵守检察礼仪规范,注重职业礼仪的约束,应当做到举止大方、态度公允、用语文明、仪表庄重,保持良好职业操守和风范,维护检察官良好形象。律师应当自觉遵守行业竞争规范,进行公平竞争,维护执业秩序、律师行业荣誉和社会形象。这些规范和要求,虽然仅仅是一种文字上的表达,但蕴含对于法律职业主体的道德气质、道德理性的希冀。那些严格依照上述规定和要求进行工作和行为的法官、检察官、律师等法律职业者,在社会机构开展的一系列评选活动中得到了"最美法官""最美检察官""最美律师"的美誉和表彰。道德榜样或道德楷模的实质就是道德上的理想人格,它具有示范和引领作用。我国著名伦理学家罗国杰先生曾指出:"每一个普通人,从可能性上来说,都可以成为现实的理想人格。然而,这需要优良的道德教育和刻苦不懈的自我修养才能达到。道德教育是理想人格培育的外在因素,自我道德修养是理想人格培育的内在因素,两者的完美的结合,就可以变庸人为圣人,化腐朽为神奇。"[1]

三、护法:"高尚"的法律管理人才

在广大法律工作者中,存在一些法律管理人才。所谓法律管理人才,是指拥有一定职权的法律工作者。"官"为民之表率,"君子之德风,小人之德草,草上之风必偃"。(《论语·颜渊》)官德建设对社会道德风尚成长具有重要作用。法律管理工作者担负着立法、执法、司法、守法的方向性、整体性、秩序性职责,事关全局的稳定、和谐和繁荣昌盛,其责任使命尤为重要,因此,对其的道德期望就比对普通公民、一般的法律工作者的更高。法律管理人才是"公民、法律工作者、管理者"三种角色的统一,除了遵守前两种角色的道德要求外,还应当做到心怀全局、大公无私和忠诚。

所谓心怀全局,是指在从事法律管理工作的时候应站位于全局。虽然每个具体法律管理工作者所承担的任务不同,但在进行任何决策的时候,都应考虑到整体利益,考虑局部利益与整体利益如何协调一致,从而做到不仅能维护好局部利益,还能维护好由各个局部利益组成的整体利益。在法律职权的分工格局中,不但有基于立法、执法、司法、守法等各个环节的职权划分,也有基于地域的中央、地方等不同层面

---

[1] 罗国杰主编:《伦理学》(修订本),人民出版社2014年版,第452页。

的职权划分，还有基于不同法律管理对象的部门管理职权划分。在存在众多的职权、职责、管理角色的情况下，在社会法律事务管理过程中，如果没有外在的纪律约束、法律规范和伦理引领，很难保证每个法律决定都能体现全局利益。心怀全局，要求管理主体在作任何法律决策时，均应将全局作为决策的重要根据，坦荡无私地作出对党、国家和人民有利的法律决策。也就是说，需要做到大公无私。

所谓大公无私，在这里是指法律管理工作者在履行职责时考虑公共利益而不是私人利益。毋庸讳言，每个人都有某种程度上的利己之心，但是作为法律管理者，其行为关涉全局、根本和长远，因此并不能像普通人一样随意释放利己之心，而应有更高的境界、更广阔的胸怀和更强大的自律能力。

要做到大公无私，需要以坚定的法伦理信仰、忠诚之德为保障。所谓忠诚，是指法律工作管理者应当忠于党、忠于国家、忠于法律、忠于事实真相。忠诚才能产生使命感，保障公平合理地履职。只有对工作有使命感、对工作使命感有充分认知，才能投注对工作的热情与活力，“执行工作职权时，就有更高的自我期许，面对社会贪婪的不法、人民受到犯罪者加害的恐惧、创伤、悲愤与敌视等不同情境，才能坚持职掌的使命，以维系工作信念，有凡事为人民的热忱，与民众同理心，才能为民服务”[1]。

从普通公民到法律工作者，再到法律管理人员的道德要求，构成了一个阶梯式道德系列。对“良好”“优秀”“高尚”之德的期望，尽管是逐级攀升的，但仍是通过人的主观努力能够做到的要求，并非难以企及的要求。因此，它实际上是对法律领域的各种工作人员所作的一种较高的、基于角色的基础伦理或底线道德陈述，而并非对本体性美德的期待。作为法伦理主体，一方面，要履行角色伦理的要求；另一方面，为了更高的公平正义和使人免受灾难，可以超越角色伦理的要求，而向更高的伦理境界迈进。任何个体道德境界的提升，乃至整体伦理建设的进步，无不从履行好角色伦理出发。通过自我反省减少过失，发挥积极向善之心，相互激励和配合，履行好角色道德要求，逐步提升道德境界。

第三节　法伦理的“德福一致”：守法享“权”，违法担“责”

所谓法伦理的“德福一致”，是指如何实现法律的至善环境与个体的法律道德之间的有机统一，即通过采取何种措施而使守法者受益、违法者担损。伦理学者丸山敏雄认为，人类的本性要求是，善人、行为端正的人“享福”，恶人、行为不端的人受到“不行”处罚，但是善人及行为端正的人反而有时不得不过着痛苦的生活，这就需要提供一种解释，建立“守德者幸福、背德者不幸”的伦理学。“这种伦理可以使德、

[1] 蔡碧玉等：《检察官伦理规范释论》，中国检察出版社2016年版，第85页。

福一致——善、恶与幸、不幸以科学的准确性一致"[1],保障道德更好地发挥现实作用。"德福一致"的内在原理实际上是"德得相通"。"'德'—'得'相通的个体与社会,正是伦理学的使命和伦理履行自己的文化功能所必须作出的文化承诺和追求的文明目标。"[2]通过"德福一致或德得相通",能保障内在的道德动力长盛不衰,从而促进文明的发展。在法伦理领域,"德福一致或德得相通"主要通过法律责任制度予以保障和实现。

原始人从来不知道现代的民事权益、刑事权益和行政权益为何物,也从未听说过什么是民事责任、刑事责任和行政责任。他们所知道的,只是一种基于淳朴之心自然而然地生活。原始社会部落分散、生产工具落后、经常遭遇来自自然的不幸或其他生物的攻击,无暇期待健康长寿与长久的幸福安康,无力建构国家及制定现代意义上的法律。随着人类对生活经验和生产经验的不断总结,掌握了越来越多的规律,生产力水平得到提升,建立了国家,逐渐形成了以国家为基础的各种行为规范,在"道—德—仁—义—礼"之后,出现了以法律为主要规范的现代社会,至此,才出现了法律领域"德福一致"的伦理希望和现实要求。

伦理与法律不同,伦理具有穿透性、跨越性、稳定性。伦理无所不在,它是一种精神也是一种能量和力量,它保护、激励和引领人类永不停歇地向着更高的境界迈进,直到整个人类都进入至善之境。一个没有伦理的社会,无法向上生长;一个没有道德的个体,是一个无舵的汽船,随波逐流,会随时触礁沉没。伦理在法中的体现,就是法伦理。法的领域最重要的术语是正义、权利、义务、责任等概念,正义是法整体性的价值追求,可以比喻为法的头,权利与义务是法所确立的主要内容,可比喻为法的左右翅膀,而责任则是调控权利义务平衡、保障正确飞行方向的调控器,可比喻为法的尾巴。只有这四者同时具备,"法律之鸟"才能凌空高翔并保持正确航向,发挥其作为社会规范的重要作用。所有这些基础概念及其他相关法律术语构成了法学理论、法律规范及法律实践,其中对"德福一致"起主要作用的是法律责任的概念,而体现于具体法律部门中的法律责任形式及其承担,在主要作用中发挥着更为核心的作用。一般而言,民法、刑法、行政法是法律领域最重要的三大实体法,其他的部门法以此为基础产生,而各种诉讼法又是为保障这些实体法所规定的权利义务的实现,所以,这三大实体法中所体现的权益和责任承担思想,能够表征法伦理中的"德福一致"旨趣。

---

[1] [日]丸山敏雄:《纯粹伦理原论》,王英、刘李胜合译,社会科学文献出版社 1992 年版,第 234 页。

[2] 樊浩:《道德形而上学体系的精神哲学基础》,中国社会科学出版社 2006 年版,第 45 页。

一、民事权益的享有与民事责任的承担

民事权益是最基本的法律权益。它涉及人身权、财产权和知识产权等方面的权利，人的生命、健康、财产、尊严等无不由民法率先予以保护。假如失去了对其中任何一项的保护，就必然会影响人的生活和生产。至于建立在生活、生产基础上的精神成长或伦理成长，必然会变得非常艰难和充满阻力。民事法律制度一方面确认了基本民事权益，另一方面又对违背民事权益或侵犯他人民事权益的行为处以停止侵害、赔礼道歉、赔偿损失、支付违约金等民事责任，使遵守民法者的权益得到保护，违反民法者受罚承担责任，从而实现“固根本、稳预期、利长远的基础性法律”领域的“德得相通”。

民事权益的形成，源于对人类生存和发展所需基本条件的体会、观察、归纳和确认。它是一种生存经验的总结，并将这些生存经验以抽象法的形式予以确定。人是“生命、碳基生命、有机生命、有限理性存在者”之一，离开了维护生命存在的基本权利，就不能保证生命存在。生命是行动主体，可以对现实世界及实体精神产生影响；如果没有生命存在，围绕生命所生成的一切事务、活动或制度安排都会因失去根基而变得毫无意义。因此，人类总是通过科技、经济、医疗、哲学、制度、文化等一切能发挥作用的方式维护人类自身的存在，其中法律也是一种重要方式。一方面，竭尽全力保护人类生命免遭源于自然灾害、其他生物乃至其他个体的伤害；另一方面，在人类认知水平和科技能力的基础上延长寿命和改善生命质量。人作为活动主体，在自然、国家、家庭中诞生、存在和发展，也因此在这些现实实体中享有法律所规定的基本权利。

法律将保护生命的职责以权利形式确定下来，以国家强制力进行保护。这不是一种口头呼吁，而是希望通过有意识的行为而不是自发本能地去维护人的生命存在。从自然到人为、从自发到自觉、从无意识到有意识、从非规范性的零散保护到法律规范的系统保护，生命保护内涵发生了变化，从保护生命存在逐渐过渡到保护生命类型、生命数量、生命质量、生命周期、生命境界及生命意义。这种保护范围同时也意味着保护意识的进步是经过人类对自身灾难的自我反省而逐渐形成的。民智未开的蒙昧时期或人类童蒙时期，存在人类自我伤害事件，如部落之间的同态复仇战争。在其后的成长过程中，集体性暴力如世界战争、纳粹集中营等是存在的，而个体性暴力如殉葬、沉塘等也是存在的，这无疑加重了人类的不幸和灾难。法律存在的重要缘由之一，在于将人类自身能够掌握的幸福返归于人类自身的掌控之中，如果能避免可能发生的暴力及其对生命或他人所造成的伤害等法律后果，无疑是将人类社会的幸福含量把握到了一个较高程度。世界各国民法对生命权的保护，归根结底是对人类生存欲望和和平愿望的保护。只有在此基础上，才能进行其他社会活

动，创造文明。生命、健康、尊严受到尊重，自愿选择配偶而繁衍人口，自主继承人类既有科学及人文知识，自发参加各种劳动并获取相应报酬，提升生命质量和社会文明水平，所有这些在民法中均有不同程度体现，属于民事权益的范围。

民事权益通过民事主体所享有的民事权利表现出来。民事权利是民法赋予民事主体实现其民事权益的自由。民事主体自己为或不为一定的行为，以实现保护其民事权益的目的。民法上一般将民事权利分为人身权与财产权、绝对权与相对权、支配权与请求权、专属权与非专属权、主权利与从权利、形成权与抗辩权、既得权与期待权、原权与救济权等，而每一种权利类型又包含许多具体的行为类型。例如，人身权包括人格权和身份权两类。其中，人格权包括生命权、健康权、身体权、姓名权、名称权、名誉权、肖像权、隐私权、个人信息权、信用权等权利，身份权包括监护权、亲权等权利。这能应对实际生活的复杂情况，在各个领域有效维护当事人的各种合法权益。

民事主体享有民事权益，如果违背了民法规定，则必须承担相应的民事责任。民事责任是指民事主体违反民事义务或侵犯他人民事权利需要依法承担的民事法律后果。一般而言，民事责任可以分为侵权责任与违约责任、财产责任与非财产责任、有限责任与无限责任、单独责任与共同责任、单方责任与双方责任等责任类型。不同的民事责任对应着不同的违法或违约主体，能够对违法或违约主体的行为进行矫正，维护正常的民事法律秩序。民法还确立了过错责任原则、无过错责任原则、严格责任原则、公平原则等民事责任承担原则，特别是在侵权责任承担中，更是明确区分了过错责任原则与无过错责任原则的适用范围，并确定了一般侵权责任的构成要件和特殊侵权行为的构成要件，规定了责任竞合制度，同时还规定了不可抗力、正当行为（受害人同意、正当防卫、紧急避险、自助行为、职务合法行为）等民事责任的免除条件。所有这些，从法伦理角度思考，均是为了让相应的民事主体承担其对应的、适当的法律责任，违法或违约者应当受到惩罚，从而实现或保障德性与幸福相应的伦理秩序。

二、刑事权益的享有与刑事责任的承担

刑法领域的权益与责任也是相互对应的概念。如果说民法等平等主体之间的法律侧重于通过对轻微的侵害行为即违法行为进行矫正补救以保护基本权利和权益，那么刑法则是通过对严重到一定程度即达到犯罪程度的违法行为进行惩罚以达到保护基本权利的目的。从这个角度来看，刑法对人的基本权利的保护要比民法对人的基本权利的保护更为深刻。同时还要看到，刑法在对人的基本权利保护之外，还另有一项任务，就是保护国家、家庭乃至自然等现实实体的整体利益和秩序。这也意味着，自然人、法人、合伙组织、公司、行业、地方部门等实体中的构成单位，在行

使自己基本权利的时候应当适当，即通过合理的范围、途径、方式等行使基本权利而不违背整体利益要求。刑事权益与刑事责任概念的设定和展开，也基本上就是在个体与整体之间的关系中展开。“刑法是典型的禁制法：相对于调整个体之间相互关系的民法等私法，刑法是调整个体和整体之间典型关系的公法（当然，这是以民法与刑法的分离为历史前提的）。相对于‘确认善恶的法律’来说，刑法就是‘维护法定善恶的法律’——司法法；相对于那些‘厘定法律秩序的法律’而言，刑法是‘维护法秩序的法律’；相对于那些劝勉人们‘应当怎么做的法律’而言，刑法就是国家以和平时期最严厉的制裁手段——刑罚为后盾来强制人们‘绝对不能违反的法律——强制法。’”〔1〕遵守刑法规定、依照刑法行为、严格执行刑法规定应当受到法律保护，充分享有刑事权益及其他相关权益，反之，如果不遵守刑法规定、不依照刑法行为、不严格执行刑法，就应当受到刑法惩罚、承担相应的刑事责任。

这样一种在刑法领域“德得相通”的具体目标，看似非常容易实现，但要达到理想状态并非易事。遵守刑法也可能因遭受诬陷而身陷囹圄，不遵守刑法或许会因故意隐藏罪行而逃脱法律制裁。为避免此类可能性出现，需要100%的努力，因为伦理对法律领域的要求较其他领域更为严格，原因在于法律涉及生命、安全和秩序。对于刑法来说，因为其调整的是严重违法行为，关涉国家基本制度、公民基本权利与义务、社会秩序与财产行为等诸多方面，所以伦理对违反刑法应当受到刑罚的犯罪行为，存在更严格的要求，那就是力争做到“零出错率”，杜绝任何冤假错案的出现。

“零出错率”法伦理要求，主要包括三个方面：一是不能出现冤假错案；二是假如出现冤假错案，应及时纠正以将不良社会影响降到最低；三是应当汲取教训，避免在类似情形下导致冤假错案的再次发生。为了杜绝冤假错案的发生，需要立法、司法、执法、守法等各项宏观制度做到全面、周到、完善，保障法律运行过程顺畅、公平和高效；还需要起诉、受理、送达、审判、执行等环节中的具体制度，做到相互衔接、方便实用、针对性强。为了消除可能出现的冤假错案的消极影响，应当从法律舆论宣传及个体理性节制两个维度进行努力。在遇到冤假错案时，应尽最大努力挽回影响，不能给正常的社会精神生活增加郁闷和沉疴，而作为社会中的个体，则应当理性分析和冷静看待，以关爱的心去分析、看待这些偶然出现的非正常现象，而不能采取袖手旁观、幸灾乐祸、恶意嘲讽、推波助澜等消极态度。无论任何事情，均有出现错误的可能，而一旦出现错误，当事人往往会努力采取措施将损失降到最低，在这个困难时刻，其他人应站在“同类”的立场上，以“同情之心”协助分析错误原因、提供合理建议、给予力所能及的帮助、帮助当事人及相关人渡过难关，而不是站在渺小的个体本位的立场上、以非理性方式宣扬、传播法律上的不幸甚或法律流言。法律是天下之

〔1〕张武举：《刑法的伦理基础》，法律出版社2008年版，第140～141页。

公器，意味着在法律建设中也应当共建、共治、共享，每个社会个体，自身不仅是一个独立生命世界，也是自然、国家和家庭中的不可忽视的一分子，因此也存在对实体及整体的各种伦理责任。为了预防类似冤假错案的再发生，需要理性反省并推进相关制度的完善。人的整体心理习惯是追求完满的理想性存在，希望看到理想结局而不愿看到有缺憾性存在。这种追求"圆满"的心理习惯，体现在刑事案件的处理上，就是不愿意看到或重复看到冤假错案的存在。那就需要，一方面客观分析冤假错案出现的时代原因、地域原因、社会原因、主体原因；另一方面对相关制度进行设计、改进或完善，将主体自觉与外在制度安排相互结合，避免类似情形再次发生。"零出错率"法伦理要求能够保障"无罪不罚，有罪当罚"，保护主体的合法权益，确保违反刑法者承担适当的刑事责任。

刑事责任是指行为人对其违反刑事义务的犯罪行为承担法律谴责和惩罚的义务。对承担刑事责任的主体来说，表现为一种不利的法律后果，行为人会因此承担一定的痛苦和损失。承担刑事责任既要有法律根据，又要有事实根据，在应当负刑事责任的追诉时效内，以主刑（管制、拘役、有期徒刑、无期徒刑、死刑）或附加刑（罚金、剥夺政治权利、没收财产）等刑罚方式承担相应的法律后果。通过这种刑罚惩罚，对犯罪主体进行教育，使其改过自新，不再危害社会，维护统治阶级利益和社会秩序。刑法坚持法律适用人人平等原则，反对特权；刑法坚持罪刑相适应原则，重罪重罚、轻罪轻罚、无罪不罚，依据具体的犯罪事实确定刑罚的程度；刑法还坚持罪刑法定原则，即法无明文规定不为罪，法无明文规定不处罚，该原则还派生排斥习惯法、排斥不定期刑、禁止有罪类推、禁止溯及既往等刑事思想，确保刑事责任承担的准确性、科学性、有效性和稳定性。

三、行政权益的享有与行政责任的承担

行政权益与行政责任主要发生于行政法领域。它是对民事权利和民事责任的推进，但尚未达到刑事权益与刑事责任的严厉程度。其存在的主要目的在于，当个体从事民事法律行为之后，开始进入公共领域实施与公共事务有关的行为时，法律要求其必须遵守行政法律法规，遵守者受到保护、违反者受到处罚，其目的是保障公共事务、公共秩序、公共领域、公共整体。由行政法调整的社会关系主要分为行政管理关系、行政监督关系、行政救济关系、内部行政关系等，而行政管理关系则处于重要地位。所谓行政管理关系，是指行政机关、法律法规授权的组织等行政主体在行使其行政职权的过程中，与公民、法人和其他组织等行政相对人之间发生的各种关系。它涉及行政征用、行政征收、行政裁决、行政奖励、行政处罚、行政许可、行政确认、行政强制等具体行政行为，而且不断地发展变化，因此所包括的范围非常广泛。行政主体与行政相对人在依据合法性原则、合理性原则、诚实守信原则、程序正当原

则等行使行政职权或履行行政法义务时，就会受到法律保护并因此受到行政奖励；如果情形相反，就会受到行政惩罚。对于行政相对人而言，如果不能遵守行政法律法规的规定，就无法办理营业执照、申请公司上市、进行房地产开发、开办职业学校等，违法实施上述行为则会受到行政罚款、责令停业、查封扣押、行政拘留等行政处罚。

然而，对于行政权益与行政责任，并不能完全依照一般意义上的行政法去理解，而应当对其范围进行适当拓展。这里所使用的行政权益与行政责任概念，是指个体在从事与整体利益有关的活动时应该享有的行政权益和应负的行政责任，它包括一般行政法意义上的行政权益和行政责任，但又不局限于此。比如，环境保护法、污染防治法、防洪法、防疫法、突发事件应对法，又如，国防法、兵役法、退伍军人保障法，再如，教育法、社会保障法、劳动法、工会法、安全生产法、农业法等，分别涉及环境安全、国家安全、生产安全等方面的内容，这些法律法规对整体发展具有重要价值和意义，对社会主体参与公共生活的秩序具有很好的保障作用。因此，在这些法律以及其他相关法律所涉及的、与公共生活秩序有关的权益，以及因违反这些法律法规而承担的责任，均可以视为广义上的行政权益和行政责任，或者在法伦理视野适用的行政权益和行政责任。

从广义上理解行政权益和行政责任的内在机理在于，在个体从事与整体相互的活动时，应当遵守整体的宏观性安排；个体的自由意志应该按照宏观的、关涉实体的整体意志去行为，而不是随心所欲地任意行为。例如，关于证券公司的设立条件，《证券法》第 118 条规定，应当具备下列条件，并经国务院证券监督管理机构批准：一是有符合法律、行政法规规定的公司章程；二是主要股东及公司的实际控制人具有良好的财务状况和诚信记录，最近 3 年无重大违法违规记录；三是要有符合该法规定的公司注册资本；四是董事、监事、高级管理人员、从业人员符合该法规定的条件；五是有完善的风险管理与内部控制制度；六是有合格的经营场所、业务设施和信息技术系统；七是法律、行政法规和经国务院批准的国务院证券监督管理机构规定的其他条件。未经国务院证券监督管理机构批准，任何单位和个人不得以证券公司名义开展证券业务活动。是否批准，一方面取决于申请主体是否具备相应的实质条件和形式要件；另一方面取决于国家发展经济的实际需要。它并不只是申请主体的单方意志表达，而是主体意志与国家发展金融经济的整体意志相契合。《证券法》第 119 条第 1 款规定，国务院证券监督管理机构应当依法作出批准或者不予批准的决定，并通知申请人；不予批准的，应当说明理由。当前，如果对证券公司设立不作条件限制而采用“自由设立”模式，就有可能导致金融市场混乱；如果采用一律禁止设置的模式，则又无法发挥其对经济发展的积极作用。采用“条件与批准”相结合的严格准则主义模式，能同时避免自由模式与禁止模式的不足。严格准则主义一旦为法律所承认,就意味着申请人只有依照此条件去申请,其相关权益才能得到保障;否则,就会失去市场准入资格、失去相关权益,而失去相关权益也就意味着对其违法行为的惩罚。

这种行政奖惩是通过行政执法完成的,因此行政执法中应具有行政执法共同体意识和忠于法律的伦理情怀。“在行政执法共同体形成过程中,行政执法者基于维护行政执法共同体的团结和声誉的伦理道德义务,意识到他们所要承担的历史使命对当代中国法治进程的重要推动作用。他们深深地领悟到行政执法者内部应当在分工的基础上相互理解和尊重,领悟到自身所从事的行政执法的崇高价值,始终坚持严格依照法律和职业伦理的要求进行活动,坚决拒绝有损于行政机关形象的行为,坚决与各种有害于行政执法共同体整体发展的行为做斗争,最终促使行政执法共同体逐步形成并成为法治现代化进程中的‘亮丽风景’。可以说,珍惜荣誉的伦理精神是行政执法伦理的内在源泉。”〔1〕

〔1〕 贲国栋:《行政执法的伦理研究》,法律出版社2010年版,第56页。

第五章　法伦理精神哲学的实现机制

如果说法伦理哲学的基本范畴为本书提供了概念支持，而对“伦—理”形态、“道—德”形态、“德—福”形态的分析为本书提供了意识世界的法伦理哲学框架，那么接下来就需要立足于中国的法伦理建设实践，提出改进或完善的路径及建议。通过对我国法伦理实际情况的调研、法伦理精神哲学实现的人性基础及实现法伦理精神哲学具体路径的探索，法伦理主体能够把握可行的道德成长方式，通过从“人”做起，在更高程度上维护自然、国家、家庭等现实实体的伦理秩序，促进法现象世界整体至善与个体至善的实现及有机统一。

第一节　法伦理精神哲学的现实考察

为深入了解我国法伦理的现实情况，笔者根据研究需要，对不同人群进行了问卷调研，收回有效调研结果1146份。调查对象中，男性占40.23%，女性占59.77%。1949年以前出生的占0.61%，1949～1978年之间出生的占11.87%，1978～1992年之间出生的占13.44%，1992～2012年之间出生的占72.86%，2012年以后出生的占0.79%，出生时段未填的占0.43%。所涉及的“主要生活区域”中，农村占20.86%，城镇占29.41%，城市占44.50%，城乡接合部占4.62%，国外占0.35%，未填者占0.26%。“所从事的行业”中，“农、林、牧、渔业”占4.10%，“采矿业”占0.52%，“制造业”占3.32%，“电力、热力、燃气及水生产和供应业”占3.93%，“建筑业”占2.53%，“批发和零售业”占2.44%，“交通运输、仓储和邮政业”占3.75%，“住宿和餐饮业”占1.40%，“信息传输、软件和信息技术服务业”占3.75%，“金融业”占7.16%，“房地产业”占0.44%，“租赁和商务服务业”占0.96%，“科学研究和技术服务业”占2.09%，“水利、环境和公共设施管理业”占0.52%，“教育”占19.81%，“卫生和社会工作”占2.71%，“文化、体育和娱乐业”占4.36%，“公共管理、社会保障和社会组织”占3.14%，“国家组织”占4.62%，“其他”占26.62%。受教育程度涉及从小学到大学各个层次，其中“小学”占1.05%，“初中”占5.50%，“高中”占5.50%，“大学”占62.91%，“研究生”占24.35%，“其他”占0.69%。所在地的经济发达程度是：“经济发达地区”占35.78%，“经济欠发达地区”占58.03%，“其他”占6.20%。所在地的文化发达程度是：“发达地区”占40.40%，“欠发达地区”占

54.45%,“其他”占5.15%。在“法律的关注度”方面,选择“关注”的占59.34%,选择“不关注”的占4.01%,选择“有时关注有时不关注”的占36.65%,没有调查对象选择“其他”。在“伦理道德的关注度”方面,选择“关注”的占65.18%,选择“不关注”的占4.10%,选择“有时关注有时不关注”的占30.72%,没有调查对象选择“其他”。调查对象涉及北京、上海、河北、山东、福建、河南、四川、湖南、海南、云南、贵州、甘肃、安徽、广东、辽宁、重庆、陕西、吉林、山西、天津、浙江、湖北、内蒙古、江苏、江西、新疆等省、自治区和直辖市。调研具有广泛性、层次性和普遍性,能够反映出调研项目的实际情况。

一、法伦理一般理论调研结果

(一)法律与道德的关系

本调研设计的问题:“您认为法律与道德的关系是怎样的?可多选。”其中,“A.法律是成文的道德,道德是内心的法律”,选择该项的占51.57%。“B.法律是准绳,任何时候都必须遵循;道德是基石,任何时候都不可忽视”,选择该项的占50.79%。“C.法律的有效实施有赖于道德支持,道德践行也离不开法律约束”,选择该项的占44.85%。“D.法律和道德都具有规范社会行为、调节社会关系、维护社会秩序的作用”,选择该项的占45.90%。这表明,在调研对象中,无论采取单选方式还是多选方式,占相当比例的人曾对上述关于法律与道德关系的描述进行过思考,其意识中存在对法律与道德关系这一问题的关注。这表明该问题具有一定的重要性。尤其是当问及以上描述是否全部都对时(“E.以上全部”),选择比例占到了73.21%,这表明上述关于法律与道德关系的表述已经存在于调研对象的意识尤其是法伦理意识之中。另外,还有0.35%的调研对象具有自己的“其他”见解(F项)。这些见解主要有“法和德一个是对外的管控底线,一个针对的是个人自我的制约”“法律是最低的道德”“法律是底线,道德可以是原则”等。(见图5-1)

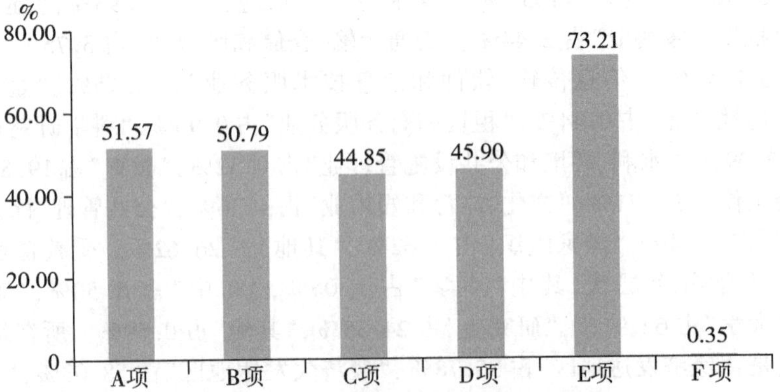

图5-1 法律与道德的关系调研结果

(二)依法治国与以德治国的关系

本调研设计的问题:“您认为依法治国与以德治国的关系是怎样的?可多选。”其中,“A. 坚持依法治国和以德治国相结合”,选择该项的占44.15%。“B. 法治和德治在国家治理中相互补充、相互促进、相得益彰”,选择该项的占44.15%。“C. 法治和德治不可分离、不可偏废”,选择该项的占37.70%。“D. 法安天下,德润人心”,选择该项的占40.05%。这表明,无论采取单选方式还是多选方式,每一个选项都有一定比例的调研对象选择,说明人们对于依法治国与以德治国关系已经有一定程度的认知。特别是当问及以上描述是否全部都对时(“E. 以上全部”),选择比例占到了76.00%,这说明上述所列举的依法治国与以德治国的相互关系选项已经被大多数人所认同。另外,有其他见解的占0.09%(F项),表明其对此问题比较关心和曾经进行过相关思考。(见图5-2)

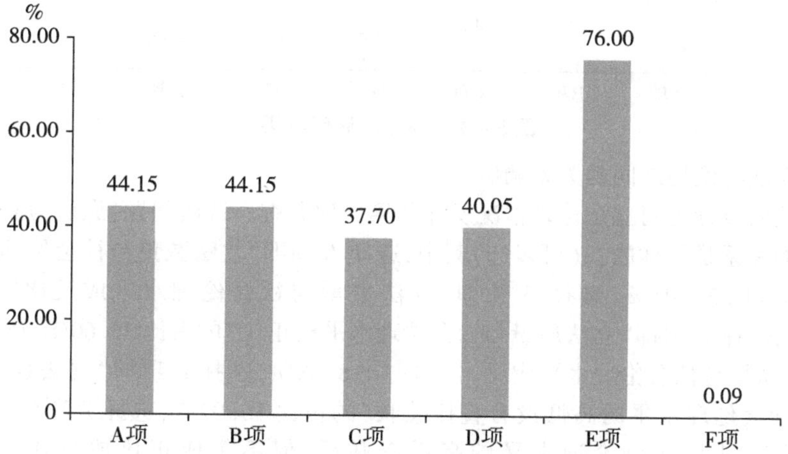

图5-2　依法治国与以德治国的关系调研结果

二、“立法伦理、执法伦理、司法伦理、守法伦理”调研结果

(一)立法伦理调研结果

1.“良法”调研

本调研设计是对立法伦理情况所作的第一项调查。调研问题:根据您的了解,您认为目前已经订立的法律是否是良法?(可单选)其中,选择A项即“全部都是”的占比22.95%,选择B项即“大部分是”的占比67.63%,选择C项即“一半左右是”的占比4.62%,选择D项即“少部分是”的占比2.88%,选择E项即“全部都不是”的占比0.79%,选择F项即“不知道”的占比0.87%,选择G项即“其他”的占比0.26%。其中选择“全部都是”的与选择“大部分是”的比例总数占到90.58%,可见对立法质量的满意度比较高。但是仍旧存在一定比例的其他认识:选择“不知道”的

占比0.87%,选择"其他"的占比0.26%,虽然所占比例不高,但说明进一步普及法律和伦理知识尚有必要。(见图5-3)

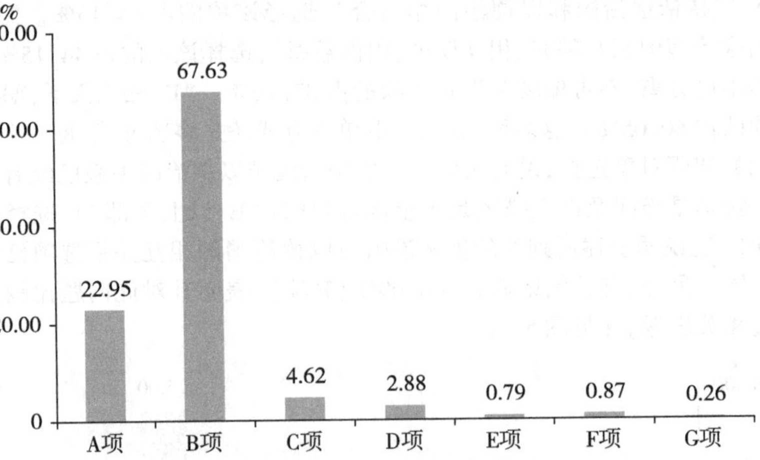

图5-3 "良法"调研结果

2. 立法与伦理之间的关系调研

本调研设计是对立法伦理情况所作的第二项调查。调研问题:您认为立法与伦理之间的关系是怎样的?(可多选)其中,选择A项即"立法数量与社会伦理水平成正比"的占比31.41%,选择B项即"立法数量与社会伦理水平成反比"的占比18.59%,选择C项即"立法质量与社会伦理水平成正比"的占比33.60%,选择D项即"立法质量与社会伦理水平成反比"的占比8.38%,选择E项即"立法数量、立法质量与社会伦理水平的高低没有直接关联"的占比15.97%,选择F项即"立法数量、立法质量与社会伦理水平的高低有联系,但不是成正比或反比"的占比45.20%,选择G项即"其他"的占比1.05%。(见图5-4)

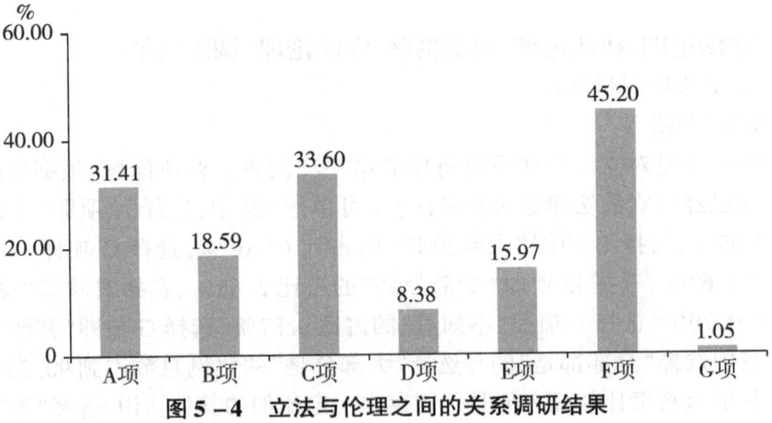

图5-4 立法与伦理之间的关系调研结果

从调研数据可见，在立法数量与伦理水平的关系上，持"成正比"的数量为31.41%，持"成反比"的数量为18.59%。无论认为是成正比或成反比，其对此问题均存在一个前置性认可，即立法数量与伦理水平存在一定的关联。在立法质量与伦理水平的关系上，持"成正比"的数量为33.60%，持"成反比"的数量为8.38%。这也反映出调研对象对立法质量与伦理水平相互关系问题曾进行过思索。另外，从更进一步角度进行调研的两个问题是："E. 立法数量、立法质量与社会伦理水平的高低没有直接关联"和"F. 立法数量、立法质量与社会伦理水平的高低有联系，但不是成正比或反比"；对这两个问题的回答也占到了一定比例。上述情况表明，人们对立法数量、立法质量与伦理水平关系的认识并不一致，对两者联系的认知需要进一步提升。

（二）执法伦理调研结果

1."具体执法行为伦理"调研

本调研设计是对执法伦理情况所作的第一项调查。调研问题：您如果有或听说过被执法的经历，您觉得具体执法行为是怎样的？（可多选）其中，选择A项即"严格按照法律、法规、规章执法"的占比51.57%，选择B项即"执法过严，存在一刀切式执法现象"的占比36.82%，选择C项即"执法过宽，主观随意性太强"的占比27.05%，选择D项即"对执法结果感到满意"的占比16.40%，选择E项即"对执法结果不满意"的占比14.14%，选择F项即"不知道"的占比13.61%，选择G项即"其他"的占比0.87%。可见，认为能够严格执法的超过了一半，达到51.57%；认为执法机械的占比36.82%，占到了1/3以上；而认为执法较随意或灵活的占到27.05%，占到了1/5以上；对执法结果感到满意的仅仅占比16.40%，不满意的也达到14.14%，那么剩余的69.46%人则可能处于相对满意即"有些情况满意、有些情况不满意"的状态，因此尚有继续提升执法伦理的必要。选择"不知道"的占比13.61%，表明有13.61%的受访者没有作为行政相对人受到行政执法的经历或者并未认真思考过这个问题。（见图5－5）

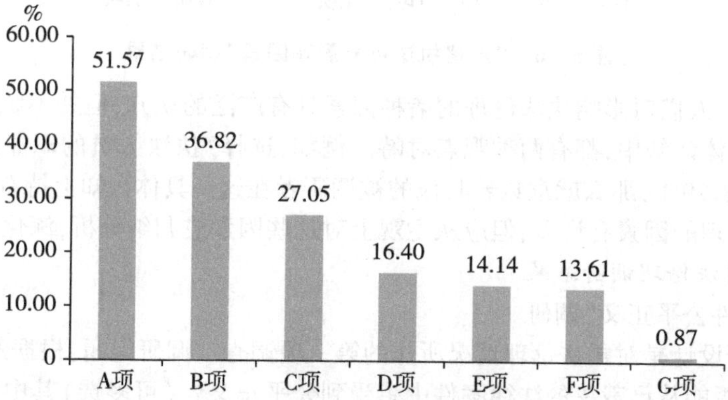

图5－5　"具体执法行为伦理"调研结果

2.“严格执法可能影响因素”调研

本调研设计是对执法伦理情况所作的第二项调查。调研问题：您认为影响严格执法的可能因素有哪些？（可多选）其中，选择A项即“对执法活动促进社会和谐发展的伦理意义思考的多少”的占比61.17%，选择B项即“需要完成的执法工作量的大小”的占比44.15%，选择C项即“所面对的执法对象是否采取了其他手段对执法活动施加不当影响”的占比54.54%，选择D项即“关于严格执法的具体制度、工作流程和操作步骤规定得是否全面可行”的占比54.97%，选择E项即“执法所在环境的具体文化氛围中是否包含对严格执法的不利因素”的占比49.65%，选择F项即“对所要执行的法律、法规、规章的掌握程度”的占比50.87%，选择G项即“执法人员的职业道德涵养”的占比58.29%，选择H项即“被执法人员是否愿意配合执法”的占比40.92%，选择I项即“其他”的占比0.35%。（见图5－6）

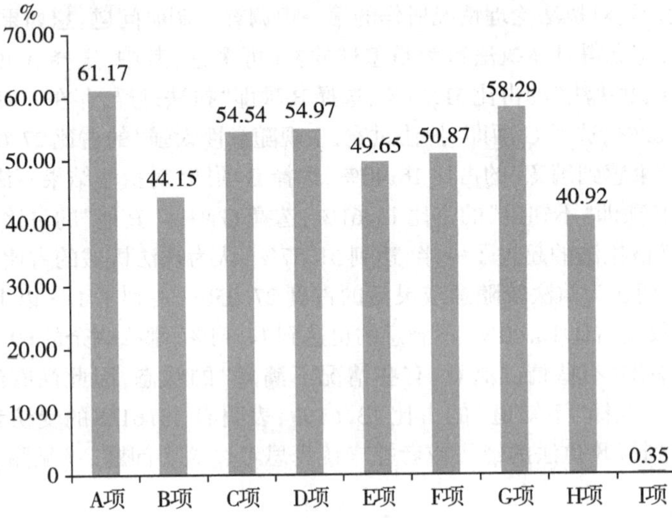

图5－6　“严格执法可能影响因素”调研结果

这说明，人们对影响执法伦理的诸种因素具有广泛的认知，但并不统一。同时，在每一项具体认知中，都有两种观点对峙。例如，选择“执法人员的职业道德涵养”的占到了58.29%，那么就意味着其他的被调研者在这一具体认知上持有其他观点。影响执法伦理的因素有许多，但应从主观上对这些因素进归纳分析，深化认识水平。

（三）司法伦理调研结果

1.“案件公平正义”调研

本调研设计是对司法伦理情况所作的第一项调查。调研问题：根据您的见闻或经验，您是否能从已裁决的法律案件中感受到公平正义？（可多选）其中，选择A项即“能够从每一个案件中感受到公平正义”的占比21.73%；选择B项即“能够从大部分案件中感受到公平正义”的占比 77.14%；选择 C 项即“能够从少部分案件中感受到公平正义”的占比 12.65%；选择 D 项即“不能从任何案件中感受到公平正义”的占比 4.36%；选择 E 项即“其他”的占比 0.70%，其中主要是有“没见过”“不了解”“看执法人员是否受外界的影响”“舆论关注的能感受到公平正义”等具体情况。这说明，人们能从大部分已裁决的法律案件中感受到公平正义，但是并非全部，所以司法伦理仍有提升的空间；另外，外界因素或社会舆论对司法伦理的影响，也是需要关注的因素。（见图 5－7）

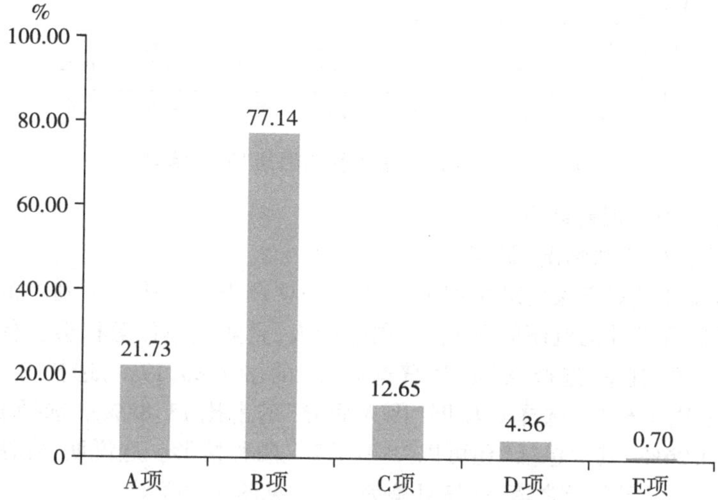

图 5－7　“案件公平正义”调研结果

2. “公正司法的影响因素”调研

本调研设计是对司法伦理情况所作的第二项调查。调研问题：“您认为，影响公正司法的可能因素有哪些？可多选”。其中，“A. 相关法律、法规、规章制定得是否科学”，选择该项的占 76.09%。“B. 具体案情是否疑难复杂”，选择该项的占 56.11%。“C. 司法伦理制度是否健全”，选择该项的占 63.18%。“D. 司法人员的职业道德素养”，选择该项的占 69.63%。“E. 具体案件是否受到关系、金钱等因素的不当影响”，选择该项的占 63.18%。“F. 具体案件的当事人是否隐瞒或虚构违法犯罪事实”，选择该项的占 55.06%。“G. 其他”，选择该项的占 0.44%，其中又包括“社会舆论”“高薪养廉，司法工作人员收入与劳动不成正比”“网络舆论影响”等具体思考。调研结果表明，比例较高排在前三位的分别是：“相关法律、法规、规章制定得是否科学”“司法人员的职业道德素养”“司法伦理制度是否健全”“具体案件是否受到关系金钱等因素的不当影响”（最后两个是并列第三），其比例均占到了 63.18% 及以上。这说明在这四个方面认识还有较大提升空间。（见图 5－8）

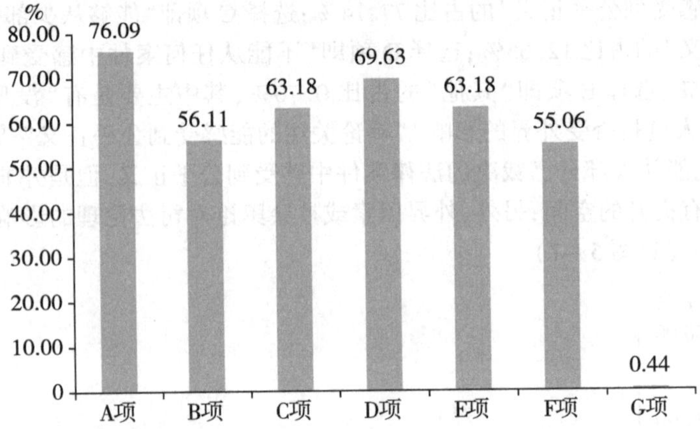

图5-8 “公正司法的影响因素”调研结果

(四)守法伦理调研结果

1.“社会主体守法情况”调研

本调研设计是对守法伦理情况所作的第一项调查。守法是最基本的法伦理要求,因此,该部分设计的调研问题是:您周围的人、企业或单位等社会主体的守法情况如何?(单选)其中,选择A项即“普遍守法”的占比80.19%,选择B项即“普遍不守法”的占比5.67%,选择C项即“因人而异”的占比13.88%。选择D项即“其他”的占比0.26%,其中包括“还可以”“不了解”两种情形。这说明,守法伦理的水平较高,但尚未至于理想之境,还需日臻完善。(见图5-9)

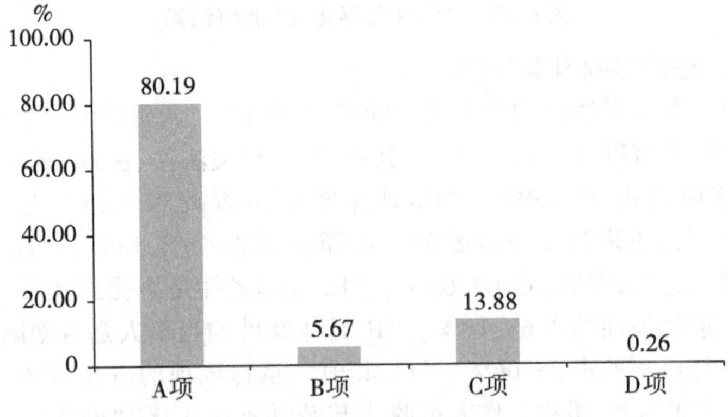

图5-9 “社会主体守法情况”调研结果

2.“法律纠纷解决方式选择”调研

本调研设计是对守法伦理情况所作的第二项调查。调研问题:如果在生活中遇到法律纠纷,您最先想到的解决方式是?(可多选)其中,选择A项即“与对方协商解决”的占比 83.25%；选择 B 项即“找熟人调解”的占比 33.68%；选择 C 项即“申请仲裁”的占比 37.87%；选择 D 项即“自己或找律师到法院起诉”的占比 48.52%；选择 E 项即“同态复仇”的占比 2.36%；选择 F 项即“息事宁人，自己默默承受不利后果”的占比 6.89%；选择 G 项即“其他”的占比 0.26%，主要是“根据纠纷事件和他人态度决定”。（见图 5－10）

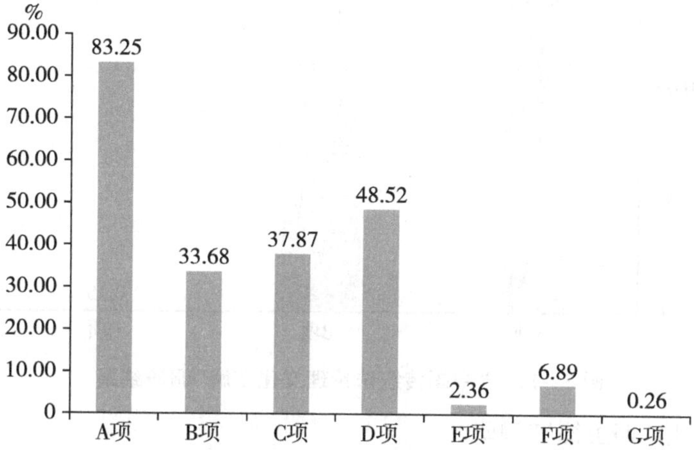

图 5－10　“法律纠纷解决方式选择”调研结果

虽然调研对象可能将几种不同的方式都放到了并列重要的位置，但选择通过协商方式解决纠纷的所占比例高达 83.25%，这足以表明协商方式在人们心目中的地位。纠纷一旦出现，解决的方式通常有和解、调解、仲裁、诉讼、行政复议等方式，在所有这些方式中，可以说和解（协商解决）是伦理色彩较浓厚的、富有人情味的解决问题方式。通过和解，当事人相互让步、互相谅解，不但能使所面临的纠纷得到处理，还能保持当事人之间的合作关系或其他伦理联系不发生中断，以后还可以正常交往、合作或相处。因此，协商解决方式成为占比例最高的选择，表明了法伦理意识在增强。但同时必须看到，选择“息事宁人，自己默默承受不利后果”和“同态复仇”的还占有一定比例。前者是将矛盾搁置，等于没有化解；后者则是在已有矛盾的基础上激发新的矛盾，两者都不利于社会和谐。

三、“法伦理知识、法律职业伦理与法律职业道德”调研结果

（一）“法伦理知识”调研结果

1.“中国传统法伦理文化了解”调研

本调研设计是对法伦理知识情况所作的第一项调查，旨在了解调研对象对中国传统法伦理文化的了解情况。调研问题：您听说过“道之以政，齐之以刑，民免而无

耻。道之以德,齐之以礼,有耻且格”这段话吗?(单选)其中,选择A项即“知道”的占比51.66%;选择B项即“不知道”的占比47.99%;选择C项即“其他”的占比0.35%,主要是由于“不了解具体意思”。选择“知道”和“不知道”的,基本上是对半分,这说明中国传统文化中的法伦理知识尚需要普及。(见图5-11)

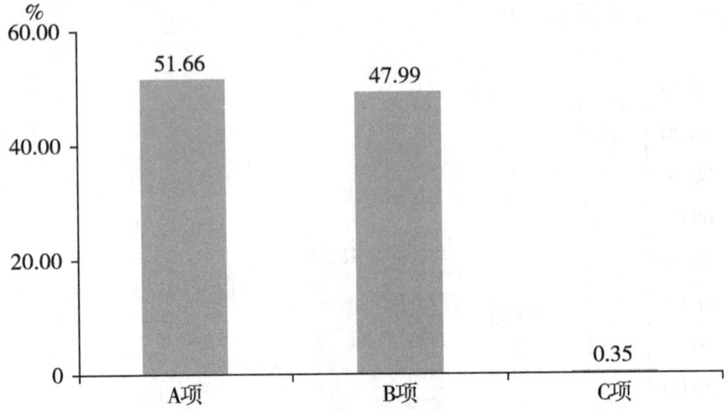

图5-11 “中国传统法伦理文化了解”调研结果

2.“古希腊‘四主德’”调研

本调研设计是对法伦理知识情况所作的第二项调查。调研问题:您觉得古希腊“四主德”指的是哪些?(可多选)其中,选择A项即“智慧”的占比83.94%;选择B项即“勇敢”的占比72.34%;选择C项即“节制”的占比42.06%;选择D项即“正义”的占比89.18%;选择E项即“平等”的占比68.06%;选择F项即“清廉”的占比25.22%;选择G项即“其他”的占比1.31%,其中主要包括“公平”“公正”“克制”“不知道”等情形。(见图5-12)

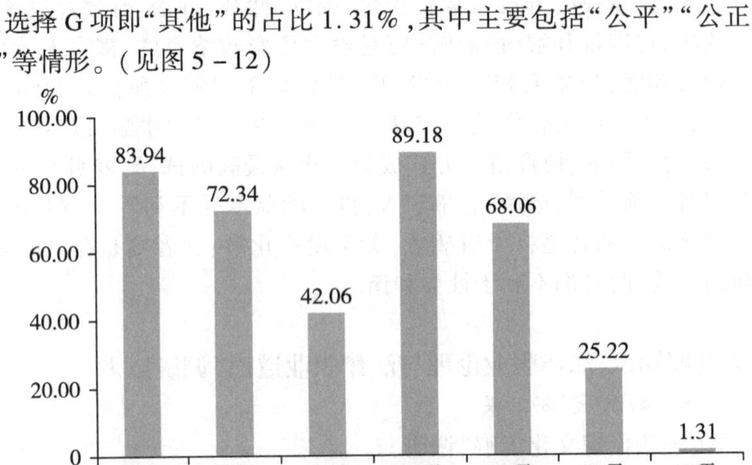

图5-12 “古希腊‘四主德’”调研结果

中国特色社会主义法律体系是在借鉴人类历史上优秀法律成果的基础上结合我国国情制定的，因此不可避免地对历史上其他国家法律文化中的一些合理部分进行批判性借鉴。古希腊文化中包含重要的法律元素，如苏格拉底坚决遵守法律判决慨然赴死，柏拉图《理想国》中包含大量的关于"正义"和法律的讨论。这意味着，古希腊"四主德"必然会对法律产生影响，而古罗马法及近现代的法律，则将"正义"作为法律的重要追求目标。因此，关于古希腊"四主德"的调研实际上是力图在更广泛的意义上了解调查对象对法伦理知识的了解情况。一般而言，如果没有足够的关于法伦理的知识，那么在实践中就无法自觉地提升"法伦理能力"。在这项调研中，根据从高到低的比例排列，分别是"正义""智慧""勇敢""平等""节制""清廉""其他"，"四主德"中有三个排在前面，说明人们的相关知识比较丰富。同时必须看到，选择"节制"的只占42.06%，这从某种程度上说明该德性需要提升和加强。法律作为社会调控工具，以国家强制力和当事人自觉遵守为发生实际效力的保障，其中需要"节制"德性发挥重要作用。

（二）"法律职业伦理与法律职业道德"调研结果

1."法律职业伦理与法律职业道德"概念调研

本调研设计是对法律职业伦理与法律职业道德的认知情况所作的第一项调研。调研问题：您认为"法律职业伦理"与"法律职业道德"是一回事吗？（单选）其中，选择A项即"是"的占比27.40%；选择B项即"不是"的占比72.08%；选择C项即"其他"的占比0.52%，主要是"不知道""不了解"。（见图5-13）

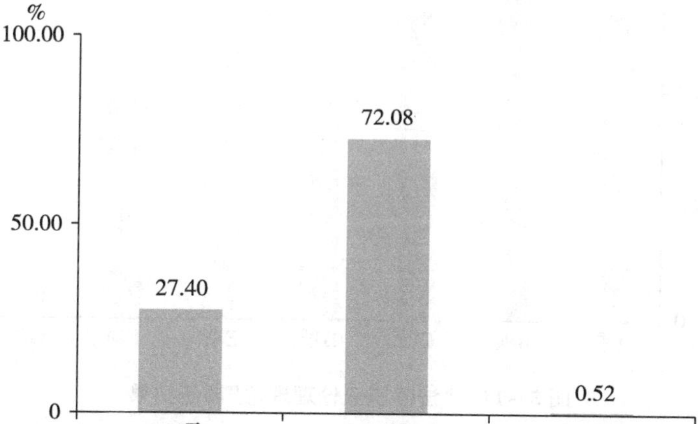

图5-13 "法律职业伦理与法律职业道德"概念调研结果

这说明，绝大部分人能够区分法律职业伦理与法律职业道德，但仍有27.40%的人认为两者是一回事。法律职业伦理关涉的是整个法律现象，而法律职业道德则多是强调处于法律现象中的个体应该怎样做。从目前世界各国存在的法律职业行为规范或职业道德规范来看,鲜有对法律职业伦理和法律职业道德予以明确区分者。这一方面增加了对规范文本自身的理解难度,另一方面在法律实践中影响主体自觉执行的力度。因此,将这两个术语进行适当区分是必要的。

2."法律职业伦理理念"调研

本调研设计是对法律职业伦理与法律职业道德的认知情况所作的第二项调研。调研问题:您认为下列哪些属于法律领域的伦理理念?(可多选)其中,选择A项即"和谐"的占比55.93%;选择B项即"理性"的占比66.67%;选择C项即"公正"的占比73.73%;选择D项即"财产"的占比34.38%;选择E项即"人格"的占比54.80%;选择F项即"知识产权"的占比32.98%;选择G项即"其他"的占比0.17%,主要是"不知道"。其中选择"和谐""理性""公正"的调研对象均超过了一半,尤其是选择"公正"的所占比例最高,这足以看到"公正"理念在人民群众心中的地位。同时必须看到,选择"财产""人格""知识产权"等的比例也不低,均大于等于32.98%,尤其是对"人格"的选择比例高达54.80%,这说明,关于伦理理念的认知尚需进一步厘清和加强。(见图5-14)

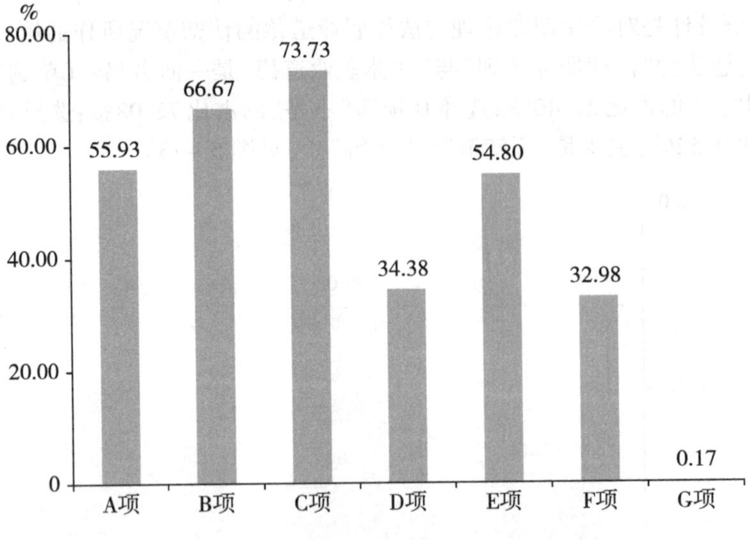

图5-14 "法律职业伦理理念"调研结果

3."法律职业道德理念"调研

本调研设计是对法律职业伦理与法律职业道德的认知情况所作的第三项调研。调研问题:您认为下列哪些属于法律领域的道德理念?(可多选)其中,选择A项即"敬畏"的占比63.87%;选择B项即"诚信"的占比81.24%;选择C项即"节制"的占比53.49%;选择D项即"任性"的占比18.50%;选择E项即"谋利"的占比

20.77%；选择 F 项即“避免违法、犯罪”的占比 47.38%；选择 G 项即“其他”的占比 0.17%，主要表述为“底线”。（见图 5－15）

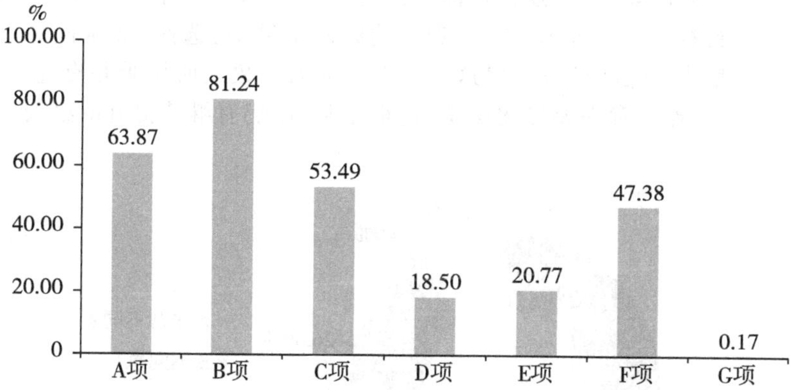

图 5－15　“法律职业道德理念”调研结果

选择“敬畏”“诚信”“节制”的调研对象均超过了一半，尤其是选择“诚信”的所占比例最高，达到 81.24%，这足以看到“诚信”理念在社会中的受重视程度。但是，必须同时看到，选择“任性”“谋利”“避免违法、犯罪”等的比例也不低，尤其是对“避免违法、犯罪”的选择比例高达 47.38%，这说明关于法伦理的道德理念还存在一些差异性认识，同时也会因这些差异性认识而产生许多差异性行为。譬如，如果将“避免违法、犯罪”作为主要道德理念，那么在实践中有可能出现想方设法“规避”法律的行为发生，从而使法律价值得不到全面实现。

四、“法伦理建设”调研结果

这一部分调研所涉及的内容较多，也是调研的重心。主要从四个维度入手设计问卷，每个问题里面的选择项很多，力图归纳法律职业伦理建设中的各种可能性。

（一）“法伦理建设的实际情况”调研

本调研设计是对法伦理建设情况所作的调研。调研问题：您认为现在的法伦理建设的实际情况如何？请根据自身的理解对以下观点作出判断。判断分为“非常不同意”“不同意”“一般同意”“非常同意”四个选项。这里一共列举出 8 个方面的观点，因此，调研结果也在这八个方面呈现。（见图 5－16 到图 5－23）

1.“立法应立足现实需要，科学地进行”调研

本调研设计是对立法科学性的认知情况所作的调研。其中，选择“非常不同意”的占 7.85%，选择“不同意”的占 3.49%，选择“一般同意”的占 26.09%，选择“非常同意”的占 62.57%。“非常不同意”意味着不但不同意，而且有充足的理

由；“不同意”则主要是根据经验或直觉得出结论，对此问题未必进行过理性思索；同样道理，“一般同意”也可以认为主要是根据常识或从众心理而进行选择；但“非常同意”则不同，其能够对某种观点进行道德形而上学或经验世界的逻辑说明或论证，具有充足的理由。在该观点的调研结果中，选择“非常同意”的占到了62.57%，表明“立法应当科学”这一观点已为大多数人所接受并有充足的理由支撑。对这一观点还存在差异化认识，这很正常，但仍有继续提升的必要。（见图5－16）

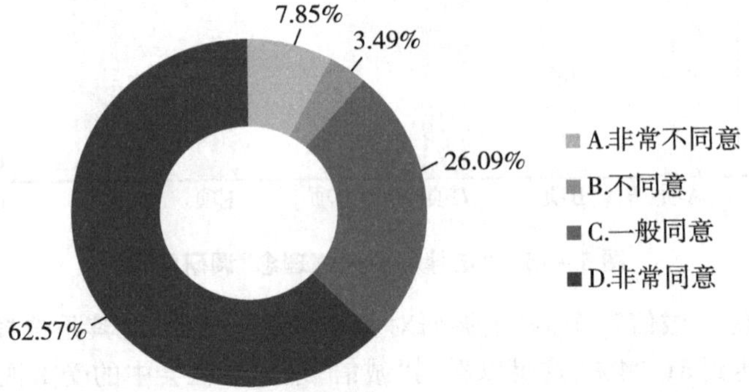

图5－16 “立法应立足现实需要，科学地进行”调研结果

2.“执法应避免来源于人情、利益、关系等方面可能的不当影响”调研

本调研设计是对执法如何符合伦理的认知情况所作的调研。其中，选择“非常不同意”的占比5.41%，选择“不同意”的占比4.54%，选择“一般同意”的占比23.38%，选择“非常同意”的占比66.67%。这表明，对该观点的认知度普遍较高。但是，“非常不同意”“不同意”两者加起来所占比例达到了9.95%，将近1/10，仍旧不能忽视。因为这种认知，很容易在法律实践中滋长“随大流、不挨揍”的附和心理，失去坚持“法伦理应当”的勇气和斗志，从整体和实体、长期和根本发展考虑，这是不利的。法律是规则之学，重在“规则遵守”。如果受到不当因素的影响，很可能会影响“执法独立性”，从而失去“法律期待确定性”和降低“执法公信力”。（见图5－17）

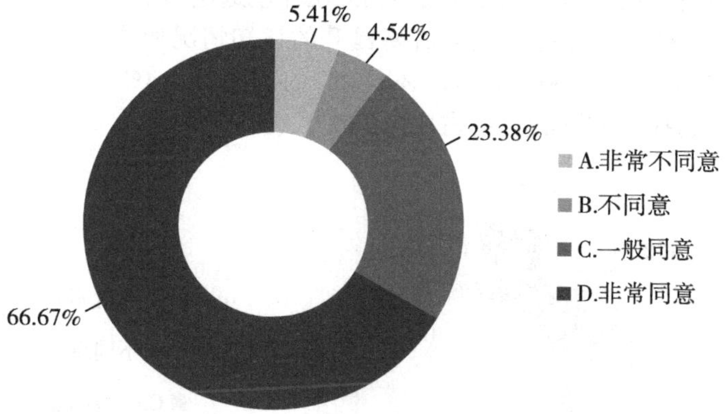

图 5 - 17　“执法应避免来源于人情、利益、关系等方面可能的不当影响”调研结果

3.“当前司法活动还存在一些不尽如人意的地方”调研

本调研设计是对司法伦理是否需要进一步提升的认知情况所作的调研。其中，选择“非常不同意”的占比 3.67%，选择“不同意”的占比 4.80%，选择“一般同意”的占比 42.84%，选择“非常同意”的占比 48.69%。其中，选择“非常不同意”和“不同意”的总和占到了 8.46%，至少可以推定，占这个比例的人持有其他观点，或者是认为司法伦理已经非常完善，或者是认为已经比较完善，或者认为还需要大幅度提升，或者根本不赞同这种表述，等等。如果从积极角度理解，那么可以认为，司法伦理已经完善，因此不再需要提升了。但是选择“一般同意”和“非常同意”还占有很高比例，也就是说，司法伦理尚有不小的提升空间。（见图 5 - 18）

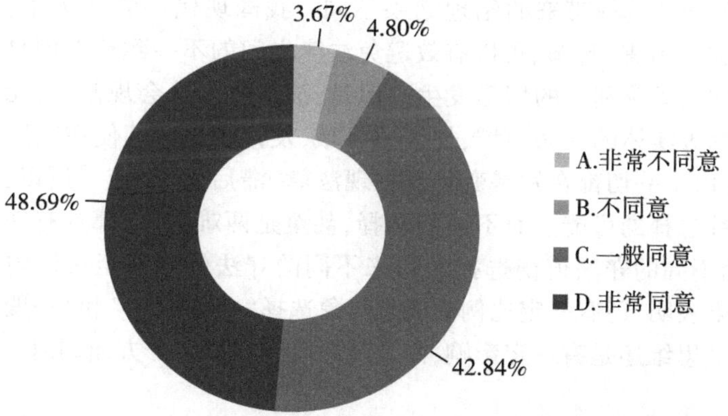

图 5 - 18　“当前司法活动还存在一些不尽如人意的地方”调研结果

4. “对我有利的法律就遵守，对我不利的法律就逃避”调研

本调研设计是对守法伦理是否需要提升的认知情况所作的调研。其中，选择“非常不同意”的占比 50.00%，选择“不同意”的占比 29.14%，选择“一般同意”的占比 13.53%，选择“非常同意”的占比 7.33%。（见图 5－19）

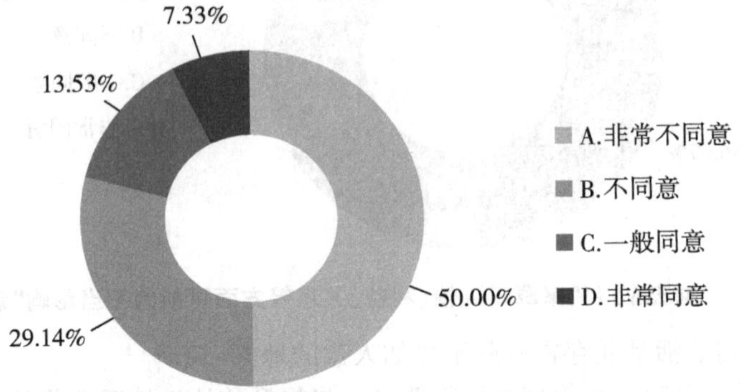

图 5－19 “对我有利的法律就遵守，对我不利的法律就逃避”调研结果

其中，选择“非常不同意”和“不同意”的总和占到了 79.14%，这说明人民群众的守法意识和守法伦理精神普遍较高。许多法律、法规的制定并非仅仅考虑具体的个体、行业或地区利益，毋宁说主要考虑的是整体的、全体的、实体的利益，“法是天下之公器”。因此，当仅仅站位于具体个体的角度、站位于小“我”而不是群体性的“我们”甚至整体性的“集体”时，就可能出现对一些具体法律、法规的基本精神不能完全理解的情形，这时候就出现了道德选择：是依法律精神行为还是设法规避法律要求？不同的道德选择带来的伦理结果不同。我国现代一般性法律、法规等的制定，存在“合宪性审查”环节，可以有效避免法律之间的不一致或者因具体的微观利益而损害整体的国家利益的情形发生。但是，法律作为社会规范，它无法拓展到自然、国家、家庭等实体的一切领域，如情感领域、友谊领域。即使在其所能刚性调控的领域，也会由于一切都在发展变化而出现法律“滞后性”缺点。所以，还会给守法主体提供某种选择的可能。而不同的选择，甚至是两难选择，都具有守法道德选择的意味，并因不同的守法道德选择而带来不同的守法伦理甚至实体内的法伦理结果。调研结果表明，还有一定比例的调查对象选择“非常同意”和“一般同意”，这也说明实用主义思维还是有一定影响，需要从环境和主体两个方面同时进行伦理与道德的提升。

5. “全社会对法伦理建设重要性的认识应当加强”调研

本调研设计是对法伦理建设重要性的认知情况所作的调研。其中，选择“非常不同意”的占比 3.49%，选择“不同意”的占比 2.97%，选择“一般同意”的占比

22.08%，选择“非常同意”的占比71.47%。（见图5－20）

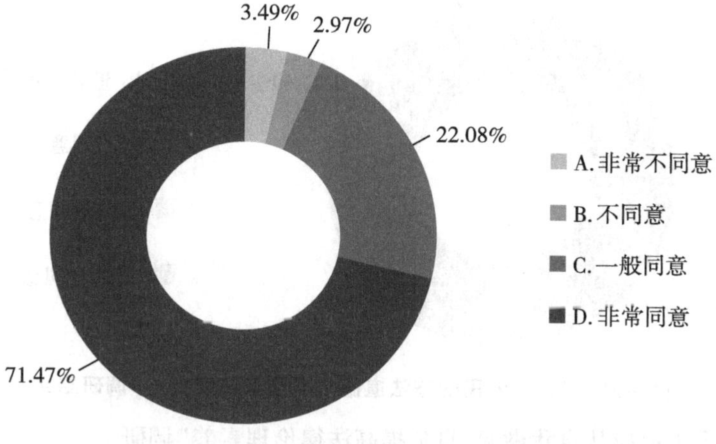

图5－20　“全社会对法伦理建设重要性的认识应当加强”调研结果

调研结果表明，有93.55%的人选择“一般同意”或“非常同意”，“法伦理”这一学术概念或实践领域已经为人所关注。2018年以后，随着“法律职业伦理”课程成为大学法学本科阶段的必修课和学界对法律职业伦理探索的热情提高（参见“导言”部分的研究现状），法伦理引起了社会的广泛关注。但是，仍存在一些差异性的认识。虽然所占比例不高，但是也表明法伦理应当继续普及。因为观点、意见或看法是“立场”“思维方式”“具体情形”“情感取向”等因素综合作用的产物，它并非一成不变和永恒如此，不同的观点可以相互影响甚至可以从一种观点变为另外一种截然相反的观点，因此，不能仅根据所占比例进行一种简单的数量化分析比较，而是要同时从观点存在变化的可能性的视角动态地把握、巩固和提升正确的认识。观点与事实相互关联，建立在调研基础上的实事求是的认识属于正确的观点。

6.“我国公民的守法道德水准需要继续提升”调研

本调研设计是对守法道德是否需要提升的认知情况所作的调研。其中，选择“非常不同意”的占比2.44%，选择“不同意”的占比2.10%，选择“一般同意”的占比22.69%，选择“非常同意”的占比72.77%。这表明，绝大部分人认为还需要继续提升守法道德，同时从另一个侧面反映出，无论是自然人、法人、非法人组织或其他守法主体，其守法道德境界并未到达“至善之境”，因此，每个具体的守法主体、每个部门法的守法主体、处于不同环节的守法主体等，均应从自我率先起行，以为自然、国家及家庭实体之进步作出道德的贡献。（见图5－21）

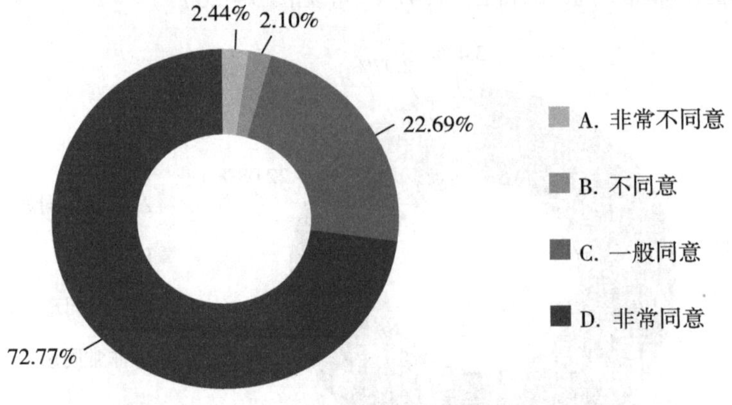

图 5－21 "我国公民的守法道德水准需要继续提升"调研结果

7."每个人都应从自我做起,自觉提高法律伦理素养"调研

本调研设计是对法伦理的主体道德自觉性的情况所作的调研。其中,选择"非常不同意"的占比 2.44%,选择"不同意"的占比 2.18%,选择"一般同意"的占比 16.58%,选择"非常同意"的占比 78.80%。这表明,新时代,人们在法伦理领域的道德自觉性普遍较高,但是仍存在一定程度的发展和提升空间。(见图 5－22)

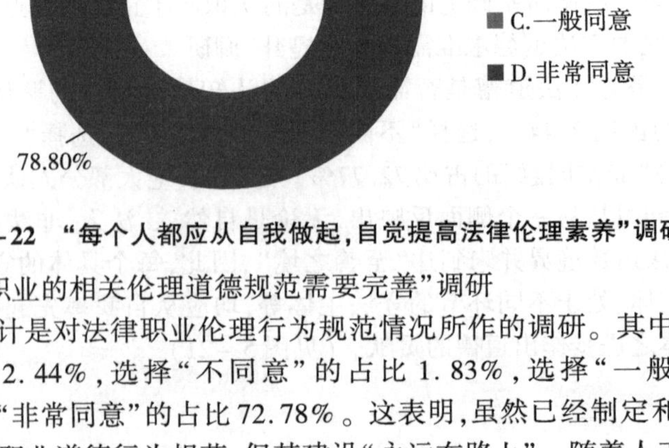

图 5－22 "每个人都应从自我做起,自觉提高法律伦理素养"调研结果

8."法律职业的相关伦理道德规范需要完善"调研

本调研设计是对法律职业伦理行为规范情况所作的调研。其中,选择"非常不同意"的占比 2.44%,选择"不同意"的占比 1.83%,选择"一般同意"的占比 22.95%,选择"非常同意"的占比 72.78%。这表明,虽然已经制定和修订了许多法律职业伦理或职业道德行为规范,但其建设"永远在路上"。随着人工智能时代的到

来和文明样态的变迁，将会有许多新的情况出现，也需要与时俱进的法律行为规范或伦理道德规则。（见图 5－23）

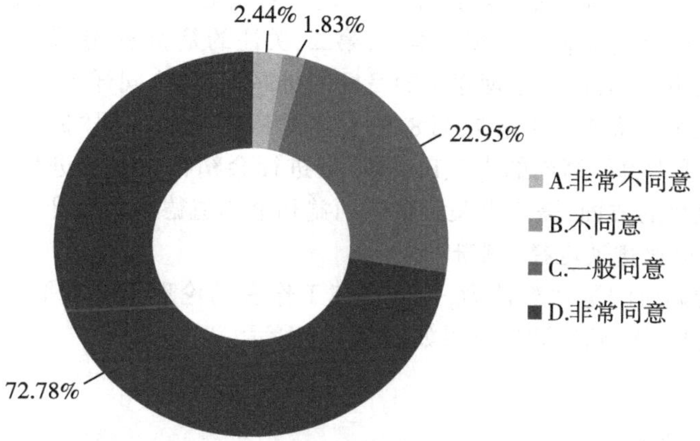

图 5－23　"法律职业的相关伦理道德规范需要完善"调研结果

（二）"法伦理建设目的"调研

这一道调研题是"排序题"。调研问题："您认为法律伦理建设的目的是什么？可依照重要性进行排序。"一共给出了 9 个选项。该题难度很大，目的在于对"法伦理建设目的"的认知情况进行调研。调研结果所呈现的原始排序情况如下。（见图 5－24）

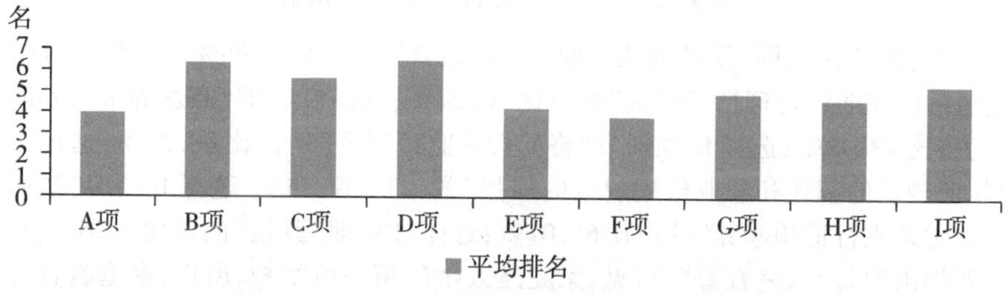

图 5－24　"法律伦理建设目的"排序调研结果

在所有这些选项的排名中，D 项即"获得他人的夸奖提升自身的社会名誉"占第 1 名，表明人们很重视法伦理建设为自身带来的社会名誉效果；B 项即"自己能获得更多财富"占第 2 名，表明人们也很重视法伦理建设为自身带来的财富效果；C 项即"提升自身的职业形象，以增加升迁的可能"占第 3 名，表明人们也很重视法伦理建设为自身带来的社会地位提升效果。这三者的共同特点是：第一，基于"自我"本位的思索；第二，对现实名誉、财富及升迁的关注。这两点表明，在对社会伦理建设的目的选择上,突出了个体主体性和现实应用性,反映了时代思想的新变化。排第4、第5、第6名的分别是I项即“促进人类命运共同体和平与发展”,G项即“促进社会生态文明建设”、H项即“促进国泰民安”。这三者也有两个共同点:第一,基于共同体、社会或国家本位,即整体或实体本位;第二,关注的是和平、建设或发展等现实问题。这两点表明,在对社会伦理建设的目标的排序上,整体同样重要,而整体的现实进步则是公众所期待的。排第7、第8、第9名的依次是E项即“促进社会的经济发展”、A项即“成为道德高尚的人”、F项即“促进社会精神文明的进步”。这表明,在法律伦理建设目的方面,需要更关注整体利益和个体道德水平提升。

(三)“法伦理建设途径”调研

该部分的调研问题:“您认为,提升法律工作者的伦理道德水平,有效的途径是什么?(可多选)”得到的调研结果如图5-25所示。

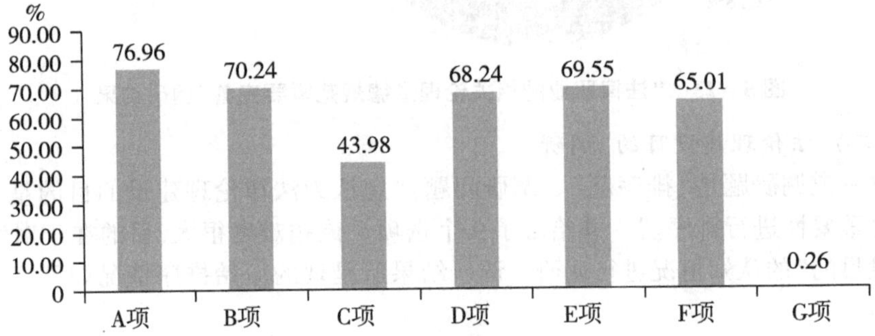

图5-25 “法伦理建设途径”调研结果

其中,选择A项即“学校的法律职业伦理教育”的占比76.96%;选择B项即“工作之后的法律职业伦理持续培训”的占比70.24%;选择C项即“高薪养廉的薪酬制度”的占比43.98%;选择D项即“严格的行为监督制度”的占比68.24%;选择E项即“执业规范的细化和职业伦理规范的加强”的占比69.55%;选择F项即“法律工作者自觉地进行道德修养”的占比65.01%;选择G项即“其他”的占比0.26%,这项中主要提出的是“家庭教育”,可见,家庭是人生的第一所学校,所以,家庭教育也非常重要。

(四)“法伦理建设最主要推动力”调研

该部分的调研问题:“您认为要提升全社会的法律伦理水平,最主要推力是什么?(单选)”得到的调研结果如图5-26所示。

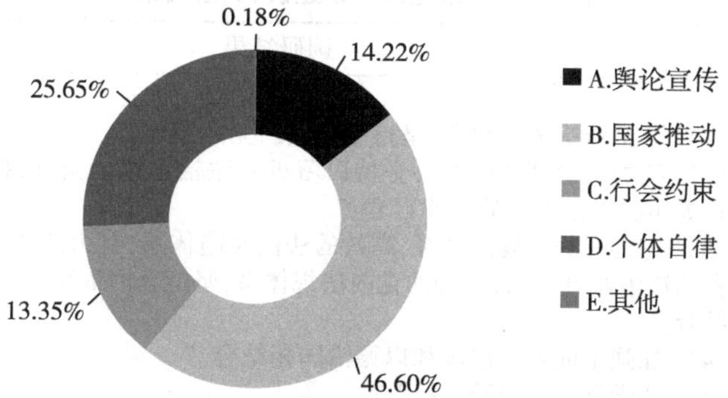

图 5－26　“法伦理建设最主要推动力”调研结果

其中，选择“舆论宣传”的占比 14.22%；选择“国家推动”的占比 46.60%；选择“行会约束”的占比 13.35%；选择“个体自律”的占比 25.65%；选择“其他”的占比 0.18%。其排列顺序依次为“国家推动”“个体自律”“舆论宣传”“行会约束”“其他”，可见，人们对“国家推动”还是非常看重的。

（五）“法伦理建设建议”调研

该部分的调研问题：“根据您的经验和思考，您对法伦理的建设和完善有什么建议？”这是一道开放性的调研问题，由调研对象直接作答。一部分调研对象回答了此问题。他们无私地贡献了自己的智慧，为法伦理建设作出了贡献。去掉未作答的和语义重复的，本书将调研结果归纳总结为“党的领导”“制度建设”“宣传教育”“主体自觉”“社会监督”“避免误区”“共同推进”“综合措施”八个方面。依照此逻辑程序，将相同或接近的代表性调研结果，以表格方式予以呈现，以飨读者。（见表 5－1）

表 5－1 “法伦理建设建议”调研结果

序号	主旨	调研结果
1	党的领导	(1)“立足传统道德观念，坚持中国共产党的领导。” (2)“我国法伦理建设需要坚持以习近平法治思想为指导，提高法官、检察官等司法工作人员的法律素养。” (3)“完善的法律规范体系，高效的法治实施体系，有力的法治保障体系，严密的法治监督体系，完善的党内法规体系，坚持全面依法治国与以德治国相结合。” (4)“加强全面依法治国和以德治国相结合。” (5)“科学立法，合理治国。” (6)“坚持全面依法治国，贯彻落实全面依法治国。” (7)“听党的领导。” (8)“支持国家。”
2	制度建设	(1)“以实践为基础来修改和制定规则，没有规则不成方圆。” (2)“对于法律的普及工作必须做到位，同时，执法人员严格遵守，对执法人员监督机构更加严格。” (3)“继续完善法律伦理制度，加强法律伦理学习，不断增强法律伦理意识，提升每个人的自身修养。” (4)“法律职业伦理的规则还需要进一步细化。” (5)“法伦理应当进一步规则化、条文化。” (6)“完善相关立法规定，加强执行和监督，逐渐内化于个人行为中。” (7)“如果法律本身就不完善，如何让运用法律的人完善？我觉得根本在于我国法律还需完善。” (8)“细化对法律伦理的解释。” (9)“国家应该加大力度完善法伦理的建设。” (10)“应将不尽如人意的地方再进行修改。” (11)“完善立法制度，加强教育，让遵守法伦理的观念在社会蔚然成风。” (12)“完善法律体系，加强法律职业道德建设。” (13)“从人民需求出发，依据社会现实完善法律。” (14)“完善法律法规。” (15)“具体细则的完善和可操作性完善。” (16)“展望国家发展未来，建设有前瞻性的法律体系。倡导守法与严格执行法律相结合。”

续表

序号	主旨	调研结果
3	宣传教育	(1)“国家应大力推进普法教育,从娃娃抓起。鼓励每个单位形成定期学习法律伦理的制度。”“多宣传,多科普！从少儿抓起。”“尽早加强教育。” (2)“适当加大在学校等教育中的比重,扩大法伦理的影响力;培养具有法伦理观念的法律工作者,进一步提高法伦理的水平。” (3)“提升全民的素质教育水平,从小学就开始培养,不能等到大学才开始。从小抓起,当成课程的一个部分,而不只是应试教育和考试。”“要加强对中小学生的法律伦理的教育,养成遵纪守法的好习惯。”“重视与义务教育的结合。” (4)“主要是在教育方面提升公民的法律素养。公民法治思想最有效的就是从小耳濡目染,言传身教,好的启蒙会伴随人成长一生,所以建议在小学、初高中学、大学,开设必要的法律课程,以增强公民的法治意识。”“学校教育应当重视加强非法学专业的法伦理教育普及。”“各学校对法律伦理课程加以重视。”“全方位加强对青少年法治思想的提升。”“高校要加强课程教育培养。” (5)“加强和改进思想政治教育的突破口,在实践教学中寻找与德育知识体系的结合点。” (6)“法伦理的建设和完善,要靠政策法律的约束,但是更多的是要靠个人的思想意识,因此我认为要加强个人的思想教育,帮助法伦理的建设。”“加强思想教育。”“首先需意识到它的重要性,以教育为主要手段进行落实。” (7)“加强宣传和教育,增强法律工作者的意识。”“教育,学习,宣传。”“要增强宣传教育,潜移默化地影响个人的思维方式,进而形成社会共识。”“加大宣传力度,增强个人意识。”“加强法律伦理宣传教育。”“加强教育和科普。” (8)“增加舆论力量,正能量宣传普法。”“加强社会宣传。”“加强宣传,向每一类人群普及。”“国家应该大力宣传。”“不断加强对于法律伦理的宣传,提高人民对于法律伦理的了解。”“增强法伦理宣传。” (9)“强化伦理,是法治的固本强基,应大力普及和宣传法律伦理。”“应不断加强对法伦理重要性的认识。” (10)“建议大力推动法理普及。”“应加强宣传,提高法伦理普及的普遍性,让更多的人重视起来。”“系统进行研究和分析,找出一个大众易懂的内容,进行宣传。”“向公民普及法伦理知识。”“推进法治宣传教育。”“普及、普及、普及,国家给予经济支持,向根本了解不到的地方人群普及。”“建议一对一普及知识。” (11)“加大对农村地区的法律意识宣传。” (12)“希望多在落后地区普法。” (13)“法律是道德的最低标准。” (14)“法律伦理是职业性的,而非日常道德性的,需要进行职业教育。”“需要持续培训法律职业伦理。”“法律职业伦理需要持续培训,进一步落实。”“职业教育需要加强。”

续表

序号	主旨	调研结果
4	主体自觉	(1)“严格的监督不如从自我约束与提升做起。只有认识到法律伦理是什么,以及它的重要性,才能自我约束。” (2)“需要每个公民个体都有遵法尊理,维护法律伦理的主动性和实际行动。” (3)“德治与法治相结合,加大宣传力度,加强执法队伍建设,提高执法人员知识水平,保障人民生命财产安全。” (4)“关注社会现实,不作冷眼旁观者,心中坚持正义。” (5)“加强法伦理的学习,严格守法执法,用道德约束自己,做个不违法乱纪的好公民。”“增强人们守法的主动性。” (6)“主要在个人,国家和社会只是辅助。”“个人自律,舆论宣传。” (7)“遵守法规,做一个对国家有用的人,提升自己。”“公民的守法道德水准还需要继续提升。”“提倡加强个人道德修养。”“人人学习!”“提高公民素质。”“提升社会道德素质和法律素养。”“提升大众的认知水平。”“实践中加强伦理的学习,养成学习中进步、进步中学习的精神状态。”“增强全民法治意识,树立正确的法治观念。”“提升公民懂法、守法意识。” (8)“提高法律工作者的素养,加大普法力度。”“提升法律工作者的自律意识。” (9)“执法者自身法律素养的提高。”“执法者率先垂范!” (10)“加强个人精神品德方面的教育,推动职业伦理的完善。” (11)“加强全面依法治国,要对法律从业者加强职业培训,增强对法律的敬畏之心!”“对法律职业进行宣传和规范。”“提高法律工作人员职业素养,提高全社会伦理道德水平。” (12)“自觉地进行法律制度学习,遵守法律法规,加强道德修养,促进人类和平和谐文明发展。”“加强理论指引,提升全社会道德素质。”“提高人民文化素质和自身修养。” (13)“在于个人的自我约束与法伦理意识的梳理。在整个社会中形成相应的社会氛围,可以更好地让个体主动或被动地接受。”
5	社会监督	(1)“有法必依,违法必究。”“有法必依,严格执法,平等执法。” (2)“避免形式,公平、公正、公开。” (3)“加强廉政监督,惩罚力度。”“加强高管、高官的伦理监督和行为约束。” (4)“办理环节公开透明化。” (5)“法律还是需要更加完备的程序来执行,不能一刀切。” (6)“法伦理不应该因人而异,应该一视同仁。” (7)“勿以善小而不为,勿以恶小而为之。加强对法律工作者的监督以及去深究影响他们的大环境。加强法伦理的建设和完善,需要从社会各方面着手。”

续表

序号	主旨	调研结果
		(8)“对违法者加大惩罚力度!” (9)“加强对有关部门和工作人员的监督。” (10)“加强多渠道的群众监督,形成社会约束力。” (11)“提高执法人员的职业道德涵养,倡导守法与严格执行法律相结合。” (12)“建立监督体系,加强评价体系,完善考核体系!”“加大奖惩力度。”“完善奖惩机制。” (13)“加强公民的法律意识,对参与工作人员有严格的考核标准和制度。”
6	避免误区	(1)“应当更加关注地方的执法司法活动,地方越小,越是会受人情、利益等因素的影响。” (2)“国家的法律法规是好的,但是地方上的官员有的还是知法犯法,老百姓也无可奈何。” (3)“避免徇私舞弊。” (4)“希望官官相护减少。” (5)“我们力求司法健全的同时,应当对于执法地域化和执法人员进行行为和执法是否符合公理而非以私包庇、篡改执法结果和执法原则的问题提出怀疑,并就执法人员的财产利益进行有效的监视,同时对律师行业里诉讼代理人员是否从客观维护社会稳定的站位进行行业准则性的检查,避免以利益化的目的侵犯公正执法和正义司法的客观准备性。”
7	共同推进	(1)“各方面共同推进。”“应该全方位推动,大到国家,小到个人,从小教育。”“法伦理建设,国家推动,个人积极践行!”“国家社会个人共同努力,从实际出发。”“加强国家、社会和个人的合作。” (2)“国家加大力度。”“自上而下。”“加强强制性。”“相信政府。” (3)“落到实处,不只是停留在理论中。”“加强实践操作。” (4)“立足实际,与时俱进。”“实事求是。”“根据实际情况不断改进和完善。” (5)“加大投入”。 (6)“根据社会发展水平科学制定。”“一切从实际出发。”“多结合实践。” (7)“对社会突出人士的宣扬。” (8)“加强法治建设,推动社会发展。”“加强法治宣传,完善法律制度。”“继续加强精神文明建设。”“促进社会和谐发展。” (9)“学法,知法,守法,用法。”“以人为本。” (10)“合理执法。”“先做好执法工作吧。” (11)“结合道德和一些人在社会中的常态去执行。” (12)“社会对法伦理建设重要性的认识要加强。”“得到更多重视。” (13)“以法律专业人士为先锋,向全社会推进法伦理建设。”

续表

序号	主旨	调研结果
		(14)“行业协会和国家要共同促进法伦理的建设和完善。”“国家推动建设,行业加强完善。” (15)“以国家为主体进行政策导向推动,社会法治规范细化和执行监督,加强个体的遵守和自律行为。” (16)“理论体系需要完善。”“研究者需要一套完整的理论体系。” (17)“全民普法,国家干预。长期常态。” (18)“下沉基层。” (19)“更加完善,法律面前人人平等。” (20)“继续加油。”“国泰民安。”
8	综合措施	(1)“伦理对社会风气影响很大,法律对伦理的作用也意义非凡。提倡以法形式规束与传承伦理精神。” (2)“经济发展了,社会福利好了,大家不用那么逐利了,伦理自然就好了。” (3)“①润物无声,将规则意识内化为民众日常的行为规范;②行不言之教,万物作焉而不辞;③站高一个层次,从哲学角度,提高大众人生观价值观世界观普遍认知。” (4)“完善立法参与的科学性、民主性,强调良性立法,立法符合当前社会主要的价值追求。加强执法司法队伍的考核与高压态势,对于违法乱纪行为予以严肃处理,转变政府职能,提高执法人员素质与水平,加大对懒政怠政的行政问责制度与政治责任承担。加大对抽象行政行为的合宪性审查以及具体行政行为实施情况的社会化评估。” (5)“我认为家庭教育非常重要,应该把家庭教育提升至法律地位,倘若一对新人在准备孕育下一代之时就进行了教育并进行考核,考核不通过就不能孕育下一代。过程看似机械化一些,但是会产生很深远的影响,文学作品中有不少伦理悲剧的核心问题就是家庭因素,我想法律也是如此。如果法律一开始就完善了这一方面,社会定能健康发展。” (6)“必须持续加强建设和完善,任何时代,任何组织,都必须深入开展相关工作。”

综上可见,当下我国国民对法伦理建设的思考已经非常全面和深刻。每种观点都是基于理性和实践的不同维度而进行的思考,具有很大程度的合理性。这些思想为中国法伦理建设提供了理论思考,同时也昭示法伦理建设的现实基础。以此为基础,才能使提升法伦理水平、弘扬法伦理精神的实践成为“有效实践”与“合理性实践”。法伦理学科的宗旨在于寻找法的价值世界、意义世界,进而达到法现象世界整体至善与个体至善的有机统一,而要实现这一目标,则需要在各种影响法伦理建设中特别关注作为主体的人,这也是由伦理的人文性所决定的。以人为主体,就需要分析法伦理哲学的人性基础或人性认同。

第二节　法伦理精神哲学实现的人性基础

休谟说:“一切科学对于人性总是或多或少地有些关系,任何学科不论似乎与人性离得多远,它们总是会通过这样那样的途径回到人性。”[1]莱斯利·史蒂文森曾说:“对于人性的不同看法,必然对我们应当做什么和怎样做,得出不同的结论。”[2]无论是规范伦理学还是应用伦理学研究,人性论都是无法绕开的基石。作为应用伦理的法伦理学,它对人性是否关注以及所关注的视角直接影响法伦理精神的实践效果。

一、法学人性观的理论侧重:“气质之性”

无论是学术研究还是日常会话,在涉及“人性”概念时,一般主要在“本性、习性、属性”三种意义中的任何一种或几种含义上使用。

(一)本体意义上的人性:“天命之性”

所谓人性观,是指对人性问题所形成的系统观念、学说乃至理论。[3]这种人性观认为,人性虽不可见,但其客观存在。如果人人能够达到人性状态,则伦理道德和文明形态将会产生质的飞跃。《中庸》提出:“天命之谓性,率性之谓道,修道之谓教。”《道德经》提出:“朴虽小,天下莫能臣。”毕达哥拉斯学派认为,万物的本是一。从一产生二,二是从属于一的不定的质料,一则是原因。[4]赫拉克利特认为,“逻各斯”是贯穿在宇宙实体中的必然性,人应当遵循人人所共有的“逻各斯”;但是,“多数人对之却不加理会地生活着,好像他们有一独特的智慧似的”[5]。这些朴素唯物主义思想所体现的原初智慧,可以看作对本体意义上人性观念的率真阐释。

(二)习性意义上的人性:“气质之性”

孔子认为:“性相近也,习相远也。”(《论语·阳货》)如果将这里的“性”理解为“天命之性”、本体人性,那么可以将“习”理解为“气质之性”或习性。董仲舒所说的“贪仁之性”(《春秋繁露·深察名号》)、韩愈所说的“情”(《原道》)、张载关于人性分类(“天地之性”和“气质之性”)中的“气质之性”等可以认为是对“习性”的描述。亚当·斯密的“经济人”假设(《国富论》)、玛丽·安·格伦顿的“法律人”(《法律人

[1] [英]休谟:《人性论》(上册),关文运译,商务印书馆1980年版,第6页。

[2] [英]莱斯利·史蒂文森:《人性七论》,袁荣生、张蘗生译,商务印书馆1994年版,第5页。

[3] 参见崔宜明:《道德哲学引论》,上海人民出版社2006年版,第41页。

[4] 参见北京大学哲学系外国哲学史教研室编译:《西方哲学原著选读》(上卷),商务印书馆1981年版,第20页。

[5] 周辅成编:《西方伦理学名著选辑》(上卷),商务印书馆1964年版,第11页。

统治下的国度》)等对职业人特性的划分,所描述的也是"气质之性"或"习性"。理论或实践中的许多领域在"气质之性"意义上使用"人性"概念,因此,一般很容易将人性理解为气质之性。

(三)属性意义上的人性:"本能之性"

如果说将人性理解为气质之性或习性还属于"抽象"范围,那么属性意义上的人性则属于"具体"的人性。它是可观察到的生命个体在经验世界、现实世界、感性世界的具体特性,如人的生理属性、心理属性、思维属性等。

《礼记·礼运》指出,"饮食男女,人之大欲存焉;死亡贫苦,人之大恶存焉。故欲恶者,心之大端也。人藏其心,不可测度也"。其中的"饮食男女",属于人的"生理属性"。休谟用实验推理方法对"知性、情感"等问题进行了深入分析并称为"人性论"。实际上,经过仔细分析可以发现,其对观念、知识、推断、骄傲与谦卑、爱与恨、意志和直接情感等问题的研究更贴近现代心理学,因此其所研究的这些内容更像是人的"心理属性"。霍布斯在《利维坦》中对人类向往和平的愿望进行剖析,实际上是一种意识世界的思维愿景,因此可以称为"思维属性"。这些属性或基于本能的属性,是一种客观存在;它不能免除,但可以通过法律、伦理或其他方式予以力所能及的调整和把握,以确保人生走正确的方向。

根据上述三种分类,结合法律实践,可以发现,法学意义上的人性,基本上是从"属性"和"习性"(气质之性)两个方面来理解的。一般是从人的属性出发,最后过渡到"气质之性"。它对"本体"人性或"天命之性"关注不多或者说缺乏明显兴趣。它总是希望以属性制约属性、以气质之性对抗气质之性,从而形成一种现实的、有力的秩序,至于生存于这种秩序中的个体是否达到了天命之性则很少过问。法学之所以将其前置性的人性观以或明或暗的方式定位于对属性的关注并逐渐过渡到气质之性,主要存在以下两方面的理由。

第一,法学要保障的是人类社会的合理秩序。合理秩序的建构不是虚构的,它必须以现实存在的各种行为、活动和利益为基础。现实存在包括物质生产、社会治理、生态建设等诸多方面。其中,物质生产需要生产主体、生产工具、生产原料、生产工艺、生产产品、生产动力等要素支持,所有这些要素无一例外是客观的、现实的、可以感知的,无暇也无须进行过多的形而上学沉思,只须关注人的心理、技能、工作表现等这些现实的、属性方面的内容即可。社会治理需要"治理的理念""途径""方法""主体""中介""客体"等因素综合作用,在这些方面固然需要一些深入思考,但最主要的还是以社会中所表现出来的、具体的、多样化的、不断发展变化的各个年龄段的、各个领域的、各种活动之中所体现出来的人的属性或习性为基础,而不可能拿"天命之性"这种高标准去要求每一个个体。每一个个体囿于其自身特性和社会发展阶段限制,也不可能全部达到天命之性,人类社会发展史已经证明了这一点。生态建设是关于自然生态的认知、处理人与自然关系的理念、人类与自然相处的方式、生态建设目标、生态建设规划、生态建设措施等因素综合作用的产物。全球气候变暖、臭氧层破坏、土地沙漠化、海洋污染等问题的出现并非源于人的本性，毋宁说更多源于人的属性或气质之性。因此，要解决环境污染问题，也必须首先在人的属性或习性层面调控人的行为，从而形成人类与其他生物乃至自然生态的合理秩序。既然如此，那么法学必须从现实出发，从现实的属性或习性出发，通过司法制度建立、法律规范制定、纠纷解决机制设定等方式形塑和保障合理秩序的存在和运行。

第二，法学是通过法理、法规和司法实践三者来维护合理秩序的。法理是关于法的概念特征、历史发展、法的类型、法的价值、法律逻辑等一般知识的学问。在维护合理秩序方面发挥作用的主要途径，是通过形成法理共识，从而确保行动的一致性。在这些法律共识中，法的价值处于关键地位。对"秩序、效率、自由、公平"等价值目标的共同接受和追求，会形成依法治理、和谐相处、各尽其分的社会治理局面。但这种局面的形成，必须依靠教育和学习。教育和学习属于人的气质之性范围，因此，法学只能通过"学而知之"途径而不是"生而知之"方法去理解和掌握。至于法规，无论是习惯法、判例法还是成文法，其必然首先是一种明确规定的或隐藏在相关事实背后的一种行为规则。倘若不经过人为努力，这些多种多样而且不断发展的行为规则也并不容易被掌握，而人为的努力则属于属性或习性的范畴，如果不经过艰苦学习或长期实践，也很难达到"从心所欲不逾矩"状态。至于司法实践，则更需要耐力、能力、智力、德性等作保障，如此才能在证据事实中发现法律关系和争议焦点，并适当运用法律规定或法律规则妥善处理纠纷，从而将受到侵害的社会关系恢复到正常的轨道上来。而司法工作人员各种实际本领或"力"的形成，则是培养和努力的结果，是属性或气质之性的自我调整、自我定向、自发投入、自我积累、自我发展、自我成就的结果，而不是源于某种不学而知的"天赋"。本性可以成为习性乃至属性的本质组成部分，但本性不直接呈现为现象世界的诸种存在。

法学人性观往往从人的本能属性出发，进而发展到对气质之性"善恶"的关注。本能属性，是基于主体自身需要而产生的各式各样的行为。这些行为作为客观存在，无法抹杀与回避，因此必须运用法律框定其边界并以权利与义务术语表达，以保障其活动范围的合理性。法学作为底线的道德，所持的善恶观是守法即善，不守法即恶。虽然这种善恶观以良法的存在为前提，而良法则以符合人类的良知为基础，但是不能否定法学善恶观的有效性。它在对待法律的态度这一点上，就发挥着重要作用。但也并不是说，法学善恶观就仅仅停留于此而不向更高的境界迈进，它也期望所制定的法律均为良法，并通过遵守良法而实现本体之性的觉醒，从而由法律人上升为道德人和伦理人，也希望由个体化的存在而过渡到整体性甚至实体性存在。法学一般以侧重关注人性恶为起点，但同时认为人可以成为守法的善者。可以说，

"性恶论—人性可以由恶转善—人性转善可以通过法律奖惩实现"是法学人性观的整体内容。但需要注意的是,其所关注的"人性"主要在"属性到习性"这一层面;另外,其所关注的"由恶转善"中的善恶标准主要是"是否守法"。这是人性成长的必要内容和必经之路,但法伦理学有更高期待。法伦理学期待在法学对人性理解的维度和守法这一道德底线的基础上继续推进,自觉"本性",通过道德修养成为具有伦理造诣的人。

二、法伦理实践中的人性实然:"善恶并存"

如果认为法律活动中所表现出来的人性面貌已经达到了"伦理的造诣",那么再讨论人性从"低阶"到"高阶"的提升就会失去现实意义。实际的情况是,虽然法律实践领域所呈现的人性面貌从普遍、整体、主流方面看是好的,但并非完美无缺,还存在需要提升或发展的空间,否则就不会出现严重的违法犯罪行为,也不会出现对法伦理建设及其完善的殷切期待。在这里,本书选取一些跨越时空而为人所熟知的一些经典或典型案例进行法伦理分析,借以了解法伦理"人性"实际运行的复杂性和多样性,为法伦理期待的人性成长提供认识基础。

(一)"守法之善":苏格拉底"拒绝越狱"

公元前399年春,苏格拉底70岁时被人控告,所控罪状为"慢神和蛊惑青年"。当他的忠实朋友克力同急切地劝说苏格拉底越狱逃跑时,苏格拉底并没有接受,而是服从法律裁决以身殉道。苏格拉底不愿逃狱,陈述出"我与城邦之间存在契约"的守法伦理思想:"你蔑视我们——法律,要毁坏我们——法律;你想逃,不顾和我们所订甘为守法公民的契约。首先答复这问题:我们说,你言语与行为都和我们订下了甘为守法公民的契约这是否实话?我们应当怎么回答,克力同?表示同意,或是振振有词?"[1]

苏格拉底对法律的尊重,依照以下认识逻辑展开。首先,他认为只要协议是正确的,人就必须完成协议。而法律是他与国家之间的某种协议条款,这种协议并不是强制签订的。以往自己对这个协议条款是满意的,并没有通过"出走"的方式解除协议,所以此刻也应遵守法律裁决。这表明,法律在发布命令时是以建议形式而不是野蛮的强制方式出现的,并且给了当事人"说服"的权利,但是苏格拉底没有在申辩过程中"说服"法律,所以只能按照协议的要求去"服从"。色诺芬《回忆苏格拉底》记载,苏格拉底平时一直严格遵守法律,并认为守法是在行正义,不守法就不是在行正义。在拒绝越狱求生之后,苏格拉底以"我去死,你们去活,谁的去路好,唯有

---

〔1〕[古希腊]柏拉图:《游叙弗伦 苏格拉底的申辩 克力同》,严群译,商务印书馆1983年版,第110页。

神知道"的英雄气概平静地饮鸩殉道。

苏格拉底之死无疑是一个伦理悲剧,但他以自己的生命诠释了守法伦理,维护了美德和善,实现了一种经过省察的有价值的人生。正如田海平教授所评价的,苏格拉底忠实地履行了作为一个公民所应肩负的职责,他三次参加战役,多次担任公职,等等。但是,"他认为自己的真正的事业是进行道德对话,他将自己的一生毫不保留地献给了这一事业"〔1〕。樊浩先生总结说:"从审判到处死,苏格拉底因伦理而死,为伦理而死。"〔2〕

(二)战犯之恶:力图以执行"长官命令"为由开脱罪责

梅汝璈《东京审判亲历记》记载,第二次世界大战后,为了惩罚战争罪犯,战胜的同盟国在德国纽伦堡和日本东京先后设立了两个国家军事法庭。它们的任务和目的是把轴心国的某些国家领导人当作首要的或主要的战犯加以逮捕、侦查、起诉、审讯和判刑。这些主要的或首要的战犯有时又被称为"甲级战犯"。"在纽伦堡接受审判的戈登等22名甲级战犯都是纳粹德国最重要的领导人(那时希特勒已死,否则也会被投入受审者之列)。东京受审的28名甲级战犯也都是法西斯日本最重要的领导人,其中4人曾任首相。在纽伦堡,被判处绞刑的是12人,终审徒刑的是3人,有期徒刑的是4人,无罪释放的是3人。在东京,被判处绞刑的是7人,终审徒刑的是16人,有期徒刑的是2人,无罪开释的没有——像这样对国家领导人规模浩大的审判和严厉的制裁是历史上从来未曾有过的"〔3〕。

根据梅汝璈的记述,虽然这些元凶巨恶受到了国际法严惩,但是审理过程并不容易。例如,战犯审判中被告辩护方面经常将"长官命令"问题作为开脱罪责的理由之一,特别是当他们被指控犯有普通战争罪和违反人道罪的时候。"倘使一个人,例如一个士兵或下级军官,在犯战争罪行的时候,并非出于他自己的意愿,而只是服从其政府或上级长官的命令,他是否可以免除罪责、不受惩罚?"〔4〕以前的国际法学者和国内立法对这个问题的态度是摇摆不定的。但纽伦堡和东京国际法庭在这个问题上采取了明确而坚定的态度。被告是遵照其政府或长官之命令而行动之事实,不能使其免除责任;但为法庭认为合于正义之要求时,将于刑罚之减轻上予以考虑。即,罪责不可免,但出于正义或公正审判之需要,可以考虑在量刑上减轻。任何人违反了战争规则或违反人道的罪行,不论他是自动犯的还是因服从上级命令而犯的,都应该被视为战犯而受到惩处。侵犯人道罪(如法西斯的屠杀)和破坏和平罪(侵略罪)是重要的战争犯罪类型,必须进行严惩。"在东京审判中,尽管受审者是否应

〔1〕 田海平:《西方伦理精神——从古希腊到康德时代》,东南大学出版社1998年版,第73页。
〔2〕 樊浩:《现代伦理学理论形态》,中国社会科学出版社2021年版,第8页。
〔3〕 梅汝璈:《东京审判亲历记》,上海交通大学出版社2016年版,第32~33页。
〔4〕 梅汝璈:《东京审判亲历记》,上海交通大学出版社2016年版,第33页。

该承担个人责任很成问题，但在和纽伦堡一样，没有人愿为战争罪辩护。无论如何，要认识到像南京大屠杀和虐待战俘那样的行为应受惩罚，人们并不必一定需要相信自然法。”〔1〕

该国际审判事件说明：在国际法领域，在人类社会遭遇战争困境的反常时期，也并不是没有作为国际法基础的伦理原则存在，任何时候也不能任意地屠杀人类生命，更不能破坏其他国家领土和主权的完整，因为生命和领土是整个人类社会秩序建立的基础平台，缺乏这两者，人类社会基本上就不存在了。存在于各种文化血脉中的伦理训诫，第一条往往是戒杀，而在各国刑罚中的判刑最重的罪，往往是故意杀人罪。禁止屠杀同类是人类伦理的首要要求。该审讯对象虽然都是罪大恶极的战争罪犯，但依然依照法律程序为他们安排了辩护人。这种对罪犯的尊重体现的是一种法律情怀，属于法伦理的重要注脚；但他们不是普通人，是给人类带来共同灾难的罪犯，所以同时必须依照正义或公正予以严惩。第二次世界大战后对战犯的审判，体现了法律之上或隐藏于法律之中的基本的伦理原则，引起了人们对自然法、法律与道德关系新的注意及以此为基础的学术探索。第二次世界大战以后，自然法学派复兴，同时把法与道德、应然与实然的关系争论推向了新的高峰。自然法已经产生了2000余年，严格来说，其理论体系并不完全和周延，但其中所包含的关于法的道德前提、价值基础等问题的思索有着重要的伦理启示。它将自身与实证法相区分，认为法中包含价值要素，从而能在法律生成过程中提供“良法”之所以为“良”的一种理论视角和有益启发。

(三)“可善可恶”的律师：“詹姆士·安尼斯利诉安格尔希案”

根据戴维·鲁本的记述，该案是在“证据法”领域具有里程碑意义的案件。同时，它涉及“律师是否应当保密的伦理问题”。詹姆士·安尼斯利是有钱的奥尔瑟姆勋爵的独子。由于奥尔瑟姆的冷酷及其情妇的暗中唆使，詹姆士·安尼斯利10岁时被逐出了家门。两年后他的父亲奥尔瑟姆去世了，他又被自己的舅舅安格尔希勋爵(想独占其父亲奥尔瑟姆的财产)绑架并装船运到美洲，被卖到宾夕法尼亚当了13年的奴隶。詹姆士·安尼斯利最终逃脱并返回了英格兰，他提起诉讼，要求安格尔希返还自己的财产。但在这个时候，发生了另外一件不幸的事情：詹姆士·安尼斯利意外地开枪打死了一个人。他的舅舅安格尔希看到这是一个一劳永逸解决詹姆士·安尼斯利的好机会，于是就指示自己的律师詹姆士·吉法特控告詹姆士·安尼斯利谋杀。“安格尔希通过如下方式向吉法特透露了自己的意图：我本人并不适合亲自出面参加控诉，但是如果能让安尼斯利被判绞刑的话，我将支付10,000英镑

〔1〕［美］朱迪丝·N.施克莱：《守法主义：法、道德和政治审判》，彭亚楠译，中国政法大学出版社2005年版，第159页。

的酬劳……如果不能绞死安尼斯利，我宁愿离开英国到法国去，让这小子得逞……”[1]安格尔希实际上花了800英镑提起谋杀指控，但是，詹姆士·安尼斯利却被判无罪。之后，詹姆士·安尼斯利继续诉讼，要求排除安格尔希对奥尔瑟姆财产的权利。法庭要解决的一个关键问题是：确定詹姆士·安尼斯利是否是奥尔瑟姆勋爵的儿子。由于年深日久，詹姆士·安尼斯利想要证明自己的身份面临许多困难。于是，他的律师希望通过揭露他舅舅三番五次预谋加害他的道德企图，从而助力证明詹姆士·安尼斯利是奥尔瑟姆的真正继承人。詹姆士·安尼斯利的律师要求詹姆士·吉法特作证，证实安格尔希曾想出资10,000英镑让他的侄子被绞死。交叉询问过程非常复杂，詹姆士·安尼斯利最后赢得了诉讼。其中包含许多律师伦理问题。

一是“律师是否可以披露自己当事人的秘密”。许多国家的律师法或律师职业道德规范中都包含这样一层意思，即律师应当保护当事人的秘密。但是，如果保守秘密会影响“公共利益”，律师是否还要履行保密义务？例如，听到打算去杀人自首的律师，是否应当将这一情况向公安局报告？经营肉食加工的公司法律顾问从公司职员那里了解到，公司加工的原料是得传染病死亡的动物，那么该律师应该采取怎样的措施呢？在该案中，对于委托人希望借律师的诉讼之手绞死詹姆士·安尼斯利这样恶意的诉讼目的，律师詹姆士·吉法特要不要说出来，还是恪守保密义务闭口不谈？在这个案子中，律师詹姆士·吉法特的选择是说出来。

二是律师职业道德与咨询人、委托人道德之间的相互关系问题。詹姆士·吉法特在交叉询问中极力强调“提起一项诉讼”和“促使一个人死亡”的区别。花费10,000英镑进行谋杀指控，并不等于要陷害犯罪嫌疑人。这里实际上涉及律师伦理和委托人伦理两方面的问题，“促进一个人死亡”实际上是安格尔希的恶意的道德，是否接这样的案子而“提起一项诉讼”则是律师詹姆士·吉法特的道德问题。作为咨询人或委托人的道德，正确的出发点应当是“通过法律解决纠纷、维护自身合法利益而复归正常的社会秩序”，而不是“置人于死地、掠夺遗产、毁人名誉”等，因为按照康德的“道义论”道德哲学，这些不良“动机”就是“从源头上污染了道德”。同样，律师是以法律专家身份为社会和他人提供咨询、代理等法律服务，作为一种职业，其必须遵守自己的职业操守。当委托人遇到法律难题需要律师出面时，律师是不应该拒绝的，而应全力维护委托人的利益。但是，假如客户委托的是不道德的事项，那么律师应该怎么办？如果委托律师的是犯罪嫌疑人而不是合法公民，是小人而不是君子，那么律师是否要为其进行辩护？如果不进行辩护，是否存在法律和伦理上的歧视？其行为本身是否符合法律精神和伦理要求？从另一个角度分析，如果律师拒绝

---

〔1〕［美］戴维·鲁本：《律师与正义——一个伦理学研究》，戴锐译，中国政法大学出版社2010年版，第2~6页。

代理，那么其现实的利益保障又如何维持？律师以法律服务社会的志向又如何实现？律师制度的存在价值如何体现？因此，这也成为律师实践中的一个伦理难题。我国对该问题的解决方法："律师接受委托后，无正当理由的，不得拒绝辩护或者代理。但是，委托事项违法、委托人利用律师提供的服务从事违法活动或者委托人故意隐瞒与案件有关的重要事实的，律师有权拒绝辩护或者代理。"[1]"律师接受委托后，无正当理由不得拒绝辩护或者代理、或以其他方式终止委托。委托事项违法、委托人利用律师提供的服务从事违法活动或者委托人故意隐瞒与案件有关的重要事实的，律师有权告知委托人并要求其整改，有权拒绝辩护或者代理、或以其他方式终止委托，并有权就已经履行事务取得律师费。"[2]

上述三个案例体现了法伦理方面的一些主要现象。同时，还可以从中发现一些人性面相。实际上，因为法律主体众多，既包括立法主体、执法主体，又包括司法主体、守法主体，所以所呈现的人性面相远比这三个案例所呈现的状态复杂。除了主流的、好的方面之外，法伦理实践中主要存在以下"人性不足"：一是根本不思考人性问题，而仅仅关注自身利益或诉讼利益，甚至利用法律漏洞"作局"诈骗钱财；二是意识到人性的存在，但回避人性善恶问题，降低道德感和道德压力，从事"黑恶"违法犯罪行为；三是能认识到人性及其善恶，却以各种冠冕堂皇的理由坚决避开"本性"要求去行为。法律最关注秩序，伦理同时还关注"如何成人"，法伦理则重视在遵守法律秩序中成人；这些都需要人性的完善。

三、法伦理学的人性期待："天命之性"

法伦理学坚持以下基本的"人性认同"：人性是存在的，任何人都有人性，法律人也不例外；人性有自身的结构和层次，但本体意义上的人性只有一个；违背人性的结构或层次规律，会为违法犯罪行为提高"非道德基础"；人的气质之性中"善恶并存"，通过对"恶"的法律惩罚和对"善"的伦理引导，可以将气质之性中的"恶"限制在一定范围内，将气质之性中的"善"发挥到最大限度；法律侧重通过"抑恶"而"扬善"，伦理侧重通过"扬善"而"抑恶"，法伦理可以"抑恶"与"扬善"并用；通过对气质之性中"恶的最小化和善的最大化"实现，过渡和跨越到本体人性。

作为本性的人性是客观存在的。如果不存在客观的人性，那么作为一种生命类型的人类就无法保持自己的生命特性及演化发展。明代哲学家王阳明曾指出：性无定体，论亦无定体。有自发明上说者；有自源头上说者，有自流弊上说者。总而言之，只是一个性，但所见有浅深尔。[3] 北宋中期的哲学家李觏在《李觏集》中说："古

---

〔1〕《律师法》第32条第2款。

〔2〕《律师执业行为规范（试行）》第42条。

〔3〕参见张岱年：《中国哲学大纲》，江苏教育出版社2005年版，第196页。

之言性者曰：孟子谓之性善，荀卿谓之皆恶，扬雄谓之善恶混，韩退之谓性品三：上焉者善也，中焉者善恶混也，下焉者恶而已矣。今观退之之辩，诚为得也，孟子岂能专之？”[1]人的本性与人的自我并非同一概念。如果将本性等同于自我，那么本性与自我既然同一，就不存在任何进行行为选择的自由性和必要性，人只能依照本性的要求机械地行为。本性作为身体和精神同时成长的本源，其自身是一种客观存在，有其内在结构和自身运行规律。自我作为一种意识性存在，却能够进行选择，是与自身本性保持一致还是回避或忽略这种一致。当自我与本性保持一致时，能够涵养道德，但处于气质之性或属性境界的事未必获得成功；当自我与本性不一致或相背时，涵养道德受阻，但处于气质之性或属性境界的事未必不能成功。这样一种可能的道德悖论存在，导致一些违法犯罪者并不真正关注本性，而是直接将自己从习性或属性层面接受的有限观念理解为本性深度的道德理念，并以违法犯罪的错误行为表征这种片面的理解，自身道德进步也因此受阻。

依照中国传统文化中的人性论，本体人性存在其内在结构。一般将人性的内在结构分为“仁”“义”“礼”“智”“信”五个方面。如果将其与法伦理结合，就会发现，对其中任何一项有所违背都会导致行为主体失去道德约束，从而发生相关的违法犯罪行为。例如，如果违背了仁，就可能出现杀人越货；如果违背了义，就可能发生侵权、斗殴；如果违背了礼，就可能出现危害民族和国家利益的犯罪；如果违背了智，就可能发生欺骗、诈骗；如果违背了信，就可能会导致违约和重婚；等等。这种本性的内在结构，不但要求各种法伦理主体与其保持一致，不能“失德”，还要求法律制定以及司法体制的设定也与其相应。如此一来，就具备了立法、执法、司法、守法等法律实践的共同本性基础，并可以此基础制定、修改、充实和完善相应的法律职业伦理道德规范。

在这种力图保持与本性一致的尝试和努力中，最突出的挑战可能是：法律不仅仅服务于伦理道德目的，还服务于秩序建构、利益平衡、社会团结、人格平等其他重要的现实任务。另外，法律调整所涉及的范围非常广泛，包括家庭内的亲属关系、区域内社会关系、国内行业关系、世界国际关系等。如果要在所有这些维度、领域或范围内都能自始至终保持与“本性”结构的运行规律相一致，则需要艰苦卓绝的努力。这就需要，一方面，努力探索在具体的各种维度、领域和范围的人类活动如何能够更好地体现本性结构的要求，进而挖掘人的本性、社会规律、自然规律之间的关系及其三者如何涵摄；另一方面，提倡所有法律主体能够严格自律进行道德努力，在从事任何活动时都能依法行为，在法无规定或解释不明的情况下依照本性结构规律去行为。

---

[1] 姜国柱、朱葵菊：《中国历史上的人性论》，中国社会科学出版社1989年版，第107页。

文明是人类的文明,社会是人类的社会。如果所有法律活动都能依照本性去行为,则必然可以有效调整气质之性和本能属性领域发生的诸种行为,发挥其优点,避免其不足,将本性、习性、属性三者的要求直接统一起来,以最小文明建设投入获得最大文明建设成果,实现意义世界与现实世界的衔接与融合。而要做到这一点,需要法伦理主体的自觉努力。

第三节 法伦理精神哲学实现的具体路径

费希特指出:"不论文明是直接从人类社会自然而然地发展出来的,还是往往必须通过外来的教化与示范产生出来,因而一切人类文明的最初起源都必须到超人的教化中去寻找,反正从前的野蛮人现在已经达到文明,现在的野蛮人也将通过同样的道路,渐渐获得文明……我们人类的使命就是把自身联成这样一个唯一的整体,这个整体的一切部分都彼此有透彻的了解,到处都得到同样的文化教养。"[1]通过文化教养,法律环境完善、个体美德培育,以及两者的有机统一,实现和推动法伦理精神发展进步。

一、建设"至善"的法律环境

(一)坚持正义立法原则

立法原则是贯彻在整个立法活动中的基本准则。它是立法动机、立法技术、立法程序、立法内容等具体立法要素选择与展开所需要的基本指导思想。立法原则是过去立法经验的总结,它既反映出"法则之应当",又反映出"内在动机之合理",并将两者有机结合在一起。康德认为:"一切立法,不论是涉及内在的或外在的行为,也不论它来自纯粹理性的先验命令,或者是由于别人意志的规定,都涉及两个因素:第一是法则,它表示该行为出于客观上的必然性,是应该发生的,因而把这种行为变成义务;第二是动机,它把意志对上述行为作出决定的原则,以及内心对上述法则的表述,主观地联系起来,因此,这个法则成为该行为的动机。通过第一个因素,该行为依照实践法则,与决定意志活动的可能性的单纯理论认识相一致,该行为便体现为一种义务。通过第二个因素,要按此行动的责任,便与意志本身作出决定的原则在主体中联系起来了。"[2]

立法原则包括不同类型。按照法律部门,可以分为基本的立法原则和局部的立法原则;按照所适用范围,可以分为普遍性的立法原则和特殊性的立法原则;按照来

[1] [德]费希特:《论学者的使命 人的使命》,梁志学、沈真译,商务印书馆1984年版,第170页。
[2] [德]康德:《法的形而上学原理——权利的科学》,沈叔平译,商务印书馆1991年版,第23页。

源,可以分为公理性的立法原则和政策性的立法原则等。确定立法原则,既要有客观依据,又要有立法者主观因素的参与。客观依据,主要与法的调整对象相关,主观因素涉及许多方面,其中最主要的是立法理念。立法理念直接决定立法原则的价值取向。在立法领域中,应坚持正义原则。

笔者认为,立法正义原则应当包含以下意蕴。

第一,立法正义原则的目标是"形成合理的秩序"。"正是正义观念,把我们的注意力转到了作为规范大厦组成部分的规则、原则和标准的公正性与合理性之上。秩序,一如我们所见,所侧重的乃是社会制度和法律制度的形式结构,而正义所关注的却是法律规范和制度性安排的内容、它们对人类的影响以及它们在增进人类幸福与文明建设方面的价值。从最为广泛的和最为一般的意义上讲,正义的关注点可以被认为是一个群体的秩序或一个社会的制度是否适合于实现其基本的目标。如果我们并不试图给出一个全面的定义,那么我们就有可能指出,满足个人的合理需要和主张,并与此同时促进生产进步和提高社会内聚性的程度——这是维续文明的社会生活所必需的——就是正义的目标。"〔1〕法律的重要目标之一在于形成合理秩序,但"合理秩序"需要以内在的现实利益的公平配置为前提。离开了权利、义务、责任、利益、机会、荣誉等现实存在的适当配置,法律秩序就不能成为合理秩序。正义的法律设置使每个主体能够"各为其当为、各得其应得"。

第二,法律制定应重视"尊重"和"参与"。德国法伦理学者施塔姆勒认为,正义的法律应当具备两个原则和四项命题。两个原则分别是"尊重的原则"和"参与的原则",而每个原则又包括两个命题或要求。"尊重的原则"包含两个命题:"1. 一个人的意志内容不得被迫经受另一个人任意欲望的控制。2. 每一种法律要求必须如此提出,以使义务人可以成为他自己的邻居。"〔2〕第一个命题涉及法律关系的维持,第二个命题涉及法律关系的履行,它们均来自法的最高目标,即社会理想。"参与的原则"包括两项命题:"1. 一个出于法律义务中的个人不得被任意地逐出一个法律社会之外。2. 每一种所授予的处置能力不得是排斥性的,除非受到排斥的那个人可以成为他自己的邻居。"〔3〕

第三,一切从实际出发,科学地制定法律。正义作为一种价值理念,在不同法系中有不同的体现。正义法作为一种实现理想社会的规范工具,必须与具体法系的特点相互结合。具体法律体系由生产力发展水平、社会治理制度、历史传统、文化类型、风俗习惯、科技能力、人口素质等综合作用而成,每一种法律体系都是主客观统

〔1〕 [美]E. 博登海默:《法理学:法律哲学与法律方法》,邓正来译,中国政法大学出版社 1999 年版,第 252 页。

〔2〕 [德]施塔姆勒:《正义法的理论》,夏彦才译,商务印书馆 2016 年版,第 178 ~ 179 页。

〔3〕 [德]施塔姆勒:《正义法的理论》,夏彦才译,商务印书馆 2016 年版,第 181 页。

一的产物,也是合规律性与合目的性的统一,因此,在具体的法律体系中制定相关法律的时候,应当根据自身的实际情况“立、改、废、释”,以体现具体的正义。

(二)坚持严格执法原则

李建华教授提出:“法律正义的实现,不但取决于法律规范在何种程度上实现了‘合法性’与‘合道德性’的统一,而且在很大程度上取决于法律实施主体的行为。”[1]根据实际情况所制定的法律,需要法律主体来实施。在法律实施主体中,行政执法主体无疑是重要的、直接的主体类型。行政执法涉及文明执法、公正执法、严格执法等具体伦理要求,而其中最为重要的乃是严格执法。理由在于,文明执法涉及的是执法态度和执法方式,它与执法形象和执法效果相关,它主要是一种形式要求。公正执法是一种内容要求,行政执法主体从事管理或治理活动时,所面临的情况具有多样性、复杂性、变化性,因此其享有较大的行政执法自由裁量权,公正理念可以保障自由裁量权的恰当行使,从而更好地维护法律秩序、提升行政相对人法律意识。而严格执法则是严格依照已经制定的法律、行政法规等进行行为,它是法律规范直接转化为执法行为的首要环节,位于与立法相衔接的高度,严格执法能够涵摄侧重形式的文明执法和侧重内容的公正执法,所以“严格”执法作用更为重要。

笔者认为,严格执法原则应当包含以下三个方面的要求。

一是在执法主体、执法领域、执法对象、执法环节、执法力度、执法方式等方面,应该严格遵守宪法、法律、法规、规章的规定,任何人都无权任意增添、删减或回避。如果基于个体本位进行任意裁剪,就等于以作为天下之公器的法律去置换部门、地方或个人的利益,会严重损害整体的“合理秩序”。而一旦基于法律的合理秩序遭到破坏,也终究不能维护部门、地方或个人的根本利益、长远利益和合法利益。法律法规基于人情而设,但法律法规并不等同于人情。严格执法意味着不徇私情、不考虑自身局部利益、不掺杂个人好恶,全面落实法律规定,实现法律价值。

二是对执法过程中所遇到的重大疑难问题,应当及时汇报,并以此基础逐渐完善各种执法制度,从而保证执法效果达到最优。毋庸置疑,无论法律、法规、规章及具体执法程序制定得如何完善,在面临日新月异的生活生产活动时,都会出现某些不适应、不衔接甚至空白之处。在这种情况下,应当及时请示汇报,努力做到妥善处理。同时,在不断归纳总结的基础上,使执法规范或执法方式更为完善。

三是具体执法主体应自我监督、自我反省、自我升华。即使执法主体非常注重严格执法,在某些特殊或偶然情形下,也可能出现某些意想不到的瑕疵。在这种情况下,为了更好地完善执法行为,就需要加强执法主体自我反省意识。执法权有其边界,美好品德也有其边界。严格执法就是做法律允许做而且必须做的,同时不能

---

〔1〕 李建华:《法治社会中的伦理秩序》,中国社会科学出版社2004年版,第338页。

受个人的情感甚至是同情爱护等美好品德的影响而导致执法偏离情形出现。通过对每一次执法活动的反省思考，获得更多执法经验，避免执法过程中可能出现的任何细微瑕疵或不足，可以保障执法质量、提高执法水平、提升执法公信力。

(三)坚持公正司法原则

亚里士多德指出："去找法官也就是去找公正。因为人们认为，法官就是公正的化身。"[1]法官所从事的司法行为主要侧重"矫正的公正"，通过精准矫正违法犯罪行为所带来的后果，恢复正常的社会秩序。一般而言，公正司法意味着在司法活动中能够做到平等、正当、周到、妥善。平等意味着在诉讼活动中具有同样的资格、权利、义务；正当意味着所有诉讼活动的展开都应依法进行、根据法律规定和事实依据展开；周到意味着在处理案件时应综合考虑案件所涉及的所有方面，而不能仅仅考虑一个方面去追究赔偿责任或定罪量刑；妥善则是指不但要考虑到案件处理的司法效果，还要考虑到社会效果、实体效果，实现司法效果、社会效果、实体效果的统一。

笔者认为，从具体层面来说，司法公正应当包含以下内容。

一是司法工作人员专业化。法律是一种刚性的社会规范，以明确、严谨著称，每一个法律条文或司法指导案例中均包含或体现着丰富的社会经验、缜密的逻辑思维、广博的专业知识、熟练的专业技能。司法主体不是一般的法律服务人员，必须是专业的法律工作者。法律工作者在一定的司法机构设置安排下，能够按照分工，在具体时间、地点，依照法定程序受理、调解、审判、执行各种具体案件，化解纠纷、惩罚犯罪；能够更精准、更专业、更有效、更深刻地定分止争；能够维护当事人之间以及国家与个体之间的利益平衡、关系平衡、情感平衡，维护法治秩序，保障社会稳定、健康、可持续发展。

二是司法工作人员应平等对待诉讼主体。这是法律面前人人平等原则的具体体现。所有诉讼主体，不分民族、种族、性别、职业、社会出身、宗教信仰、财产状况、经营规模、企业形态等，依法具有相应诉讼权利和诉讼义务，任何法律主体的权利受到侵犯都一律受法律保护，任何法律主体的违法犯罪行为都要被追究法律责任。法官在审理案件过程中，平等对待诉讼双方，倾听原被告双方或控辩双方的真实意见，不偏不倚，保持中立，依法裁决，实现良好司法效果、社会效果和实体效果。

三是遵守"以事实为根据、以法律为准绳"的司法原则。坚持实事求是的思想路线，重视调查研究，依靠人民群众，不轻信口供，一切证据都必须依照法律程序查对，不作有罪推定。同时，准确找寻和把握相关法律条文的内涵，确定行为是否违法、违反的是什么性质的法、该行为所造成的社会危害结果应当接受怎样的法律制裁，做到守法不究、违法必究，维持正义、有错就改，正确、合法、及时处理好每一个案件。

---

[1] [古希腊]亚里士多德，廖申白译注：《尼各马可伦理学》，商务印书馆2003年版，第138页。

司法机关审理案件应遵照法律所规定的权限划分,各司其职、分工负责、互相监督,上级机关和下级机关还要彼此尊重各自的权限,在法律所规定的管辖范围内行使自己的职权,严格按照诉讼程序办事。司法工作人员应各自履行其法定职责,相互配合,坚守审判伦理,通过"程序公正"实现"实体公正",努力让人民群众在每一个司法案件中感受到公平正义。

二、保持法律场域的"人格统一性"

伦理学者 A. 麦金太尔认为,"现代性"把每一个人的生活分割成了许多部分,而每一部分都有其自身的行为规范与范式;同时,原子式的思考人生,基于简单成分去分析复杂行为和交互行为,还将个人与其在生活中扮演的不同角色相分离或不同角色之间的规定相分离。由于这样现实的原因或哲学认识的原因,生活成为一种"不连贯的事件"。因此,应当寻求人生的统一性。从"人生统一性、生活统一性、行为统一性、角色统一性、意图统一性",过渡到"人格统一性"。人格并非意指做人的资格,而是指人性在每个个体身上的具体表征;通过人生统一性与人格统一性的内在契合,在社会中建构起更多的"整体利益",在个体上完成自己的人生天职,保持人格统一性乃至人性的自足。人性的自足是美德;拥有美德才能获得"实践的利益"。A. 麦金太尔指出:"美德是一种获得性的人类品质,对它的拥有与践行使我们能够获得那些内在于实践的利益,而缺乏这种品质就会严重妨碍我们获得诸如此类的利益。"[1]在法伦理领域,保持"人格统一性"及人性自足,需要法伦理主体自觉"避恶向善",在具体行为中严格要求自己,因为"一切事物都是从行动出发的,并且是从自我行动出发的"[2]。

(一)依照"法律职业纪律"行为

法律职业是指直接与法律相关的各种工作的总称。"法律职业者是一群精通法律专门知识并实际操作和运用法律的人……他们受过良好的法律专业训练,具有娴熟地运用法律的能力和技巧。"[3]埃尔曼把法律职业分为五类:第一类是对那些法律冲突予以裁判的人,其中最重要的是法官和治安官,另外还有仲裁人、检察官、在准司法机构以及行政法院中工作的官员等;第二类是代理人,即代表有关当事人出席各种审判机构审判的人员;第三类是法律顾问,他们通常不出席法庭;第四类是法律学者;第五类是受雇于政府机构或私人企业的法律工作者。[4]"我国法律职业分

[1] [美]A. 麦金太尔:《追寻美德:伦理理论研究》,宋继杰译,译林出版社 2003 年版,第 242 页。

[2] [德]费希特:《伦理学体系》,梁志学、李理译,中国社会科学出版社 1995 年版,第 92 页。

[3] 王利明:《司法改革研究》,法律出版社 2000 年版,第 396 页。

[4] 参见[美]埃尔曼:《比较法律文化》,高鸿钧等译,生活·读书·新知三联书店 1990 年版,第 105~106 页。

为核心法律职业和非核心法律职业两类。核心法律职业包括法官、检察官、律师这几种依托深厚法律知识背景而居于法律实施核心层的独立存在的职业。非核心法律职业包括居于法律实施核心层之外的上游、下游及外围，从事法学研究、法律教育、法律制定、刑事侦查、治安行政、法律执行、法律技术、法治宣传、法律咨询、法律助理等法律工作的人。这两类法律职业共同构成了我国的法治工作队或政法工作队伍。"[1]法律职业行为具有独立性和排他性，法律职业行为直接产生法律实施上的效果，法律职业具有严格的资格准入制度和惩戒制度。[2]

任何职业都有自己的纪律，法律职业也不例外。以法官职业伦理或审判伦理为例，可以看出，其规定非常细致严密。根据2009年《人民法院工作人员处分条例》第91条的规定，因工作作风懈怠、工作态度恶劣，造成不良后果的，给予警告、记过或者记大过处分。2015年《最高人民法院关于完善人民法院司法责任制的若干意见》规定，在审理案件时有贪污受贿、徇私舞弊、枉法裁判行为，违反规定私自办案或者制造虚假案件，涂改、隐匿、伪造、偷换和故意损毁证据材料，或者因重大过失丢失、损毁证据材料并造成严重后果等行为的，应当依纪依法追究相关人员的违法审判责任。根据2017年《最高人民法院关于落实司法责任制完善审判监督管理机制的意见（试行）》的规定，各级人民法院应当认真落实党风廉政建设主体责任和监督责任，自觉接受权力机关法律监督、人民政协民主监督、检察监督、舆论监督和社会监督，不断提高公正裁判水平。根据2019年《法官法》规定，法官有公正司法、成绩显著，对审判工作提出改革建议被采纳、效果显著等行为的，应当给予奖励；法官有泄露国家秘密、审判工作秘密、商业秘密或者个人隐私的，故意违反法律法规办理案件等行为的，应当给予处分；构成犯罪的，依法追究刑事责任。

可见，法官职业纪律要求非常严格，其中也包含不少法律职业伦理和法律职业责任的内容。如果所有法律职业人员乃至社会全体成员都能高标准严格要求自己，那么各行各业都能形成遵纪守法的良好局面。

（二）依法行为

全面依法治国意识启动了法律螺旋式上升的自我发展过程。这个发展过程可以被理解为一连串原则上公开的、由经验所引导的防护措施，以保护法律系统不被非法力量所压倒。它所涉及的是规范与事实之间的一种紧张，它本身要求作出规范性处理。全面依法治国希望事实能与规范保持一致，但是，规范作为一种具有引导、调整，甚至教育功能的抽象存在物，与形式多样、丰富多彩而又充满活力的现实之间必然存在张力。一项具体法律的适用对象既可能是全体社会成员，也可能仅仅是某些行业或领域的工作者。无论其调整范围如何，都是希望所有的自然人、法人、非法

〔1〕 陆俊松、杨曼主编：《伦理与法律职业实务》，中国政法大学出版社2018年版，第9页。
〔2〕 参见李本森主编：《法律职业伦理》（第4版），北京大学出版社2021年版，第6～7页。

人组织、企事业单位、职业、机关等在从事相关事务时严格遵守法律。遵守法律,等于维护整体的秩序、稳定和发展;不遵守法律,等于腐蚀人类社会平台,不仅整体的利益、发展和前景受损,个体的利益、安全和生存也无法得到保障。

根据前文的理论分析和调研结果,可以发现,实践领域不遵守或不愿意遵守的主要表现有三,即规避法律、违反法律、犯罪。规避法律,是指具体法律关系的当事人故意制造某种事由以避开对自己不利的法律或法律规定,而适用对自己有利的法律或法律规定的情形。规避法律使法律关系主体日益变得“精明”,同时其行为对既有的法律及其规定提出挑战。规避法律行为放任自身“算计理性”,容易引起他人效仿,消解实体中的“规则意识”,降低社会风尚中的“诚实”含量。违法行为,是指违反法律规定危害社会关系的行为。与规避法律行为不同,这种行为是与法律规定发生正面冲突。这里将其作为一个总括性的概念使用,其中包含民事违法、行政违法、经济违法、环境违法等各种具体行为,它与法院管辖和审理的违法纠纷行为类型相对应。违法行为的法律后果是,侵害人身权、财产权、知识产权、环境权、企业经营自主权等具体法益,淡化“秩序、自由、公平、效率”等法律理念,弱化具体法律规范调节功能,影响家庭、社会、国家等现实实体正常运行。一般性的违法行为数量较多,其违法性质却并非最严重的。最严重的违法行为是触犯刑法应当受到刑事惩罚的行为,即犯罪。犯罪违反作为法律底线要求的刑法,严重危害社会。“有些犯罪直接地毁伤社会或社会代表;有些犯罪从生命、财产或名誉上侵犯公民的个人安全;还有一些犯罪则属于同公共利益要求每个公民应做和不应做的事情相违背的行为。”[1]犯罪不仅带来直接的严重后果,而且往往使受到伤害的法律权益无法恢复。比如,杀人罪,即使将杀人犯绳之以法,受害人的生命也无法恢复。又如,放火罪、决水罪、爆炸罪、投放危险物质罪、以危险方法危害公共安全罪。我国《刑法》第115条规定:“放火、决水、爆炸以及投放毒害性、放射性、传染病病原体等物质或者以其他危险方法致人重伤、死亡或者使公私财产遭受重大损失的,处十年以上有期徒刑、无期徒刑或者死刑。过失犯前款罪的,处三年以上七年以下有期徒刑;情节较轻的,处三年以下有期徒刑或者拘役。”在这里,这些罪名或犯罪行为已经造成了“重伤、死亡或者使公私财产遭受重大损失”,即使判处犯罪嫌疑人有期徒刑、无期徒刑甚至死刑,是否还能将其所造成的各种严重后果及刑法所保护的客体以及刑法所追求的价值理念轻易予以恢复呢?显然不能。因此,世界各国法律对犯罪行为的惩罚最为严重,一方面是为了预防犯罪;另一方面是为了对犯罪分子进行法律教育,促使其回归社会、重新做人。

鉴于上述三种“不遵守或不愿意遵守法律”的行为会带来严重后果,侵犯个体

[1] [意]切萨雷·贝卡里亚:《论犯罪与刑罚》,黄风译,北京大学出版社2008年版,第22页。

利益、整体秩序乃至实体伦理,所有社会主体都应当依法行为,遵守法律条文规定,遵守法律的宗旨、价值及其内含的伦理要求。法伦理学者刘同君指出:“守法主体只有做到了个体利益与社会利益相结合,把个人价值的实现与社会整体价值的实现融为一体的时候,才是一个有道德品格或德性的人,也只有这样,才能实现守法主体的道德自律,为达至守法自由,即‘理性自觉’的守法状态奠定基础。”〔1〕法伦理学者大卫·莱昂斯指出:“我们有一般性义务服从法律,这个观念并不仅仅指向‘法律义务’,当后者对应于共同体的法律所规定的要求与禁令时……服从法律的一般性义务这个观念是关于我们道德责任的主张。它意味着,即使法律在道德上有缺陷时,也有道德义务服从法律。”〔2〕

(三)依照道德规范行为

“马克思主义认为,道德是人的道德,道德产生于人类社会生活的需要。道德从其本质上讲是人实践精神地把握世界的一种方式,它的基础是人类主体精神的自律。”〔3〕道德的要求比法律高,常需要通过自律来完成。自律并非仅仅表现于可见的场合,还存在于独处的“慎独”场合。道德可以分为不同层次,如家庭道德、职业道德、公众道德,每种道德看似存在差异,内在精神要求却一致,只不过在现实世界所处的层次境界稍有区别而已。法律人或从事法律活动的社会主体,应该同时遵守这三种道德规范,尤其是法律职业道德规范。职业道德规范具有行业特殊性,这种特殊性同时也是普遍性的组成部分,坚持法律职业道德,才能确保行为的合法性、合纪律性。如何依据法律职业道德规范行为?本书以律师职业伦理为例进行说明。

律师职业伦理,既包括律师自身在代理、辩护及相关活动中应坚持的职业操守,也包括律师执业机构及律师事务所应当遵守的行为规范。在这里,主要在第一种意义上使用律师职业伦理的概念,即从作为法律职业重要组成部分的律师维度去分析律师职业伦理情况。与法官、检察官等职业不同,律师的业务活动范围非常广泛,需要代理或处理诉讼业务、非诉讼业务等多种业务类型。由于存在更大的意志自由,出现了进行多种选择的可能。从法律职业伦理要求或道德规范方面来看,既可以选择严格遵守,也可以选择一般遵守或者在自我能力许可的范围内进行道德规避。而不同的道德态度,会带来不同的道德结果,进而导致道德评价和道德信誉的差异。实践中,律师存在许多具体关系和具体事务需要处理,律师法或律师职业伦理规则作了一些相关规定,本书以律师角色为本位进行以下归纳。

一般而言,律师需要处理好以下主要关系,而在每一种关系中,均包含关系主体的相与之道。

---

〔1〕 刘同君:《守法伦理的理论逻辑》,山东人民出版社2005年版,第238页。

〔2〕 [美]大卫·莱昂斯:《伦理学与法治》,葛四友译,商务印书馆2016年版,第221页。

〔3〕 魏英敏主编:《新伦理学教程》(第2版),北京大学出版社2003年版,第168页。

一是律师和所任职的律师事务所之间的关系。(1)律师只能在一个律师事务所执业。[1] (2)律师接受律师事务所的管理。[2] (3)律师事务所要维护本所律师的权利。[3] (4)律师可以变更执业机构。[4]

二是律师与律师协会之间的关系。(1)律师和律师事务所应当遵守律师协会制定的各种规范、规则和章程。[5] (2)律师协会应保障律师依法执业。[6]

三是律师与同行之间的关系。(1)相互尊重与合作。[7] (2)禁止不正当竞争。[8]

四是律师与委托人关系的道德规范。(1)努力维护委托人的合法权益。[9] (2)勤勉完成委托事项。[10] (3)不作虚假承诺。[11] (4)不非法牟取委托人权益。[12] (5)主动回避利益冲突。[13] (6)及时解除无法继续的委托关系。[14] (7)为委托人保密。[15]

五是律师与人民法院、人民检察院、公安部门、国家安全部、司法部门等有关部门的伦理规范。(1)律师应尊重法官和仲裁员,应维护法庭的尊严。[16] (2)律师应保证提供合法真实的信息和证据。[17] (3)尊重和保障律师执业权利。[18] (4)对律

---

〔1〕 参见《律师执业管理办法》第47条第1款规定。

〔2〕 参见《律师事务所管理办法》第42条第3项规定。

〔3〕 参见《律师事务所管理办法》第41条规定。

〔4〕 参见《律师执业管理办法》第20条规定。

〔5〕 参见《律师执业行为规范(试行)》第98条规定。

〔6〕 参见《律师法》第46条第1款第1项规定。

〔7〕 参见《律师执业行为规范(试行)》第10条规定。

〔8〕 参见《律师法》第26条、《律师执业行为规范(试行)》第78条规定。

〔9〕 参见《律师法》第29条到第31条、《律师执业行为规范(试行)》第36条、《律师职业道德基本准则》第5条等规定。

〔10〕 参见《律师执业行为规范(试行)》第38条规定。

〔11〕 参见《律师执业行为规范(试行)》第44条到第45条规定。

〔12〕 参见《律师执业行为规范(试行)》第46条到第48条规定。

〔13〕 参见《律师执业行为规范(试行)》第49条到第52条规定。

〔14〕 参见《律师执业行为规范(试行)》第59条到第60条规定。

〔15〕 参见《律师执业行为规范(试行)》第9条、《律师职业道德基本准则》第5条规定。

〔16〕 参见《律师执业行为规范(试行)》第66条到第67条、《律师职业道德和执业纪律规范》第18条到第19条规定。

〔17〕 参见《律师执业行为规范(试行)》第68条、《律师职业道德和执业纪律规范》第22条到第23条规定。

〔18〕 参见2004年《最高人民法院、司法部关于规范法官和律师相互关系维护司法公正的若干规定》;2015年《最高人民法院、最高人民检察院、公安部、国家安全部、司法部印发〈关于依法保障律师执业权利的规定〉的通知》;2015年《最高人民法院关于依法切实保障律师诉讼权利的规定》;2014年《最高人民检察院关于依法保障律师执业权利的规定》;2014年《司法部关于进一步加强律师职业道德建设的意见》;2018年《最高人民法院、司法部关于依法保障律师诉讼权利和规范律师参与庭审活动的通知》。

师执业活动进行日常监督管理。[1]

六是与党政机关、国有企业及法律援助者的关系。(1)设立法律顾问、公职律师。[2] (2)履行法律援助义务。[3]

以上六个方面,既是律师执业规范,也是道德要求,需要很高的自律性。从实际情况看,最容易出问题同时也是最为社会所关注的,是律师与委托人之间关系的处理,而其中的关键点在于,律师应如何处理好公共利益与私人利益,即处理好维护法律秩序与维护当事人利益的关系问题。律师身兼数职,一方面是国家法治建设的重要参与者,另一方面又通过为社会提供法律服务而维护当事人的利益。一般而言,维护国家法律秩序与维护当事人利益是一致的,即只要依法代理诉讼或从事其他行为,就能实现维护法律秩序与维护当事人利益的统一。但是,律师的业务范围非常广泛,具体案情复杂多样,而且在其执业过程中不可能遇到完全相同的两个案例,在这种情况下,难免会为当事人提出的一些特殊需要所困惑,因此需要创新性地解决。这实际上就引发了道德选择问题:究竟是不假思索地维护当事人的利益,还是在当事人的特殊需求通过法律天平的衡量后再决定是否进行维护?无论是在对抗制还是职权制诉讼模式下,律师都会在不同程度上面临这一选择。“律师的义务——为委托人的利益全身心地投入以及为维护和保障委托人的权利而热忱辩护——似乎是无争议的。然而……对于辩护律师在某一个特定的案件或者法律领域中应该怎样地进行辩护,应该有一些公共方面的限制。”[4]律师是依法为委托人辩护的代理人,不是仅为委托人服务而忽视法律要求的“鲨鱼”或“雇佣枪手”。律师不但应有效维护当事人的合法权益,还应以自己卓尔不凡的行为表现使当事人产生对法律及法律工作者的敬畏之情。

三、实现法伦理“意识与意志”的有机统一:精神之境

黑格尔指出:“伦理本性上是普遍性的东西,这种出自自然的关联本质上也同样

---

[1] 参见《律师执业管理办法》第50条。

[2] 根据2016年《关于推行法律顾问制度和公职律师公司律师制度的意见》的规定,2017年年底前,中央和国家机关各部委,县级以上地方各级党政机关普遍设立法律顾问、公职律师,乡镇党委和政府根据需要设立法律顾问、公职律师,国有企业深入推进法律顾问、公司律师制度,事业单位探索建立法律顾问制度,到2020年全面形成与经济社会发展和法律服务需求相适应的中国特色法律顾问、公职律师、公司律师制度体系。

[3] 根据2003年《法律援助条例》第2条的规定,符合法律援助条件的公民可获得法律咨询、代理、刑事辩护等无偿法律服务;第22条规定,办理法律援助案件的人员,应当遵守职业道德和执业纪律,提供法律援助不得收取任何财物。

[4] [美]门罗·弗里德曼:《对抗制下的法律职业伦理》,吴洪淇译,中国人民大学出版社2017年版,第13页。

是一种精神,而且它只有作为精神本质才是伦理的。"[1]精神在其单纯的真理性中表现为意识,而在实践领域则表现为意志。樊浩先生指出:"黑格尔强调,精神就是思维和意志。但这种统一并不是说'精神'有两个口袋,一个口袋中是思维,一个口袋中是意志。思维和意志的区分,只是人们对待同一对象的两种态度,思维是'理论的态度',意志是'实践的态度',意志是一种特殊形态的思维,即'达到定在的冲动的那种思维'。"[2]作为应用伦理,法伦理领域社会至善与个体至善的有机统一需要意识和意志、思维和行动、理论与实践的统一。通过这种统一,实现法现象领域"伦理的造诣",达到"单一物与普遍物统一"的"精神之境"。

(一)明辨法行为的"善恶"

善恶问题是伦理学的重要问题,同时更是法伦理无法回避的主题。它直接关涉法律理论、法律制度和司法实践的选择。正如对人性内涵见仁见智一样,关于善恶问题也各有其界定和理解。日本伦理学者西田几多郎认为:"古来的伦理学说大致分为两种:一种叫做他律的伦理学说,把善恶的标准放在人性以外的权力上;另一种叫做自律的伦理学说,想在人性之中寻求善恶的标准。此外还有一种直觉论,此说种类很多,有的可以划进他律的伦理学说里,有的必须并入自律的伦理学说中。"[3]在法现象领域,同样存在出现各种善恶观的可能。现实地看,法现象领域对于善恶的理解一般分为三种情形。

第一,如前所述,以法律规定作为区分善恶的标准,即依照法律行为就是善、不依照法律行为就是恶。保障这种理解的科学性,需要三个必备前提:一是所制定的法律全部是"良法";二是法律无所不在,能够调整社会生产生活中的所有方面;三是所有法律主体均能理解和有兴趣理解已制定的所有法律。当这三种条件不同时具备时,以法律规定为善恶标准的意识就无法转化为意志、法律规定也就无法转化为法律实践。这种对"善恶观"的理解,具有促进守法即提升守法伦理的积极作用,或者说它主要是一种守法伦理。

第二,将个体道德作为区分善恶的标准并以此指导其法律行为。由于个体道德具有主观性、易变性和多样性,不同的法律主体在从事法律行为时,会产生针对同样法律规范的不同道德态度,这就出现三种可能结果:当个体道德与法律规定的内蕴伦理一致时,正常实现法律价值;当个体道德超越法律规定内蕴伦理时,促进法律价值实现;而当个体道德水平低于法律规定的内蕴伦理要求时,则不利于实现该法律规范所力图维护的法律价值或立法宗旨。因此,就会带来"司法实践中是否应当引入道德标准""法律制定如何与道德要求一致""法理探讨过程中应当坚持怎样的道

[1] [德]黑格尔:《精神现象学》,贺麟、王玖兴译,商务印书馆1979年版,第8页。
[2] 樊浩:《江苏社科名家文库·樊浩卷》,江苏人民出版社2017年版,第405页。
[3] [日]西田几多郎:《善的研究》,何倩译,商务印书馆1965年版,第91页。

德标准”等一系列的法伦理追问。如果意识、思维、认知前提尚未完全厘清，就会导致法律实践行为的任意性和个性化。然而，将个体道德作为法律领域的善恶标准，却能唤醒主体的道德意识，从而在思索和探索中拉动法律伦理水平提升。它更多地属于一种法理伦理学。

第三，将司法效果是否实现作为衡量法律善恶的标准。根据这种理解进行推理，就会得出如下结论：凡是有助于实现司法效果的行为就是善，而无助于实现司法效果的行为则是恶。如果法律及其实践能够实现维护人类和平、保护国家安定、促进社会发展、提升家庭幸福等具体任务，那么法律及其实践乃至法理的建构就是善的，否则就是恶的。法是现象世界的重要组成部分，法律具有很强的现实性和应用性，对司法效果的重视无可厚非。但是，如果仅仅以司法效果为区分法律及其实践善恶的标准，就会出现结果主义，即侧重于对结果的衡量而疏于对动机、手段和过程的伦理掌控，如此一来，功利主义评价模式就会大行其道。毋庸置疑，基于法理基础的法律及其实践，就其存在价值和实用性而言，主要是“定分止争”，促进人类社会安定和谐。但是，如果仅仅强调工具性价值，则会弱化其目的性价值。新时代全面依法治国的伦理要求是“努力让人民群众在每一个司法案件中感受到公平正义”，它不仅要求“定分止争”、当事人“心服口服”，而且上升到目的性价值、理念性追求和“公平正义”的高度。以司法效果是否实现为衡量法律及其实践善恶的标准，更多地属于司法伦理范畴。

上述三种情形，无一不被包含在法伦理这一更大范畴之中，但由于它们更多侧重于守法伦理、法理伦理、司法伦理等具体方面，也因此主要在这些具体层面发挥作用。那么，是否能从整体上阐释法伦理学意义上的“善恶观”，使所有包括法律职业者和非法律职业者在内的法伦理主体有道德依凭呢？在此，本书尝试分析法伦理学意义上“善恶观”形成的可能思路，以探索法伦理意义上的善恶标准，从而为法伦理意义上的“善”行为的实现提供道德指引。

可能的思路之一：善的法律行为是符合家庭要求的行为。

如果如此定义法律上的善行为，那么恶的法律行为就是不符合家庭要求的行为。家庭是伦理实体，是社会的细胞，更是个体出生、成长乃至终老时的第一存在。维护家庭和睦、利益是法的重要宗旨之一。因此，将家庭要求作为区分法律行为或者说作为隐含于法律之后的伦理标准具有很大的合理性和现实性。但是，必须思考的问题是，世界上有无数的家庭，也就有无数的具体道德要求。其中存在许多共性要求，也不可避免地存在个性化要求。无论共性要求还是个性化要求，如果是正常的，那么将家庭要求作为善的法律行为的参照物并无不妥；然而，如果不属于正常家庭或者家庭中出现了不当的要求，就会给评断和确定相关法律行为的善恶带来困扰，甚至可以认为符合家庭不当要求的法律行为在法伦理上不能认为是善行为。

可能的思路之二：善的法律行为是符合民族要求的行为。

如果如此定义法律上的善行为，那么恶的法律行为就是不符合民族要求的行为。民族是人类社会的重要存在，它对人类种群的延续、发展和完善无疑具有重要作用，因此这样界定具有相当大的合理性。但同时也必须看到，世界上有无数民族，一个国家内部也可能有许多民族共同生活，受到历史地理条件和文化传承等因素的影响，每个民族往往具有相异的群体制度安排、特殊的习俗习惯，这就意味着每个民族既可能有共同的要求，也可能有特殊的要求。当这些要求在正常阈值范围之内时，自然可以将民族要求作为善法律行为的标准；但如果这些要求仅仅具有特殊性而不具备普遍性，就会对同一事项采取不同的法律行动，那么这就会给具体法律行为善恶的判断带来挑战。

可能的思路之三：善的法律行为是符合人类要求的行为。

如果如此定义法律上的善行为，那么恶的法律行为就是不符合人类要求的行为。这种思路具有人类伦理共同体主义情怀，在人类社会历史的初期阶段具有重要的作用，但是在生产力发展到能够征服自然甚至破坏自然的时候，这种法律行为的善恶标准就受到了挑战。“古者，采椽不斲，茅茨不翦，衣布褐，饭土硎，铸金为鉏，埏埴为器，工不造奇巧，世不宝不可衣食之物，各安其居，乐其俗，甘其食，便其器。”（《盐铁论·通有》）所有这些行为既是顺其自然的行为，也是满足人类需要的行为。但是随着生产力的发展，人类活动开始对自然生态系统造成破坏。“在最近这一万年中，人类活动对世界上的种种生态系统造成了重大改变。定居的扩展、由农业而导致的农田和牧场的创造、砍伐森林以及沼泽与湿地的排水，所有这些都减少了几乎所有种类植物和动物的生长栖息之地。为了食物、皮毛和其他的东西（还有些地方就是为了‘运动’），精心去猎杀动物，大幅度地减少了许多物种的数量，致使一些物种灭绝。此外，人类还挪动世界各地的植物和动物，这常常有着预料不到的和几近灾难的后果。”[1]在这种情形下，就不仅需要民法、刑法，还需要《动物福利法》《保护动物法》《濒危野生动植物种国际贸易公约》《保护野生动物迁徙物种公约》等保护动物的法律和公约以及保护植物、其他生物乃至整个生态环境的法律和公约，而其中贯彻的伦理立场是动物保护主义、生物保护主义乃至生态保护主义。法律正在逐步实现由人类中心主义向生态保护主义递进，倡导发展绿色经济。“绿色经济本质上是以保护生态环境、保持天人和谐、保证自然环境和人文环境等可持续发展为目标，以生态农业、生态工业、生态服务业等绿色产业中的绿色商品为基本要素，以环境和经济高效率健康发展共生共荣为宗旨的经济结构和经济模式。”[2]

---

〔1〕［英］克莱夫·庞廷：《绿色世界史：环境与伟大文明的衰落》，王毅译，中国政法大学出版社2015年版，第117页。

〔2〕王玲玲：《绿色责任探究》，人民出版社2015年版，第20页。

历史发展事实证明,在人与自然的关系处理中,人类在科技创新、制度创新等方面所做的种种努力,无不是为了确保通过对自然规律的认识和把握,使生态环境能够与人的自然属性相适应,更好地满足人的美好生活需要。而与此相关的环境法律规定或法律行为,就是对这种环境与人相适应之努力的正式制度保障。从这个意义上说,以人类要求为标准来区分法律行为的善恶有其合理性。但是,这样的区分标准也存在显而易见的不足之处。那就是,如果人类的发展愿望已经不仅是为了生存、为了平安发展这么简单,而进入了追求奢侈享乐的"过度消费主义"阶段,那么在人与自然相适应方面所做的努力,也必然围绕"过度消费"的需要而展开,在这个方向的力量越是强大,给自然环境和生存于其中的其他物种带来的伤害越是深重,最终影响到生态系统的功能发挥,反过来又会将不幸和灾难反馈给人类自身。所以,我们一方面不能走西方现代化进程中"先污染后治理"的老路,要大力提倡绿色消费、低碳生活、节俭生活;另一方面需要在法律上持续加强环境法的建设或宣传,从而使"自然"概念重回人心,敬畏自然、顺应自然、保护自然,维护人类与其他生命形式共同的家园,因为"我们只有一个地球"。

可能的思路之四:善的法律行为是符合个体欲望要求的行为。

柏拉图在《理想国》中(关于什么是正义问题的讨论)所表达的伦理思想认为,欲望、激情、智力是人的三个组成部分,对应的品德分别是节制、勇敢、智慧,而这三者的结合、各安其分、各得其所的统一状态则被视为"正义"。以此为据,首先以个体欲望为评判法律行为善恶的标准。如果将个体欲望作为区分法律行为善恶的标准,就会认为,能够满足欲望的法律行为是善的;反之,就是恶的。那么,将欲望作为评判法律行为善恶的标准是否合理?

欲望是人的基本属性之一,它维护着人的感性世界。消灭了欲望,人类就会缺少前进的动力,就难以推动物质文明的长足发展。然而,欲望是自发的、盲目的、不断重复的和递进的,它带有一定的目的性,却经常偏离所设定的目标。如果认为能满足欲望的要求的法律行为为善,不能满足人的欲望的法律行为为恶,那么就抹杀了合理欲望与不合理欲望之间的界限。如果合理欲望得到满足,就会带来秩序、发展和进步;如果不合理欲望得到满足,则会导致混乱、阻碍和迟滞。对于具体法律主体来说,很可能无法明确区分合理欲望与不合理欲望,更无法消灭、有效节制过度的欲望,当个体欲望与法律规定相冲突时,很可能在非理性因素的作用之下,发生激情犯罪或心理逆反式违法。

可能的思路之五:将个体情绪作为评定法律行为善恶的标准。

依照此种思路,能够满足个体情绪需要的法律行为是善,不满足个体情绪需要的法律行为则是恶。在中国传统文化中,"喜""怒""哀""乐""悲""恐""惊"七情属于典型的情绪类型;在西方现代心理学中,喜悦、苦恼、平和、焦虑、耐心、烦躁等情绪属于心理活动的组成部分。那么,在内心情绪如此丰富而又瞬息万变的情况下,如何能设计一个同时满足这些情绪需求的法律规定呢?又有哪一件法律或法律行为能够同时满足不同人的不同情绪需求呢?法律作为一种规范,其调整范围主要是行为,而不是情绪、心情或内心感受,对情绪性体验的调整往往力有未逮。尤为主要的是,情绪本身起伏不定、变化不止、种类繁多、不易分辨,以稳定的法律去满足不稳定性情绪,难度可想而知。以情绪作为评判立法、执法、司法、守法等法律行为或法律活动善恶标准的认识,优点在于能够满足心理愿望的短暂需要;缺点在于会将社会成员宠成"情绪的奴隶"。

法律可以维护人的尊严、姓名或名誉,但如果仅仅因为情绪上的伤害而诉诸法律帮助,法律往往也无能为力。因为这并不符合侵权要件或犯罪构成要件,完全可以通过当事人自省认错、赔礼道歉而言归于好、重归和谐,达不到需要诉诸法律来处理的程度。无论在任何时候,法律都有保护人的身体、财产和知识产权的义务;但无论在任何时候,法律也不会放任或纵容不良情绪的蔓延与扩张。因为,不良情绪、情绪失常症、躁郁综合征等具有极大破坏力,它会将整个社会拉入深渊而自身又突然转身离去,而交由社会机体从谷底慢慢爬出并艰难地自我疗伤。情绪是否稳定体现出个人素质的高低和社会文明整体水平的优劣,情绪调整对法伦理主体的道德成长意义重大。

可能的思路之六:将个体智力作为评定法律行为善恶的标准。

依照此种思路,有益于人的智力进步的法律行为就是善的;反之,则是恶的。这样就会出现一个问题,智力在所有劳动形式中均是必备要素,无论是体力劳动还是脑力劳动都需要智力支持;同时,智力自身体现为一种多样化存在,擅长科技发明、擅长企业管理、擅长文学艺术等均是智力的表现形式。那么,法律是要保护具体的智力表现形式,还是要保护作为概念的智力本身?如果既保护作为概念或一般存在物的智力本身,又保护各种具体智力,那么以什么样的标准为保护的起点?作为自然属性、社会属性、精神属性的统一体,每个个人都由多种要素或能力组成,如果仅仅以个体智力作为法律保护的起点,那么是否会形成一种"唯智力论"、是否会导致智力歧视以及可能以此为基础发生的种族杀戮?毋庸置疑,智力进步对人类文明发展具有巨大推动作用,因为智力进步意味着科技进步,而科技进步是社会各类文明建设的引擎。因此,国内外制定了《保护工业产权巴黎公约》《科学技术进步法》《专利法》等法律,以保护和促进科技发展。但从总体上看,法律并非仅仅保护智力、促进科技进步;毋宁说,法律是对人的身体、财产、尊严等方面的一体保护,通过法律保护及其他相关的制度安排,实现人的全面和自由发展。

综上所述,所有关于法律行为及其相关立法善恶性的评判依据,都不能仅仅从上述六种可能性中的任何一个方面去单独区分,而应当综合使用这六个方面,同时发掘能统帅这六个方面的内在根据。本书认为,前述以“家庭要求”“民族要求”“人类要求”等为评判法律行为善恶的标准是以人生长的外在环境为依据,以“欲望”“情绪”“智力”等为评判标准是以人自身的内在结构为依据,这两者在实际生活或现实世界发挥着巨大作用,但是无法避免“合理功利主义”色彩。同时,还容易使准备进行道德修养的法伦理主体产生概念困惑,产生“谁之正义、何种合理性?”的理论追问,带来“如何选择善的法律行为”实践难题。为此,必须找到所有这些可能评价标准的内在根据。

上述六个方面的不同评价标准是具体的、容易观察的,但在它们背后存在作为本体的人性。无论是源于自然、国家、家庭等“法现实实体”的伦理规范,还是源于各种法律主体的道德需求,归根结底,乃是人性产生了法伦理和法道德,而不是“法伦理和法道德”先于人性而存在。显而易见的事实是,地球上先诞生了人类,然后才有了人类的一切活动。世界是人类眼中的世界、活动是人类所发现的基于自身生存、发展和繁荣需要的活动,既然如此,那么从人本身去挖掘法律及法律行为善恶的依据,似乎是最为直接、便捷和有效的方法。依照这种思路,笔者认为,评价所有与法律相关的行为或法律行为善恶的标准在实质上只有一个,那就是看其是否能够促进人性的成长和发展。能够促进人性发展完善的法律行为是善;导致人性退步萎缩的法律行为为恶。这一实质标准可以表现为上述六个方面甚至其他更多方面,但该实质标准是简易的、容易实行和判断的,即以“良心”去体悟、感受、分辨、判断、促动和反省。

具体来说,在决定是否从事某种行为或某种具体法律行为时,应当进行“三步追问”:第一,法律追问。“关于该行为法律是否有规定或者是如何规定的?”第二,道德追问。反躬自问:“如果去为或不为该种行为,‘良心’是愉悦还是不安?”第三,作出伦理选择。如果法律对此行为有规定而且良心愉悦,则可以去为或不为;如果法律对此行为无规定但为此行为会使人良心愉悦,则也可以去为或不为;如果法律有规定但为此行为会使人良心不愉悦,则可以选择依法进行但要保留良心限度;如果法律无规定而良心不愉悦,那么可以放弃为或不为。费希特说:“人必须为了良心而亲自作出判断,凭他自己的感受坚持这种判断,否则,他的行为就是不道德和违背职责的。”[1]

然而,要作出伦理选择并在现实世界坚持道德航向并非易事,需要坚定的道德意志。

(二)“避免违法犯罪”的道德意志

经验世界的自然人、法人、非法人组织等社会主体,从事着丰富多样的现实活

〔1〕[德]费希特:《伦理学体系》,梁志学、李理译,中国社会科学出版社1995年版,第176页。

动。在每一种现实活动中,均存在成文的或不成文的各种对应规范。随着法治社会建设的进步,法律规范在其中发挥着越来越重要的作用。“在现代社会,虽然规范依然是多元存在的,如习惯规范、道德规范、宗教规范、法律规范、纪律规范及各种重叠规范等,然而,最高的、作用最为广泛的无疑是法律规范。几乎可以说,法律既是不同国度、不同文化、不同民族的人们进行政治、经济、交往时的门径,也是其共通语言。”[1]法律广泛地发挥调整作用,意味着社会主体在从事相应活动时有法可依,同时也意味着具有违法犯罪的可能。减少违法犯罪行为一直是法治的重要目标;同时它也是法伦理的一项基本要求。法律是底线的道德,如果不能遵守法律、触犯刑律,就等于同时违背了法伦理的要求。一旦违背法伦理的基本要求,从个体角度看,道德修养的路途受阻,从整体角度看,社会伦理水平下降;从实践角度看,恢复各种正常社会联系的成本增加,从文明建设角度看,精神文明建设受影响。因此,无论任何社会主体,均应尽最大努力做到遵法守法、合规经营、坚持光明正确的人生方向。但是要做到这一点,在明辨法伦理意义上的善恶标准之后,还需要法伦理意义上的坚定的道德意志。

“道德意志是人们在道德行为中所作出的意志努力,是人们的道德心理结构的重要因素。”[2]法伦理意义上的道德意志,是指依照法伦理要求行为的坚定性。樊浩先生认为,道德意志在道德行为中的作用是一个十分复杂的过程,这一过程主要包括三个阶段,第一阶段是确定道德动机与行为目的,第二阶段是选择道德行为方式,第三阶段是执行道德决定。[3] 依照这种理论范式,本书对法伦理意义上道德意志的特征进行以下分析。

首先,法伦理意义上道德意志的主体非常广泛。它并不局限于法律职业人员,还包括其他所有的自然人、法人、非法人组织、社会团体乃至国际组织和国际法视域的国家。所有这些主体在生存、竞争、发展过程中,不可避免地会遇到法律事务,也因此会面临如何坚守法伦理的精神考验,也就成为法伦理的“临时主体”。这种临时主体与法律职业人员的“常规主体”一样,均应当计入法伦理主体的范围。

其次,法伦理意义上道德意志的类型具有多样性。一般意义上的道德意志,多是指个体或自然人,但是法伦理主体的多样性导致了法伦理道德意志类型的多样性。可以将法伦理上的道德意志进行众多分类。譬如,可以分为个体道德意志、集体道德意志、整体道德意志,分为自然人道德意志、法人道德意志、非法人组织道德意志,或者分为企业道德意志、事业单位道德意志、政府机关道德意志,等等。这里使用“个体道德意志”“集体道德意志”“整体道德意志”这种分类方式。在这三种分

---

〔1〕 谢晖:《法律信仰的理念与基础》,山东人民出版社 1997 年版,第 47 页。

〔2〕 樊浩:《道德与自我》,吉林教育出版社 1994 年版,第 151 页。

〔3〕 参见樊浩:《道德与自我》,吉林教育出版社 1994 年版,第 153 ~ 154 页。

类中,道德意志能够顺利形成和被坚定地执行并不相同。一般来说,个体可以通过自律和他律形成个体道德意志,集体则还同时需要协调和统一众人的意见,才能形成集体道德意志,而整体除了自律、他律、协调之外,许多时候还需要采取命令的方式才能最终形成整体道德意志。由于从个体道德意志到集体道德意志再到整体道德意志的发展环节、过渡中介、行进路径、保障手段等逐渐变得复杂多样、维度增加、力量增强,不能用一种具体的道德意志形成模式去代替另外一种道德意志形成模式,而是处于何种道德意志模式,即依照此种道德意志形成模式去作为或不作为。

最后,法伦理意义上道德意志的指向具有开放性。法律规范调整人与人之间的关系,也调整人与家庭、人与社会、人与自然环境之间的关系,而法伦理的现实实体又包括家庭实体、国家实体、自然实体等具体的实体类型。与此同时,这些关系自身处于不断发展变化之中,各种现实实体也在逐渐发展完善,因此就使法伦理意义上的道德意志不仅具有广泛性,而且更重要的是,在其所指向的时间、空间、事务等方面具有无限发展的可能性,即具有开放性。又因这种开放性是基于整体视野的逻辑推理,可以将其称为整体视野的法伦理意义道德意志指向的开放性。但是,这种整体意义上的开放性并不会使具体道德意志在进行道德选择时无所适从。因为就具体的主体来说,其未必会经历人生、社会、自然等领域的所有活动,其道德指向的范围是有限度的,或者可以说是绝对性与相对性的统一。古往今来,世界舞台上存在不计其数的各类剧目,但并非所有的法律主体都会经历其中的所有剧目。个体会因其人生经历而有所限定,具有此样的人生体验就不能同时拥有另外一种人生体验,百年老店也主要在其擅长经营的范围之内与外部世界发生联系,金融企业、核电企业与外部世界发生联系的方式不会完全相同,不同发展阶段的各个国家或地区所需要完成的主要任务也存在诸多差异。从现实角度观察,每个具体法伦理主体的道德意志指向或者说需要进行法伦理选择和执行的领域是具有相对性的,因为其具有相对性、有限性,所以也具备了现实性、具体性、可操作性。

基于以上对法伦理意义上道德意志特征的分析,笔者认为,不同法伦理主体在不同的行为或活动中坚持道德意志具有复杂性。这种复杂性要求主体投入更多的意识成本、言语成本、行为成本,投入更多的时间、精力、物资,需要道德情感维持激情、需要道德智慧保障效果。虽然社会中存在各种各样的道德规范、法伦理规范及执业纪律要求,但是任何法伦理主体在坚守伦理道德方向、展示道德意志时还必须具有“境遇伦理学”精神,在具体的法律伦理道德规范缺乏规定时,在具体的境遇中坚定道德意志不动摇,并进而通过道德意志实现道德至善。那么,如何在具体的法伦理道德境遇中坚定道德意志呢?

第一,始终坚持法伦理道德意识。意识是行动的先导,存在什么样的意识,就会存在什么样的行动。意识世界经常处于分散状态。无论是自然人还是法人等其他法伦理主体,所面临的现实问题总是层出不穷的,因此其意识世界经常处于分散状态。依照形成原因,可以将分散状态分为“自发分散”“自觉分散”“自发与自觉结合分散”三种。比较而言,自发分散状态最为常见,自觉分散状态具有主体性,而自发与自觉结合分散状态则属于在注意与任意之间不停切换。但三种状态同属于分散型意识,因此是否能够坚持或自始至终坚持法伦理道德意识并不确定。另外,意识世界内容丰富。当我们分析意识世界构成的时候,发现其并不仅仅包含理念、规律或实践运行软件,还包含许多不为人知的“潜意识”成分,即使对理念、规律或实践软件本身而言,也存在善恶、真假、可操作与不可操作之分,并且每一个组成部分之间存在梯度及相应的结构,而梯度与结构中则包含瞬息万变的无穷内容。在这种情形之下,如果法伦理主体不能对意识世界进行注意、分析和调控,就很容易被意识世界的内容牵引而随波逐流,因而忘记法伦理道德意识之“初心”。

鉴于意识本身的自由性和意识世界内容的丰富性,法伦理主体需要时刻做到“求放心”(《孟子·尽心上》),即将分散的意识收归意识世界自身,同时以法伦理意义上的善恶标准为轴心,妥善安排意识世界的状态和运行方向。意识是否应当在场、应当在何种场,意识如何在场呈现、如何恰当呈现,意识如何离场、什么时候应当离场,所有这些问题的确定,应当以法伦理道德善恶标准为依据来进行。但是,这种意识世界的自主性并不能轻易实现,而需要法伦理主体的强大的道德意志和“执着”。这种道德意志和决心意味着意识世界更多自由性的损失,同时也会使法伦理主体变得拘谨而严肃,但对于法伦理道德品质的形成而言,这却是必不可少的一步。如果意识世界的道德指向出现了偏差,那么必不会产生道德行为;高尚的法伦理道德品质的成就是以对道德指向的有意选择为前提的,虽然这种选择处于道德修养的起点,但其是通往道德顶点的必经阶段。坚定的道德意识是以对道德的意义认识和接纳为前提的,道德虚无主义无法为坚定道德意识的形成提供内在动力。

第二,及时排除各种对法伦理道德的干扰。在法伦理道德的坚守过程中,存在来自自身和环境方面的种种可能的干扰。任何道德操守的坚持,都会受到正反两方面力量的影响:一种是保障力量,另一种是干扰力量。所谓保障力量,是指有助于道德操守形成、巩固和强大的促进力量;而所谓干扰力量,则是指阻碍、限制道德操守形成的破坏力量。这种道德操守规律对法伦理道德的形成、发展和成长同样适用。这就一方面要求增加保障力量,另一方面则要减少或避免干扰力量。经济发展、文化进步、良法善治、守法精神、社会风尚、正向舆论等属于法伦理道德形成的保障力量,经济落后、文化萎缩、错法恶治、藐视法律、反向舆论等属于法伦理道德形成的干扰力量。这种关于保障力量或干扰力量的努力非法伦理主体自身能够完全把握的,因此主要是指所有社会主体乃至人类社会的所有方面都应一体努力。相对于具体的法伦理道德主体而言,这些努力的情形及其达到的效果,则主要是作为一种基底、背景、环境或氛围而存在。

如果完全顺应环境氛围的变化而保持相应的道德操守，就陷入了道德决定论泥潭，即认为道德水平是由其他因素决定的，道德主体在保持和提升道德水平方面并无任何主观能动性。依照这种观点进行推理，就会得出“当环境适宜道德发展的时候，道德水平就高；当环境不适宜道德发展的时候，道德水平就低”的结论，而道德主体所能做的只是适应环境而调整自身的道德水平，更多地强调道德的环境适应性而不是道德水平的高低。对道德的环境适应性的过分强调，于观察者而言，就会形成“道德上升论”或“道德滑坡论”两种看法。这两种看法的潜台词是，只有适宜的环境才能带来道德进步，而不适宜的环境则会带来道德退步，而作为道德主体的个体，则在其中无所作为，并因此放弃了道德发展同时需要道德主体自身努力的主观能动性，因此也失去了道德承当性和道德责任性。毫无疑问，任何环境的发展变化总有其整体目标、阶段目标、具体目标，道德水平的提升只是其中的目标之一，在任何时候都不可能存在完全适应道德成长的完美无缺的外在环境，因此，并不能保障道德始终在进步或保持在一个较高的水平上。而道德理想则要求，道德应当进步而且持续进步。这种道德理想的实现，除了依靠环境适宜性之外，还需要道德主体承担提升自身道德境界的责任。那么，法伦理道德主体又当如何排除道德成长道路上的诸多障碍或干扰力量，而“苟日新，日日新，又日新”（《礼记·大学》）呢？这就需要理性地把握“行为的合理边界”。

人还需要排除来自自身的干扰。“一般而言，个体的生存境遇，往往受制于各种非个体所能左右的因素，例如，他既无法选择自己的出身，也难以凭自己的意愿决定社会发展状况。然而，在道德的领域，个体则具有更多的选择权能：他究竟成就何种人格，并非简单地由既定的出身、社会状况等等来安排和决定；人格的形成过程始终无法与个体自身的意向、认同、选择等等相分离。”[1]人是自然存在、社会存在、意识存在的统一，因此就产生了生理、心理、精神等各方面的需求。为满足人类各方面需求，建立了家庭、氏族、部落、联盟、社会等各种各样联系共同体，在其中基于自身的天赋和角色定位展开相互交往和生活、生产、娱乐等方面的实践活动。但是，一方面，由于实践活动的丰富多彩，吸引了实践主体的注意；另一方面，则由于实践主体并不能保证自身永远处于冷静的理性状态而经常为欲望、激情所推动，由此产生了两种结果：一是实践活动的目的、过程、方式、成果等变得丰富完美，但其中有些实践活动已经不是人类的“必需品”，如“黄、赌、毒、黑”等不良活动。二是作为实践主体的个体受到自身非理性成分的影响，在正常需求之外，增加了许多“虚假需求”或“需求幻想”，将攀比、面子、高消费、奢侈主义等作为真实的需求。这两种结果反映

---

〔1〕 杨国荣：《伦理与存在：道德哲学研究》，上海人民出版社2002年版，第125页。

出一个问题,即失去了始终如一地坚持理性判断的能力。而这个问题之所以产生的精神方面的原因也具有相同性,即无法在动态的发展过程中确定“适当的界限”或把握“适宜的度”。人应做到“决策有理性、司法有理性、执行有理性、监督有理性”[1]。

理性是人类的基本特质,依照理性去分析、判断、确定、执行“合理实践与不合理实践”的界限、“必要需求和非必要需求”的标准,就能够拒绝不当的“诱惑”,避免陷入“生活的陀螺”或成为“推石上山的西西弗斯”。法律作为一种刚性规范,其主要特质还在于调整和约束,在于确立合理的共同体秩序和个体秩序。为此,就必然需要法律主体自觉调控自身意识和行为,遵循法律所确定的行为的“合理边界”,而不是以过分的欲望去冲击和破坏边界,更不是在合理行为的范围之外另外保留一个“不合理行为场域”,倘若如此,那就等于无视法律权威、忽视法律精神、漠视法律秩序、藐视法律效力。但是,这种以理性所确立的“行为边界”并不容易形成,更不容易坚守,因为不同法律主体对此合理的行为边界会有不同的认识,同时这个合理行为边界自身也处于动态的发展变化之中。为了给如何确定合理行为边界提供一个参考,就需要在不同的认识之间取得共识,同时与时俱进地发现新的共识。所有法律主体或从事同一类法律行为的主体只有达成了基于理性观察的合理行为边界共识,才能有效地避免来自人自身过度的欲望、激情、无知的影响,在面临守法与违法、罪与非罪、法律良善与法律非善的选择时作出“道德选择”,选择“守法”“非罪”“法律良善”。“任何道德选择都不仅是对个人本身的考验,而且也是对他所信奉原则的考验。无论冲突的直接内容多么无关紧要,原则的胜利或者失败对别人都是榜样和指明道路。”[2]而行为合理边界的主体发现、群体共识达成、共识自身的与时俱进等,均需要坚强的道德意志或坚定的道德毅力,如果缺乏“择善而固执之”(《中庸》)的决心、信心和毅力,必将失去排除干扰的能力。

(三)充分运用道德智慧

法伦理道德主体面临不同的实践“场域”,如果要保持道德航向,除了拥有坚定的道德意志之外,还要充分运用道德智慧。道德智慧是根据具体情形保障道德与法律内在统一的智慧,它没有固定模式,而是将伦理道德原理与具体情形相互融合。道德智慧不但可以用来克服法伦理主体的困惑,也可以用来为法律制定、法律实践预设一个伦理边界,以化解来自现实的挑战。本书通过一些具体情形来表征运用道德智慧的重要性。

---

[1] 谢如程:《论法治的实践理性》,中国法制出版社2004年版,第3页。

[2] [苏]伊·谢·科恩:《自我论》,佟景韩、范国恩、许宏治译,生活·读书·新知三联书店1986年版,第478页。

1. 情形之一:“专利权的保护边界”

技术创新是社会发展的重要推动力量,也是提高市场竞争力和实现国家经济安全的根本保障。国家对发明人、设计人或其所属单位的技术创新成果在法律规定一定期限内所享有的专有权或独占权的设立,即为专利权保护。发明、实用新型、外观设计等专利权的客体,在其生产过程中投入了大量的时间、资源、劳动、资本和技术,为了鼓励技术创新同时也为了让原创的投资者收回必要的投资利益,形成了专利权保护机制。同时,也必须看到,如果对专利技术进行无限期的保护、将专利成果仅仅作为私有权利,那么必然会阻碍专利技术的传播和使用,从而影响科学技术促进整体公共福利功能的发挥。为了处理好两者的关系,必须找到适当的度。“为了促进知识创新,为了社会福利的最大化,我们应设置合理的知识产权制度,在知识产权的专有期限、范围上寻找一种最佳状态。”〔1〕1994 年《与贸易有关的知识产权协定》(以下简称 TRIPs 协议)第 27 条对“可授予专利的客体”作了可授予、可不授予、也可不授予三种区分〔2〕;2020 年修正的《专利法》既规定了对发明、实用新型、外观设计等可以授予专利权,同时又作出了“不授予专利权”的各项内容〔3〕,实现了对专利权和社会公共利益的保护。特别是对“专利实施特别许可”的规定,更能在国家出现紧急状态或非常情况或者公共健康受到威胁时,发挥重要作用。根据《专利法》第 54 条、第 55 条的规定,在国家出现紧急状态或者非常情况时,或者为了公共利益的目的,国务院专利行政部门可以给予实施发明专利或者实用新型专利的强制许可。为了公共健康目的,对取得专利权的药品,国务院专利行政部门可以给予制造并将其出口到符合中华人民共和国参加的有关国际条约规定的国家或者地区的强制许

〔1〕 彭立静:《伦理视野中的知识产权》,知识产权出版社 2010 年版,第 172 页。

〔2〕 TRIPs 协议第 27 条规定:(1)在遵守第 2 款和第 3 款规定的前提下,专利可授予所有技术领域的任何发明,无论是产品还是方法,只要它们具有新颖性、涉及发明性的步骤,并可进行工业应用①。在遵守第 65 条第 4 款,第 70 条 8 款和该条第 3 款规定的前提下,关于对这些发明的专利的授予和专利权的享受不应因发明地点、技术领域、产品是进口的还是当地生产的而有差别。(注:①就本条而言,一成员可把“发明性步骤”和“能够进行工业应用”这两个术语分别理解为与“非显见的”和“有用的”这两个述语同义。)(2)各成员可不授予下述发明专利权,如果在其境内阻止对这些发明的商业性利用对维护公共秩序或道德,包括保护人类、动物或植物的生命或健康或避免严重损害环境是必要的,只要此举并不仅仅因为这种利用为其法律所禁止。(3)各成员也可不对以下发明授予专利权:人体或动物体的诊断、治疗和外科手术方法;除微生物外的植物或动物,以及除非生物和微生物工艺之外的产生植物或动物的、基本上属于生物过程的生物工艺。但是,各成员应规定用专利或一种专门有效的制度或通过这两者的综合运用来保护植物品种。各成员应在《建立 WTO 的协议》生效之日 4 年后对此规定进行审议。

〔3〕 《专利法》第 25 条规定:“对下列各项,不授予专利权:(一)科学发现;(二)智力活动的规则和方法;(三)疾病的诊断和治疗方法;(四)动物和植物品种;(五)原子核变换方法以及用原子核变换方法获得的物质;(六)对平面印刷品的图案、色彩或者二者的结合作出的主要起标识作用的设计。对前款第(四)项所列产品的生产方法,可以依照本法规定授予专利权。”

可。上述TRIPs协议和我国专利法的相关规定,体现出法律制定中的道德智慧。

2.情形之二:“AI陪伴侵犯人格权”

在信息时代,云计算、物联网、大数据、区块链等信息技术层出不穷,人工智能技术也不断发展。在此背景下,与新技术有关的法律纠纷也开始出现。北京互联网法院审理的一起“人工智能软件擅自使用自然人形象创设虚拟人物构成侵权”案,被最高人民法院发布为民法典颁布后“人格权”司法保护的一起典型案例[1]。

该案中,被告运营某款智能手机记账软件。在该软件中,用户可以自行创设或添加“AI陪伴者”,可以设定“AI陪伴者”的名称、头像、与用户的关系、相互称谓等,并通过系统功能设置“AI陪伴者”与用户的互动内容,系统称为“调教”。本案原告系公众人物。在原告未同意的情况下,该软件中出现了以原告姓名、肖像为标识的“AI陪伴者”。同时,被告通过算法应用,将该角色开放给众多用户,允许用户上传大量原告的“表情包”、制作图文互动内容从而实现“调教”该“AI陪伴者”的功能。原告认为被告侵害了其姓名权、肖像权、一般人格权,故诉至法院,要求被告赔礼道歉并赔偿经济损失、精神损害抚慰金等。北京互联网法院经审理认为,虽然具体图文由用户上传,但被告的产品设计和对算法的应用实际上鼓励、组织了用户的上传行为,直接决定了软件核心功能的实现,被告不再只是中立的技术服务提供者,应作为内容服务提供者承担侵权责任。因此,被告未经同意使用原告姓名、肖像,设定涉及原告人格自由和人格尊严的系统功能,构成对原告姓名权、肖像权、一般人格权的侵害,遂判决被告向原告赔礼道歉、赔偿损失。

如果对该案进行法伦理的分析,那么至少可追问三个问题:一是作为软件开发者,在使用原告或其他人的姓名、肖像等信息的时候,为什么不经过本人的同意?二是作为软件用户,为什么要选择使用该软件?三是作为一般的社会个体,是否需要利用这种“AI陪伴者”软件去克服“内心的孤独”?如果经过了本人同意,则不会违法;如果用户不使用该软件,也不会引发争议;如果有更好的人工智能产品可供选择或者内心充满对意义世界、价值世界的不懈追求,那么又何须借助外在事物来满足精神需求?在信息时代,无形的网络世界几乎已构成一个与现实世界并行的虚拟空间,其中汇聚着海量的信息、产品和技术,吸引着网民的眼球和关注。如果网络空间不能确保自身合法合规地运行,必然会给各种违法犯罪行为提供可乘之机。作为普通的守法个体,需要清醒地认识到网络世界并非法外之地,更不是德外之地,应当谨言慎行、律己慎独、合法行使权利、维护自身和他人的人格和尊严;而其中的“谨言慎行、律己慎独”不仅是一种人与网络空间的相与之道,还体现出一种网络时代的法伦理道德智慧。

---

[1] 参见《最高法发布民法典颁布后人格权司法保护典型民事案例》,载人民网,http://society.people.com.cn/n1/2022/0411/c1008-32396351.html。

在面临众多的法律难题时,无论在“法律意识”“法律规范”“法律实践”哪一方面,均需要伦理情怀和道德智慧相伴。离开伦理道德智慧,仅仅以法对法,很多问题无法解释透彻,也无法处理明白。道德智慧是一种全面智慧、动态智慧、具体智慧、开放智慧,运用道德智慧,可以坚持和保护法伦理领域“活的善”。

樊浩先生指出:“伦理道德的文化本性是超越,超越自然的存在,成为伦理的存在、道德的存在,最后成为自由的存在。或者说,超越个别性存在,达到普遍和永恒。由此,伦理道德便肩负特殊的文明本务或文化天命。”[1]法伦理作为伦理道德文化的组成部分,同样承担这一文化使命。通过法伦理外在环境、内在主体及其相互作用途径的一体努力,促进法律领域整体至善与个体至善的有机统一,促进伦理道德文明的整体进步,服务于中国式现代化建设。

〔1〕 樊浩:《伦理精神现代“建构”的文化战略》,载《道德与文明》2022年第5期。

参考文献

除马克思主义经典著作、党和国家重要文献、《习近平谈治国理政》(1－4卷)外,主要参考文献如下:

中文文献

1. [德]黑格尔:《精神现象学(上、下卷)》,贺麟、王玖兴译,商务印书馆1979年版。

2. [德]黑格尔:《法哲学原理》,范扬、张企泰译,商务印书馆1961年版。

3. [德]黑格尔:《历史哲学》,王造时译,上海书店出版社2001年版。

4. [德]黑格尔:《小逻辑》,贺麟译,商务印书馆1980年版。

5. [德]黑格尔:《自然哲学》,梁志学、薛华、钱广华、沈真译,商务印书馆1980年版。

6. [德]黑格尔:《哲学科学全书纲要》,薛华译,上海人民出版社2002年版。

7. [德]黑格尔:《哲学史讲演录》(第2卷),贺麟、王太庆译,商务印书馆1960年版。

8. [德]黑格尔:《精神哲学》,杨祖陶译,人民出版社2006年版。

9. [德]康德:《道德形而上学原理》,苗力田译,上海人民出版社1986年版。

10. [德]康德:《法的形而上学原理》,沈叔平译,商务印书馆1991年版。

11. [德]康德:《实践理性批判》,韩水法译,商务印书馆1999年版。

12. [德]伊曼努尔·康德:《实用人类学》,邓晓芒译,上海世纪出版集团、上海人民出版社2005年版。

13. [古希腊]柏拉图:《游叙弗伦　苏格拉底的申辩　克力同》,严群译,商务印书馆1983年版。

14. [古希腊]柏拉图:《理想国》,郭斌和、张竹明译,商务印书馆1986年版。

15. [古希腊]柏拉图:《柏拉图全集》,王晓朝译,人民出版社2017年版。

16. [古希腊]亚里士多德:《政治学》,吴寿彭译,商务印书馆1965年版。

17. 苗力田主编:《亚里士多德全集》(第8卷),中国人民大学出版社1992年版。

18. [意]托马斯·阿奎那:《阿奎那政治著作选》,马清槐译,商务印书馆1963年版。

19. [荷]胡果·格劳秀斯:《战争与和平法》(第2版),[美]A. C. 坎贝尔英译,何勤华等译,上海人民出版社2017年版。

20. [德]塞缪尔·普芬道夫:《人和公民的自然法义务》,鞠成伟译,商务印书馆2009年版。

21. [英]霍布斯:《利维坦》,黎思复、黎廷弼译,商务印书馆1985年版。

22. [法]卢梭:《社会契约论》,何兆武译,商务印书馆1980年版。

23. [英]边沁:《道德与立法原理导论》,时殷弘译,商务印书馆2000年版。

24. [英]赫伯特·斯宾塞:《社会静力学》,张雄武译,商务印书馆1996年版。

25. [意]切萨雷·贝卡里亚:《论犯罪与刑罚》,黄风译,北京大学出版社2008年版。

26. [美]富勒:《法律的道德性》,郑戈译,商务印书馆2005年版。

27. [美]罗纳德·德沃金:《认真对待权利》,信春鹰、吴玉章译,中国大百科全书出版社1998年版。

28. [美]约翰·罗尔斯:《正义论》,何怀宏、何包钢、廖申白译,中国社会科学出版社1988年版。

29. [美]亨利·马瑟:《合同法与道德》,戴孟勇、贾林娟译,中国政法大学出版社2005年版。

30. [美]戴维·鲁本:《律师与正义——一个伦理学研究》,戴锐译,中国政法大学出版社2010年版。

31. [日]森际康友:《司法伦理》,于晓琪、沈军译,商务印书馆2010年版。

32. [美]迈克尔·舒特:《执业伦理与美国法律的新生》,赵雪纲、牛玥等译,当代中国出版社2014年版。

33. [美]菲利普·坎德利斯、[美]罗伯特·温斯托克、[美]理查德·马丁内斯:《法庭伦理学与专家证人》,杨天潼译,中国法制出版社2013年版。

34. [澳]汤姆·坎贝尔:《法律与伦理实证主义》,刘坤轮译,中国人民大学出版社2014年版。

35. [美]大卫·莱昂斯:《伦理学与法治》,葛四友译,商务印书馆2016年版。

36. [美]杰弗里·布兰德:《法治的界限:越法裁判的伦理》,娄曲亢译,中国人民大学出版社2016年版。

37. [美]门罗·弗里德曼:《对抗制下的法律职业伦理》,吴洪淇译,中国人民大学出版社2017年版。

38. [波]玛格丽特·克尔主编:《法律职业伦理:原理、案例与教学》,许身健译,北京大学出版社2021年版。

39. [美]艾伦·沃森:《民法法系的演变及形成》,李静冰、姚新华译,中国法制出版社 2005 年版。

40. [美]帕特里克·赖利编:《莱布尼茨政治著作选》,张国帅、李媛、杜国宏译,中国政法大学出版社 2014 年版。

41. [英]哈特:《法律的概念》,张文显、郑成良、杜景义、宋金娜译,中国大百科全书出版社 1996 年版。

42. [英]A.J.M.米尔恩:《人的权利与人的多样性——人权哲学》,夏勇、张志铭译,中国大百科全书出版社 1995 年版。

43. [德]迪特玛尔·冯·德尔·普佛尔滕:《法哲学导论》,雷磊译,中国政法大学出版社 2017 年版。

44. [法]摩莱里:《自然法典》,黄建华、姜亚洲译,商务印书馆 1982 年版。

45. [英]亚当·斯密:《道德情操论》,蒋自强、钦北愚、朱钟棣、沈凯璋译,商务印书馆 1997 年版。

46. [美]R. M. 昂格尔:《现代社会中的法律》,吴玉章、周汉华译,译林出版社 2001 年版。

47. [美]弗兰西斯·福山:《信任——社会道德与繁荣的创造》,李宛蓉译,远方出版社 1998 年版。

48. [英]戴维·M. 沃克:《牛津法律大辞典》,北京社会与科技发展研究所组织译,光明日报出版社 1988 年版。

49. [美]E. 霍贝尔:《原始人的法》,严存生等译,贵州人民出版社 1992 年版。

50. [意]桑德罗·斯奇巴尼选编:《正义和法》,黄风译,中国政法大学出版社 1992 年版。

51. [日]丰增秀俊:《原始社会》,叶渭渠、唐月梅译,中国文联出版公司 1991 年版。

52. [美]亨利·马瑟:《合同法与道德》,戴孟勇、贾林娟译,中国政法大学出版社 2005 年版。

53. [美]阿瑟·库恩:《英美法原理》,陈朝璧译注,法律出版社 2002 年版。

54. [法]勒内·达维德:《当代主要法律体系》,漆竹生译,上海译文出版社 1984 年版。

55. [美]E. 博登海默:《法理学:法律哲学与法律方法》,邓正来译,中国政法大学出版社 1999 年版。

56. [英]培根:《培根论说文集》(第 2 版),水天同译,商务印书馆 1983 年版。

57. [美]R. 德沃金:《法律帝国》,李常青译,中国大百科全书出版社 1996 年版。

58. [英]雷蒙德·弗思:《人文类型》,费孝通译,商务印书馆 1991 年版。

59. [美]阿拉斯戴尔·麦金太尔:《谁之正义?何种合理性?》,万俊人、吴海针、王今一译,当代中国出版社 1996 年版。

60. [英]休谟:《道德原则研究》,曾晓平译,商务印书馆 2001 年版。

61. [德]路德维希·费尔巴哈:《费尔巴哈哲学著作选集》(下卷),荣震华、王太庆、刘磊译,商务印书馆 1984 年版。

62. [德]石里克:《普通认识论》,李步楼译,商务印书馆 2010 年版。

63. [荷]斯宾诺莎:《伦理学》,贺麟译,商务印书馆 1983 年版。

64. [英]罗素:《西方哲学史》(上卷),何兆武、李约瑟译,商务印书馆 1963 年版。

65. [俄]C. 谢·弗兰克:《社会的精神基础》,王永译,生活·读书·新知三联书店 2003 年版。

66. [德]斐迪南·滕尼斯:《共同体与社会》,林荣远译,商务印书馆 1999 年版。

67. [法]居友:《无义务无制裁的道德概论》,余涌译,中国社会科学出版社 1994 年版。

68. [挪]G. 希尔贝克、[挪]N. 伊耶:《西方哲学史:从古希腊到二十世纪》,童世骏等译,上海译文出版社 2004 年版。

69. [法]彭加勒:《科学与假设》,叶蕴理译,商务印书馆 1957 年版。

70. [英]伯纳德·威廉斯:《道德运气》,徐向东译,上海译文出版社 2007 年版。

71. [俄]洛斯基:《意志自由》,董友译,生活·读书·新知三联书店 1992 年版。

72. [英]乔治·爱德华·摩尔:《伦理学原理》,长河译,上海人民出版社 2003 年版。

73. [英]L. T. 霍布豪斯:《形而上学的国家论》,汪淑钧译,商务印书馆 1997 年版。

74. [美]凯特·斯丹德利:《家庭法》,屈广清译,中国政法大学出版社 2004 年版。

75. [苏]伊·谢·科恩:《自我论》,佟景韩、范国恩、许宏治译,生活·读书·新知三联书店 1986 年版。

76. [英]理查德·麦尔文·黑尔:《道德语言》,万俊人译,商务印书馆 1999 年版。

77. [德]罗伯特·施佩曼:《道德的基本概念》,沈国琴、杜幸之、励洁丹译,上海译文出版社 2007 年版。

78. [德]阿多尔诺:《否定的辩证法》,张峰译,重庆出版社 1993 年版。

79. [美]麦特·里德雷:《美德的起源》,刘珩译,中央编译出版社 2004 年版。

80. [德]孔汉思、[德]库舍尔:《全球伦理》,何光沪译,四川人民出版社 1997 年版。

81. [法]迪韦尔热:《政治社会学》,杨祖功、王大东译,华夏出版社 1987 年版。

82. [英]亚当·斯密:《国民财富的性质和原因的研究》(上卷),郭大力、王亚南译,商务印书馆 1972 年版。

83. [英]休谟:《道德原则研究》,曾晓平译,商务印书馆 2001 年版。

84. [美]C. E. 林德布鲁姆:《市场体制的秘密》,耿修林译,江苏人民出版社 2002 年版。

85. [日]横山宁夫:《社会学概论》,毛良鸿、朱阿根、曹俊德译,上海译文出版社 1983 年版。

86. [德]叔本华:《伦理学的两个基本问题》,任立、孟庆时译,商务印书馆 1996 年版。

87. [美]赫伯特·马尔库塞:《单向度的人》,刘继译,上海译文出版社 2008 年版。

88. [美]约翰·J. 麦休尼斯:《社会学》(第 14 版),风笑天等译,中国人民大学出版社 2015 年版。

89. [英]H. L. A. 哈特:《法律、自由与道德》,支振锋译,法律出版社 2006 年版。

90. [美]查尔斯·霍顿·库利:《人类本性与社会秩序》,包凡一、王源译,华夏出版社 1999 年版。

91. [美]诺兰等:《伦理学与现实生活》,姚新中等译,华夏出版社 1988 年版。

92. [英]丽莎·唐宁、[英]莉比·萨克斯顿:《电影与伦理:被取消的冲突》,刘宇清译,重庆大学出版社 2019 年版。

93. [美]威廉·J. 古德:《家庭》,魏章玲译,社会科学文献出版社 1986 年版。

94. [芬]E. A. 韦斯特马克:《人类婚姻史》(第 1 卷),李彬、李毅夫、欧阳觉亚、刘宇、李坚尚译,商务印书馆 2015 年版。

95. [美]加里·斯坦利·贝克尔:《家庭论》,王献生、王宇译,商务印书馆 2005 年版。

96. [美]A. 麦金太尔:《追寻美德:伦理理论研究》,宋继杰译,译林出版社 2003 年版。

97. [美]露丝·本尼迪克特:《文化模式》,王炜等译,生活·读书·新知三联书店 1988 年版。

98. [法]安德烈·比尔基埃、[法]克里斯蒂亚娜·克拉比什·朱伯尔、[法]玛尔蒂娜·雪伽兰、[法]弗朗索瓦兹·佐纳邦德主编:《家庭史:遥远的世界,古老的世界》(第 1 卷),袁树仁、姚静、肖桂译,生活·读书·新知三联书店 1998 年版。

99. [美]汉娜·阿伦特:《精神生活·思维》,姜志辉译,江苏教育出版社 2006 年版。

100. [美]汉娜·阿伦特:《精神生活·意志》,姜志辉译,江苏教育出版社 2006 年版。

101. [英]亚当·弗格森:《道德哲学原理》,孙飞宇、田耕译,上海人民出版社 2003 年版。

102. 世界环境与发展委员会:《我们共同的未来》,王之佳、柯金良等译,吉林人民出版社 1997 年版。

103. [英]亨利·西季威克:《伦理学方法》,廖申白译,中国社会科学出版社 1993 年版。

104. [美]罗德里克·弗雷泽·纳什:《大自然的权利:环境伦理学史》,杨通进译,青岛出版社 1999 年版。

105. [美]约瑟夫·弗莱彻:《境遇伦理学》,程立显译,中国社会科学出版社 1989 年版。

106. [英]克莱夫·庞廷:《绿色世界史:环境与伟大文明的衰落》,王毅译,中国政法大学出版社 2015 年版。

107.《法国环境法典》(第 1 至 3 卷),莫菲、刘彤、葛苏聃译,法律出版社 2018 年版。

108. [美]戴斯·贾丁斯:《环境伦理学》(第 3 版),林官明、杨爱民译,北京大学出版社 2002 年版。

109. [美]詹姆斯·M. 布坎南:《宪法秩序的经济学与伦理学》,朱泱、毕洪海、李广乾译,商务印书馆 2008 年版。

110. [德]施塔姆勒:《正义法的理论》,夏彦才译,商务印书馆 2016 年版。

111. [古希腊]亚里士多德,廖申白译注:《尼各马可伦理学》,商务印书馆 2003 年版。

112. [德]弗里德里希·包尔生:《伦理学体系》,何怀宏、廖申白译,中国社会科学出版社 1988 年版。

113. [德]尼克拉斯·卢曼:《信任:一个社会复杂性的简化机制》,瞿铁鹏、李强译,上海世纪出版集团、上海人民出版社 2005 年版。

114. [日]丸山敏雄:《纯粹伦理原论》,王英、刘李胜合译,译林出版社 2003 年版。

115. [英]塞谬尔·斯迈尔斯:《人生的职责》,李柏光、刘曙光、曹荣湘译,北京图书馆出版社 1999 年版。

116. [加]莱斯:《自然的控制》,岳长龄、李建华译,重庆出版社 1993 年版。

117. [美]卡尔·萨根:《宇宙》,周秋麟、吴依俤等译,吉林人民出版社 1998 年版。

118. [法]涂尔干:《职业伦理与公民道德》,渠敬东译,商务印书馆 2015 年版。

119. [美]罗斯科·庞德:《通过法律的社会控制》,沈宗灵译,商务印书馆 2010 年版。

120. [俄]B. A. 伊斯特林:《文字的产生和发展》(第 2 版),左少兴译,北京大学出版社 2002 年版。

121. [美]伯纳德·巴伯:《科学与社会秩序》,顾昕、郏斌祥、赵雷进译,生活·读书·新知三联书店 1991 年版。

122. [英]休谟:《人性论》(上册),关文运译,商务印书馆 1980 年版。

123. [英]莱斯利·史蒂文森:《人性七论》,袁荣生、张蘖生译,商务印书馆 1994 年版。

124. [日]西田几多郎:《善的研究》,何倩译,商务印书馆 1965 年版。

125. [美]朱迪丝·N. 施克莱:《守法主义:法、道德和政治审判》,彭亚楠译,中国政法大学出版社 2005 年版。

126. [德]迪特尔·施瓦布:《德国家庭法》,王葆莳译,法律出版社 2010 年版。

127. [美]埃尔曼:《比较法律文化》,高鸿钧等译,生活·读书·新知三联书店 1990 年版。

128. [法]科琳·雷诺-布拉尹思吉:《法国家庭法精要》(第 17 版),石雷译,法律出版社 2019 年版。

129. [美]霍尔姆斯·罗尔斯顿:《哲学走向荒野》,刘耳、叶平译,吉林人民出版社 2000 年版。

130. 罗国杰主编:《伦理学》(修订本),人民出版社 2014 年版。

131. 罗国杰、宋希仁:《西方伦理思想史》(上卷),中国人民大学出版社 1985 年版。

132. 罗国杰、宋希仁:《西方伦理思想史》(下卷),中国人民大学出版社 1987 年版。

133. 宋希仁主编:《西方伦理思想史》,中国人民大学出版社 2004 年版。

134. 周辅成:《西方伦理学名著选辑》(上卷),商务印书馆 1964 年版。

135. 周辅成:《西方伦理学名著选辑》(下卷),商务印书馆 1987 年版。

136. 唐凯麟主编:《西方伦理学名著提要》,江西人民出版社 2000 年版。

137. 万俊人:《现代西方伦理学史》(上卷),北京大学出版社 1990 年版。

138. 万俊人:《现代西方伦理学史》(下卷),北京大学出版社 1992 年版。

139. 蔡元培:《中国伦理学史》,商务印书馆 1999 年版。

140. 陈瑛主编:《中国伦理思想史》,湖南教育出版社 2004 年版。

141. 樊浩:《中国伦理精神的历史建构》,江苏人民出版社 1992 年版。

142. 沈善洪、王凤贤:《中国伦理思想史》(上、中、下),人民出版社 2005 年版。

143. 朱贻庭主编:《中国传统伦理思想史》,华东师范大学出版社 2003 年版。

144. 王莹、景枫:《经济学家的道德追问——亚当·斯密伦理思想研究》,人民出版社 2001 年版。

145. 王小锡、朱金瑞、汪洁主编:《中国经济伦理学 20 年》,南京师范大学出版社 2005 年版。

146. 李伟、潘忠宇:《回族伦理文化导论》,宁夏人民出版社 2010 年版。

147. 江畅:《幸福之路:伦理学启示录》,湖北人民出版社 1999 年版。

148. 李建华:《法治社会中的伦理秩序》,中国社会科学出版社 2004 年版。

149. 李萍:《现代道德教育论》,广东人民出版社 2001 年版。

150. 吴潜涛:《伦理学与思想政治教育》,河南人民出版社 2003 年版。

151. 余涌:《道德权利研究》,中央编译出版社 2001 年版。

152. 周中之、高惠珠:《经济伦理学》,华东师范大学出版社 2002 年版。

153. 夏伟东:《道德本质论》,中国人民大学出版社 1991 年版。

154. 廖申白:《亚里士多德友爱论研究》,河南人民出版社 2000 年版。

155. 孙春晨:《市场经济伦理研究》,江苏人民出版社 2005 年版。

156. 曹刚:《法律的道德批判》,江西人民出版社 2001 年版。

157. 马永庆、赵卫东、郭永军、谢桂山编著:《中国传统道德概论》,山东大学出版社 2006 年版。

158. 王珏:《组织伦理:现代性文明的道德哲学悖论及其转向》,中国社会科学出版社 2008 年版。

159. 王淑芹:《伦理与德性》,人民出版社 2019 年版。

160. 邓安庆:《正义伦理与价值秩序——古典实践哲学的思路》,复旦大学出版社 2013 年版。

161. 甘绍平:《应用伦理学前沿问题研究》,江西人民出版社 2002 年版。

162. 龙静云主编:《马克思主义伦理学》,中国人民大学出版社 2016 年版。

163. 朱金瑞:《当代中国企业伦理的历史演进》,江苏人民出版社 2005 年版。

164. 李培超:《自然的伦理尊严》,江西人民出版社 2001 年版。

165. 杨义芹:《构建社会主义和谐社会的战略思维》,天津社会科学院出版社 2008 年版。

166. 郭广银、杨明主编:《应用伦理的热点探索》,江苏人民出版社 2004 年版。

167. 曾建平:《自然之思:西方生态伦理思想探究》,中国社会科学出版社 2004 年版。

168. 靳凤林:《制度伦理与官员道德——当代中国政治伦理结构性转型研究》,

人民出版社 2011 年版。

169. 戴木才:《管理的伦理法则》,江西人民出版社 2001 年版。

170. 中国社会科学院应用伦理研究中心、云南大学哲学系编:《中国应用伦理学 2009—2010》,金城出版社 2009 年版。

171. 龚群:《当代后果主义伦理思想研究》,中国社会科学出版社 2021 年版。

172. 陈根法:《德性论》,上海人民出版社 2004 年版。

173. 何怀宏:《契约伦理与社会正义——罗尔斯正义论中的历史与理性》,中国人民大学出版社 1993 年版。

174. 郭广银主编:《伦理学原理》,南京大学出版社 1995 年版。

175. 孙慕义:《后现代生命伦理学——关于敬畏生命的意志以及生命科学之善与恶的价值图式:生命伦理学的新原道、新原法与新原实》(上、下),中国社会科学出版社 2015 年版。

176. 田海平:《西方伦理精神——从古希腊到康德时代》,东南大学出版社 1998 年版。

177. 王海明:《新伦理学原理》,商务印书馆 2017 年版。

178. 徐嘉:《中国近现代伦理启蒙》,中国社会科学出版社 2014 年版。

179. 李兰芬、陈宇光主编:《管理伦理学——基本理论与个案分析》,江苏人民出版社 2004 年版。

180. 崔宜明:《道德哲学引论》,上海人民出版社 2006 年版。

181. 高国希:《道德哲学》,复旦大学出版社 2005 年版。

182. 王泽应:《自然与道德——道家伦理道德精粹》,湖南大学出版社 1999 年版。

183. 姜法曾:《中国伦理学史略》,中华书局 1991 年版。

184. 柴艳萍:《商业和谐论:商品交换伦理研究》,中国社会科学出版社 2008 年版。

185. 石毓彬、杨远:《二十世纪西方伦理学》,湖北人民出版社 1986 年版。

186. 李莉:《当代西方伦理学流派》,辽宁人民出版社 1988 年版。

187. 戴茂堂:《西方伦理学》,湖北人民出版社 2002 年版。

188. 卫荣凡:《高校教师师德自律论》,中国社会科学出版社 2008 年版。

189. 路丙辉:《社会转型期我国家庭伦理变化及道德建设研究》,人民出版社 2016 年版。

190. 袁祖社:《文化与伦理:基于公共性视角的研究》,人民出版社 2016 年版。

191. 温克勤:《中国伦理思想简史》,社会科学文献出版社 2013 年版。

192. 杨国荣:《理性与价值——智慧的历程》,上海三联书店 1998 年版。

193. 杨国荣:《伦理与存在:道德哲学研究》,上海人民出版社 2002 年版。
194. 徐惟诚主编:《和谐社会与社会公正问题研究》,人民出版社 2014 年版。
195. 陈桂蓉主编:《中国传统道德概论》,社会科学文献出版社 2014 年版。
196. 李德顺:《价值论——一种主体性的研究》,中国人民大学出版社 1987 年版。
197. 张一兵等:《当代国外马克思主义研究》,北京师范大学出版社 2017 年版。
198. 田秀云等:《角色伦理:构建和谐社会的伦理基础》,人民出版社 2014 年版。
199. [苏]列宁:《哲学笔记》,林利等译校,中共中央党校出版社 1990 年版。
200. 吴宏政:《先验思辨逻辑》,人民出版社 2015 年版。
201.《诸子集成》(全 10 册),岳麓书社 1996 年版。
202. 梁漱溟:《人心与人生》,学林出版社 1984 年版。
203. 牟宗三:《中国哲学十九讲》,上海古籍出版社 1997 年版。
204. 马一浮:《复性书院讲录》,山东人民出版社 1998 年版。
205. 贺麟:《文化与人生》,商务印书馆 1988 年版。
206. 萧焜焘编著:《精神世界掠影——纪念〈精神现象学〉出版 180 周年》,江苏人民出版社 1987 年版。
207. 樊浩:《伦理精神的价值生态》,中国社会科学出版社 2001 年版。
208. 樊浩:《道德形而上学体系的精神哲学基础》,中国社会科学出版社 2006 年版。
209. 樊浩:《伦理道德的精神哲学形态》,中国社会科学出版社 2017 年版。
210. 樊浩:《现代伦理学理论形态》,中国社会科学出版社 2021 年版。
211. 樊浩:《中国伦理精神的现代建构》,江苏人民出版社 1997 年版。
212. 樊浩:《道德与自我》,吉林教育出版社 1994 年版。
213. 樊浩:《文化撞击与文化战略——中西比较文化原理》,河北人民出版社 1994 年版。
214. 樊浩:《江苏社科名家文库・樊浩卷》,江苏人民出版社 2017 年版。
215. 樊浩等:《中国大众意识形态报告》,中国社会科学出版社 2010 年版。
216. 李建华、曹刚等:《法律伦理学》,中南大学出版社 2002 年版。
217. 刘兆兴:《法律与道德》,吉林人民出版社 1986 年版。
218. 危国华等主编:《司法伦理学》,武汉工业大学出版社 1993 年版。
219. 中国人民建设银行北京分行编:《法制与道德》,中国金融出版社 1994 年版。
220. 田保传等主编:《司法伦理学》,复旦大学出版社 1996 年版。
221. 李龙主编:《法制建设与道德建设》,武汉大学出版社 1997 年版。

222. 杨远新、陈双娥等编著:《义与法的冲突》,湖南人民出版社 1998 年版。
223. 王兴和、黄英强主编:《司法道德教程》,华中理工大学出版社 1998 年版。
224. 沈忠俊、解廷民、金连约、倪才忠编著:《司法道德新论》,法律出版社 1999 年版。
225. 李春秋、刘亚平主编:《法律与道德》,高等教育出版社 1999 年版。
226. 巩献田主编:《法律基础与思想道德修养》,高等教育出版社 2000 年版。
227. 刘同君、夏民:《伦理文化与法治文化同构——新世纪大学生素质教育的文化基础》,东南大学出版社 2001 年版。
228. 孙本鹏、刘流主编:《法律实务 · 职业道德》,人民法院出版社 2002 年版。
229. 刘华:《法律伦理》,河南人民出版社 2002 年版。
230. 李卫东等:《司法道德》,安徽人民出版社 2003 年版。
231. 赵兴宏、毛牧然编著:《网络法律与伦理问题研究》,东北大学出版社 2003 年版。
232. 赵万一:《民法的伦理分析》,法律出版社 2003 年版。
233. 刘同君:《守法伦理的理论逻辑》,山东人民出版社 2005 年版。
234. 石文龙:《法伦理学》,中国法制出版社 2006 年版。
235. 李爱年:《环境法的伦理审视》,科学出版社 2006 年版。
236. 怀效锋主编:《法官行为与职业伦理》,法律出版社 2006 年版。
237. 胡旭晟:《法的道德历程:法律史的伦理解释》(论纲),法律出版社 2006 年版。
238. 刘同君、魏小强:《法伦理文化视野中的和谐社会》,江苏大学出版社 2007 年版。
239. 蔡守秋:《河流伦理与河流立法》,黄河水利出版社 2007 年版。
240. 李光辉主编:《伦理与法律专辑》,光明日报出版社 2008 年版。
241. 张武举:《刑法的伦理基础》,法律出版社 2008 年版。
242. 刘爱龙:《立法的伦理分析》,法律出版社 2008 年版。
243. 余其营、吴云才:《法律伦理学研究》,西南交通大学出版社 2009 年版。
244. 傅鹤鸣:《法律正义论——德沃金法伦理思想研究》,商务印书馆 2009 年版。
245. 阳红光:《公安执法伦理研究》,法律出版社 2010 年版。
246. 彭立静:《伦理视野中的知识产权》,知识产权出版社 2010 年版。
247. 周慧:《法律的道德之维——德沃金法伦理想研究》,湖南师范大学出版社 2011 年版。
248. 马京林、邹世允主编:《职业道德与法律基础》(第 3 版),中国财政经济出版社 2011 年版。

249. 胡波:《专利法的伦理基础》,华中科技大学出版社 2011 年版。

250. 责国栋:《行政执法的伦理研究》,法律出版社 2010 年版。

251. 胡启勇:《先秦儒家法伦理思想研究》,民族出版社 2012 年版。

252. 曹贤信:《亲属法的伦理性及其限度研究》,群众出版社 2012 年版。

253. 冯川:《黑格尔〈法哲学原理〉的道德哲学研究——伦理精神的辩证发展之路》,中国社会科学出版社 2013 年版。

254. 许身健主编:《法律职业伦理论丛》(第 1 卷),知识产权出版社 2013 年版。

255. 许身健主编:《法律职业伦理》,北京大学出版社 2014 年版。

256. 曾粤兴:《刑罚伦理》,北京大学出版社 2015 年版。

257. 许身健主编:《法律职业伦理案例教程》,北京大学出版社 2015 年版。

258. 许身健主编:《法律职业伦理论丛》(第 2 卷),知识产权出版社 2015 年版。

259. 邓永芳、赖章盛:《环境法治与伦理的生态化转型》,中国社会科学出版社 2015 年版。

260. 蔡碧玉、周怀廉、施庆堂、朱朝亮、陈盈锦、林丽莹、林邦樑、洪光煊、柯宜汾:《检察官伦理规范释论》,中国检察出版社 2016 年版。

261. 张秀:《法律伦理学案例专题研究》,社会科学文献出版社 2017 年版。

262. 张启江:《法理与伦理互通的传统路径和现代建构:以中国传统社会"德法之辩"为研究对象》,武汉大学出版社 2017 年版。

263. 许身健主编:《法律职业伦理论丛》(第 3 卷),中国政法大学出版社 2017 年版。

264. 杨茜茜主编:《法律伦理学》,云南大学出版社 2017 年版。

265. 刘晓兵、程滔编著:《法律人的职业伦理底线》,中国政法大学出版社 2017 年版。

266. 中华全国律师协会编:《律师职业伦理》,北京大学出版社 2017 年版。

267. 郭哲主编:《法律职业伦理教程》,高等教育出版社 2018 年版。

268. 陆俊松、杨曼主编:《伦理与法律职业实务》,中国政法大学出版社 2018 年版。

269. 樊建民:《刑法伦理性研究》,法律出版社 2018 年版。

270. 廖大刚:《司法官职业伦理研究》,中国社会科学出版社 2018 年版。

271. 巢容华主编:《法律职业伦理》,北京大学出版社 2019 年版。

272. 徐汉明、刘国媛等:《司法伦理规范研究》,经济科学出版社 2020 年版。

273. 王淑荣:《司法伦理的实效性问题研究》,人民出版社 2020 年版。

274. 许身健主编:《法律职业伦理论丛》(第 4 卷),中国政法大学出版社 2020

年版。
275. 李本森主编:《法律职业伦理》(第4版),北京大学出版社2021年版。
276. 王进喜、陈宜主编:《法律职业伦理》,中国政法大学出版社2022年版。
277. 刘鑫:《专利制度伦理问题研究》,法律出版社2022年版。
278. 许身健主编:《法律职业伦理论丛》(第5卷),中国政法大学出版社2022年版。
279. 黄云明:《马克思法律伦理思想研究》,人民出版社2021年版。
280. 萧焜焘:《自然哲学》,江苏人民出版社2004年版。
281. 萧焜焘等:《科学认识史论》,江苏人民出版社2004年版。
282. 魏英敏主编:《新伦理学教程》(第2版),北京大学出版社2003年版。
283. 汪荣有:《当代中国经济伦理论》,人民出版社2004年版。
284. 赵庆杰:《家庭与伦理》,中国政法大学出版社2008年版。
285. 北京大学哲学系外国哲学史教研室编译:《西方哲学原著选读》(上卷),商务印书馆1981年版。
286. 殷海光:《中国文化的展望》,上海三联书店2002年版。
287. 夏吟兰:《美国现代婚姻家庭制度》,中国政法大学出版社1999年版。
288. 杨大文主编:《婚姻家庭法学》,复旦大学出版社2002年版。
289. 瞿同祖:《中国法律与中国社会》,商务印书馆2017年版。
290. 陈劲松:《儒学社会通论》,中国人民大学出版社2007年版。
291. 张中秋:《中西法律文化比较研究》(第2版),南京大学出版社1999年版。
292. 张文显:《法哲学范畴研究》(修订版),中国政法大学出版社2001年版。
293. 曹海晶:《中外立法制度比较》,商务印书馆2016年版。
294. 杨炼:《立法过程中的利益衡量研究》,法律出版社2010年版。
295. 梁漱溟:《东西文化及其哲学》(第2版),商务印书馆1999年版。
296. 汤一介:《中国传统文化中的儒道释》,中国和平出版社1988年版。
297. 左其亭:《和谐论:理论·方法·应用》(第2版),科学出版社2016年版。
298. 张景明:《和谐理念下环境法律关系研究》,知识产权出版社2015年版。
299. 杨立新:《家事法》,法律出版社2013年版。
300. 李桂梅:《中西家庭伦理比较研究》,湖南大学出版社2009年版。
301. 佘正荣:《生态智慧论》,中国社会科学出版社1996年版。
302. 张梓太:《环境法律责任研究》,商务印书馆2004年版。
303. 宋北平:《法律语言》,中国政法大学出版社2012年版。
304. 马镛:《中国家庭教育史》,湖南教育出版社1997年版。
305. 龙宗智:《刑事程序论》,法律出版社2021年版。

306. 黄娟:《当事人民事诉讼权利研究——兼谈中国民事诉讼现代化之路径》,北京大学出版社 2009 年版。

307. 吴增定:《利维坦的道德困境:早期现代政治哲学的问题与脉络》,生活·读书·新知三联书店 2017 年版。

308. 李昌麒:《经济法——国家干预经济的基本法律形式》(修订本),四川人民出版社 1995 年版。

309. 刘宁元、司平平、林燕萍:《国际反垄断法》,上海人民出版社 2002 年版。

310. 梅汝璈:《东京审判亲历记》,上海交通大学出版社 2016 年版。

311. 高其才:《中国少数民族习惯法研究》,清华大学出版社 2003 年版。

312. 梁治平:《清代习惯法:社会与国家》,中国政法大学出版社 1996 年版。

313. 谢晖:《法律信仰的理念与基础》,山东人民出版社 1997 年版。

314. 谢如程:《论法治的实践理性》,中国法制出版社 2004 年版。

315. 王玲玲:《绿色责任探究》,人民出版社 2015 年版。

316. 马长山:《迈向数字社会的法律》,法律出版社 2021 年版。

317. 阎巍:《行政诉讼证据规则:原理与规范》,法律出版社 2019 年版。

318. 张晋藩主编:《中国法制史》,群众出版社 1991 年版。

319. 姜国柱、朱葵菊:《中国历史上的人性论》,中国社会科学出版社 1989 年版。

320. 张岱年:《中国哲学大纲》,江苏教育出版社 2005 年版。

321. 徐公良:《谈谈法治、德治和人治》,载《北京政法学院学报》1980 年第 3 期。

322. 俞荣根:《孔子伦理法律观的再认识》,载《法学》1984 年第 1 期。

323. 黎建飞:《西方法学家关于法律与道德关系之争述评》,载《社会科学》1986 年第 9 期。

324. 文正邦:《法伦理学研究的战略意义》,载《探索》1988 年第 5 期。

325. 张永、万俊人:《论法律的伦理学问题》,载《广东社会科学》1990 年第 1 期。

326. 王少明、任小伟:《关于道德法律化问题的思索》,载《学校思想教育》1990 年第 1 期。

327. 何勤华:《法律伦理学体系总论》,载《中州学刊》1993 年第 3 期。

328. 李建华:《法律伦理学论纲》,载《江西社会科学》1995 年第 9 期。

329. 樊浩:《法律秩序与伦理效力》,载《天津社会科学》1997 年第 4 期。

330. 张晨、王家宝:《道德法律化与法律道德化》,载《政治与法律》1997 年第 5 期。

331. 张鹤、田成有:《儒家伦理法与西方自然法》,载《中央政法管理干部学院学报》1998 年第 6 期。

332. 刘云林:《论道德的法治价值》,载《江苏社会科学》2001 年第 6 期。

333. 江山:《再说正义》,载《中国社会科学》2001 年第 4 期。

334. 石文龙:《法伦理学诞生的现实基础与时代机缘》,载《云南大学学报(法学版)》2003 年第 3 期。

335. 曹刚:《法伦理学如何可能——法伦理学的属性、使命和方法》,载《求索》2004 年第 5 期。

336. 徐少锦:《华佗以“活人”为中心的医药伦理思想——兼评曹操杀华佗之道德法律问题》,载《道德与文明》2004 年第 2 期。

337. 易军:《法律行为制度的伦理基础》,载《中国社会科学》2004 年第 6 期。

338. 王玮:《当代中国法伦理学研究中的几个问题——第三次“北京应用伦理学论坛”综述》,载《道德与文明》2004 年第 6 期。

339. 李光辉、文学平:《实然与应然——法律伦理之可能》,载《现代法学》2004 年第 5 期。

340. 梁剑兵:《法制伦理学论纲》,载《辽宁师范大学学报(社会科学版)》2005 年第 5 期。

341. 刘云林:《法律伦理的时代使命:为法治建设提供道德保障》,载《道德与文明》2007 年第 4 期。

342. 强以华:《试论社会转型时期法律对伦理的挑战》,载《道德与文明》2007 年第 4 期。

343. 刘云林:《公民情感的法律确认:立法伦理的应有视域》,载《伦理学研究》2007 年第 4 期。

344. 李怡轩、李光辉:《伦理与法律:两种规范间的对话——第六次全国应用伦理学研讨会综述》,载《哲学动态》2007 年第 8 期。

345. 王淑芹:《道德法律化正当性的法哲学分析》,载《哲学动态》2007 年第 9 期。

346. 曹刚、徐新:《法伦理学研究论纲》,载《伦理学研究》2008 年第 3 期。

347. 梁兴国:《法律自治与伦理道德》,载《伦理学研究》2008 年第 3 期。

348. 李德嘉:《法治与人伦:传统儒家法秩序的现代价值》,载《人民论坛·学术前沿》2009 年第 18 期。

349. 曾建平、代峰:《环境立法的伦理评判》,载《道德与文明》2010 年第 2 期。

350. 沈晓阳:《马克思法伦理思想片论》,载《道德与文明》2011 年第 2 期。

351. 王皓羲:《缘法而致道——管子法治思想的伦理基础》,载《道德与文明》2011 年第 3 期。

352. 刘云林:《自然法学派和实证法学派论争的法伦理启示》,载《伦理学研究》2012 年第 1 期。

353. 张启江:《中国法伦理学研究的热点问题与困境》,载《伦理学研究》2012 年第 5 期。

354. 万俊人:《百年中国的伦理学研究》,载《高校理论战线》2012 年第 12 期。

355. 樊浩:《道德教育的"'精神'形态"与"中国形态"》,载《教育研究》2013 年第 2 期。

356. 樊浩:《中国社会价值共识的意识形态期待》,载《中国社会科学》2014 年第 7 期。

357. 张启江:《历史与逻辑:伦理学视域中的法律精神》,载《湖南社会科学》2014 年第 3 期。

358. 樊浩:《当今中国伦理道德发展的精神哲学规律》,载《中国社会科学》2015 年第 12 期。

359. 陈颖、李爱年:《论环境伦理视域下的我国流域生态补偿法律制度》,载《伦理学研究》2015 年第 4 期。

360. 樊浩:《走向伦理精神》,载《道德与文明》2016 年第 3 期。

361. 樊浩:《伦理道德,为何"精神"?》,载《哲学分析》2016 年第 2 期。

362. 张国钧:《亲属容隐根据并确认伦理权利——基于亲属容隐对伦理和法律关系两难之解》,载《伦理学研究》2016 年第 4 期。

363. 傅鹤鸣:《法律伦理:当代中国制度伦理构建的核心命题》,载《伦理学研究》2016 年第 5 期。

364. 戴茂堂、左辉:《法律道德化,抑或道德法律化》,载《道德与文明》2016 年第 2 期。

365. 余达淮、陈光洁:《"法治"与"德治"关系三题》,载《道德与文明》2016 年第 2 期。

366. 樊浩:《伦理道德,如何才是发展》,载《道德与文明》2017 年第 4 期。

367. 黄清华:《论法治实施中的"致良知"与善治——兼论建设公共治理型执法机制》,载《法治社会》2017 年第 5 期。

368. 余其营:《法律伦理学的研究经纬与学科使命》,载《南阳理工学院学报》2017 年第 5 期。

369. 刘辉:《论法伦理学的主体间性分析范式》,载《西部法学评论》2018 年第 3 期。

370. 秦国荣:《劳动关系法律调整的伦理要求与法治内涵》,载《东南大学学报(哲学社会科学版)》2018 年第 4 期。

371. 蒋楠楠:《法律与伦理之间:传统中国复仇行为的正当性及限度》,载《法学评论》2018 年第 4 期。

372. 樊浩:《缺乏信用,信任是否可能》,载《中国社会科学》2018 年第 3 期。

373. 樊浩:《伦理道德:如何造就现代文明的“中国精神哲学形态”》,载《江海学刊》2018 年第 5 期。

374. 樊浩:《伦理道德的精神哲学形态》,载《天津社会科学》2018 年第 2 期。

375. 田海平、郑春林:《人工智能时代的道德:让算法遵循“善法”》,载《东南大学学报(哲学社会科学版)》2019 年第 5 期。

376. 史兆新、刘云林:《走向善治:法治进程中道德功能的向度及其实现路径》,载《江海学刊》2019 年第 3 期。

377. 张志丹、孙洲:《开拓与反思:中国法律伦理学 70 年》,载《新疆师范大学学报(哲学社会科学版)》2019 年第 5 期。

378. 庞永红、卢雅丽:《新中国成立以来的中国法伦理学研究回溯与展望》,载《伦理学研究》2019 年第 5 期。

379. 江国华:《论司法的道德能力》,载《武汉大学学报(哲学社会科学版)》2019 年第 3 期。

380. 樊浩:《文化与文化力》,载《天津社会科学》2019 年第 6 期。

381. 邓达奇:《科技发展中法律与伦理的双重变奏:案例、逻辑与建构》,载《伦理学研究》2019 年第 6 期。

382. 曹刚:《〈民法典〉的四大伦理精神》,载《道德与文明》2020 年第 6 期。

383. 刘云林:《法律结构视阈中良法的向度及其实现》,载《道德与文明》2020 年第 4 期。

384. 樊浩:《“伦理”话语的精神气质》,载《学术界》2021 年第 1 期。

385. 樊浩:《“伦理”话语的文明史意义》,载《东南大学学报(哲学社会科学版)》2021 年第 1 期。

386. 樊浩:《“伦理”话语体系及其中国密码》,载《道德与文明》2021 年第 1 期。

387. 李建华:《共同富裕的行动逻辑及其伦理协同》,载《道德与文明》2022 年第 4 期。

388. 陈灿平、吴迪:《论道德与法律的契合与转换——以文明行为促进条例地方立法比较为例》,载《道德与文明》2020 年第 4 期。

389. 戴茂堂、葛梦喆:《论法律道德化——兼析法律与道德之间的价值秩序》,载《道德与文明》2020 年第 4 期。

390. 蒋艳艳:《走向精神哲学:当代伦理学研究的形上期待——樊浩教授〈“道德形而上学”三部曲〉评析》,载《伦理学研究》2020 年第 2 期。

391. 樊浩:《中国社会大众伦理道德共识的群体差异》,载《探索与争鸣》2020 年第 11 期。

392. 樊浩:《"后山河时代"的精神家园》,载《东南大学学报(哲学社会科学版)》2020 年第 1 期。

393. 唐琪:《我国民法中的道德法律化问题研究》,载《法制博览》2021 年第 14 期。

394. 刘长秋:《人体器官买卖的刑法规制研究——法律伦理主义视角下的分析》,载《自然辩证法通讯》2021 年第 10 期。

395. 金梦:《立法伦理与算法正义——算法主体行为的法律规制》,载《政法论坛》2021 年第 1 期。

396. 程慧坤:《"洞穴奇案"引发的法律与道德关系的思考》,载《法制博览》2022 年第 24 期。

397. 曹奕阳:《国外法律职业伦理教育的实践与启示》,载《长江论坛》2022 年第 1 期。

398. 石佳友、刘忠炫:《基因编辑技术的风险应对:伦理治理与法律规制》,载《法治研究》2023 年第 1 期。

399. 陈昕:《基因编辑的法伦理哲思》,载《西部学刊》2023 年第 4 期。

400. 孙春晨:《全人类共同价值是构建人类命运共同体的伦理基础》,载《马克思主义与现实》2022 年第 1 期。

401. 孙春晨:《作答时代的伦理之问》,载《道德与文明》2022 年第 5 期。

402. 樊浩:《伦理道德发展的战略支点:理性,还是精神?》,载《天津社会科学》2022 年第 5 期。

403. 樊浩:《伦理与道德:谁是优先战略》,载《伦理学研究》2022 年第 5 期。

404. 樊浩:《伦理精神现代"建构"的文化战略》,载《道德与文明》2022 年第 5 期。

外文文献

1. John P. Anderson, *Insider Trading: Law, Ethics, and Reform*, Cambridge University Press, 2018.

2. Kenneth Einar Himma, *Morality and the Nature of Law*, Oxford University Press, 2019.

3. Cook Martin L. T., *Reflections on the Relationship between Law and Ethics*, The Adelaide Law Review, Vol. 40:2 (2019).

4. Laufer S. Koniak, *Is there a Relationship between Law and Ethics?*, Australian Health Review, Vol. 10: 3 (1987).

5. Robert B. Gibbs, *Law and Ethics*, Revista Portuguesa de Filosofia, Vol. 62:2/4

(2006).

6. Michael Baurmann, *A Sociological Speculation about Law and Ethics*, Analyse & Kritik, Vol. 34:2 (2012).

7. Marianne K. Bahus, Petter Andreas Steen & Reidun Førde, *Law, Ethics and Clinical Judgment in End-of-life Decisions—How do Norwegian Doctors Think?*, Resuscitation, Vol. 83:11 (2012).

8. Adela Cortina, *Legislation, Law and Ethics*, Ethical Theory and Moral Practice, Vol. 3:1 (2000).

后　　记

本书为作者所承担的国家社会科学基金一般项目《法伦理的精神哲学形态研究》(批准号:17BZX093)的最终研究成果。在全国哲学社会科学工作办公室的大力支持和资助下,在河北省哲学社会科学规划办公室的支持和帮助下,在河北经贸大学科研处及相关部门的关心和指导下,在法学院领导和同事的关心和支持下,在学界前辈、师长、各界同人和朋友的指导和帮助下,在课题组成员心无旁骛、坚持不懈的努力下,本书得以付梓完成。

感谢我的恩师——中国伦理学会原副会长、长江学者、江苏社科院原副院长、东南大学终身教授樊浩先生,是他指引我步入了做学问的神圣殿堂,并一直激励我在学术探索的道路上勇敢前行。感谢中国伦理学会原副会长、河北伦理学会名誉会长、河北经贸大学原党委书记、校长王莹教授多年来的关心、爱护和帮助!感谢河北省伦理学会会长、河北经贸大学马克思主义学院原院长柴艳萍教授的无私帮助!感谢同门师兄弟姐妹的关心和帮助,特别感谢天津市伦理学会秘书长郭卫华教授的支持和宝贵意见!在课题研究过程中,笔者从中国伦理学会、东南大学伦理团队、东南大学人文学院所提供的学术活动中汲取了营养,从中国法学会、河北省法学会、河北省伦理学会等举办的相关学术活动中受到了启发,汲取了相关专家的学术卓见,在此表示真诚的感谢!感谢我的研究生们在课题调研过程中所做的贡献、感谢参与课题调研的各界朋友们的无私支持!感谢法律出版社为本书及时出版所做的工作!尤其要感谢我年迈慈善的父母、岳父母,善良的妻子,可爱的孩子,常年照顾父母的兄姐,感谢家人的关心、支持、理解、鼓励和帮助!谨以此书献给我的师长和家人。

自立项以后,课题组成员按照研究计划,分工合作,有序推进研究工作。几年来,科研活动主要聚焦于此课题。在夜以继日的研究中,根根青丝变白发,呕心沥血终成功。本课题研究思路和主要内容由赵一强完成。赵一强撰写了导言,第一章第一节、第二节部分内容及第三节,第二章,第三章的第一节、第三节,第五章的第一节、第二节、第三节部分内容。许惠芬全程参加课题研究讨论并参与了第一章第二节部分内容的写作。赵德昌协助查找文献并参与了第五章第三节部分内容的写作。张云撰写了第三章的第二节和第四章并全程参与了研究思路讨论和文稿润色工作。在此向为本课题的完成做出贡献的所有人表示诚挚的感谢!

本书是在学习和借鉴学界前辈已有成果的基础上,根据既有的学术经历、多年来的学术积累、授课心得及实践经验而撰写的一部学术著作。它也可以作为河北经贸大学新财经课程的组成部分,为相关教学实践提供参考。本书与笔者所撰写的《中国契约伦理样态与实践》《现代社会婚姻危机的伦理治理》一道,构成了法伦理学研究的三部曲,为丰富该领域研究尽了微薄之力。“人之好我,示我周行”,本书观点和内容难免存在不足之处,期待学界同人不吝批评指正,共同推进这一学术研究的进步。

课题主持人:赵一强

2025 年 5 月 28 日